Uni-Taschenbücher 1907

W0244880

Eine Arbeitsgemeinschaft der Verlage

Wilhelm Fink Verlag München
Gustav Fischer Verlag Jena und Stuttgart
Francke Verlag Tübingen und Basel
Paul Haupt Verlag Bern · Stuttgart · Wien
Hüthig Fachverlage Heidelberg
Leske Verlag + Budrich GmbH Opladen
J. C. B. Mohr (Paul Siebeck) Tübingen
Quelle & Meyer Heidelberg · Wiesbaden
Ernst Reinhardt Verlag München und Basel
Schäffer-Poeschel Verlag · Stuttgart
Ferdinand Schöningh Verlag Paderborn · München · Wien · Zürich
Eugen Ulmer Verlag Stuttgart
Vandenhoeck & Ruprecht in Göttingen und Zürich

Ulrich Suerbaum

Shakespeares Dramen

Francke Verlag Tübingen und Basel

Für Margret

Die Deutsche Bibliothek – CIP-Einheitsaufnahme

Suerbaum, Ulrich:
Shakespeares Dramen / Ulrich Suerbaum. –
Tübingen ; Basel : Francke, 1996
   (UTB für Wissenschaft : Uni-Taschenbücher ; 1907)
   ISBN 3-8252-1907-0 (UTB)
   ISBN 3-7720-2246-4 (Francke)
NE: UTB für Wissenschaft / Uni-Taschenbücher

© 1996 · A. Francke Verlag Tübingen und Basel
Dischingerweg 5 · D-72070 Tübingen
ISBN 3-7720-2246-4

Einbandgestaltung: Alfred Krugmann, Stuttgart
Satz: ad hoc! Typographie, Ostfildern
Druck und Bindung: Presse-Druck, Augsburg
Printed in Germany

ISBN 3-8252-1907-0 (UTB Bestellnummer)

Inhalt

Vorwort

Shakespeares Dramen gehören unbestritten zu den interessantesten und lohnendsten Studienobjekten, die es gibt, aber sie gelten zugleich als ein schwer zugängliches, voraussetzungsreiches und aufwendiges Arbeitsgebiet. Die Shakespearewissenschaft ist ein umfangreicher Komplex von Einzeldisziplinen; die Sekundärliteratur ist unübersehbar; schon die normale Einzelausgabe eines Dramas setzt dem Benutzer außer dem Text des Stückes eine Fülle von Informationen der verschiedensten Art vor.

Dieses Buch will Zugänge zu den Dramen Shakespeares eröffnen. Es will zeigen, daß es auch beim heutigen Stand der Shakespearewissenschaft ohne unangemessenen Aufwand möglich ist, ein modernes Shakespearebild zu gewinnen und gegenüber dem einzelnen Drama jene Position der Eigenständigkeit, der Urteilsfähigkeit und des analytischen Textverständnisses zu erreichen, die Voraussetzung für Freude an der Sache ist.

Es wird versucht, vom Planungskapitel an durchgehend die Perspektive des Lesers, der mit dem Dramentext konfrontiert ist, einzuhalten, seine Probleme zu sehen und seine Fragen zu beantworten. Aus dieser Sicht werden die einzelnen Bereiche der historischen, strukturanalytischen und rezeptionsgeschichtlichen Forschung dargelegt und ihre Ansätze und Ergebnisse kritisch erörtert. Teildisziplinen, die weniger relevant erscheinen, rücken an den Rand und werden summarisch behandelt, auch wenn sie in der Fachdiskussion eine namhafte Rolle gespielt haben oder noch spielen.

Es wird eine konstante Nähe zum Gegenstand Shakespearedrama angestrebt. Auch allgemeine Fragen werden nach Möglichkeit anhand konkreter Beispiele erörtert. Obwohl alle Dramen auch einzeln im Rahmen ihrer Gattung besprochen werden, sind die Beispiele nicht gleichmäßig aus dem ganzen Korpus gewählt. Ich beziehe mich vorwiegend auf einige Dramen, die als Leitbeispiele von verschiedenen Seiten betrachtet werden. Bei den Tragödien sind das *Macbeth* und *King Lear*, bei den Komödien von den ernsteren, problembezogenen Stücken *The Merchant of Venice*, von den heiteren Stücken *Twelfth Night* und von den Romanzen *The Tempest*. Bei den Historien ist das Hauptbeispiel *Henry V*.

An die Darlegung der einzelnen Teilgebiete schließen sich am Ende der Kapitel Auswahlbiographien an, bei denen das Schwergewicht einerseits auf zuverlässige und hilfreiche Standardwerke und Handbücher und andererseits auf innovative und oft unorthodoxe Studien der jüngsten Zeit gelegt wurde.

Das vorliegende Buch ist eine veränderte und wesentlich erweiterte Neufassung meines Buches mit dem gleichen Titel, das 1980 als Teil der *Studienreihe Englisch* in der Verlagsgemeinschaft Bagel, Düsseldorf, und Francke, Bern, erschien. Ich danke dem Francke Verlag, Tübingen, namentlich Frau Brigitte Narr, für Anregungen und Unterstützung bei der Planung und Durchführung des Projekts. Herrn Stephan Handszuj danke ich herzlich für seine tatkräftige Mitarbeit, insbesondere bei der Zusammenstellung der Bibliographien.

Das Buch ist meiner Frau gewidmet. Ich bin ihr für ihr beständiges Engagement und für ihren sachkundigen Rat sehr dankbar.

Bochum, im Juli 1995   Ulrich Suerbaum

1. Kapitel

Probleme

Die Ausgangssituation

Die Anfangssituation bei der Auseinandersetzung mit einem Shakespearetext ist nicht gerade ein Musterbeispiel für kulinarisches Lesevergnügen. Die Lektüre ist strapaziös. Einem unmittelbaren vollen Verständnis stehen erhebliche Widerstände entgegen.

Es ist freilich dafür gesorgt, daß sich der moderne Leser der unbehaglichen Konfrontation mit dem bloßen Text gar nicht erst auszusetzen braucht. Man erschließt sich die Bedeutung der Einzelstellen normalerweise mit Hilfe kommentierter Ausgaben, deren Erklärungen oft umfangreicher sind als der eigentliche Text. Aber die Kommentare helfen nicht nur, sie gängeln auch, und zwar um so mehr, je reichhaltiger und ›wissenschaftlicher‹ sie sind. Das Verständnis wird in bestimmte Richtungen dirigiert; Schwierigkeiten werden behoben oder überdeckt, ehe sie bewußt geworden sind; Reflexionen, Momente der Unsicherheit und Einsichtsprozesse, die der Text vom Leser selbst verlangt, werden ihm abgenommen. Er nimmt nicht das Werk auf, sondern eine Mischung aus Original und Fremdtext.

Das Problem verschärft sich, wenn man nicht nur den Sinn der Einzelstellen am Leitfaden kommentierter Ausgaben erarbeitet, sondern auch die Deutung größerer Einheiten – Szenen oder ganzer Dramen – von vornherein aus der Sekundärliteratur übernimmt.

Die Gefahr eines unselbständigen und abhängigen Textverständnisses ist beim Shakespearestudium kaum abwendbar. Bei dem hohen Schwierigkeitsgrad und der großen historischen Distanz der Werke ist man auf Hilfsmittel angewiesen, wenn die Beschäftigung nicht zu einer ergebnisarmen und unbefriedigenden Plackerei werden soll. Man kann der Bevormundung jedoch entgegenwirken, indem man sich möglichst bei einzelnen Abschnitten der Unbequemlichkeit des unkommentierten Textes aussetzt, die eigenen Reaktionen – Eindrücke, Bedeutungserfassung, Einblicke in Zusammenhänge, offene Fragen – reflektiert und sichtet, um sich dann mit deutlichen Vorstellungen von den für die Weiterarbeit erforderlichen Informationen und Aufschlüssen an die Hilfsliteratur zu wenden.

Im folgenden soll anhand eines Beispiels aus *The Tempest* gezeigt werden, welche sprachlichen und inhaltlichen Phänomene wir in einem Shakespearetext antreffen, welche Probleme sie aufgeben, welche Untersuchungsrichtungen zu deren Bewältigung eingeschlagen werden müssen und welche Hilfsmittel und Zusatzinformationen vordringlich sind. Ziel ist dabei einmal eine Erläuterung des Aufbaus und der Fragestellung dieses Buches und eine Zusammenschau der Fragenkreise, die dann in Einzelkapiteln behandelt werden. Zugleich soll – als Anregung für selbständige Experimente mit anderen Textstellen – der Arbeitsprozeß vom ersten Lesen bis zur detaillierten Problemanalyse illustriert werden.

Beispiel: Der Anfang von *The Tempest*

Das Beispiel besteht aus zwei Teilen, der vollständigen ersten Szene und dem Anfang der zweiten Szene, die sprachlich und stilistisch von anderer Art ist. Man lese nach Möglichkeit zunächst den Text und erst beim zweiten Lesen die den Szenen angefügten sprachlichen Erklärungen.[1]

ACT I, SCENE I

A tempestuous noise of thunder and lightning heard.
Enter a SHIP-MASTER *and a* BOATSWAIN.

Master.	Boatswain!
Boatswain.	Here, master; what cheer?
Master.	Good; speak to th' mariners. Fall to't, yarely, or we run ourselves aground. Bestir, bestir. *Exit.*

Enter MARINERS.

Boatswain.	Heigh, my hearts! cheerly, cheerly, my [5] hearts! yare, yare! Take in the topsail. Tend to th'master's whistle. – Blow till thou burst thy wind, if room enough!

---

[1] Text und Anmerkungen nach *The Riverside Shakespeare,* textual editor G. Blakemore Evans (Boston, 1974). Alle Shakespearestellen des Buches werden nach dieser Ausgabe zitiert. – Im *Riverside Shakespeare* bedeuten eckige Klammern im Text, daß der eingeklammerte Ausdruck nicht in den ältesten Ausgaben überliefert ist, sondern eine Rekonstruktion späterer Herausgeber darstellt. Eine Besprechung der Ausgabe s. unten, S. 313.

Enter ALONSO, SEBASTIAN, ANTONIO, FERDINANDO, GONZALO, *and others.*

Alonso. Good boatswain, have care. Where's the master?
Play the men. [10]

Boatswain. I pray now keep below.

Antonio. Where is the master, bos'n?

Boatswain. Do you not hear him? You mar our labor. Keep your cabins; you do assist the storm.

Gonzalo. Nay, good, be patient. [15]

Boatswain. When the sea is. Hence! What cares these roarers for the name of king? To cabin! silence! trouble us not.

Gonzalo. Good, yet remember whom thou hast aboard.

Boatswain. None that I love more than myself. You are [20] a councillor; if you can command these elements to silence, and work the peace of the present, we will not hand a rope more. Use your authority. If you cannot, give thanks you have liv'd so long, and make yourself ready in your cabin for the mischance of [25] the hour, if it so hap. – Cheerly, good hearts! – Out of our way, I say.

Gonzalo. I have great comfort from this fellow. Methinks he hath no drowning mark upon him, his complexion is perfect gallows. Stand fast, good Fate, [30] to his hanging, make the rope of his destiny our cable, for our own doth little advantage. If he be not born to be hang'd, our case is miserable. *Exeunt.*

Enter BOATSWAIN.

Boatswain. Down with the topmast! yare! lower, lower! bring her to try with main-course. *(A cry within.)* [35] A plague upon this howling! they are louder than the weather, or our office.

Enter SEBASTIAN, ANTONIO *and* GONZALO.

Yet again? What do you here? Shall we give o'er and drown? Have you a mind to sink?

Sebastian. A pox o' your throat, you bawling, blasphemous, [40] incharitable dog!

Boatswain. Work you then.

Antonio. Hang, cur! hang, you whoreson, insolent noisemaker! We are less afraid to be drown'd than thou art. [45]

Gonzalo. I'll warrant him for drowning, though the ship were no stronger than a nutshell, and as leaky as an unstanch'd wench.

Boatswain. Lay her a-hold, a-hold! Set her two courses off to sea again! Lay her off. [50]

Enter MARINERS *wet.*

Mariners. All lost! To prayers, to prayers! All lost! *[Exeunt.]*

Boatswain. What, must our mouths be cold?

Gonzalo. The King and Prince at prayers, let's assist them, For our case is as theirs.

Sebastian. I am out of patience. [55]

Antonio.	We are merely cheated of our lives by drunkards.
	This wide-chopp'd rascal – would thou mightst lie drowning
	The washing of ten tides!
Gonzalo.	He'll be hang'd yet,
	Though every drop of water swear against it,
	And gape at wid'st to glut him.

       A confused noise within: »Mercy on us!« –   [60]
»We split, we split!« – »Farewell, my wife and children!« –
»Farewell, brother!« – »We split, we split, we split!«

                      [Exit Boatswain.]

Antonio.	Let's all sink wi' th' King.	
Sebastian.	Let's take leave of him.	*Exit [with Antonio].*
Gonzalo.	Now would I give a thousand furlongs of sea [65] for an acre of
	barren ground, long heath, brown [furze], any thing. The wills
	above be done! but I would fain die a dry death. *Exit.*

Notes

3.	*Good.* An acknowledgement of the boatswain's reply. The punctuation differentiates this from the *good* in line 15, which means »good fellow.«
4.	*yarely:* smartly, nimbly.
6.	*Tend:* attend.
7–8.	*Blow...enough.* He addresses the storm. *if room enough:* so long as we have sea-room, i.e. space in which to maneuver without going aground.
10.	*Play:* ply, urge on (?).
17.	*roarers:* (1) turbulent waves; (2) rowdies.
21.	*councillor:* member of the King's council.
22.	*the present:* the present occasion; but *present* may be a mistake for *presence*, i.e. the King's presence or presence chamber.
28–30.	*Methinks...gallows.* Alluding to the proverb »He that is born to be hanged need fear no drowning.«
29–30.	*complexion:* appearance (as reflecting his temperament).
31–32.	*make...advantage:* make the rope that will hang him our anchor chain, since our actual one now does us little good.
35.	*bring...main-course:* keep her close to the wind by means of the main sail.
37.	*office:* duties.
38.	*give o'er:* give up.
46.	*warrant him for:* guarantee him against.
49.	*a-hold:* a-hull, close to the wind.
49–50.	*Set...sea:* i.e. set her mainsail and foresail so as to get her out to sea.
56.	*merely:* utterly.
57.	*wide-chopp'd:* wide-jawed.

58.   *ten tides.* Pirates were hanged on shore and left until three tides had washed over them.
60.   *gape...him:* open its mouth to the widest to gulp him down.
66.   *heath...furze:* heather...gorse (plants that grow in poor soil).
67.   *fain:* gladly.

SCENE II
Enter PROSPERO *and* MIRANDA.

Miranda.	If by your art, my dearest father, you have
	Put the wild waters in this roar, allay them.
	The sky it seems would pour down stinking pitch,
	But that the sea, mounting to th' welkin's cheek,
	Dashes the fire out. O! I have suffered [5]
	With those that I saw suffer. A brave vessel
	(Who had, no doubt, some noble creature in her)
	Dash'd all to pieces! O, the cry did knock
	Against my very heart. Poor souls, they perish'd.
	Had I been any God of power, I would [10]
	Have sunk the sea within the earth or ere
	It should the good ship so have swallow'd, and
	The fraughting souls within her.
Prospero.	Be collected,
	No more amazement. Tell your piteous heart
	There's no harm done.

Notes

1. *art:* magic.
4. *welkin's:* sky's. *cheek:* (1) face; (2) side of a grate.
6. *brave:* splendid.
11. *or ere:* before.
13. *fraughting:* forming the cargo. *collected:* composed.
14. *amazement:* terror. *piteous:* pitying.

Offener Text

An erster Stelle drängen sich Sprachprobleme auf. Wörter und Wendungen sind unbekannt; ganze Sätze werden nicht recht klar, darunter auch solche, deren Einzelwörter man alle zu kennen glaubt. Das beim Leser entstehende Bedeutungsbild enthält Lücken und verschleierte, nicht voll durchsichtige Stellen. Zugleich aber ist auffällig, daß ungeachtet aller Schwierigkeiten, die man haben mag, die Umrisse des szenischen Vorgangs und der Verlauf des Dialogs kaum verfehlt werden können. Die Kommunikation reißt nicht über längere Strecken ganz ab, wie es sonst bei komplizierten Texten oft vorkommt. Man erkennt, obwohl es keine ausdrückliche Beschreibung des Handlungsorts und der Situation gibt, daß die erste Szene an Bord eines Schiffes spielt, welches eine Gruppe hochgestellter Personen – einen König und sein Gefolge – befördert; man verfolgt die Bemühungen der Seeleute, das Schiff vor dem Stranden zu bewahren; den Streit zwischen der Besatzung, die ihre Passagiere unter Deck und aus dem Weg haben möchte, und den Edelleuten, die sich einem unfähigen Gesindel von Matrosen ausgeliefert glauben; die wachsende Verzweiflung, die nur noch das Gebet als Zuflucht übrigläßt, und schließlich das Scheitern des Schiffes. In ähnlicher Weise läßt sich auch bei der anschließenden Stelle der Tenor von Mirandas Rede – die Vermutung, daß ihr Vater der Urheber des Sturms ist, ihr Mitleid mit den Schiffbrüchigen und ihr Wunsch nach Verhinderung des Unheils – unschwer erfassen.

Die Position eines Textempfängers, der auf der Basis eines vorläufigen und partiellen Verständnisses die Aufgabe der Entschlüsselung der restlichen Bedeutungskomponenten noch vor sich sieht, ist nicht auf Anfänger oder nicht-englische Leser beschränkt; sie ist beim Shakespearestudium permanent. Es gibt keine Schwelle, hinter der alle sprachlichen Fragen beantwortet, alle im Text gespeicherten Informationen abgerufen sind und nur noch außersprachliche Probleme – etwa die Deutung und Bewertung des Inhalts – übrigbleiben. Der Bereich des noch Offenen läßt sich reduzieren, zum Beispiel durch die Zuhilfenahme der abgedruckten Erklärungen, aber selbst bei nicht übermäßig problematischen Abschnitten wie dem vorliegenden gibt es Stellen, an denen die Experten der Kommentare nicht zu einem definitiven Ergebnis kommen oder sich in Widerspruch zu anderen Erklärungen setzen.

Die Unabschließbarkeit des sprachlichen Verständnisprozesses resultiert zu einem Teil aus der historischen Situation des modernen Lesers, der den Sprachzustand von 1600 nicht rekonstruieren und sich zu einem Mitglied des ursprünglichen Publikums machen kann. Ein wichtiger Grund ist jedoch auch die sprachliche Struktur des Textes selbst, der nicht auf Durchsichtigkeit und leichte und schnelle Übermittlung aller in ihm enthaltenen Informationen angelegt ist. Die Sprache wird vielmehr so gehandhabt, daß ein Teil ihrer Bedeutung erst bei wiederholter Betrachtung und bei Berücksichtigung des engeren und weiteren Kontextes transparent wird. An vielen Stellen wird der Text sogar derart mit Bedeutung befrachtet, daß das volle Spektrum des Gemeinten und Angedeuteten gar nicht mehr eindeutig analysiert werden kann. Der Text überschreitet hier die Kommunikationsmöglichkeiten der Sprache. Ein Teil des Bedeutungspotentials bleibt unausgeschöpft; der Text ist offen.

Historische Probleme: Elisabethanisches Englisch

Bei einer Grobeinteilung der sprachlichen Phänomene, die für ein modernes Publikum die Ungewöhnlichkeit und Erklärungsbedürftigkeit des Shakespearetextes ausmachen, können wir zwischen historischen, durch Besonderheiten des elisabethanischen Englisch bedingten und strukturellen, in der Kompositionsweise der Texte liegenden Eigenarten unterscheiden.

Die Abweichungen des Renaissanceenglisch vom heutigen Sprachstandard treten auf allen linguistischen Gebieten zutage: Lexik und Semantik, Idiomatik, Grammatik und Syntax. Art und Stärke der Behinderung des Zugangs sind allerdings sehr unterschiedlich.

Lexik. Ausgestorbene, heute gar nicht mehr vorhandene Wörter stellen das geringste Problem dar. Jeder Kommentar oder jedes größere Lexikon liefert die fehlenden Angaben, ersetzt das alte Wort durch ein neues, z.B. *yarely* durch *smartly* oder *briskly* (Szene 1, Zeile 4), *hand* durch *handle* (1, 23) oder *welkin* durch *sky, heaven* (2, 4). Größer ist der Anteil an obsoleten Vokabeln, die im neueren Englisch nur noch gelegentlich, und zwar meist in sprachlich konservativen Textsorten wie religiöser Literatur oder Lyrik, vorkommen, z.B. *bestir! = quick! get a move on!* (1, 4), *methinks – it seems to me* (1, 28f.), *fain = gladly* (1, 67). Hier macht sich zum ersten Mal das Phänomen der Interferenz des modernen Sprachstandes bemerkbar. Für uns bringen diese Wörter wegen der Kontexte, in denen sie uns sonst begegnen, unwillkürlich die Konnotation des Altertümlichen, Biblischen oder Poetischen mit sich, während sie bei Shakespeare normale, lebendige Begriffsträger sind.

Semantik. Das größte Problem stellen die Bedeutungsverschiebungen dar. Bei vielen Wörtern hat sich der Sinn verändert, mitunter kaum merklich, mitunter aber auch so deutlich, daß man schon beim ersten Lesen darauf gestoßen wird. Der Satz »We are merely cheated of our lives by drunkards« (1, 56) gibt keinen Sinn, wenn man *merely* in der heutigen Bedeutung von *nur* versteht (– es bedeutet *ganz, total*). Gonzalo kann kaum sagen wollen, daß *complexion* im Sinne von *Gesichtsfarbe* den Bootsmann als Galgenstrick abstempelt (1, 29f.); *complexion* bezeichnet hier den Charakter (der sich nach elisabethanischer Auffassung im Äußeren des Menschen zeigt). Weniger deutlich sind die Bedeutungsveränderungen bei *a brave vessel* (2, 6), wo *brave* nicht *mutig*, sondern *schön, prächtig* heißt, und bei Prosperos Aufforderung *No more amazement* (2, 14), wo *amazement*, heute nur *Verwunderung*, die Bedeutung von *Verwirrung, Desorientierung* hat (vgl. *maze, Irrgarten*).

Die Sache wäre relativ einfach, wenn sich in solchen Fällen die Bedeutung nur verschoben hätte, so daß wir für den heutigen Wortsinn den damaligen substituieren könnten. In Wirklichkeit hat jedoch das elisabethanische Englisch eine Semantik, die anders geartet ist als die der modernen Sprache. Die meisten der von semantischen Veränderungen betroffenen Wörter enthalten damals nicht nur die ›alte‹, sondern auch schon die ›neue‹ Bedeutung. Das Bedeutungsspektrum des Einzelworts ist breiter; die Wörter sind in ihren semantischen Funktionen weniger stark von vornherein festgelegt. Stärker als heute erfolgt die Determinierung erst durch den Kontext, in dem sie eingesetzt werden. Und auch hier bleibt oft im Vergleich zu modernen Texten ein größerer semantischer Spielraum, ein Plus an Mehrdeutigkeit.

Einige Beispiele aus unserem Textausschnitt: *piteous* (2, 14), heute nur *bemitleidenswert*, heißt bei Shakespeare sowohl *mitleidsvoll* (das ist die hier vorherrschende Bedeutung) als auch *bemitleidenswert*. *I would* heißt im 16. und 17. Jahrhundert nicht nur *ich würde*, sondern auch *ich wollte, ich möchte*. Unser Text zeigt drei Bedeutungsvarianten: in »would thou mightst lie drowning« (1, 57) bedeutet es *ich wollte*, in »I would / Have sunk the sea« (2, 10f.) heißt es *ich würde* und in »The sky ... would pour down stinking pitch« (2, 3) spielen beide Bedeutungen ineinander. *To assist*, heute nur noch in der Bedeutung *helfen* verwandt, hat damals daneben auch noch die Bedeutung des lateinischen Grundwortes, nämlich *dabeisein*. In Gonzalos Worten »The King and Prince at prayers, let's assist them« (1, 54) ist nicht nur gemeint *Laßt uns ihnen beim Beten helfen*, sondern auch *Wir wollen bei ihnen sein*.

Selbst verschiedene Wörter, die etymologisch verwandt oder lautlich ähnlich sind, können sich in ihrem Bedeutungsbereich überlappen oder austauschbar sein. Das gilt z.B. für *to tend* : *to attend* (1, 6), *play* : *ply* (1, 10) – *play the men* kann heißen *spielt Männer, seid mannhaft* und/oder *ply the men, bring die Männer auf Trab* –, *councillor* : *counsellor* (1, 21), *present* : *presence* (1, 22).

Idiomatik. Ein besonderes Problem stellen die idiomatischen Redeweisen dar, weil bei ihnen der wörtliche Sinn (etwa *kalte Füße haben*) oft wenig über das Gemeinte (*Angst haben*) aussagt. Es wird zum Beispiel seit Jahrhunderten daran herumgerätselt, was der Bootsmann mit seiner Frage »What, must our mouths be cold?« (1, 53) meint. Ruft er nach Schnaps, um sich vor dem Ertrinken noch einmal die Kehle zu wärmen? Verweist er auf den bevorstehenden Tod? Oder fragt er, ob das Fluchen und Kommandieren, mit dem er sich bislang den Mund gewärmt hat, nun zu Ende ist? Bis zur Auffindung schlagender Parallelstellen aus der zeitgenössischen Literatur ist eine Mutmaßung so gut oder so schlecht wie die andere.

Grammatik und Syntax. Daß die Sprache freier, ihr Systemzwang weniger streng ist als heute, zeigt sich auch auf dem Gebiet der Grammatik und Syntax. Wir sehen zwar im großen und ganzen die gleichen Muster wie im modernen Englisch vor uns und haben daher kaum Verständnisschwierigkeiten, aber wir finden immer wieder neben ›richtigen‹ Formen und Fügungen auch solche, die nach unserem Verständnis grammatischer Normen unzulässig wären. In dem Satz »What cares these roarers for the name of king?« (1, 16f.) fehlt beispielsweise die Umschreibung, und ein Verb im Singular tritt zu einem Substantiv im Plural.

Der moderne Leser und der Shakespearetext

Unsere bisherige Betrachtung der sprachlichen Probleme, die der Text aufgibt, läßt einige Folgerungen zu:

1. Sprachkommentare und Ausgaben mit Erklärungen sind grundlegende Instrumente des Shakespearestudiums. Von ihrer Auswahl und von dem Gebrauch, den man von ihnen macht, hängt es wesentlich ab, wie weit man im Verständnis vordringt und wieviel Vergnügen man an der Lektüre hat. Wir werden uns daher im Kapitel 8, »Shakespeareforschung – Shakespearekritik«, ausführlich mit den

verfügbaren modernen Textausgaben und mit den verschiedenen Arten von Verständnishilfen befassen.

2. Es wäre falsch, in Kommentaren und Lexika ein Allheilmittel für die auftretenden sprachlichen Probleme zu sehen. Wort- und Ausdruckserklärungen können vor Mißverständnissen bewahren, sie können aber das originale Bedeutungsbild nicht ganz rekonstruieren. Dazu wäre einmal ein immenser Aufwand an Worten nötig, der in keinem Verhältnis zum Ertrag stehen würde. Zum anderen ist das traditionelle und in den Kommentaren noch immer vorherrschende Substitutionsverfahren (nach dem Schema: ersetze den Ausdruck x im Originaltext durch den modernen Ausdruck y) nicht geeignet, der Bedeutungsstruktur des Shakespearetextes gerecht zu werden. Es bewirkt nur, daß das Original fälschlich in einen total determinierten modernen Text umgedeutet wird.

3. Wesentlich für den Erfolg der Lektüre sind Einstellung und Verfahrensweise des modernen Lesers. Er muß sich den Spielregeln der Sprache dieser Texte anpassen. Es wird von ihm ein ungewohntes Maß an eigener aktiver Mitwirkung im Kommunikationsprozeß verlangt. Er muß den Kontext genau betrachten; er muß vergleichen, kombinieren, erschließen. Er muß sich daran gewöhnen, daß der Autor sich nicht der straffen Autorität von Sprachnormen unterwirft, die moderne Texte in den Rahmen der durch Regeln und Konventionen gebildeten Lesererwartung fallen lassen. Er muß sich von der Vorstellung lösen, daß jeder Textteil nur eine bestimmte Bedeutung hat. Er muß sich mit einer historischen Kommunikation auseinandersetzen, in der die Grenzen des Zumutbaren sehr weit gesteckt sind.

4. Zu den wünschenswerten Voraussetzungen gehört aber auch ein Verzicht auf Perfektionismus und blinde Pflichterfüllung. Man kann nicht alle sprachhistorischen Bedeutungsprobleme lösen, von den textimmanenten ganz abgesehen. Beim heutigen Leser sind ein gewisses Verrutschen seines Bedeutungsbildes gegenüber dem des Originals und ein Offenbleiben mancher Fragen unvermeidlich. Wenn man sich einmal klargemacht hat, daß auch das fleißige Durcharbeiten einer großen wissenschaftlichen Ausgabe einen nicht zur totalen Entschlüsselung führt, ist man vielleicht eher dazu bereit, nach eigener Entscheidung die aufzuwendende Mühe dem jeweils angestrebten Ziel anzupassen. Für die meisten Zwecke wäre es beispielsweise sinnlos, die nautischen Kommandos der Sturmszene zu enträtseln. Sie sind zwar ›echt‹ und entsprechen genau den in alten

Segelhandbüchern für eine solche Lage vorgeschriebenen Manövern, aber sie sind offensichtlich nicht dazu gedacht, vom Laien im einzelnen verfolgt zu werden.

5. Überhaupt ist der Text so angelegt, daß er auch für ein partielles Verständnis geeignet ist. Die Leichtverständlichkeit der sprachlichen Grundschicht, die wir feststellten, kommt nicht von ungefähr. Sie ist Teil der sprachlichen Strategie des Autors und bildet ein notwendiges Korrelat zu der komplizierten Offenheit des Textes. Es ist dafür gesorgt, daß das Publikum nie vor der Alternative steht, entweder tiefer in den Sinn einzudringen oder gar nicht mehr folgen zu können. Es gibt keine wichtige Aussage, die nur einmal in Form einer schwerverständlichen Formulierung vorgetragen wird. Stets enthält der Text auch leichtere und kürzere Fassungen des Gedankens. Man kann daher im Grunde auf beliebiger Stufe des Textverständnisses aufhören.

Strukturelle Probleme: Shakespeares Eigensprache

Die Erkenntnis der Prägung der Sprache durch historische Faktoren darf nicht dazu verleiten, den Dramentext für normales, gängiges elisabethanisches Englisch zu halten. Der Grad der Abweichung vom Standard der damals tatsächlich üblichen Redeweisen wechselt von Szene zu Szene und von Charakter zu Charakter – Mirandas Worte sind zum Beispiel offensichtlich künstlicher als die Flüche und Kommandos der Seeleute –, aber im ganzen ist jede Shakespearestelle sprachlich anders konstituiert als zeitgenössische Normaltexte. Der Autor verzichtet sogar – im Gegensatz zu den meisten modernen Dramatikern – auf die Erzeugung der Illusion, daß seine fiktiven Figuren so redeten wie wirkliche Personen. Wir haben es mit einer Sondersprache zu tun, die zum Teil ein gattungsbedingtes poetisch-dramatisches Idiom darstellt, zum Teil eine Eigensprache Shakespeares, ein Idiolekt, ist.

Wenn man die Merkmale dieser Sondersprache mustert, so fällt zunächst die Vielfalt und Uneinheitlichkeit der sprachlichen Elemente und Ebenen auf. Bei den meisten Formen des Sprachgebrauchs wird nur ein begrenzter Teil der insgesamt verfügbaren sprachlichen Mittel herangezogen. Man produziert nicht Texte schlechthin, sondern hält sich im Rahmen bestimmter Textsorten (wie Gespräch, Diskussion, Vortrag oder Brief) und berücksichtigt deren Gepflogenheiten bei Wortwahl, Stilebene und Satzmuster. Besonders bei poetischen Texten sind wir an eine einheitliche Auswahl der Sprachmittel gewöhnt.

In Shakespeares Text scheinen dagegen Buntheit und Freiheit von allen Restriktionen die Prinzipien der Komposition zu sein. Die Spannbreite des Vokabulars und der Redeweisen ist extrem; sie reicht von deftiger Matrosensprache über einfachere und kniffligere Wortspiele bis zu wohlgesetzter Rede in gewählten Ausdrücken. Auch die formale Seite des Textes bietet kein einheitliches Bild. Wir finden Prosa – und zwar sowohl abgehackte, hektisch wirkende Passagen als auch glatt fließende, rhythmisierte Stellen –, unregelmäßige Blankverse, die kaum von Prosa zu unterscheiden sind, und schließlich eine unverkennbare, wenn auch metrisch keineswegs reguläre Verspartie.

Wenn der Text auch nicht durch einen bestimmten Stil, eine gleichbleibende sprachliche Ebene und formale Geschlossenheit gekennzeichnet ist, so enthält er doch eine Reihe kompositorischer Elemente, die ihm seine besondere Struktur geben.

Zu den sprachlichen Phänomenen, die einem modernen Leser besonders auffallen, gehört die reiche Metaphorik. Das Vokabular wird an vielen Stellen nicht in seiner eigentlichen Bedeutung, sondern übertragen, bildlich gebraucht, meist in der Form der Metapher (z.B. »the sea ... swallow'd«, 2, 11–12), gelegentlich auch des Vergleichs (z.B. »the ship [was] as leaky as an unstanch'd wench«, 1, 46–48). Vorherrschend sind – jedenfalls in unserem Beispiel – Personalmetaphern, d.h. Personifizierungen von Abstrakta oder leblosen Dingen.

Der Bootsmann ruft dem Sturm zu: »Blas nur, bis dir die Puste platzt ...« (1, 7f.); Gonzalo klammert sich an die Hoffnung, daß der Bootsmann am Galgen enden wird, »auch wenn jeder einzelne Wassertropfen das Gegenteil schwört und seinen Rachen weit aufsperrt, um ihn zu verschlucken« (1, 58–60); Miranda schildert das Unwetter als einen Belagerungskrieg zwischen Himmel und Meer (2, 3–5). Diese Metaphern werden in verschiedenen Zusammenhängen geäußert; sie nehmen nicht direkt Bezug aufeinander. Dennoch ergeben sie, zusammen mit einigen anderen, eine zusammengehörige Linie, ein Sinnmuster (*pattern*). Sie bewirken, daß die Naturgewalten mit zunehmender Deutlichkeit als Aufrührer und Kriegführende gesehen werden, die gegen die friedliche Ordnung verstoßen.

Alle Metaphern der Textstelle sind im übrigen keineswegs weithergeholt; sie haben als Kern eine kaum noch als uneigentlicher Ausdruck empfundene gesunkene Metapher – z.B. die Redensarten vom tobenden Sturm und von himmelstürmenden Wellen –, die im Kontext verstärkt, ausgebaut und mit neuer Bedeutung aufgeladen wird.

Sprachliche Muster und Zusammenhänge entstehen auch dadurch, daß manche Charaktere – hier besonders Gonzalo und der Bootsmann – die Sprache in einem für uns ungewöhnlichen Maße bewußt handhaben. Sie achten nicht nur auf das Was, sondern auch auf das Wie der Rede, formulieren kunstvoll, spielen mit den verschiedenen Bedeutungen eines Wortes, konstruieren Antithesen und Parallelen, spinnen sprachliche Motive aus. Die Dialoge spielen sich zum Teil als sprachliche Wettkämpfe ab. Der Sprecher knüpft an Wörter und Formulierungen seines Gegenübers an, deutet sie um oder entwickelt sie in anderer Richtung weiter.

Als Gonzalo beispielsweise dem Bootsmann befiehlt, ruhig zu sein, antwortet der, er werde erst dann Ruhe geben, wenn das Meer es auch tue (1, 16). Auf die Mahnung »Denk daran, wen du an Bord hast« (1, 19) kontert er mit dem Hinweis, daß er zunächst an sich selbst, seinen liebsten Passagier, denke. Seine Meinung, daß die Befehlsgewalt des Hofes in der gegenwärtigen Ausnahmesituation außer Kraft sei, äußert der Bootsmann in einer Reihe von doppeldeutigen Formulierungen: *roarer* – *Wellen*, *Brecher* und zugleich *Schlägertypen*, *Rechtsbrecher* – scheren sich nicht um einen König; Gonzalo solle doch versuchen, *these elements* – *Naturgewalten* und *aufsässige Elemente* – zu besänftigen und *peace of the present* – d.h. *Beruhigung des gegenwärtigen Sturms* und *das protokollarische Schweigen bei Präsenz des Herrschers* – herbeizuführen (1, 16–26). Auch Gonzalo entwickelt seine Formulierungen aus Stichworten, die ihm der Gesprächspartner liefert (z.B. *rope* – *gallows* – *cable* – *hanging*, 1, 28–33; *wide chopp'd rascal*, »breitmäuliger Halunke«, – *gape at wid'st*, 1, 57 und 60).

Die gesamte Textstelle ist von sprachlichen Wiederholungs- und Variationsmustern durchzogen, zu denen die am Dialog Beteiligten teils bewußt, teils unbewußt beitragen. Neben Ketten von Metaphern und Begriffswiederholungen kommen auch einzelne Wort- und Formulierungsechos vor, so zum Beispiel, wenn Mirandas Ausdruck »If ... you have / Put the wild waters in this roar« (2, 1f.) die Worte des Bootsmanns in Erinnerung ruft.

Auch die emotionale Atmosphäre der einzelnen Szenenteile wird hauptsächlich mittels der sprachlichen Technik der *pattern*-Bildung erzeugt. Zu Anfang der Sturmszene herrscht eine Stimmung der forcierten Zuversicht, die weniger durch optimistische Reden als durch die Häufung von Wörtern mit positivem Sinn oder Nebensinn (*cheer, cheerly, good, yarely, hearts*) zum Ausdruck kommt. Das Schwinden der Hoffnung und das Nahen der Katastrophe werden durch Massierung von Ausdrücken des Untergehens, Leckwerdens und Naßwerdens angezeigt, wobei diese Wörter wiederum oft in Sätzen auftreten, in denen nicht direkt vom Sinken des Schiffes die Rede ist. (Man verfolge von Zeile 34 an: *Down, lower, lower, drown, sink, drown'd, drowning, leaky, unstanch'd* – wörtl.: *undicht* – *lost, lost, lie drowning, washing, tides, drop of water, split* – fünfmal –, *sink.*)

Die letzten Beispiele lassen (wie vorher schon die Metaphern) ein grundlegendes Strukturmerkmal des Textes erkennen. Zahlreiche Bedeutungselemente – Wörter, Satzteile, Sätze – haben eine doppelte Funktion. Sie sind einmal Bestandteil des unmittelbaren Kontextes, der lokalen Aussage; daneben fungieren sie auch als Sinnträger innerhalb weiträumiger, die Einzelstelle übergreifender Bedeutungsstrukturen. Zum Beispiel besagt die Dialogstelle »Boatswain: ... what cheer? Master: Good ...« (1, 2f.) im lokalen Kontext lediglich, daß der Bootsmann sich mit der Floskel »Was gibts (Gutes)?« zur Stelle meldet und der Kapitän die Meldung mit einem nichtssagenden »Schön« quittiert. Im überlokalen Kontext bilden die Wörter *cheer* und *good* einen Teil des Zuversichts-Motivs. Schließlich: Gonzalos Bild von den rachenaufsperrenden Wassertropfen ist im unmittelbaren Zusammenhang ein Teil seiner Antwort auf Antonios Wunsch, der großsprecherische Seebär möge ertrinken. Im weiteren Zusammenhang ist die Metapher die vorletzte Stufe in der Reihe der Aussagen zum Thema ›Die Naturgewalten als menschlich-unmenschliche Wesen‹.

Die bislang beobachteten sprachstrukturellen Phänomene verbinden verschiedene Punkte des Textes miteinander, oft über größere Zwischenräume hinweg. Sie geben dem Text eine dichte, aber unregelmäßige Bedeutungsstruktur. Neben diesen nicht-durchgehenden und nicht-symmetrischen Mustern gibt es aber auch kontinuierliche, lineare Ordnungen, die alle Teile eines Textabschnitts einbeziehen und gliedern. Am deutlichsten ist das am Beispiel der Rede Mirandas zu erkennen. Die 13-zeilige Stelle besteht, vom syntaktischen

Aufbau und vom Inhalt her gesehen, aus drei etwa gleichlangen Teilen: 1. »If by your art ...« bis »... Dashes the fire out« (2, 1–5). 2. »O! I have suffered ...« bis »... they perish'd« (2, 5–9). 3. »Had I been ...« bis »... within her« (2, 10–13). Anfangs- und Schlußteil sind einander zugeordnet. Beide enthalten komplexe Perioden, wobei jeweils ein Bedingungssatz dominiert. Dem Inhalt nach ergibt sich ein Kontrastpaar: was Prospero bewirkt hat, was Miranda getan haben würde. Der Mittelteil, der emotionale Höhepunkt, besteht aus kurzen Ausrufsätzen; er ist – wie die ganze Stelle – symmetrisch gebaut. Ausbrüche des Mitleids (»O! I have suffered ...« und »O, the cry did knock ...«) flankieren den zentralen Satz »A brave vessel ... Dash'd all to pieces«; mitten in diesen Satz ist der Einschub über den Inhalt des Schiffes, »(Who had, no doubt, some noble creature in her)«, eingelassen. Damit die Symmetrie der Rede nicht zu abgezirkelt wirkt – Miranda ist ja *amazed* –, wird die Gliederung nach Zeilen als Sinneinheiten aufgelöst. Fast alle Zeilenenden werden durch Enjambement überspielt.

Der Aufbau der Sturmszene ist, dem Thema des Durcheinanders entsprechend, weniger streng, aber auch hier legt eine Betrachtung der Anordnung der Dialogstellen und des syntaktischen Verlaufs eine klare Ordnung frei. Die langen und sprachlich komplexen Sprechstellen des Bootsmanns und Gonzalos (1, 20–33) nehmen einen zentralen Platz ein. Vor und hinter diesem Redeblock liegen Passagen etwa gleicher Länge (1, 1–19, 34–50) mit knappen Dialogen (Kommandos, Gezänk, Flüche) und oft wechselnden Sprechern. Der Schlußteil (ab 51), durch Sprechrhythmus und Satzbau vom Vorhergehenden abgehoben, mündet in eine etwas längere und ruhigere Sprechstelle, Gonzalos zweiten Monolog.

Dramatischer Text

Erst bei der Analyse des sprachlichen Gesamtaufbaus unserer Beispielstelle werden wir nachdrücklich auf die Tatsache verwiesen, daß wir einen Aufführungstext vor uns haben, der vom Autor nach theatralischen Gesichtspunkten – aufgrund einer Dramaturgie – konstituiert worden ist. Der Text ist nicht in erster Linie für den Kommunikationsweg Verfasser – Druckseite – Empfänger bestimmt. Zwischen Autor und Publikum treten als vermittelnde Schicht die

Rollenträger. Sie sind nicht nur Sprecher des Textes, sondern sie verkörpern auch eine bestimmte Person, treten zu anderen Figuren in Beziehung und wirken an einem realen raum-zeitlichen Geschehen mit, das sich auf der Bühne vollzieht.

Jeder für die Aufführung bestimmte Text läßt sich auch auf dem Wege über die Lektüre aufnehmen, sofern man die wesentlichen theatralischen Faktoren bei der nur vorgestellten Realisierung berücksichtigt. Dabei ist es unausbleiblich, daß die sprachliche Seite – der Dialog – im Vergleich zu einer Bühnenaufführung in den Vordergrund rückt, während die außersprachliche Seite – Mimik, Bewegung, Raumelemente – zurücktritt. Leser von Shakespearedramen, einschließlich vieler Vertreter der modernen Literaturkritik, tendieren dazu, die theatralische Kommunikationsstufe ganz zu überspringen und die Werke so zu lesen, als seien es umfangreiche Dialoggedichte.

Diese Rezeptionsweise ist natürlich den Dramen nicht angemessen, aber sie wird doch durch die Struktur der Texte nahegelegt. Bei Buchausgaben neuerer Dramen könnte man kaum übersehen, daß es sich um Spielpartituren handelt. In der Regel finden wir dort nämlich außer dem Haupttext, den Dialogen, ausgedehnte Nebentexte, die auf die außersprachlichen Elemente des Stücks hinweisen: Beschreibungen der Szenerie, Bühnenanweisungen für die Positionen und Gänge der Figuren, oft sogar auch für Aussehen, Mienenspiel und Gebärden. Bei Shakespeare ist der Nebentext spärlich. Außer den Namen der Sprecher werden nur die Auftritte und Abgänge der Figuren regelmäßig angegeben. Nur gelegentlich gibt es Hinweise auf szenische Effekte, wie »*A tempestuous noise of thunder and lightning heard*« (1, 1) oder »*Enter* MARINERS *wet*« (1, 51).

Die Knappheit der Nebentexte läßt sich nur teilweise damit erklären, daß die Manuskripte, auf denen unsere Ausgaben beruhen, für Theaterfachleute bestimmt waren, die keine ausführlichen Aufführungshinweise brauchten. Es ist eher so, daß die Kompositionsweise der Stücke breite Darlegungen des außersprachlichen Teils des dramatischen Gesamtvorgangs gar nicht rechtfertigt. Shakespeares Dramen sind in erster Linie Sprachtheater, verbale Aktion. Der größte Teil der dramaturgischen Komponenten ist in den Haupttext einbezogen. Die Dialoge vermitteln nicht nur die Gedanken der Figuren, sondern sie enthalten auch fast alles, was es zu sehen gibt und was geschieht: Orts- und Situationsbeschreibungen, Hinweise auf Handlungen und Bewegungsrichtungen. Selbst der Gefühlsverlauf von

Szenen wird – wie wir am Beispiel der Rede Mirandas sehen können – durch die Sprache vorgezeichnet.

Dabei läßt sich unterscheiden zwischen Vorgängen und Dingen,
die nur im Dialogtext existieren, und solchen, die sowohl in der
Sprache als auch in der Realität des Bühnenvorgangs vorkommen.
Die Ausrüstung des Schiffes beispielsweise – Segel, Masten Tau-
werk – wird nur durch die Sprache vorgetäuscht; die nautischen Ma-
növer werden nur befohlen, nicht ausgeführt; der Untergang findet
allein auf der Ebene des Dialogs (und zwar aus verschiedenen Perspektiven gesehen) statt. Verbale und zugleich reale Handlungselemente sind z.B. der Sturm, die Pfeifsignale des Kapitäns, der Lärm
der Passagiere. Diese Vorgänge sind einmal auf der Bühne zu hören, zum anderen werden sie im Dialog gespiegelt. Der Text ergänzt, präzisiert und deutet den realen Vorgang. Das Unwetter
kommt durch die Sprache plastischer zum Ausdruck als durch den
Bühneneffekt des *tempestuous noise;* die Gewalt des Meeres spiegelt sich subtiler im Vokabular als in den durchnäßten Kostümen
der Matrosen.

Mit den Dialogen hat der Leser also einen wesentlich größeren
Teil der gesamten dramatischen Informationen vor sich, als es bei
modernen Bühnentexten der Fall ist. Das bedeutet allerdings nicht,
daß man beim Studium des Textes ohne besondere Bemühung auch
das Bühnengeschehen hinreichend erfaßt. Die Unterschiede zwischen bewegten und statischen, figurenreichen und personenarmen
Szenen, zwischen Monologen und Reden werden zu sehr eingeeb-
net, wenn man nicht bewußt darauf aus ist, sich anhand der Hinweise im Haupttext und der wenigen Bühnenanweisungen den szenischen Ablauf, das Figurenspiel auf der Bühne, vor Augen zu stellen.

Das ist kein Akt der Pietät gegenüber dem Theater, dem die
Stücke zugedacht sind, sondern der Selbsthilfe des Lesers. Was wir
beim Vergleich des realen Bühnenorkans mit seiner verbalen Darstellung feststellen, gilt auch für den Aufbau ganzer Szenen: Der
Ablauf des Bühnengeschehens mit seinen Aktionen, Bewegungen
und wechselnden Gruppierungen der Personen stellt das Grundgerüst der Gesamtaussage dar und liefert elementare, deutliche Informationen, während die im Dialogtext niedergelegten Feinstrukturen
differenzierter und damit weniger leicht zugänglich sind.

Wir können bei der Sturmszene die Probe aufs Exempel machen.
Wenn wir die *Enter-* und *Exit-*Hinweise mitlesen, ergibt sich ein
viel klareres Verlaufsmuster, als wenn wir nur den Dialogtext ver-

folgen. Die Bühne ist zunächst leer, sie füllt sich in schneller und vorerst noch geordneter Folge: Kapitän – Bootsmann – Matrosen (von denen ein Teil offenbar an die Arbeit geschickt wird und wieder abgeht.) Der Hofstaat tritt hinzu. Die beiden Gruppen konfrontieren einander, umstehen die beiden Hauptsprecher. Nach dem Ende dieses Streitgesprächs entwickelt sich ein unruhiges Hin und Her von Figuren und Gruppen. Die Phase der ziellosen Bewegung gipfelt und endet, als die Matrosen hereinstürmen, »All lost!« rufen und gleich wieder davonrennen. Zurück bleiben eine Dreiergruppe von Höflingen – Gonzalo, Sebastian, Antonio – und der Bootsmann. Mit dem Aufhören der Aktivität der Besatzung wandelt sich die Funktion des Handlungsorts. Der nicht näher lokalisierte Platz an Deck war bislang als Befehlsstelle und allgemeiner Treffpunkt das Zentrum des Geschehens. Jetzt verlagert sich der Fokus der Aufmerksamkeit hinter die Bühne, zur königlichen Kabine. Sie ist Gegenstand des Gesprächs, von ihr aus ist der Ruf »We split!« zu hören, zu ihr hin gehen die Figuren – die prominenteste zuletzt – nacheinander ab.

Wenn von den konstitutiven Elementen eines Dramas die Rede ist, denkt man fast unwillkürlich an die Begriffe Charakter und Handlung. Herkömmlicherweise wird unter der Handlung der Ereigniszusammenhang des ganzen Werks (*plot*) verstanden; die einzelnen Szenen werden entsprechend als funktionale Bestandteile der Handlung, als unselbständige Glieder einer Kette, aufgefaßt. Bei der Betrachtung und Bewertung von Charakteren im Drama geht man meist von der Vorstellung aus, daß die Kunstfigur einem wirklichen Menschen möglichst ähnlich sein solle, besonders in psychologischer Hinsicht, und daß eine Dramengestalt um so besser ist, je mehr sie als autonomes Individuum dargestellt wird.

Auch in unserem Beispieltext spielen Handlung und Charaktere eine Rolle, aber wir können mit diesen Kategorien hier wenig anfangen, solange wir sie im traditionellen Sinne definieren. Die Annahme, daß der in der Sturmszene dargestellte Vorgang in erster Linie als ein abhängiger, dienender Teil eines größeren Handlungszusammenhangs gedacht sein könnte, ist offensichtlich abwegig. Die Resultate des Geschehens mögen in kausalem Zusammenhang mit späteren Ereignissen stehen, die Szene als ganzes ist ohne Zweifel eine relativ selbständige, in sich abgerundete Kompositionseinheit, eine Art Miniaturdrama. Wenn wir in Handlungsresümees des *Tempest* lesen, in der ersten Szene erlitt Alonso, der König von Neapel, auf

der Rückfahrt von einer Hochzeit in Tunis an der Küste einer Insel
Schiffbruch, so wird vollends deutlich, daß die Szene nicht in der
Absicht geschrieben worden sein kann, diese für die Gesamthand-
lung des Stücks grundlegenden Informationen zu präsentieren. Der
Zuschauer wird ja über die Identität der Person und über das Woher
und Wohin im unklaren gelassen.

Die Szene hat eine Handlung in sich. Worum geht es dabei? Um
den Sturm natürlich und um den Schiffbruch, aber sehr viel mehr
noch um die Reaktionen der Schiffsinsassen in einer kritischen, le-
bensbedrohenden Situation, um Verhaltensweisen wie Egoismus,
Aufsässigkeit, Rechthaberei und Ablegung der gesitteten Umgangs-
formen. Der Sturm ist nicht nur das auslösende Moment für die
menschliche Extremsituation; er ist zugleich, so wie er hier gedeutet
wird, ein Parallelvorgang zur Handlung im menschlichen Bereich,
ein Aufruhr und Streit personifizierter Gewalten.

Wenn das Geschehen der Szene das dramaturgische Ziel hat, das
Verhalten von Menschen in einer Krise darzustellen, so geht es da-
bei nicht in erster Linie um das Versagen oder die Bewährung von
Individuen. Die maßgebliche dramaturgische Kategorie ist die
Gruppe, nicht die Einzelfigur, und das Gegeneinander der Gruppen
in der Notlage des Sturms macht eine Krise der gesellschaftlichen
Ordnung – den eigentlichen *Tempest* – sichtbar.

Die zuerst auftretende Gruppe, die Schiffsbesatzung, ist hierarchisch gestuft. Die Hierarchie wird in ihrer reinsten Form, nämlich
als Befehlskette, vorgeführt: Der Kapitän beordert den Bootsmann
zu sich und erteilt ihm eine allgemein gehaltene Anweisung; der
Bootsmann gibt den Auftrag in der Form detaillierter Kommandos
an die Matrosen weiter.

Die zweite Gruppe unterliegt ebenfalls einer sichtbaren Rangordnung, die vom König bis zum anonymen Höfling reicht. In der Ge-
samthierarchie der Gesellschaft ist diese Gruppe der anderen übergeordnet. Jetzt ist sie außer Funktion. Der König, ihr ranghöchstes
Mitglied, bleibt stumm; keiner der Höflinge kann wirksam in Aktion treten. Dennoch pocht die Gruppe auf ihre höhere, vorgesetzte
Stellung. Alonso versucht, den Seeleuten Befehle zu erteilen, obwohl er offensichtlich nicht sachkundig ist. Gonzalo, schon sehr viel
bescheidener, ermahnt den Bootsmann, wenigstens den schuldigen
Respekt zu zeigen. Beide Ansprüche werden zurückgewiesen. Der
Bootsmann setzt sich nicht nur für ungestörtes Arbeiten in der au-
genblicklichen Situation ein, sondern er stellt jede Befehlsgewalt,

die sich nur auf eine gegebene Rangordnung stützt, in Frage. Wer sich nicht durchsetzen, seine Autorität nicht ausüben kann, der hat nichts zu sagen und soll keine besonderen Ansprüche stellen.

Der Hofstaat unterliegt der Besatzung, die Besatzung dem Sturm; beide Gruppen lösen sich auf. Je deutlicher sich abzeichnet, daß auch die Seeleute gegenüber dem Sturm machtlos sind, um so mehr ist von einem dritten Bereich der Hierarchie die Rede, von den höheren, unsichtbaren Gewalten. Diese Mächte bleiben undeutlich in ihrer Natur und in der Art des Eingreifens in die menschlichen Geschicke. Nachdem zuerst der Orkan als personifizierte Gewalt genannt worden war, spricht später Gonzalo vom Fatum – einem kapriziösen Schicksal, das wegen der Vorherbestimmung eines Menschen zum trockenen Tod auch die übrigen Schiffsinsassen retten soll; es wird gebetet und die überirdische Gnade (*mercy*) angerufen; Gonzalo unterwirft sich »den Willen da oben«. Miranda vermutet dann, daß ihres Vaters magische Kunst die das Geschehen lenkende Macht gewesen sei, und wünscht, selbst »[a] God of power« (2, 10) gewesen zu sein. Die Frage, welche übermenschlichen Mächte letztlich bestimmend sind, bleibt ebenso offen wie das Problem der Grundlagen und Grenzen menschlicher Autorität.

Aufgaben

Der Anfang des *Tempest*, den wir als Paradigma für die Probleme eines Shakespearetextes genommen haben, verweist auf mehrere Komplexe von Fragen, die sich nicht durch eine eigenständige oder durch Sprachkommentare unterstützte Betrachtung des Textbeispiels beantworten lassen, sondern die eine generelle Erörterung in einem die einzelne Szene und das Einzeldrama übergreifenden Rahmen erfordern.

Zunächst: Der Text ist in starkem Maße von historischen Bedingungen geprägt. Eine Reihe von ihnen kann man getrost ignorieren, andere sind so tief in den Text eingegangen, daß man sich mit ihnen auseinandersetzen muß. Die Dramen sind für eine theatralische Kommunikation bestimmt: Wie sah das Theater aus; wie waren die Aufführungsbedingungen; für welches Publikum wurde gespielt? Die Sprache weist historische Besonderheiten auf: In welcher Gesamtsituation befand sich damals die englische Sprache; welche

Haltung nahmen die Elisabethaner gegenüber der Sprache, insbesondere der Kunstsprache, ein? In den *Tempest*-Szenen spielen einige Konzepte wie die der Hierarchie, der höheren Mächte, der Ordnung und Unordnung eine zentrale Rolle: Wie war das Weltbild der Zeit beschaffen; welches waren die leitenden Ideen und Vorstellungen? Mit diesen Fragen befassen sich die beiden folgenden Kapitel, »Elisabethanisches Theater« und »Sprache, Poesie, Weltbild«.

Weiter: Der Text verdeutlicht, daß Shakespeare sich einer eigenen Dramaturgie, eines Systems oder einer Gruppe von Verfahrensweisen und Techniken, bedient. Die Kenntnis der Grundlagen dieser kompositorischen Grammatik fördert das Verständnis des einzelnen Dramas. Was konstituiert eine Szene und wie wird sie aufgebaut? Wie werden Szenen zu größeren Einheiten zusammengefügt? Wie werden Charaktere gemacht und in welche Beziehungen treten sie zueinander? Wie funktionieren die Techniken der dramatischen Sondersprache, zum Beispiel die Metaphorik, die Wortkulissen, die generalisierende Verarbeitung von Themen wie ›Sturm‹, ›Aufruhr‹, ›Streit‹? Mit dem Komplex »Figuren, Szenen, Handlung: Shakespeares Dramaturgie« befaßt sich das vierte Kapitel.

Schließlich: *The Tempest* ist mit der Gattungsbezeichnung *comedy* überliefert. Diese Zuordnung leuchtet dem modernen Leser kaum ein; die ersten Szenen deuten eher auf ein ernstes Problemdrama. Es fragt sich, welche Bewandtnis es mit den zeitgenössischen Gattungsbegriffen *history*, *tragedy* und *comedy* hat, welche Vorstellungen, Erwartungen und Konventionen mit ihnen verbunden waren. Es fragt sich weiter, in welchem Maße das einzelne Stück durch die Gemeinsamkeiten der Gattung bestimmt wird und welchen Platz im Gesamtfeld es einnimmt. Das fünfte Kapitel, »Gattungen und Stükke«, geht diesen Problemen nach.

Auch wenn wir uns mit den historischen Bedingungen der Entstehung und der Machart der Dramen vertraut machen, ist es für uns heute weder möglich noch erstrebenswert, Shakespeares Werke wie Elisabethaner zu sehen und aufzunehmen.

Wir sind anders und reagieren anders als Elisabethaner – und es geht uns ja auch gar nicht um eine museale Besichtigung eines Autors und seines Werks im rekonstruierten Zeitkontext einer vergangenen Epoche. Eine moderne Shakespearerezeption kann nicht darin bestehen, daß man die Stücke als Pseudomitglied des ursprünglichen Publikums, sozusagen als Zaungast im Globe-Theater, zur Kenntnis nimmt. Man will die Werke schließlich in erster Linie als

Zeitgenosse der eigenen Epoche aufnehmen und mit ihnen in diesem historischen Kontext etwas anfangen, indem man sie in seine Erfahrungen und Reflexionen einbezieht.

Auch die Dramen sind nicht mehr, was sie zu ihrer Entstehungszeit waren. Eine vierhundertjährige Rezeptionsgeschichte als Theaterstücke und Studienobjekte hat ihre Bedeutung verändert und kompliziert. Ihnen wird ein anderer Rang und kultureller Kontext zugewiesen; es wird anderes – und mehr – aus ihnen herausgelesen.

Diese Rezeptionsgeschichte prägt unsere Response auf die Dramen, und zwar selbst dann, wenn wir sie unbefangen aufzunehmen glauben. Auch wenn *The Tempest* für uns neu ist und wir keine Sekundärliteratur heranziehen, bringen wir doch allgemeine Erwartungen an ein Shakespearedrama und Anteile des für unsere Zeit typischen Vorwissens und Vorverständnisses mit. Auf jeden Fall begegnet uns das Stück nicht in der originalen Gestalt, sondern in einer edierten, teilweise rekonstruierten, unseren sprachlichen Regeln und Gepflogenheiten angepaßten Form, hinter der eine lange Editionsgeschichte steht. Auch in schlichten Wort- und Sacherklärungen, wie wir sie benötigen und erhalten, drücken sich, selbst wenn sie so sparsam sind wie im *Riverside Shakespeare*, alte Deutungstraditionen aus.

Der letzte Teil des Buches befaßt sich mit der Rezeptionsgeschichte der Shakespearedramen und mit der heutigen Situation. Im Kapitel 6, »Lebensläufe und Porträts: Variationen über Shakespeare«, geht es um die Wandlung der Einstellung zu der Person und der Biographie Shakespeares. Mit einigen Kernproblemen der Wirkungsgeschichte setzt sich Kapitel 7, »Rezeption: Text und Theater, Englisch und Deutsch« auseinander. Im letzten Kapitel, »Shakespeareforschung – Shakespearekritik«, sind Wissenschaft und Studium das Thema.

2. Kapitel

Elisabethanisches Theater

THEATER, GESELLSCHAFT, PUBLIKUM

Das Theater und die elisabethanische Gesellschaft

Von allen Formen der Literatur ist das Drama am stärksten gesellschaftsbezogen und gesellschaftsabhängig. Jede Aufführung (bei der die Schauspieler auf der Bühne eine Gesellschaft repräsentieren) ist eine öffentlich-gesellschaftliche Veranstaltung. Das Theater ist ein umfänglicher und aufwendiger Apparat und muß, um existieren zu können, entweder von der öffentlichen Hand oder von großen Segmenten der Bevölkerung getragen werden. Wegen seiner beträchtlichen Wirkung in die Öffentlichkeit hinein ist es stets ein Gegenstand des gesellschaftlichen Interesses.

Auch in Shakespeares London waren die Theater ein nicht zu übersehender Teil des städtischen Lebens. Reisende vom Kontinent berichteten einhellig, daß in London mehr Theater zu sehen sei als irgendwo anders. Täglich spielten mehrere Schauspielhäuser im Wettbewerb. Thomas Platter, ein Patriziersohn und Medizinstudent aus Basel, schrieb: »Unndt werden also alle tag umb 2 uhren nache mittag in der statt Londen zwo, bißweilen auch drey comedien an unterscheidenen örtern gehalten«.[1]

Während in den meisten europäischen Ländern Theateraufführungen nur bei bestimmten Anlässen oder Festen von der Obrigkeit erlaubt wurden, spielte man in London mit Ausnahme der Fastenzeit das ganze Jahr hindurch. Noch mehr Verwunderung erregte, daß dort jedermann ins Theater gehen konnte. Man sah nicht nur Scharen von einfachen Leuten, sondern auch »mann unndt weibspersonen« miteinander als Zuschauer.[2]

Da das Drama für uns der gefeierte Höhepunkt der elisabethanischen Kultur ist, neigen wir dazu, den Theatern der Shakespearezeit

---

[1] Thomas Platter d. J., *Beschreibung der Reisen durch Frankreich, Spanien, England und die Niederlande 1595 bis 1600*, ed. Rut Keiser, 2 Bde. (Basel, 1968). Die Englandreise: Bd. 2, S. 773–872. Hier: S. 792.

[2] Platter, ed. Keiser, Bd. 2, S. 794.

eine ähnliche Stellung im Gemeinwesen zuzuschreiben, wie sie unsere Schauspielhäuser und Stadttheater haben, die – ob sie nun von öffentlichen Subventionen leben oder nicht – als fest etablierte Funktionsteile der Stadtgesellschaft begriffen werden. Tatsächlich aber ist die Position des Theaterwesens im London Shakespeares völlig anders als in modernen Städten. Das Theater hat noch keinen anerkannten Platz als Kultur- und Bildungsinstitut oder überhaupt als Träger wichtiger gesellschaftlicher Funktionen. Es ist kommerzielles Unterhaltungstheater, rein privatwirtschaftlich betrieben, von den Behörden drangsaliert oder geduldet, aber auf keinen Fall Ausdruck kommunalen Selbstgefühls oder Gegenstand bürgerlichen Stolzes. Die Elisabethaner streiten sich darüber, ob Theater jeden Tag und für jedermann verboten werden müßte oder tolerierbar sei; sie sind sich aber darin einig, das Theater in der Hierarchie der Dinge für eine Nebensache und ein Randphänomen zu halten.

Auch Nebensachen können freilich ein Zentrum des Interesses sein. Das elisabethanische Theater litt weder unter mangelnder Klientel noch unter mangelnder Beachtung. Das Platzangebot der Londoner Schauspielhäuser um 1600 war wesentlich größer als das der Bühnen in vergleichbaren modernen Städten, und auch der Anteil der regelmäßigen oder gelegentlichen Theaterbesucher an der Gesamtbevölkerung war wesentlich höher als heute, obwohl es sich auch damals um eine Minderheit handelte. Wer nicht ins Theater ging, der hörte doch davon, denn Theaterfragen waren ein Lieblingsthema der öffentlichen Diskussion. Die Schauspielhäuser waren, wie die überlieferten Zeugnisse zeigen, ständig im Gespräch, auch bei den Bevölkerungskreisen, denen sie ein Dorn im Auge waren.

Die Londoner Theater

Schon im Äußeren und in der Lage spiegelt sich die zwiespältige Situation der Bühnen. Die öffentlichen Theater sind hohe, massige Kästen von drei bis vier Stockwerken, unschön wie Lagerhäuser, beileibe keine Repräsentationsbauten. Mit einer Ausnahme liegen sie alle in den Vororten außerhalb der Stadtgrenzen. Bei dieser Standortwahl sprechen finanzielle und finanztechnische Gründe mit – billigere Grundstücke und mehr Platz für das Unterstellen von

Pferden und Fuhrwerken; der wesentliche Grund ist jedoch rechtlicher Art: Durch die Lage außerhalb des Stadtgebiets sind die Theaterunternehmen dem unmittelbaren Zugriff der Londoner Magistrate entzogen. Auch das einzige Theater in der Stadt, Blackfriars (von 1576 an mit Unterbrechungen bespielt), lag auf extraterritorialem Boden, nämlich auf dem Gelände eines aufgelösten und konfiszierten Klosters, dessen altes Sonderrecht der Freiheit von weltlichen Instanzen nunmehr die Krone als neue Besitzerin für sich und ihre Pächter in Anspruch nahm.

Die ersten Theaterbauten waren das 1576 von James Burbage, einem ins Schauspielgewerbe übergewechselten Zimmermeister, erbaute Theatre und ein im Folgejahr errichtetes Konkurrenzunternehmen, The Curtain. Beide Häuser lagen nordöstlich der Stadt, etwa eineinhalb Kilometer vor den Toren, in der Nähe des Bürgerparks Finsbury Fields, wo die Londoner spazierengingen, picknickten und Bogenschießen übten. Ebenfalls im Norden, aber weiter westlich, entstanden später zwei weitere Theater, das Fortune (1600) – ein für die Erforschung des elisabethanischen Theaters wichtiges Gebäude, da der Bauvertrag erhalten ist – und das Red Bull Theatre (1605), ein umgebauter Gasthofkomplex.

Die wichtigste und geschlossenste Gruppe lag im Süden, in Southwark, von der City aus gesehen jenseits der Themse, in einem Vergnügungsdistrikt, zu dessen anderen Attraktionen Hahnenkämpfe, Bärenhatz und Dirnen gehörten. In diesem Bankside oder Bank genannten Ufergebiet lagen, jeweils wenige hundert Meter voneinander entfernt, die Bühnen The Rose (1587), The Swan (1595), das Theater der Shakespeare-Truppe The Globe (1599), und schließlich The Hope (1613). Die Bankside war von der Stadt aus gut erreichbar, und zwar entweder über London Bridge, die einzige Themsebrücke, oder – bequemer und schneller – mit einem der vielen hundert Fährboote. Die behördliche Kontrolle war lax; der Distrikt unterstand teils einem Friedensrichter der Grafschaft Surrey, teils dem Bischof von Winchester.

Weil fast alle alten Ansichten von London den Blick von Süden über die Themse zur City zeigen, die Bankside also im Vordergrund haben, sind wir über das äußere Bild der südlichen Theater relativ gut informiert. Auf den drei schönen Londonpanoramen aus dem frühen 17. Jahrhundert von J.C. Visscher (1616), Matthias Merian (1638) und Wenzel Hollar (1647) gehören die Schauspielhäuser schon ihrer Größe wegen zu den auffälligsten Bauwerken.

Aus Matthias Merians Ansicht von London (1638).
Blick von Süden auf City und Paulskathedrale.

Man kann auch die Grundzüge der Konstruktion erkennen: Ein
runder oder vieleckiger Ringbau umschließt einen nach oben offenen Hof. An einer Seite wird das Dach des Ringteils von einem mit
einer Fahne geschmückten Baukörper überragt, der wie ein Haus
oder eine Hütte – im Fall des Globe: wie ein Zweigiebelhaus mit einem Türmchen – aussieht.

Schauspielhäuser und Tierkampfarenen sind äußerlich kaum zu
unterscheiden (unter anderem deshalb, weil die Baumeister der
Theater die Außenkonstruktion der schon länger existierenden Hetzarenen kopieren). Sogar einem der Künstler ist eine Verwechslung
der Gebäudetypen unterlaufen: Hollar hat versehentlich das Bau-

Das Swan-Theater.
Ausschnitt aus dem Londonpanorama von J.C. Visscher (1616).

werk, das nach Lage und Aussehen das Globe sein muß, mit »Beere
bayting h[ouse]« beschriftet, während die benachbarte Tierkampf-
stätte den Namen des Theaters trägt (s. Abb. S. 29 u. 30).

Obwohl alle drei Kupferstecher zu den besten Europas gehören,
ist im übrigen die Zuverlässigkeit ihrer Darstellungen begrenzt. Das
gleiche Gebäude sieht von Bild zu Bild anders aus, ist zum Beispiel
einmal rund (was bei einem Bau mit Fachwerkgerippe unwahr-
scheinlich ist), einmal polygonal. Abkupfern gehört zum Handwerk;
besonders Merians prächtiges Londonbild ist offenbar ganz aus
Vorlagen zusammengestellt. Am zuverlässigsten ist Hollar; zu seinem Panorama hat man Vorzeichnungen gefunden, die auf exakten
topographischen Aufnahmen beruhen, vom Turm einer bestimmten
Kirche mit einem Visierinstrument gemacht. Auch bei ihm freilich
gibt es, wie das Bildpaar auf S. 30 zeigt, erhebliche Veränderungen

Das Globe-Theater. Ausschnitt aus dem Panorama von Visscher.

zwischen der vor Ort angefertigten Aufnahme und dem zu Hause in Amsterdam hergestellten Stich. Beim Bühnenhaus des Globe beispielsweise ist das Dach so stark vergrößert, daß eine Rekonstruktion, die auf der gestochenen Fassung fußte, ganz anders ausfallen müßte als eine von der Zeichnung ausgehende. – Auch auf der Ebene der graphischen Abbildung gibt es keine objektive Darstellung der elisabethanischen Realität.

Das Bankside-Viertel bei Wenzel Hollar (1647).

Hollars Globe
Oben: Ausschnitt aus der vor Ort angefertigten Vorzeichnung;
unten: Ausschnitt aus dem Kupferstich (mit irrtümlicher Beschriftung).

Randstellung

Die Theater an der Bankside lagen nicht nur im Amüsierviertel, sie gehörten auch dahin. Die Aufführungen waren integrierter Teil des Unterhaltungswesens des Distrikts. Taverne und Theater, Bordell und Tierhatz bildeten nicht nur nach Meinung der strengen Puritaner ein gekoppeltes, in einen Topf zu werfendes Angebot. Die engste Beziehung und die stärkste Konkurrenz bestand zwischen den Schauspielhäusern und den Hetzarenen, in denen Bären und Stiere, an einen Pfahl in der Mitte des Runds gebunden, von einer Hundemeute angegriffen und malträtiert wurden. Auch die ausländischen Besucher, allesamt Herren von Stand und Bildung, betrachteten ganz selbstverständlich das theatralische und das tierquälerische Spiel als Lustbarkeiten verwandter Art. Platter beispielsweise berichtet über Tierkämpfe noch begeisterter als über Theaterbesuche, um schließlich zusammenfassend festzustellen, daß »die Engellender« es doch alleweil vergnüglich hätten, weil sie sich »mitt solchen und viel anderen kurtzweilen« die Zeit vertreiben könnten.[3]

Der ungefestigte Status des Schauspielwesens erklärt sich zum Teil daraus, daß die Theater ein neuer Bestandteil des städtischen Lebens waren. Die geschichtlichen Darstellungen betonen mit Recht, daß das elisabethanische Theater nicht unvermittelt entstand, sondern an ältere Traditionen anknüpfte, beispielsweise an die Aufführungsweise des mittelalterlichen religiösen Dramas, das in Ausläufern noch bis in die Shakespearezeit überlebte, oder an jüngere Entwicklungen wie das Schultheater. Vor allem gab es schon Wandertruppen von professionellen Schauspielern, ehe die ersten Theaterbauten errichtet wurden.

Aber solche Verbindungen mit älteren Stadien erscheinen in der historischen Rückschau enger und lückenloser, als sie waren. Praktisch hatte sich die jetzige Struktur des Londoner Theaterwesens, mit festen regelmäßig bespielten Schauspielhäusern, erst kürzlich entwickelt. Die meisten Theater wurden während der Wirkungszeit Shakespeares – zwischen ca. 1590 und 1612 – errichtet. Shakespeare und sein Ensemble spielten sogar selbst im Grunde noch im ersten und ältesten Londoner Theater, denn das Globe war nichts anderes als das an der alten Stelle abgerissene und in Southwark mit dem gleichen Fachwerkgerüst wiederaufgebaute Theatre von 1576.

---

[3] Platter, ed. Keiser, Bd. 2, S. 792.

So sehr man heute versucht ist, die Seriosität des elisabethanischen Theaters herauszustreichen: das Theatergewerbe war eine noch unfeste, sich dauernd verändernde Branche, risikoreich und günstigenfalls sehr gewinnträchtig, mit ruppigen Konkurrenzkämpfen und nicht immer noblen Geschäftsmethoden. Von einem Zunftbetrieb herkömmlicher Art, in dem man damals das Modell eines soliden Unternehmens sah, war das elisabethanische Theater trotz mancher organisatorischer Anpassungen weit entfernt; seine soziale Randstellung beruhte nicht nur auf Vorurteilen.

Das Verhältnis der Schauspieler zum Hof war von einer ähnlichen Ambivalenz geprägt wie das zur Stadtgesellschaft. Eine Schauspieltruppe mußte, um legal existieren zu können, ein Mitglied des Hochadels oder des Königshauses als Patron haben. Nach der (vom Hof regulierten) Verleihung des Patronats nannten sich die Schauspieler nach ihrem Protektor, hießen beispielsweise Leicester's Men oder The Lord Chamberlain's Men oder – wie das führende Ensemble, zu dem Shakespeare gehörte, ab 1603 – The King's Men. Nominell bedeutete diese Beziehung, daß die Schauspieler zum Haushalt und Gefolge ihres Patrons gehörten. Es kam auch gelegentlich vor, daß Shakespeare und seine Kollegen bei einer besonderen Festlichkeit in Staatsgewändern, die der Hof gestiftet hatte, das königliche Gefolge verstärkten. Generell aber hielten Hof und Adel Distanz zu den Schauspielern, die sie protegierten. Man betonte, daß die Zuordnung zum eigenen Hause nur formell existierte und keine wirtschaftliche oder geistige Verantwortung für den Theaterbetrieb einschloß.

Publikum

Das Publikum des elisabethanischen Theaters war gemischt. Es kam aus dem bürgerlichen London, aus der Residenzstadt Westminster und aus dem Konglomerat von halb vorstädtischen, halb ländlichen Ortschaften im Umkreis und umfaßte außerdem eine Beimischung von Besuchern aus der Provinz, wo es keine Schauspielhäuser gab. Es waren alle Schichten vertreten, von Lehrlingen und Tagelöhnern bis zu Angehörigen des Hochadels.

Für den Theaterbesuch galten keine sozialen Restriktionen. Wer zahlen konnte, war willkommen. Der allgemeine Grundpreis (der dazu berechtigte, sich im Parterre einen Platz zu suchen) betrug einen Penny. Das war nicht für alle Besucher spottbillig – ein Penny war etwa ein Zehntel des durchschnittlichen Tagesverdienstes für gelernte Arbeit –, aber doch für fast jedermann erschwinglich. Für bessere Plätze zahlte man Zusatzgebühren beim Betreten der Galerien. Die Preiskategorien teilten das Publikum bis zu einem gewissen Grade in ›bessere Kreise‹ oben und ›Gründlinge‹ (*groundlings*) unten auf, bewirkten aber keine Absonderung der Klassen. Auch auf den Rängen saßen neben Personen von Stand viele *gallery-commoners*. Reservierte Plätze gab es nur in sehr geringer Zahl in den sogenannten *Lords' boxes*.

Im Zuschauerraum ergab sich ein Zusammenschluß verschiedener Gruppen einer sonst hierarchisch gestaffelten und in getrennten Bereichen lebenden Gesellschaft. Man hat das Theater daher als die demokratischste Institution im England der Tudorzeit bezeichnet. Das ist jedoch nur bedingt richtig, denn die Elisabethaner, und zwar nicht nur die Theaterfeinde unter ihnen, betrachteten diese Gemeinschaft der Ungleichen nicht als Institution, sondern als soziale Anomalie und als kurzzeitigen Ausnahmezustand.

Ein Autor, der selbst Dramen schrieb, Thomas Dekker, kommentiert die Zustände im Theater, wo ›jeder Stinker‹ für seinen Penny die Privilegien der Vornehmen teilen und über Erfolg oder Mißerfolg des Stückes mitentscheiden darf, mit bissiger Ironie:

> ... the place is so free in entertainment, allowing a stoole as well to the Farmers sonne as to your Templer [= Mitglied eines Juristenkollegiums]: that your Stinkard has the selfe same libertie to be there in his Tobacco-Fumes, which your sweet Courtier hath: and that your Carman and Tinker claime as strong a voice in their suffrage, and sit to giue iudgement on the plaies life and death, as well as the prowdest *Momus* among the tribe of *Critick* ... .
>
> *Gull's Hornbook,* 1609[4]

Das Beieinander von hoch und niedrig im Zuschauerraum war so abnorm, daß es sich nur wenige Jahrzehnte als Regelfall hielt. Schon zu Shakespeares Zeit begannen neben den *public theatres* auch sogenannte *private theatres* eine wesentliche Rolle zu spielen: kleinere Theater in geschlossenen Räumen, die zwar im Prinzip auch öffentlich waren, aber durch wesentlich höhere Eintrittspreise – Sixpence war das Minimum – große Teile der Bevölkerung fernhielten.

---

[4] Edmund K. Chambers, *The Elizabethan Stage*, rev. ed. (Oxford, 1951), Bd. 4. S. 366.

Theater im Saal bei Kerzenlicht.
Auf der Bühne Falstaff und andere populäre Figuren.

Im Jahre 1608 gelang es auch den King's Men, mit einem *private theatre* in der City Fuß zu fassen, wo bis dahin fast nur die vorwiegend aus Chorknaben der Hauptkirchen bestehenden Childrens's Companies – eine unliebsame Konkurrenz für die öffentlichen Schauspielhäuser – Theater spielen durften. Während der letzten Jahre der aktiven Theaterlaufbahn Shakespeares verfügte seine Truppe damit über zwei Häuser, ein Saaltheater in Blackfriars, das hauptsächlich im Winter benutzt wurde, und das Globe, wo man vor allem in den wärmeren und trockeneren Jahreszeiten spielte, wobei sich das exklusivere innerstädtische Haus trotz des wesentlich geringeren Fassungsvermögens in zunehmendem Maße als die bessere Einnahmequelle erwies.

Das Theaterpublikum der öffentlichen Bühnen war aus allen sozialen Schichten zusammengesetzt, aber die Mischung war keineswegs gleichmäßig. Den größten Anteil stellten Unterschicht und niederes Bürgertum; dabei lassen sich Bedienstete, Soldaten und die Arbeitskräfte des Handwerks (das mehr als die Hälfte der werktätigen Bevölkerung beschäftigte) als bedeutendere Untergruppen ausmachen. Auch die gesellschaftliche Oberschicht – von der *gentry* und den Mitgliedern der *professions* (z.B. Juristen, Mediziner) an aufwärts – war relativ stark vertreten. Sowohl bei den höheren als auch bei den niederen Schichten des Publikums war, allen zeitgenössischen Schilderungen zufolge, der Anteil der jüngeren Generation ins Auge fallend.

Am seltensten als regelmäßige oder typische Theaterbesucher erwähnt werden die Mitglieder der soliden und gesetzten bürgerlichen Mittelschicht, also die wirtschaftlich und sozial tonangebenden Kreise der City, aus denen sich die auf der Zunftordnung aufbauende Stadtregierung rekrutierte.

Gegner

Aus dem Lager des etablierten, kommunalpolitisch verantwortlichen Bürgertums sowie von Teilen der Geistlichkeit kommen die meisten Angriffe gegen das Theater. Die Stimmen von den Kanzeln sind schrill und unversöhnlich. Die Schauspielhäuser müssen weg! Sie sind eine Krankheit und stecken die ganze Stadt mit Sünde und Pest an:

> Looke but vppon the common playes in London, and see the multitude
> that flocketh to them and followeth them: beholde the sumptuous
> Theatre houses, a continuall monument of Londons prodigalitie and
> folly. But I vnderstande they are nowe forbidden bycause of the pla-
> gue. I like the policye well if it holde still, for a disease is but bodged
> or patched vp that is not cured in the cause, and the cause of plagues
> is sinne, if you looke to it well: and the cause of sinne are playes:
> therefore the cause of plagues are playes.
>
> Thomas White, *A Sermon Preached at Pawles Crosse,* 1577[5]

Theater sind »Paläste der Venus und Synagogen des Satans«, sie
sind »Jauchegruben, in denen der ganze Unrat zusammenläuft«.
Wer ins Theater geht, womöglich noch regelmäßig, dem kann man
jede Schlechtigkeit zutrauen:

> Now the common haunters are for the most part, the leaudest persons
> in the land, apt for pilferie, periurie, forgerie, or any rogorie, the very
> scum, rascallitie, and baggage of the people, theeues, cut-purses, shif-
> ters, cousoners; briefly, an vncleane generation, and spaune of vipers.
>
> Henry Crosse, *Vertue's Commonwealth,* 1603[6]

Prediger und Theaterleute sind Konkurrenten, nicht nur weil ein
paar potentielle Kirchgänger ins Schauspielhaus laufen, sondern
weil beide mit ähnlichen Mitteln Ähnliches tun. Beide glauben zu-
tiefst an die Macht des kunstvoll geformten und vorgetragenen Wortes und wollen ihr Publikum überzeugen und bewegen, belehren und
erfreuen. Die Brandreden gegen das Theater sind selbst theatralisch.
Das Hauptangriffsziel ist nicht das Theater als Unterhaltungsbetrieb
(typischerweise bleiben die Tierkampfunternehmen fast ungescho-
ren von Kritik), sondern als eine Institution, die ernsthaft belehren,
Meinungen und Haltungen formen, also predigen will. Die geistige
und gesellschaftliche Brisanz des Theaters besteht darin, daß es sich
anschickt, die Schule der Nation zu werden und das Monopol der
Kanzel, die ja als einzige Institution Erwachsene belehrt und
beeinflußt, in Frage zu stellen.

Wenn man den geistigen Ort des Theaters im elisabethanischen
England verstehen will, muß man sich von der modernen Gewohn-
heit freimachen, die Schlagkraft der Vorwürfe zu unterschätzen und
sie durch das gängige Etikett ›puritanische Opposition‹ als Meinung

---

[5] Chambers, *Elizabethan Stage*, Bd. 4, S. 197.
[6] ed. Alexander B. Grosart (Manchester, 1878), S. 117.

einer Extremgruppe eifernder Sittenapostel abzutun. Sicher sind es die puritanischen Prediger, die am lautesten geifern und wettern, aber ihre Ansichten werden in einer weniger rabiaten Form von sehr vielen Zeitgenossen geteilt. Auch Nicht-Puritaner und sogar Befürworter des Theaters halten den Gesichtspunkt der religiös-moralischen und sozialen Gefährdung durch das Schauspielwesen für gravierend.

Die Bedenken gegen das Theater haben tiefe Wurzeln. Zugrunde liegt die alte, auf die Frühzeit des Christentums zurückgehende Auffassung, daß jede Form des Theaterspielens sittenwidrig sei, da hier Menschen in Verkleidung und Verstellung – dem Habitus des Bösen – auftreten und Rollen spielen – Männer die von Frauen und Gemeine die von Königen –, die ihnen nach der gottgewollten Ordnung nicht zukommen. Zu dem antidramatischen Vorurteil tritt das antiliterarische: Dramen sind Fiktionen, Lügengeschichten, die von abnormen und unmoralischen Begebenheiten handeln – von Mord und Rebellion, Betrug und unerlaubter Liebe. Sie reizen zur Nachahmung – auch wenn das Böse im Stück bestraft wird – und verführen vor allem die Jugend.

Wenn die geistlichen Attacken gegen das Theater im weltlichen Raum der City soviel Resonanz finden, dann hängt das auch damit zusammen, daß die alte Literatur- und Theaterfeindschaft der Kirche mit den ordnungspolitischen Vorstellungen der Bürger und ihrer Repräsentanten bruchlos zusammenpaßt.

Der Antrag des Rates der Stadt London an das Privy Council vom 28. Juli 1597 beispielsweise, der die Schließung der Theater verlangt, redet nicht vom Teufel und nur beiläufig von Unzucht. Er ist dafür von einer anderen Obsession geprägt, die alle bürgerlichen Ordnungskräfte (und einen Teil der Adligen) beherrscht: die Furcht, jede nicht in die Hierarchie der Autoritäten und Kontrollen eingebundene Institution müsse das Ende aller zivilen Ordnung bedeuten. Das Theater, dessen Betreiber sich der kommunalen Ordnung entziehen, beherbergt ein ordnungsloses Publikum: teils *masterless men*, Leute ohne Bindung an Meister oder Familienoberhaupt, teils Mitglieder der arbeitenden Bevölkerung, die sich der Arbeit entzogen haben. (Theatervorstellungen finden ja in der Tat innerhalb der Arbeitszeit statt; wer hingeht, macht blau.)

Das Theater ist ein Treffpunkt, der – anders als Kirche oder Markt – nicht überwacht wird und daher unweigerlich Quelle von Aufruhr, Komplotten und dunklen Machenschaften sein muß. Das

Schreckbild ist nicht nur von der Phantasie gemalt – in einer Gesellschaft ohne Polizei ist eine Ansammlung von einigen tausend Ver-
gnügungssuchenden manchmal nicht ohne Probleme – aber es wird
durch die Perspektive der Antragsteller ins Gewaltige vergrößert.
Der Wortlaut des Schreibens:

> Our humble dutyes remembred to your good LL. [= Lordships] & the
> rest. Wee haue signifyed to your HH. [= Honours] many tymes hear-
> tofore the great inconvenience which wee fynd to grow by the
> Common exercise of Stage Playes. Wee presumed to doo, aswell in
> respect of the dutie wee beare towardes her highnes for the good
> gouernment of this her Citie, as for conscience sake, being perswaded
> (vnder correction of your HH. iudgment) that neither in politie nor in
> religion they are to be suffered in a Christian Commonwealth, speci-
> ally beinge of that frame & matter as vsually they are, conteining no-
> thinge but prophane fables, lascivious matters, cozeninge devises, &
> scurrilus beehaviours, which are so set forth as that they move wholie
> to imitation & not to the auoydinge of those faults & vices which they
> represent. Among other inconveniences it is not the least that they
> give opportunity to the refuze sort of euill disposed & vngodly people,
> that are within and abowte this Cytie, to assemble themselves & to
> make their matches for all their lewd & vngodly practices; being as
> heartofore wee haue fownd by th'examination of divers apprentices &
> other seruantes whoe have confessed vnto vs that the said Staige
> playes were the very places of theire Randevous appoynted by them to
> meete with such otheir as wear to ioigne with them in theire designes
> & mutinus attemptes, beeinge allso the ordinarye places for maisterles
> men to come together & to recreate themselves. For avoyding wheare-
> of wee are now againe most humble & earnest sutours to your honours
> to dirrect your lettres aswell to our selves as to the Iustices of peace of
> Surrey & Midlesex for the present staie & fynall suppressinge of the
> saide Stage playes, aswell at the Theatre, Curten, and banckside, as in
> all other places in and abowt the Citie, Wheareby wee doubt not but,
> th'opportunitie & the very cause of many disorders beinge taken
> away, wee shalbee more able to keepe the worse sort of such evell &
> disordered people in better order then heartofore wee haue been. And
> so most humbly wee take our leaves.
>
> From London the xxviijth of Iulie. 1597.
>
> A Letter from the Lord Mayor and Aldermen to the Privy Council[7]

Der irritierte und anklagende Ton des Briefes, der sich gerade noch
im Rahmen der schuldigen Höflichkeit hält, erklärt sich einmal aus

---

[7] Chambers, *Elizabethan Stage*, Bd. 4, S. 321–322.

der Frustration über die Strategie des Hinhaltens und der vorsichtigen Toleranz, die der Hof in Theaterfragen verfolgt. Es spricht aber auch schon das in den nächsten Jahrzehnten immer stärker werdende bürgerliche Ressentiment gegen den organisierten Lustbarkeitsbetrieb der Vornehmen und dessen soziale Ansteckungsgefahr mit. Gerade in der Frage der Duldung oder Schließung des Theaters scheiden sich adlige und bürgerliche Mentalität. Hier das Konzept einer kultivierten Muße als idealer Lebensform, da die Überzeugung, daß Muße nur Laster gebiert (und daß Müßiggänger wie der Adel ihren Führungsanspruch verwirkt haben).

Das Kräftefeld damals und jetzt

Die gesellschaftlichen Kräfte und Spannungen, die die Position des Theaters beeinflussen und seinen Aufgaben- und Wirkungsbereich bestimmen, ergeben in der elisabethanischen Zeit ein im Vergleich zur Moderne umgekehrtes Bild.

Das etablierte Bürgertum, heute die theatertragende Schicht, übt diese Funktion damals nicht aus. Wieviele brave Bürger auch schlechten oder halbwegs guten Gewissens dem Schauspielvergnügen gefrönt haben mögen, das Theater erhielt von hier weder einen Rückhalt noch einen Auftrag zur Vertretung von Belangen.

Aus der heutigen Förderungsgruppe kam damals der Widerstand. Die Opposition gegen das Theater stellte nicht nur eine äußere Bedrohung dar (die sich zum Beispiel darin auswirkte, daß bei jeder Epidemie die Schauspielhäuser möglichst bald und für möglichst lange Zeit geschlossen wurden). Sie bedeutete auch eine prinzipielle geistige Anfechtung: jeder Theaterbesucher war sich bewußt, daß einflußreiche Meinungsführer der zentralen Gesellschaftsschicht das Schauspielwesen mißbilligten.

Im übrigen ist die soziale Spannbreite des Theaterpublikums extrem. Der Zusammenschluß von hoch und niedrig ist nicht nur im damaligen Kontext abnorm, er bleibt auch im weiteren Verlauf der Theatergeschichte bis zur Gegenwart ein Sonderfall. Bemerkenswert ist vor allem, daß die unteren Ränge der Gesellschaftspyramide nicht nur anteilmäßig stärker repräsentiert waren als üblich, sondern auch eine andere Stellung im Gesamtpublikum hatten. Sie waren nicht als Kostgänger des Bürgertums und als patronisierte Erlerner des Kultur- und Wertsystems der nächsthöheren Schicht da (wie zum Beispiel später bei der Volksbühnenbewegung), sondern als eine Gruppe eigenen Rechts, die das Theater mittrug.

Das elisabethanische Theater war auf beide Pole seines Publikums angewiesen. Ohne die Massen einfacher Besucher wäre der Betrieb der öffentlichen Bühnen weder rentabel noch sinnvoll gewesen. Ohne die Patronage des Hofs und des Adels hätte das Theater sich der Opposition nicht erwehren können. Auch ökonomisch schlug der vornehmere Teil des Publikums zu Buche, nicht nur durch die in der Regel höheren Eintrittspreise, sondern vor allem auch als Abnehmer von Sondervorstellungen.

(Der englische Hof unterhielt ein eigenes Vergnügungswesen, zu dem auch theatralische Veranstaltungen wie die prunkvoll ausgestatteten Maskenspiele, *court masques*, gehörten, aber kein eigentliches Hoftheater. Man bezog statt dessen Schauspielaufführungen von den öffentlichen Bühnen, die normale Repertoirestücke, teilweise überarbeitet und dem Zweck angepaßt, in den Räumlichkeiten des Hofes darboten. Auch die Londoner Juristenkollegien bestellten sich bei festlichen Anlässen gern eine Schauspieltruppe in die Inns of Court.)

Der Unterhaltungsauftrag

Das Theaterpublikum ist ein lockerer, aus heterogenen Gruppen zusammengesetzter Zweckverband mit dem Ziel des Vergnügens und der Unterhaltung. Das gilt für die Oberschicht genauso sehr wie für die weniger Gebildeten. Als Jakob I. im Jahre 1603 seinen ›Bediensteten‹ Lawrence Fletcher, William Shakespeare und anderen ein Patent verleiht, ermächtigt er sie, ihre ›Kunst und Fertigkeit‹ zur Einstudierung von Theaterstücken aller Art auszuüben, und zwar zu diesem Zweck:

> ... aswell for the recreation of our lovinge Subjectes, as for our Solace and pleasure when wee shall thincke good to see them, duringe our pleasure.[8]

---

[8] Chambers, *Elizabethan Stage*, Bd. 2, S. 208.

Die Lieferung von Zeitvertreib ist also der im Grunde einzige Auftrag an das Theater von Seiten jener Bevölkerungsteile, die es unterstützen.

Die Erfüllung dieser Funktion ist nicht so einfach, wie es scheinen mag, denn die Interessen und Unterhaltungserwartungen der einzelnen Schichten des Publikums sind unterschiedlich. Jeder Dramatiker muß seine eigene Strategie suchen, um die eine Schicht zufriedenzustellen, ohne die andere dabei zu verprellen.

Kein elisabethanischer Dramatiker entzieht sich dem Unterhaltungsauftrag, Shakespeare schon gar nicht. Nicht nur die Komödien sind unterhaltsam. Auch in den Tragödien ist fast der ganze Katalog der damals zugkräftigen Attraktionen vertreten. Da sind pompöse Schauszenen, in denen die Kostüme zur Geltung gebracht werden: Staatsakte, Aufzüge, Festmähler. Es gibt instrumentale und gesungene Musik, Bauerntänze und höfisches Ballett. Unabdingbar sind action-Szenen aller Art: Prügeleien, ausgedehnte Fechtpartien, sportlich oder auf Leben und Tod, Belagerungen, Erstürmungen, Feldschlachten. Greuel, Blut, Mord und Totschlag werden auf vielerlei Art variiert: In Stücken wie Hamlet, Macbeth und Lear wird die Mehrzahl der handelnden Personen umgebracht. Demonstrationen übersinnlicher Fähigkeiten fehlen nie: Geister, Hexen, Zauberer mit weißer oder schwarzer Magie. Jux und Clownerie werden als Solonummer, Duo oder Ensembleauftritt dargeboten. Witze werden gerissen, anständige, zweideutige, eindeutige.

Diese Mischung aus Zirkus und Buntem Nachmittag hat im Einzeldrama nicht etwa nur gelegentliche Spuren hinterlassen; jede Tragödie und jede Komödie läßt sich nicht nur in der uns vertrauten Weise als hochkomplexe dramatische Aussage, sondern auch als eine durchkomponierte Abfolge von Programmnummern des elisabethanischen show business beschreiben.

Macbeth beispielsweise ist ein Stück, das heute niemanden an Unterhaltung denken läßt, das aber doch mit populären Elementen durchsetzt ist. Es enthält die tragödienübliche Variationskette von Hofszenen – der König im Feldlager, der König bei Hofe, der König auf Reisen – und zwei Bankette, aus verschiedenen Perspektiven dargeboten. Die vier Hexenszenen nutzen nicht nur das dramatische Aussagepotential der weird sisters, sondern sie schöpfen auch die Möglichkeiten für Hexenbrimborium und -klamauk aus: Tanz, Sprechgesang, Hexenküche, drei Zaubererscheinungen und als – dramatisch überflüssige – Dreingabe noch eine phantasmagorische

»show of eight kings«. Die dargestellten oder berichteten Morde, Tötungen und Hinrichtungen sind über das ganze Stück verteilt (1. Akt: Donwald, Cawdor; 2. Akt: Duncan, zwei Kämmerer; 3. Akt: Banquo; 4. Akt: Lady Macduff und ihr Sohn; 5. Akt: Lady Macbeth, Young Siward, Macbeth). Zu Anfang wird eine Doppelschlacht indirekt, zum Schluß ein Feldzug szenisch (in neun Teilen, mit zwei Schwertkämpfen) dargestellt. Außerdem bietet der Autor einen Geisterauftritt, eine Betrunkenenszene mit Witzen über Saufen, Unzucht und Urin sowie eine Abwandlung des populären Wahnsinnsmotivs, die Schlafwandelszene der Lady Macbeth.

Gerade dieses letzte Beispiel vermag – da der heutige Geschmack hier augenfällig vom damaligen abweicht – zu verdeutlichen, in welchem Maße Shakespeare Publikumswünsche aufnahm. Der Wahnsinn war in der Tat eines der populärsten Unterhaltungselemente für die Londoner, die sonntags gegen Eintrittsgeld das Irrenspital besuchten. In der makabren Attraktion des Wahnsinns mischt sich ein neugieriges Interesse an abnormer Psychologie mit jenem Vergnügen, das heutige Zoobesucher angesichts des possierlich verzerrten Menschenbildes im Affenkäfig empfinden. Shakespeare verschmäht zwar jede billige Irrenkomik, baut aber in die meisten Tragödien Wahnsinnsszenen ein. Hamlet spielt eine geistige Umnachtung, Ophelia verfällt ihr tatsächlich. Der wahnsinnige Lear tritt mit dem als verrückter *bedlam beggar* verkleideten Edgar auf. Othellos Wahn und Timons geistige Zerrüttung gehören ebenso in diesen Zusammenhang wie Caesars Epilepsie.

Mehr als Unterhaltung

Der Nachteil des Unterhaltungsauftrags als Basis des Theaterbetriebs besteht in der schwachen Legitimierung. Die Bühnen müssen sich auf eine unsichere Allianz stützen. Massen zu unterhalten, bringt Popularität, aber weder Einfluß noch Ansehen, denn die Massen werden selbst von denen verachtet, die von ihnen leben. Die einflußreichen besseren Kreise hingegen sind als Vergnügungssuchende im Theater nur auf Visite außerhalb ihres eigentlichen Milieus. Sie kommen ja nicht, um hier ›die Gesellschaft‹ zu spielen oder an einer Veranstaltung teilzunehmen, in der sie eine Darstellung ihres ethischen und politischen Selbstbildes sehen.

Wenn die Theaterleute bei Hofe auftreten, spielen sie zwar vor einem Publikum, für das Unterhaltung, Zeitvertreib und Muße zur Lebensform gehören und einen hohen Stellenwert haben, aber für die Höflinge rangieren die eingekauften Theatervorstellungen doch weit hinter den theatralischen Aktivitäten, an denen sie selbst organisierend oder agierend mitwirken – Maskenspiele, Ritterspiele zum *Accession Day*, Land- und Wasserspektakel beim alljährlichen *Progress* zum Beispiel. Sie stehen also auch nur halbherzig, ›during their pleasure‹, hinter dem Theater.

Manche elisabethanischen Dramatiker, nicht nur Shakespeare, bieten ihrem Publikum erheblich mehr, als es verlangt. Sie schreiben Stücke, in denen das Substrat der Unterhaltungselemente zwar durchaus einen gewissen Eigenwert hat, aber vor allem als Trägerschicht für einen mächtigen Überbau an dramatischer Aussage dient. Sie perfektionieren die Anreicherung der Handlung mit Bedeutung, vertiefen die Zeichnung der Charaktere und der Beziehungen zwischen ihnen, intensivieren die dramatische Diskussion der Themen, die dem Handlungs- und Personenschema inhärent sind, und die Auswertung des durchgespielten Einzelfalls als generellen Modellfall. Sie benutzen das dramatische Medium für eine Auseinandersetzung mit Grundfragen der individuellen und gesellschaftlichen Existenz des Menschen. Sie entwickeln das Theaterspiel zu einer komplexen und höchst anspruchsvollen Literaturform.

Vom kommerziellen Standpunkt gesehen ist das nicht unbedingt nötig (wenn auch nicht schädlich). Viele elisabethanische Dramen, darunter auch Erfolgsstücke, liegen auf dem in der Unterhaltungsbranche noch heute üblichen Niveau: Sie sind platt und erzeugen mit Hilfe billiger Effekte Lachen und Weinen für den Hausgebrauch.

Die Funktionserweiterung der Unterhaltung entspringt jedoch nicht ausschließlich dem persönlichen Engagement oder dem künstlerischen Ehrgeiz einzelner Dramatiker. Wenn das Theater seine gesellschaftliche Position festigen und sein Ansehen steigern wollte, mußte es in seinem eigenen Interesse ungebeten nach größerer Relevanz seiner Darbietungen streben. Die Befriedigung von Unterhaltungswünschen konnte vielen führenden Theaterleuten schon deshalb nicht als hinreichende Rechtfertigung ihres Tun gelten, weil sie selbst den mittleren und oberen Schichten des Bürgertums angehörten und daher kaum umhin konnten, einen reinen Vergnügungsbetrieb für eine Frivolität zu halten.

In der öffentlichen Debatte über das Theaterproblem war von Kunst oder Literatur auf beiden Seiten kaum die Rede. Dennoch war jedem halbwegs Gebildeten klar, daß Theaterstücke als *dramatic poetry* einer Gattung der Dichtkunst angehörten und daß die dramatische Kunst sogar in der Rangordnung der Gattungen einen hohen Platz einnahm.

Diese theoretische Zuordnung besagte aber noch nicht viel. Die gesamte Literatur kämpfte in England, wo die mit dem Sammelbegriff Renaissance bezeichneten Strömungen sich viel später bemerkbar machten als in Italien und Frankreich, noch um ihre Anerkennung als wesentlicher Bestandteil der öffentlichen Kultur. Nicht ohne Grund erschien die bedeutendste literartheoretische Schrift der Zeit, deren Autor das Nationalidol Sir Philip Sidney war, unter den Titeln *Defense of Poetry* und *Apology for Poetry*. Die auf Englisch, in der Vulgärsprache, geschriebene Literatur hatte es dabei schwerer als die antike, die immerhin als Lehrstoff für den Grammatik- und Rhetorikunterricht einen festen Platz im Bildungssystem hatte.

Es war daher – im Gegensatz zu heute – ziemlich zwecklos, dem Vorwurf der Sozialschädlichkeit eines literarischen Produkts mit dem Argument zu begegnen, es handele sich um Kunstwerke, die dem besonderen Schutz der Gesellschaft unterlägen.

Das englische Drama rangierte selbst bei den Zeitgenossen, die vom Wert der Literatur überzeugt waren, auf einem der letzten Plätze, einerseits wegen seines kommerziellen Charakters, andererseits wegen seiner – der Herkunft der Autoren und dem Stand der Masse des Publikums nach – niederen sozialen Sphäre. Sidney, der allerdings vor der Blütezeit des elisabethanischen Theaters schrieb (die Poetik ca. 1581), glaubte sogar, die englische dramatische Poesie trage hauptsächlich dazu bei, die Anerkennung der Dichtkunst zu gefährden:

> [Dramatic] Poesie ... in England ... like an vnmannerly Daughter shewing a bad education, causeth her mother Poesies honesty to bee called in question.[9]

Noch bis ins 17. Jahrhundert mußte sich ein Dramatiker, der sich bei den Literaturkennern einen Namen machen wollte, auf dem Gebiet anderer, höhergeschätzter Gattungen ausweisen. Shakespeare gehör-

---

[9] *Sidney's Apologie for Poetrie*, ed. J. Churton Collins (1907, rpt. Oxford, 1961), S. 56.

te zu denen, die das mit Erfolg taten. Der Großteil der lobenden Erwähnungen durch gebildete Zeitgenossen bezieht sich nicht auf seine Dramen, sondern auf seine Versdichtungen, vor allem *Venus and Adonis* und *The Rape of Lucrece*.

Die literarische Vervollkommnung des Theaterstücks versprach zwar nur geringen unmittelbaren Gewinn, war aber doch die aussichtsreichste Möglichkeit der gesellschaftlichen Rechtfertigung und Positionsverbesserung des Schauspielwesens.

Zum einen wuchs der Kreis der Literaturfreunde und damit das Ansehen der Dichtung. Das innerliterarische Vorurteil gegen das Drama ließ sich auf die Dauer abbauen. Vor allem aber lieferte die zeitgenössische Literaturtheorie einen geeigneten konzeptionellen Rahmen für die Kombination einer Unterhaltungsfunktion mit weitergehenden, allseits als sozial nützlich anerkennbaren Zielen.

Im Gegensatz zu den heute noch landläufigen Literaturtheorien des 19. und frühen 20. Jahrhunderts, welche die unterhaltende Literatur meist aus dem Reich der ›echten‹, durch eine besondere Seinsweise ausgezeichneten Kunstwerke verbannen, rechneten die Poetiken der Renaissance die Unterhaltung zum Wesen der Dichtung. Der generelle Auftrag der Literatur wurde – im Anschluß an antike Theorien – als ein Doppelziel definiert: *prodesse* (oder *docere) et delectare, teach and delight*. Unter *delight* verstand man nicht so sehr den ästhetischen Genuß eines besonderen Kunstschönen, sondern durchaus Unterhaltung, handfestes, sinnliches Vergnügen an Inhalt und Darbietung. Mit dem lehrhaften Teilziel war weniger das Beibringen von Wissensstoffen als vielmehr die Vermittlung, Verdeutlichung und Vertiefung von Einsichten gemeint.

Es spielt für die Beurteilung des historischen Kontextes kaum eine Rolle, daß die elisabethanischen Dramatiker die Ziele der Anerkennung des Schauspiels als Literatur und der Literatur als eines wesentlichen gesellschaftlichen Faktors nicht voll erreichten. Entscheidend ist, daß Autoren wie Shakespeare und Jonson durch die gesellschaftliche Situation des Theaters motiviert wurden, Stücke wie *Hamlet* oder *Volpone* zu schreiben, obwohl das Publikum auch mit einer nichtssagenden Rachetragödie und einem billigeren Gaunerschwank zufrieden gewesen wäre.

BÜHNE UND SPIELBEDINGUNGEN

Theater: innen

Über das Innere der elisabethanischen Theater wissen wir erheblich weniger als über das Äußere. Trotz generationenlanger Forschungsarbeit ist immer noch nicht in allen wesentlichen Punkten geklärt, wie es da aussah und wie die Aufführungen bühnentechnisch durchgeführt wurden. Gerade Bereiche der alltäglichen Wirklichkeit vergangener Epochen lassen sich schwer rekonstruieren, weil sie von den Zeitgenossen selten genau und neutral – also ohne satirische oder polemische Tendenz – beschrieben wurden. Es gibt zwar zahlreiche Zeugnisse wie Rechnungen, Bühnenanweisungen in Dramen und Aufführungsberichte, aus denen sich Detailinformationen gewinnen lassen; neuerdings sind auch die Fundamente zweier Theater – Rose und Globe – teilweise ausgegraben worden. Noch immer aber sind wir vor allem auf ein paar grundlegende Dokumente angewiesen, die ihre frustierenden Aspekte haben.

Das gilt zum Beispiel für den Vertrag zwischen einer Theaterleitung und einem Bauunternehmer über die Errichtung eines neuen Theaters (Fortune, 1600). Der Vertrag enthält genaue Angaben über das Fundament und den äußeren Ringbau (*frame*), aber über die interessantesten Bauteile, die Bühne und das (am wenigsten erforschte) *tiring-house* heißt es:

> With a Stadge and Tyreinge howse to be made ... in suche sorte as is prefigured in a plott [= schematische Zeichnung] thereof drawen ... And the saide Stadge to be in all other proporcions contryved and fashioned like vnto the Stadge of the saide Plaie howse called the Globe ...[10]

Die Zeichnung ist jedoch nicht erhalten, und wie die als Vorbild dienende Bühne des Globe aussah, wissen wir eben nicht.

Das wichtigste und aufschlußreichste Dokument, das einzige zeitgenössische Bild, das ein elisabethanisches *public theatre* von innen zeigt, geht – wie viele andere Zeugnisse – auf einen ausländischen Besucher zurück. Johannes de Witt, ein junger Holländer aus Utrecht, besuchte London im Jahre 1596, machte sich – auf Latein – Notizen über die wichtigsten Sehenswürdigkeiten, darunter vor al-

---

[10] Chambers, *Elizabethan Stage*, Bd. 2, S. 437.

lem die Theater, und fertigte zur Illustration eine Zeichnung des Swan an. Die Originale sind verloren; was wir haben, ist eine Kopie der Zeichnung und der Aufzeichnungen von der Hand eines Freundes von de Witt namens Aernout van Buchel.

Das berühmteste aller Theaterbilder.
Innenansicht des Swan nach Johannes de Witt (1596).

Seit das Bild 1888 ans Licht kam – bis dahin hatte es unbeachtet in der Utrechter Universitätsbibliothek gelegen –, ist es die Basis aller Forschungen und Überlegungen zur elisabethanischen Bühne und zur Aufführungsweise elisabethanischer Dramen. Man kann es ergänzen – aus anderen Quellen oder spekulativ –, und man kann es in Einzelheiten für fehlerhaft erklären, aber man muß auf jeden Fall von dem ausgehen, was diese Darstellung zeigt.

Man sieht schräg von oben, etwa aus Dachhöhe, in den offenen Innenhof mit den schmalen umlaufenden Galerien. Die Bühne (*proscaenium*), eine Bretterplattform, die auf Holzböcken oder festen Ständern ruht, ist auffällig groß. Sie ragt vorn bis etwa zur Mitte des Hofes vor und läßt an den Seiten nur noch wenig Hofraum übrig. (Der Fortune-Bauvertrag, der eine Bühne von 13 m Breite und 8,40 m Tiefe vorsieht, bestätigt die relative Größe.) Die Bühne ist im vorderen Teil offen, im hinteren Teil überdacht und stellt im übrigen aber eine ungeteilte Spielfläche dar. Den rückwärtigen Abschluß der Bühne bildet die Wand des Garderobenhauses (*mimorum aedes*, engl. *tiring-house*). Diese Wand hat auf der Ebene der Bühne zwei zweiflügelige Tore für die Auftritte und Abgänge. Eine Ebene darüber ist ein breiter Balkon – eine Art Loggia –, mit Personen besetzt, die eher Zuschauer als Mitspieler zu sein scheinen. Der obere, hüttenähnliche Teil des Garderobenhauses, den man von den Außenansichten kennt, trägt eine Fahne mit einem Schwan, der wie eine Ente aussieht. (Die Fahne zeigt bis in die Stadt sichtbar an, daß heute gespielt wird.) An der Seite des Oberstocks bläst ein Trompeter ein Signal zur (Ankündigung des Spielbeginns).

Die Besucher können sich im Hof (*planities siue arena*) einen Platz suchen oder sich über eine der Treppen (*ingressus*) auf eine der drei Galerien (*porticus*) begeben, wo man ansteigende Reihen von Sitzbänken (*sedilia*) vorfindet. Ein Teil der unteren Galerie trägt die Bezeichnung *orchestra*, im römischen Theater der für hochrangige Besucher reservierte Teil. Die Bühne ist bei vollem Haus auf drei Seiten (wenn man die Balkonloge mitrechnet, sogar ringsum) von Zuschauern umgeben, die das Geschehen auf der Bühne aus sehr verschiedenen Perspektiven sehen: teils von vorn und teils von der Seite; teils von einem unterhalb der Spielebene gelegenen Standpunkt, teils aus steiler Aufsicht von oben.

Die billigsten Plätze und damit der sozial einfachste Teil des Publikums sind im übrigen nicht, wie im modernen Schauspielhaus und auch schon in den *private theatres* der Shakespearezeit, am weite-

sten von der Bühne entfernt, sondern sie sind im Gegenteil das unmittelbare Gegenüber der Akteure.

Bei der Aufführung werden auf der Bühne zwar Requisiten verwandt (hier eine Bank, in andern Fällen Thronsessel, Tische und
Hocker, gelegentlich auch ausgefalleneres Mobiliar wie eine Rasen-
bank aus Holz und Leinwand oder ein feuriger Höllenschlund), aber
keine Kulissen oder sperrigen Aufbauten. Man ist zwar, wie Inszenierungen von Maskenspielen bei Hofe zeigen, technisch bereits
durchaus in der Lage, komplizierte illusionserzeugende Bühnenbilder herzustellen (zum Beispiel ein Meer mit Seeungeheuern, fahr-
baren Inseln und Sturmwolken), aber in den öffentlichen Theatern
verhindern vor allem die Sichtverhältnisse den Einsatz von Kulissen, die ja immer einem Teil der Zuschauer den Blick verstellen
würden und die wegen des Fehlens einer zentralen Perspektive ohnehin kaum eine Illusionswirkung ausüben könnten.

Trotz des weitgehenden Verzichts auf Bühnenbild und Wechsel-
dekorationen ist die Schauspielaufführung auch ein Fest für das Auge, *spectaculum* im eigentlichen Sinne des Wortes. Was der Bühne
an Schaubarem abgeht, machen die Kostüme der Schauspieler wett.

Der Kleiderluxus gehört zu den Hauptsünden der Renaissance.
Jedermann ist zwar verpflichtet, sich nach seinem Stande zu klei-
den, aber das bedeutet nur für die Ärmeren einen Zwang zur Unifor-
mierung. Die höheren Schichten, nicht nur die Damen, sondern auch
die Herren, treiben einen fast unvorstellbaren Aufwand, wie die Por-
trätminiaturen, eine der höchstentwickelten Kunstformen der Zeit,
veranschaulichen.

Auf der Bühne feiert die Modeleidenschaft Triumphe. In den erhaltenen Berichten wird viel häufiger von der Pracht der Kostüme
als von der Kunst der Dramatiker gesprochen. Die Schauspieler
sind, wenn sie nicht gerade eine niedere Charge darzustellen haben,
anzusehen wie Matadore: mit Gewändern aus kostbaren Stoffen, be-
stickt und spitzenverziert, behangen mit Schmuck. Die Kostüme
sind meist nach der gegenwärtigen Mode, also nicht historisch ge-
treu, gearbeitet. Bei Stücken, die weit in der Vergangenheit spielen,
gibt es antikisierende Zutaten: eine Toga für einen römischen Sena-
tor oder einen altertümlichen Prunkhelm für einen griechischen Herzog.

Oben im Garderobenhaus des Theaters sind die Musiker und die
Feuerwerker (die für Gewitter, Schlachtenlärm und Salutschüsse zu-
ständig sind) untergebracht. Winden und Flaschenzüge für schwe-

bende Engel und Geister sowie Bodenklappen als Falltüren vervollständigen das simple technische Inventar.

Gespielt wird in der Regel vorn, in der Nähe der Rampe, wie auf dem Bild de Witts, wo der Mann mit dem Stab (ein Bote? ein Zeremonienmeister?) sich der Dame auf der Bank und ihrer Begleiterin (Dienerin?) nähert. Wir wissen aber aus den Bühnenanweisungen elisabethanischer Stücke, daß der rückwärtige Teil nicht nur für Auftritte und Abgänge benutzt wurde, sondern zwei Nebenspielflächen enthielt, die gelegentlich, wenn auch längst nicht in jedem Stück, benutzt wurden.

Zum einen gibt es Szenen, die *above*, eine Ebene über der Bühne, spielen. Auf der Bühne des Swan-Bildes könnte für solche Szenen (trotz schlechter Sichtbarkeit) ein Teil der erhöhten Logen verwendet worden sein, vermutlich ohne Ausquartierung der dort sitzenden Zuschauer. Die obere Spielfläche kann im Schauspiel einen Balkon (wie in *Romeo and Juliet*), eine Stadtmauer (wie in *Henry V*, wo der englische König den Gouverneur des belagerten Harfleur zur Übergabe auffordert), die Zinnen eines Schlosses oder eine Rednertribüne darstellen.

Eine andere, selten vorkommende Verwendungsart des hinteren Bühnenteils ist die sogenannte ›gezogene‹ Szene (*drawn scene*) oder Entdeckungsszene (*discovery scene*): Durch das Ziehen eines Vorhangs wurde etwas bis dahin Unsichtbares – ein Lauscher (wie Polonius, der »behind the arras«, »hinter dem Wandbehang«, lauscht, als er von Hamlet erstochen wird), ein Leichnam auf der Bahre, ein Magier in seinem Studierzimmer, Ferdinand und Miranda beim Schachspiel. Wie man solche Szenen auf der Bühne im Bild spielte, läßt sich nur vermuten. Möglich wäre die Benutzung einer der breiten Türöffnungen, in denen man bei geöffneten oder ausgehängten Flügeln einen Vorhang anbringen könnte. Möglich wäre auch der zeitweilige Aufbau eines mit Teppichen oder Sackleinwand verhängten Gestells zwischen den Türen. Andere Theater hatten vielleicht – im Falle des Globe sogar höchstwahrscheinlich – eine dritte Tür (oder eine Öffnung) in der Mitte der Bühnenrückwand.

Rekonstruktionsprobleme

Wie gut war de Witt als Beobachter und als Zeichner? Wie zuverlässig war van Buchel als Kopist? In welchem Maße unterschieden sich andere Theater von dem auf der Zeichnung dargestellten? Das sind entscheidende Fragen für jeden, der ein elisabethanisches Theater rekonstruieren will – und die elisabethanischen Theater, insbesondere das Globe, sind die am häufigsten rekonstruierten historischen Gebäude. Es gibt mehr moderne Nachbauten in voller Größe, als es elisabethanische Theater im Original gegeben hat, und die Zahl der Rekonstruktionen als Zeichnung oder Modell ist noch weit höher.

Die Geschichte der Erforschung der Theater der Shakespearezeit zeigt, daß selbst in einem so sachbezogenen Forschungsbereich, wo es um Konstruktionen, Materialien und Abmessungen geht, das Ergebnis stark vom zeitbedingten Standpunkt des Rekonstrukteurs abhängt. Bis in die Mitte des 20. Jahrhunderts hat man immer wieder versucht, de Witts Bild (oder das dargestellte Theater) für besonders primitiv und mangelhaft zu erklären und dem großen Shakespeare und seinen Zeitgenossen ein angemesseneres, schöneres und besseres Theater zuzuschreiben.

Niederschlag dieses Bestrebens ist vor allem die auf Ludwig Tieck und die Shakespeareverehrer der Romantik zurückgehende Legende, daß es im hinteren Teil der elisabethanischen Bühne eine zweite, durch einen Vorhang verschließbare und voll bespielbare Bühne gegeben habe, die sogenannte *inner stage* (ein Begriff, den die Elisabethaner nicht kannten). Damit würde die elisabethanische Bühne zu einer Art Superbühne, welche die beiden wesentlichen historischen Bühnentypen, die offene Plattformbühne und die zimmerartige, geschlossene Guckkastenbühne, in sich vereinigte und die, den Balkon eingerechnet, über drei Spielflächen verfügte. Auch das Theatererlebnis des Zuschauers wäre in einem Theater dieser Art eine besondere und gesteigerte Form der Rezeption: einerseits – bei Szenen auf der Plattform – ein unmittelbares Dabeisein, nahezu ein Mitspielen, andererseits – bei Benutzung der anderen Teilbühnen – die aus dem modernen Theater vertraute Rezeptionsform des unbemerkten Beobachters, dem sich ein verschlossener Raum öffnet.

Noch immer – bis zu dem einstweilen jüngsten Globe in der Nähe des alten Standorts auf der Londoner Bankside – haben Rekonstruktionen elisabethanischer Theater eine Tendenz zur Verschönerung und Verbesserung, aber langsam setzt sich doch die Einsicht durch, daß de Witts Zeichnung sich mit allem vereinbaren läßt, was wir sonst – aus Abrechnungen, Inventarlisten, Bühnenanweisungen und Aufführungsberichten – über das elisabethanische Theater wissen, und daß die anderen Häuser, mögen sie auch eine Tür oder eine Nische mehr gehabt haben, im Grunde das gleiche boten wie das Swan-Theater, nämlich primitive Bühnenverhältnisse. Im wesentlichen war das Theater von 1600 wenig mehr als die Übertragung der unfesten, in jedem *inn yard* oder Festsaal aufstellbaren Bühne in ein permanentes Gebäude, bei dem man auf die Vergrößerung des Fassungsvermögens mehr Wert legte als auf die Verbesserung der Spielmöglichkeiten.

Neue Funde und alte Deutungen

Im Jahre 1989 wurden auf einem Baugrundstück in Southwark, in der Nähe des Themseufers, drei Fünftel des Fundaments des Rose Theatre ausgegraben, eines Hauses, das Philip Henslowe 1587 errichtet und schon fünf Jahre später umgebaut und erweitert hatte. Einige Monate später wurden ein paar hundert Meter weiter östlich kleinere Teile des Fundaments – Treppenturm und Außenwand – von Shakespeares Globe freigelegt. (Der Rest liegt unter dem Beton einer Brückenauffahrt begraben oder wurde im 19. Jahrhundert zerstört.)

Bei den gewaltigen Anstrengungen, die Heerscharen von Experten und Tüftlern unternommen haben, um die Theater der Shakespearezeit auf der Grundlage lückenhafter Text- und Bilddokumente zu rekonstruieren, mutet es in der Rückschau merkwürdig an, daß man nie versucht hat, durch Ausgrabungen an den relativ genau bekannten Standorten Aufschlüsse zu erhalten. Auch diesmal ergaben sich die aufsehenerregenden Funde nicht bei einer gezielten Grabung, sondern im Verlauf des normalen Genehmigungsverfahrens, das in London für Bauprojekte in archäologisch bedeutenden Gebieten vorgeschrieben ist und das eine Begutachtung und Untersuchung durch die mit dem Denkmalschutz beauftragen kommunalen und staatlichen Institutionen vorsieht.

Obwohl ein Teil des Fundaments wegen Überbauung nicht zugänglich war, erlauben es die Ausgrabungen des Rosetheaters, den Grundriß des Ringbaus und der Bühne vor und nach Henslowes Umbau (über dessen Arbeitsgänge und Kosten er in seinem Geschäftsjournal Buch geführt hat) recht exakt zu rekonstruieren.

Die Überraschung der Grabung ist die Irregularität des Gebäudes. Das Theater war – nach allem, was sich aus dem freigelegten Teil für den Rest erschließen läßt – elfeckig, während alle Forscher bisher für die elisabethanischen Theater regelmäßige Vielecke von 8, 16 oder 24 Seiten angenommen hatten. Kein Maß und kein Winkel des Baus ist regulär und strikt symmetrisch. Auch die Bühne, die nicht quadratisch ist, sondern sich nach vorn verjüngt, bildet ein

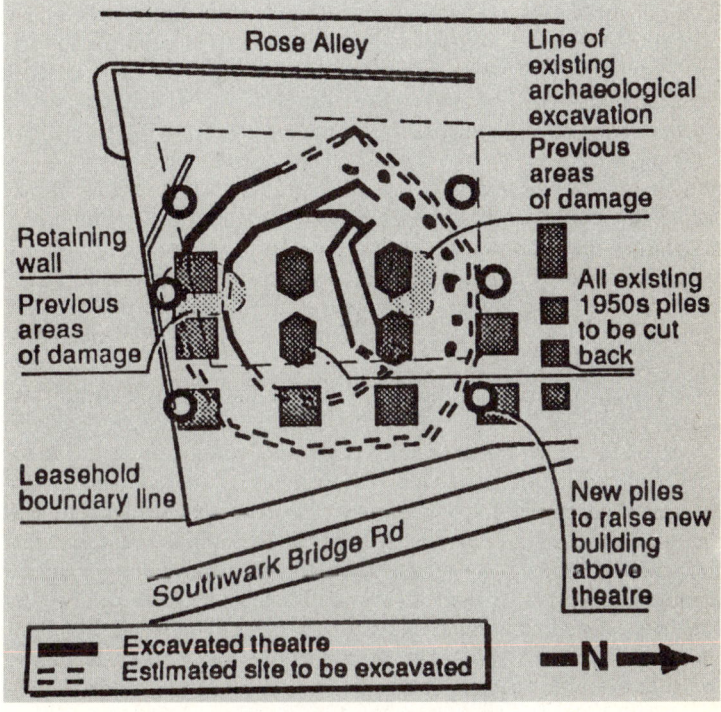

Ausgrabung des Rose-Theaters.
Die Skizze läßt den Grundriß des Ringbaus und der Bühne vor und nach Henslowes Umbau erkennen (schwarze Linie = ausgegraben; gestrichelt = vermutet; schraffiert = moderne Überbauung)

schiefes Trapez. Theater, so zeigt The Rose, waren Zweckbauten, bei denen es – anders als bei sakralen oder königlichen Gebäuden – nicht auf handwerkliche Kunstfertigkeit ankam.

Bestätigt werden die geringen Ausmaße des Theaters im Verhältnis zur Zuschauerkapazität (die sich aus Henslowes Eintragungen über seine Tageseinnahmen ungefähr berechnen läßt). Sowohl The Rose als auch (wahrscheinlich) das Globetheater waren noch kleiner, als man früher annahm.

Einigermaßen erstaunlich ist, daß keiner der Spezialisten mit ihren divergierenden Theorien sich durch die Grabungsergebnisse widerlegt oder in wesentlichen Punkten korrigiert sieht. Jeder schafft es, die neuen Fakten mit seinen eigenen, theoretisch und spekultativ geprägten Auffassungen in Einklang zu bringen. Wer die Verschiedenheit der elisabethanischen Spielstätten betont, kann auf die Unterschiede zwischen dem ursprünglichen Rose und anderen Schauspielhäusern hinweisen. Wer davon ausgeht, daß das *public theatre* einen relativ einheitlichen Typus darstellt, verweist auf den Umbau, der das Haus dem Swan-Theater und dem später entstandenen Globe ähnlich macht. Wer sein elisabethanisches Theater immer als schönes Kunstgebilde gesehen kat, der kann jetzt geltend machen, daß die Bauhandwerker, deren Produkte jetzt ausgegraben wurden, immer schon das schludrigste Gewerk waren und daß sicherlich die sorgfältiger arbeitenden Zimmerleute, Putzer und Schnitzer die Unregelmäßigkeiten des Fundaments weiter oben ausgeglichen haben werden.

Was immer auch an Fakten über ein so historisch entferntes und unvollständig dokumentiertes Phänomen wie das elisabethanische Theater ans Licht kommen mag, kann insgesamt den Rahmen für spekulative Interpretationen nicht einengen, weil jede neue gesicherte Erkenntnis neue Fragen aufwirft und zu neuen Spekulationen anregt: War die Neigung des Bodens zur Bühne hin eine allgemein übliche Maßnahme zur Verbesserung der Sicht oder nur ein weiterer Baumangel dieses Theaters? Warum betrieb Henslowe unter sehr hohen Kosten Umbau und Vergrößerung seines fast neuen Theaters, obwohl das Haus bis dahin nach seinen eigenen Angaben kaum jemals überfüllt gewesen sein kann?

Das Publikum und der Dramatiker

Für Shakespeare wie für die anderen Theaterautoren der Zeit gehören Bühne und Publikum zu den Grundlagen der Dramaturgie. Das Publikum im elisabethanischen Theater übt auf die Komposition von Theaterstücken stärkere Zwänge aus als ein modernes Publikum. Um den unmittelbaren und unausweichlichen Einfluß der Aufführungsbedingungen ermessen zu können, müssen wir uns zunächst die Größenverhältnisse klarmachen.

Die englischen Theaterbauten galten allgemein als mächtig und eindrucksvoll. Sie faßten in der Tat bei vollem Haus bis zu 3000 Zuschauer, und auch an einem normalen Spieltag zählte Shakespeares Publikum nach kompetenten Schätzungen etwa 1500 Köpfe. Dennoch waren diese Theater nach modernen Begriffen klein und unglaublich beengt. Bei einem Hofdurchmesser von etwa 19 Metern hätte das Globetheater mitsamt seinen Zuschauern bequem auf die Bühne eines unserer Stadttheater gepaßt; in der Höhe hätten sogar zwei bis drei Shakespearetheater unter dem Rollenboden eines typischen Großen Hauses Platz gehabt. Der Zuschauerraum eines modernen Theaters mit etwa 1000 Plätzen hat ein weit größeres Bauvolumen als der aller Londoner Theater um 1600 mit ihrer Kapazität von über 10 000 Besuchern. Die modernen Nachbauten des Globetheaters in den originalen Maßen haben wegen der gewandelten Ansprüche an Platz und Bequemlichkeit und wegen der heutigen Sicherheitsvorschriften nur etwa ein Viertel der Kapazität ihrer Vorbilder, nämlich 600–800 Plätze.

Unter den damaligen Verhältnissen war das Theatererlebnis des Elisabethaners von dem unsrigen völlig verschieden. Im modernen Theater mit seiner Guckkastenbühne vollzieht sich das dramatische Geschehen im allgemeinen so, als gäbe es die Zuschauer nicht, als würden die Handelnden nicht durch die fehlende Wand ihrer Bühnenbehausung beobachtet. Diese Fiktion wird nicht nur durch die Beschaffenheit der Bühne ermöglicht, sondern auch durch die Distanzierung, die sich durch Proszeniumsbogen und Orchestergraben sowie durch den Kontrast zwischen der erleuchteten Bühne und dem dunklen Auditorium von selbst ergibt. Der Theaterbesucher ist nicht nur vom Spielgeschehen distanziert, sondern in seinem Einzelsessel im Dunkel, Schweigen und allgemeinen Wohlverhalten des Zuschauerraumes ist er auch weitgehend von den anderen Theaterbesuchern isoliert, die er, mit seinen eigenen Reaktionen beschäftigt, meist nur schemenhaft wahrnimmt. Für den Dramatiker oder Regisseur ist es unter diesen Umständen kaum entscheidend, ob die gesamte Zuschauerschaft oder auch nur deren Mehrheit das Stück genießt oder nicht. Wenn ein Klassiker vor einem gelangweilten oder ein Avantgardist vor einem schockierten Publikum gespielt wird, dann braucht das noch kein Fiasko zu ergeben, sofern nur eine einflußreiche Minderheit, etwa die Presse, positiv urteilt.

Im elisabethanischen Theater gibt es keine vergleichbare Distanzierung zwischen der Spielfläche und dem Publikum, das die Plattform umdrängt; der Zuschauerraum ist so hell wie die Bühne. Ein Zuschauer ist dem anderen ellbogennahe. Das Publikum ist eine Masse, in der der einzelne verschwindet, es reagiert als Masse, gemeinsam und extrem. Es herrscht eine Atmosphäre, wie wir sie höchstens noch von Fußballspielen oder Rockkonzerten kennen.

Dem Dramatiker ist es unmöglich, gegen die Masse anzuspielen, sie zu ignorieren oder ihre Bedürfnisse mit kleineren Zugeständnissen abzuspeisen. Er muß sie als Ganzes in Spannung versetzen und entspannen, erheben oder belustigen, er muß ihre Unterhaltungserwartungen erfüllen, wenn er überhaupt Erfolg haben will. Fortwährend über die Köpfe der Leute auf den billigen Plätzen hinweg nur für die besseren Kreise auf den Galerien zu spielen, ist nicht nur der Zahlenverhältnisse wegen ausgeschlossen, sondern auch deshalb, weil selbst der kritische Zuschauer seine Reaktionen nicht von denen der Masse, zu der ja auch er gehört, isolieren kann. Er gerät fast automatisch in den Sog des Gesamtresponses der Zuschauerschaft.

In jede Shakespeareszene ist die Zuschauerschaft als Größe einkomponiert. Die Reaktionen werden gedämpft oder gesteigert, die Sympathien gelenkt. Da die Emotionen eines Massenpublikums beweglicher sind als die von Individuen, finden wir immer wieder einen jähen Anstieg von einer alltäglichen oder heiteren Dialogebene zu einem Gipfel des Pathos, gleich darauf ein schnelleres Abklingen oder ein plötzliches Umschlagen ins Nüchterne oder Komische. Die Spannung wird nicht über Akte hinweg gestaut, da sie in diesem Falle unkontrollierbar würde und sich an unangebrachter Stelle entlüde. Vielmehr hat fast jede Szene ihren eigenen Spannungsbogen, der das Publikum bis zum Szenenhöhepunkt in Atem hält und der dann gelockert wird. In den Tragödien ist das berühmte *comic relief*, die Entspannung durch Gelächter, ein angesichts der Spielbedingungen notwendiges Mittel, um zwischen Partien intensiver Erregung ein Ventil einzuschalten. Eine solche Funktion haben manche der

Auftritte des Narren im *Lear* oder das Erscheinen des betrunkenen Pförtners im *Macbeth*, der zwischen dem Grauen der Mordszene und der spannungsgeladenen Entdeckung des Verbrechens seine Scherze macht, die zwar einen hintersinnigen Kommentar des Geschehenen in sich schließen, aber doch für eine Abreaktion sorgen.

Auch die Position des Publikums im dramatischen Kommunikationsvorgang wird durch die Aufführungsverhältnisse beeinflußt. Auf einer Bühne, die inselähnlich inmitten des Publikums liegt, ist es den Akteuren kaum möglich, die Anwesenheit der Zuschauer ständig zu ignorieren; das Publikum wird daher bei Shakespeare oft direkt angeredet und einbezogen. Die vielen beiseitegesprochenen Bemerkungen (*asides*) sind meist vertrauliche Mitteilungen eines der Handelnden an das Publikum, das er zum Mitwisser seiner Geheimnisse macht. Auch die großen Monologe sind keine Selbstgespräche, sondern richten sich offen an die Hörer und informieren sie über Gedanken und Gefühle des Sprechenden. Die Darbietung der Handlung erfolgt so, daß der Theaterbesucher stets mehr weiß als die Handelnden auf der Bühne. In der Tragödie sieht er das Verhängnis kommen, ehe die Betroffenen es wahrnehmen. In der Komödie gehört er nie zu denen, die hinter das Licht geführt werden. Er weiß, wer hinter jeder Verkleidung steckt, ist über alle Intrigen informiert und sieht die Lösung voraus.

Shakespeares Zuschauer werden in einem für moderne Erwachsene kaum vorstellbaren, nur beim Kinderpublikum des Kasperltheaters noch zu findenden Maße veranlaßt teilzunehmen, mitzugehen, mitzuspielen. Im letzten der Königsdramen, *Henry V*, wird besonders deutlich, wie Shakespeare darauf hinzielt, die Grenze zwischen dem Zuschauerraum und der Bühne aufzuheben. Jeder Akt dieses Stücks beginnt mit einem Prolog, in dem das Publikum beschworen wird, sich in die Historie hineinzuversetzen, dem Autor und den Spielern durch die eigene Einbildungskraft bei der Wiederbelebung der Vergangenheit zu helfen, ins Feld mitzuziehen, mitzukämpfen und mitzutriumphieren. Das Publikum wird als Statisterie gedungen, das Volk im Theater wird zum Volk des Heldenkönigs Heinrich.

Das Stück macht deutlich, daß die Verpflichtung, das Publikum unmittelbar anzusprechen, sich auf die Ebene des einfachen Mannes zu begeben, nicht zugleich den Zwang zur Primitivität, zur Erfüllung bequemer Erwartungen und zur Lieferung gängiger Klischees bedeutet. Der Dramatiker setzt auf der Ebene der schlichtesten Reaktionen und Vorstellungen an, um den Zuschauer dann in Problembereiche mitzunehmen, die er von selbst nie betreten würde. In den Prologen, in denen der Zuschauer angeworben wird, herrscht eine hurrapatriotische Jahrmarktsatmosphäre; der Titelheld wird so gezeichnet, wie es dem traditionellen Bild entsprach, als volkstümlicher Harry, als unwiderstehlicher Haudegen und Franzosenfresser. In der Handlung selbst aber verwandeln sich die Aspekte unmerklich, und der Zuschauer setzt sich teilnehmend mit Fragen auseinander, die mit billigem Nationalismus nur noch wenig zu tun haben: mit dem Phänomen des Krieges, mit der Frage nach der Gerechtigkeit in der Politik, nach den Grundlagen der Nation. Der König wird von einer Figur in einem bunten historischen Bilderbogen zum Prototyp des moralisch verantwortlichen Menschen umgezeichnet.

Bühne und Dramaturgie

Die elisabethanische Bühne weicht vor allem in den folgenden für einen Dramatiker relevanten Punkten von modernen Theaterverhältnissen ab:

- Die Bühne ist eine neutrale, fast leere Spielebene, auf der auffällig kostümierte Figuren agieren.
- Sie hat weder einen Hauptvorhang noch Seitenwände, ist also zum Publikum hin dauernd offen.
- Es ist eine Freilichtbühne. Da nur bei Tageslicht gespielt wird, sind die Beleuchtungsverhältnisse im Zuschauerraum und auf der Bühne gleich. Es gibt keine Möglichkeit, durch die Beleuchtung Publikum und Bühne voneinander abzusondern, einzelne Partien der Spielfläche hervorzuheben oder Übergänge von einer Tageszeit zur anderen anzudeuten.
- Die elementare räumliche Wirkung ist die einer offenen Fläche, die nur an einer Seite von einer Wand begrenzt wird, während die moderne Bühne im Prinzip ein geschlossener Raum mit einer Öffnung, ein Zimmer mit weggelassener Vorderwand ist. Selbst wenn die moderne Bühne – wie es oft geschieht – nicht als Guckkastenbühne, sondern als offene, auf Vorhang und illusionserzeugende Kulissen verzichtende Flächen- oder Plattformbühne benutzt wird, bleibt sie für die Zuschauer ein abgegrenzter Raum, vor allem infolge der Hell-Dunkel-Grenze und infolge der Rah-

menwirkung der Bühnenöffnung. (Der moderne Bühnentyp wird im Englischen treffend als *picture-frame stage* bezeichnet.)

Diese Gegebenheiten haben tiefgreifende Auswirkungen auf die Dramaturgie, die Machweise der Dramen, insbesondere auf den Aufbau der Szene. Bei einer vorhanglosen und nicht abdunkelbaren Bühne muß die Spielfläche zu Beginn und zum Ende der Szene leer sein, da das die einzige Möglichkeit ist, einen Übergang zu einem anderen Ort und eine Unterbrechung des Zeitkontinuums zu symbolisieren. Der Dramatiker kann also nie *in medias res* gehen und dem Publikum eine bereits versammelte Bühnengesellschaft und eine im Gang befindliche Aktion vorführen. Die Mitspielenden werden nach und nach auf die Bühne gebracht. Vor dem Ende der Szene ist entsprechend ein gradueller Abbau der Spielgesellschaft erforderlich, wobei jede Person ein ausdrücklich genanntes oder impliziertes Motiv für das Verlassen des Spielraums braucht.

Der Zwang, in jeder Szene beim Nullstand zu beginnen und zu enden, wirkt sich in figurenreichen Szenen stärker aus als in figurenarmen, führt aber in fast allen Fällen zu einer besonderen Szenenstruktur. Die Einzelszene erhält stärker als beim modernen Drama den Charakter eines abgeschlossenen Vorgangs, fast eines Dramas im kleinen: Personen kommen zusammen, um eine bestimmte Handlung zu vollziehen – eine Krönung oder Verschwörung, ein Stelldichein oder ein Bankett –, und sie gehen auseinander, wenn der Vorgang abgeschlossen ist. Höhepunkte zu Anfang oder zum Schluß einer Szene lassen sich nur schwer erzielen. Besonders die Schlüsse sind schwer zu gestalten. In der letzten Szene der Tragödie ist die Räumungspflicht oft eine Last.

Ein typisches Beispiel ist der Schluß des *Hamlet*. Das Stück endet nicht, wie viele glauben, mit Hamlets letzten Worten, »the rest is silence«, sondern mit einem Szenenanhängsel, das vor allem aus bühnentechnischen Gründen erforderlich ist. Fortinbras symbolisiert nicht nur den Fortbestand der staatlichen Ordnung, sondern er organisiert den Abtransport der vier Leichen, und zwar mit einer recht lahmen Motivation:

> Let four captains
> Bear Hamlet like a soldier to the stage,
> For he was likely, had he been put on,
> To have prov'd most royal; and for his passage,
> The soldiers' music and the rite of war

Speak loudly for him.
Take up the bodies. Such a sight as this
Becomes the field, but here shows much amiss.
Go bid the soldiers shoot.   *Exeunt*

                                              V,2,395–403

Eine weitere wichtige Konsequenz der Bühnenverhältnisse ist der
Einsatz von Wortkulissen anstelle realer Bühnendekorationen. Auf
der illusionslosen Bühne läßt das gleichbleibende äußere Bild nicht
erkennen, wo die Szene spielt. Der Zuschauer kann allenfalls aus
dem Mobiliar unsichere Schlüsse über den Handlungsort ziehen.
Die Lokalisierung der Szenen muß hauptsächlich durch den Dialog
erfolgen. Der Dramatiker ist also sein eigener Bühnenbildner; sein
Illustrationsmaterial ist die Sprache.

Die Wortkulisse kann die Form einer zusammenhängenden Orts-
beschreibung haben. Häufiger jedoch werden die Textstellen, die
der Raumfiktion dienen, über den Dialog verteilt, nachdem zu Anfang der Szene eine stichwortartige Elementarinformation über den
Ort gegeben worden ist.

Auch auf anderen Gebieten wirken die Gegebenheiten der Bühne
und die elisabethanische Leidenschaft für den Umgang mit Sprache
zusammen, um dem Drama den Charakter eines Sprachspiels und
einer vorwiegend verbalen Aktion zu geben. Es wird unentwegt geredet, und das Wort übernimmt Funktionen, die im modernen Theater durch das Spiel des Schauspielers wahrgenommen oder durch
außersprachliche theatralische Codes – beispielsweise durch die Be-
leuchtungsregie – zum Ausdruck gebracht werden.

Das Wort malt nicht nur Räume aus, sondern es unterstützt und
ergänzt auch sonst die sinnliche Wahrnehmung. Wie wir schon in
der Anfangsszene des *Tempest* sehen konnten, beschreibt der Dialogtext oft nicht nur Dinge, die auf der Bühne gar nicht vorhanden
sind und daher durch die Imagination vermittelt werden müssen,
sondern auch solche, die Teil des realen Bühnenvorgangs sind: das
Aussehen von Personen, ihren Gesichtsausdruck und ihre Gemüts-
verfassung, ihre Verhaltensweise und sogar ihre Handlungen. In der
folgenden Passage beispielsweise zeichnet Banquo zunächst ein
Bild der Hexen, die vor ihm stehen, und dann der Reaktion des
Macbeth:

Banquo: ... What are these
              So wither'd and so wild in their attire,

That look not like th'inhabitants o' th' earth,
And yet are on't? Live you? or are you aught
That man may question? You seem to understand me,
By each at once her choppy finger laying
Upon her skinny lips. You should be women,
And yet your beards forbid me to interpret
That you are so.
...
Good sir, why do you start, and seem to fear
Things that do sound so fair?   I,3,39–47, 51f.

Man bezeichnet solche Darstellungen meist als ›Spiegelstellen‹, aber dieser Ausdruck ist nicht sehr treffend. Es wird nämlich keineswegs nur im Wort gespiegelt, was auf der Bühne für jedermann sichtbar ist. Einmal erscheint das Geschilderte stets in der subjektiven Brechung durch das Bewußtsein des Sprechenden, und zum andern ist auf der elisabethanischen Bühne weniger an Einzelheiten des Ausdrucks, Aussehens und Verhaltens zu sehen als im modernen Theater. Die elisabethanische Bühne erlaubt dem Schauspieler wegen der schlechten und ungleichmäßigen Sichtverhältnisse kein Kammerspiel. Ein nuancenreicher Ausdruck und subtile darstellerische Mittel sind schwer zu projizieren. Die Schauspielkunst der Zeit ist daher auf starke, für unsere Begriffe hölzerne Effekte ausgerichtet: ausladende Gesten, pathetisches Sprechen, stilisierte Gebärdensignale für bestimmte Leidenschaften wie Zorn oder Überraschung.

Zu sehen sind also im allgemeinen nur die groben Umrisse eines schauspielerischen Vorgangs. Die Feinheiten werden erst durch das Wort eingezeichnet. Der Schauspieler sagt, was in ihm vorgeht; er erläutert und deutet auch, was er tut. Jeder Gang und jede Geste wird im Dialog verbal gespiegelt.

Das bedeutet auch, daß der Text, den der Schauspieler spricht, fast alle Regieanweisungen in sich enthält, wie wir es schon am Beispiel der letzten Zeilen des *Hamlet* sehen konnten. Wenn der Schauspieler seine Rolle lernt, memoriert er zugleich, was er tun und wie er sich bewegen muß. Bei einer Aufführungspraxis, die grundsätzlich keinen Regisseur kennt und wegen der dichten Folge der Premieren mit wenig Probenarbeit auskommen muß, ist das von großer praktischer Bedeutung.

Die Notwendigkeit, vieles mit Hilfe der Sprache zu machen, was unter anderen Bühnenverhältnissen mit außersprachlichen Mitteln vom Mienenspiel bis zum Scheinwerfer bewerkstelligt wird, führt also bei Shakespeare zu der Neigung, den gesamten dramatischen Vorgang dem Text einzuverleiben und dessen Funktionen über das bühnentechnisch erforderliche Maß auszudehnen.

Der optische Eindruck der Bühne bei der Aufführung – markante Figuren auf unmarkierter Fläche – machen die Aufstellung und Bewegung der Personen zu einem der wirksamsten Mittel der Dramaturgie. Der Autor kann wie ein Choreograph die Grundvorgänge der Handlung – Isolation, Zusammengehörigkeit, Parteiungen – durch sich verändernde Figurenmuster ausdrücken.

Auch hierbei gilt als Regel, daß die Anweisungen für die Bewegungsregie in den Dialogtext eingearbeitet werden. Die Personenmuster bleiben meist übersichtlich und haben nicht die Kompliziertheit der ›Gänge‹ wie in vielen modernen Inszenierungen.

Die Autoren, die für das Theater der Shakespearezeit schrieben, haben einige der besten Dramen der Weltliteratur geschaffen. Nicht zuletzt aus diesem Grunde wird die elisabethanische Bühne heute oft himmelhoch gelobt. Man sollte aber nicht übersehen, daß für diese Bühne auch zahlreiche miserable Stücke geschrieben wurden und daß die guten einen Teil ihrer Qualitäten dem Umstand verdanken, daß die Dramatiker gerade die Mängel der Bühne zu kompensieren versuchten. Die elisabethanische Bühne bietet dem Dramatiker wenig Hilfen, enthält ihm viele Möglichkeiten der höher entwickelten Theatertechnik vor und verleitet ihn, da ein Szenenwechsel keinerlei Aufwand erfordert, zu schlampiger Konstruktion.

Ihr Vorzug besteht darin, daß sie einem talentierten und ehrgeizigen Dramatiker, der ihre Gegebenheiten berücksichtigt und der bereit ist, sein eigener Bühnenbildner, Techniker und Regisseur zu sein, größere Freiheiten läßt als eine kompliziertere und anspruchsvollere Bühne. Sie erlaubt die Ausbildung einer individuellen Dramaturgie und bewirkt indirekt die Bereicherung des Textes bis zur Grenze des sprachlich Möglichen.

Übertragbarkeit in andere Epochen

Shakespeares Dramen sind, wie wir sahen, in jeder Hinsicht auf das Theaterwesen seiner Zeit zugeschnitten: Auf das Publikum und seine Erwartungen und Gewohnheiten, auf die Bühnenverhältnisse, auf die Spielpraxis der Schauspieltruppen.

Zugleich sind seine Stücke – mit denen seiner Zeitgenossen Marlowe, Jonson, Webster und Marston – auf den modernen Bühnen in aller Welt in einem von den Dramen anderer Epochen und Nationalliteraturen unerreichten Umfang präsent.

Diese beiden Faktenkomplexe stehen nicht in einem Verhältnis der Spannung oder des Widerspruchs, vielmehr bedingt der erste den zweiten: Weil die Stücke für ein Theater wie das damalige geschrieben sind, lassen sie sich so leicht auf jeder Bühne und vor jedem Publikum spielen.

Die Stücke sind für ein einfaches und im ganzen unspezifisches Aufführungsinstrument gedacht. Sie sind außerdem auf Flexibilität angelegt. Auch wenn der Text für die Uraufführung in einem bestimmten Theater, etwa dem Globe, gedacht sein mag, so muß der Autor doch im Auge behalten, daß das Stück auch unter anderen Bühnenverhältnissen und vor einer anderen Klientel spielbar sein muß. Schon die relativ wenigen bezeugten Aufführungen von Shakespearedramen zu Lebzeiten des Autors zeigen ein breites Spektrum der Spielstätten; es reicht von verschiedenen *public theatres* der Bankside zum *private theatre* in der City und von verschiedenen Sälen in königlichen Schlössern über die Great Hall des Middle Temple bis zum Deck eines Überseeschiffes, wo ein Kapitän Keeling seine Matrosen *Hamlet* spielen ließ, »to keepe my people from idlenes and unlawful games, or sleepe«[11]. Die eingearbeitete Variabilität der Spielorte macht die Dramentexte, die ja auch ihre Bühnenbilder und Regieanweisungen in sich tragen, in Raum und Zeit transportabel.

Auch für die Fortwirkung als Lesedramen bilden die Einfachheit der elisabethanischen Bühne und das Vorhandensein der meisten relevanten Informationen im Text die tragenden Voraussetzungen. Der Leser braucht nicht – wie beispielsweise bei einem Drama von Shaw – Dialog und breite Nebentexte zu koordinieren. Das Aufführungsinstrument, das bei der Lektüre mitgedacht werden muß, ist überschaubar. Die Inszenierung im Kopf, aus der jedes Dramenstudium besteht, gehört nicht zu den schwierigsten Seiten der Beschäftigung mit Shakespeare.

Wenn auch die Konstellation der theatergeschichtlichen Faktoren, die Shakespeares Dramen mitbedingten, für die weitere Rezeptions-

---

[11] *The Shakespere Allusion-Book: A Collection of Allusions to Shakespeare from 1591 to 1700*, ed. John Munro (London, 1909, rpt. New York 1932), Bd. 1, S. x.

geschichte höchst förderlich war, so enthielt sie doch auch Elemente, die sich in späteren Phasen als Hemmnisse erweisen sollten. Das gilt zum Beispiel für die Übertragung der Raumfiktion an den Text statt an einen Bühnenbildner. Shakespeares Texte gehen davon aus, daß der Wald von Arden in *As You Like It* und das stürmische Meer im *Tempest* oder in *Twelfth Night* nur in Worten und in der Vorstellung existieren. Epochen, in denen das Publikum auf die Augenweide üppiger Bühnendekorationen nicht verzichten will, haben es mit solchen Texten schwer. Bühnen wie die des späten 19. und frühen 20. Jahrhunderts, die mit großem technischen Aufwand und mit naturalistischen Kulissen und historisch ›echten‹ Kostümen arbeiten, passen schlecht zu den Dramen. Es entstehen Redundanzen: Bestimmte Aussageelemente sind doppelt und dreifach da. Die ohnehin hochkomplizierten Stücke erscheinen überladen.

In der gegenwärtigen Phase der Theatergeschichte liegt das gravierendste Verdoppelungsproblem auf dem Gebiet der Regie. Elisabethanische Dramen haben eine eingebaute Regie; sie setzen den nach den Regeln seiner Kunst selbständig agierenden Schaupieler als einzigen Mittelsmann voraus. Sie vertragen sich nicht immer mit der Schlüsselfigur der modernen Inszenierung, dem kreativen (oder nur selbstherrlichen) Regisseur, von dem erwartet wird, daß er ein eigenes Konzept hat und aus dem Stück etwas Neues macht.

Zu den Eigenarten elisabethanischer Theatertexte, die im Laufe der Entwicklung des Theaterwesens zum Problem werden, gehört die Länge. Theatervorstellungen in der Shakespearezeit dauerten – wie vielfach und zuverlässig bezeugt ist – zwischen zwei und drei Stunden. Shakespeare spricht im Prolog zu *Romeo and Juliet* von der beginnenden Vorstellung als »the two hours' traffic of our stage« (Prol.12). Dieses Zweistundenstück umfaßt 3099 Zeilen und entspricht damit der durchschnittlichen Länge eines Shakespearedramas. Es ist ein Rätsel, wie die Schauspieler soviel Text in so kurzer Zeit bewältigen konnten; sie müssen schnell, ohne Pausen und ohne stummes Spiel in vorwiegend stationärer Position deklamiert haben. Moderne Spielweisen lassen ein solches Tempo nicht entfernt zu; bei vollem Text würde eine Shakespeareaufführung heute mehr als doppelt so lange dauern wie in der Ursprungszeit.

Shakespearedramen werden daher fast immer mit erheblichen Kürzungen gespielt. Die Streichungen werden von Textkennern oft angeprangert, sie sind aber unvermeidlich und bieten den Theatermachern überdies die willkommene Gelegenheit, ohne Verletzung des Tabus der Textänderung das Drama umzugestalten und mit neuen Akzenten zu versehen.

Die Wandlungen des Publikums haben sich noch stärker ausgewirkt als die Veränderungen der Aufführungsgewohnheiten. Die wichtigste literatursoziologische Entwicklung des nach-elisabethanischen Theaters ist die Reduktion der Spannbreite des Publikums. Im Zuschauerraum dominieren zunächst die vornehmen, dann die bürgerlichen Kreise. Der kleine Mann wird weitgehend aus dem Theater verdrängt. Diese Umstellung im Publikum führt zu zeitweiligen Widerständen gegen einzelne Bestandteile der Stücke. Besonders im 18. und frühen 19. Jahrhundert stößt man sich an manchen Elementen, die man als vulgär empfindet. Man eliminiert die angefochtenen Stellen oder dämpft sie bei der Aufführung.

Im ganzen aber werden die aus der Berücksichtigung der einfacheren Schichten des Originalpublikums resultierenden Aspekte der Dramaturgie keineswegs funktionslos oder störend. Die Verweisung auf das Elementare, die durch die Präsenz des Volkes im Theater (und durch die Bühnenbedingungen) erzwungen wird, trägt zur Unverwüstlichkeit der Stücke bei: Sie haben bei aller Komplizierung und Vielschichtigkeit stets ein klares, einfaches, robustes Grundgerüst, das die Fülle des Gebotenen trägt und ordnet.

Auch die Doppelstrategie, dem Gebildeten und Denkenden alles abzuverlangen, aber zugleich die grundsätzliche Verständlichkeit für einfache Gemüter zu sichern, zahlt sich in der Rezeptionsgeschichte aus. Was der gebildete Elisabethaner über Legitimationsprobleme der Monarchie oder über den Aufbau des Kosmos wußte und diskutierte, würde uns überfordern. Aber da diese Bereiche zunächst so dargeboten werden, daß sie auch der Mann auf der Straße verstehen konnte (um dann vertieft und kompliziert zu werden), kommen wird gerade noch mit.

In der Theatergeschichte ist von den beiden Dimensionen der Publikumswirkung die populär-unterhaltende (die sich ja nicht nur an das einfache Publikum wendet) erstaunlicherweise viel weniger problematisch als die anspruchsvolle. Die publikumsattraktiven Elemente sind so in die Dramen eingearbeitet, daß sie notwendige Teile der inneren und äußeren Handlung bilden. Wir starren nirgends auf das nackte Gerüst des sensationellen Vorgangs oder auf die reine Varieténummer. Aber das unterhaltende, vielfach reißerische Element ist in seiner Wirkung doch nicht neutralisiert; es qualifiziert auch unsere Response, reizt uns, versetzt uns in Spannung.

Wir preisen und interpretieren den komplexen Shakespeare, aber wir haben ihn auch in einer Krisenzeit der Klassikerpflege wie der jetzigen nicht zuletzt deshalb auf der Bühne und im Fernsehen, weil hinter dem *Hamlet* wie hinter den *Merry Wives of Windsor* das Theaterspiel in seiner ursprünglichsten und auch klamottenhaftesten Form steckt.

Mit der anderen, sprachmächtigen und sinnbefrachteten Dimension der Dramen, in der wir doch hauptsächlich die Garanten der Zeitlosigkeit sehen, steht es weniger einfach, jedenfalls auf dem Theater. Zwar hat die akademische Shakespearekritik, die sich um Fragen der Aufführbarkeit nicht zu kümmern braucht, sich seit jeher vor allem der komplexen Seite der Texte gewidmet und die elementaren und unterhaltsamen Aspekte eher übersehen. Die Entwicklung der theatralischen Tradition ist aber gegenläufig. In einer Epoche wie der unseren, in der die Gesellschaft im allgemeinen und das Theater im besonderen ein extremes Mißtrauen gegenüber komplexeren Formen der Sprache und ein ebenso extremes Zutrauen zur Kommunikationsfähigkeit des körperlichen Ausdrucks und der Vulgärsprache hat, gelten die Texte in ihrer originalen Gestalt vielfach als kaum noch vermittelbar oder zumutbar. Die Folge ist eine Tendenz zur Vereinfachung und zur Beschneidung der Fülle. Das kann auf der einen Seite zu einer Rückbesinnung auf halbvergessene elementare Strukturen führen; es kann auf der anderen Seite auch in einer Simplifizierung enden, die nur noch so wenig übrigläßt, daß es ohne den Namen Shakespeare kaum noch für aufführenswert gehalten würde. Auf jeden Fall ist die Frage »Wie kann man Shakespeare so vereinfachen und verdeutlichen, daß er einem gegenwärtigen Publikum vermittelt werden kann?« für die meisten Theaterleute von heute zentral.

LITERATURHINWEISE

Gesamtdarstellungen und Dokumentationen

E.K. Chambers, *The Elizabethan Stage,* 4 vols. (Oxford, 1923).

W.W. Greg (ed.), *Dramatic Documents from the Elizabethan Playhouse,* 2 vols. (Oxford, 1931).

G.E. Bentley, *The Jacobean and Caroline Stage,* 7 vols. (Oxford, 1941–68).

G.E. Bentley (ed.), *The Seventeenth Century Stage: A Collection of Critical Essays* (Chicago, 1968).

Andrew Gurr, *The Shakespearean Stage: 1574–1642* (Cambridge, 1970, 3rd ed. 1992).

Clifford Leech and T.W. Craik (general editors), *The Revels History of Drama in English*, vol. 3, *1576–1613* (London, 1975), vol. 4, *1613–1660* (London, 1981).

Peter Thomson, *Shakespeare's Theatre* (London, 1983).

R.A. Foakes, *Illustrations of the English Stage 1580–1642* (London, 1985, 2nd ed. 1992).

Die Theater: Erforschung und Rekonstruktion

C. Walter Hodges, *The Globe Restored: A Study of the Elizabethan Theatre* (London, 1953, 2nd ed. London, 1968).

William A. Armstrong, *The Elizabethan Private Theatres: Facts and Problems* (London, 1958).

Glynne Wickham, *Early English Stages: 1300–1600*, 3 vols. (London, 1959–81).

Irwin Smith, *Shakespeare's Blackfriars Playhouse: Its History and its Design* (New York, 1964).

John Orrell, *The Quest for Shakespeare's Globe* (Cambridge, 1983).

John Orrell, *The Human Stage: English Theatre Design 1567–1640* (Cambridge, 1988).

Andrew Gurr and John Orrell, *Rebuilding Shakespeare's Globe* (London, 1989).

Christine Eccles, *The Rose Theatre* (London, 1990).

Schauspielwesen und Aufführungspraxis

T.W. Baldwin, *The Organisation and Personnel of the Shakespearean Company* (Princeton, 1927, repr. New York, 1961).

Bertram Joseph, *Elizabethan Acting* (London, 1950; rev. ed. London, 1964).

Bernard Beckerman, *Shakespeare at the Globe: 1599–1609* (New York, 1962).

Muriel C. Bradbrook, *The Rise of the Common Player: A Study of Actor and Society in Shakespeare's England* (London, 1962).

J.L. Styan, *Shakespeare's Stagecraft* (Cambridge, 1967).

T.J. King, *Shakespearean Staging: 1599–1642* (Cambridge, Mass., 1971).

G.E. Bentley, *The Profession of Player in Shakespeare's Time: 1590–1640* (Princeton, 1984).

Publikum

Alfred Harbage, *Shakespeare's Audience* (New York, 1941).

Ann Jennalie Cook, *The Privileged Playgoer in Shakespeare's London: 1576–1642* (Princeton, 1981).

Andrew Gurr, *Playgoing in Shakespeare's London* (Cambridge, 1987).

3. Kapitel

Sprache, Poesie, Weltbild

SPRACHE

Ein Drama, das ein breites Publikum anspricht, und eine komplexe, nach unseren Begriffen elitäre Sprache, die an das Verständnis höchste Anforderungen stellt: wie reimt sich das zusammen?

Wir müssen versuchen zu klären, welche Einstellung die Elisabethaner – gebildete und einfache – zur Sprache allgemein und zu artifiziellen Texten im besonderen hatten, wie sich Shakespeares Sondersprache – sein System von verschiedenen Verwendungsarten – zur Normalsprache verhielt und was eine so extreme Sprache wie die seinige möglich und akzeptabel machte.

Ein elisabethanischer Sachtext

Als Beispiel für normaleres elisabethanisches Englisch soll ein Sachtext dienen, der – wie die Anfangsszene des *Tempest* – von Sturm und Seenot handelt. Es ist ein Auszug aus einem längeren Bericht in Briefform, »The True Reportory of the Wracke« von William Strachey. Gegenstand ist ein im damaligen England viel diskutiertes Ereignis aus dem Jahre 1609, der Schiffbruch eines Kolonistenschiffes vor der Küste der Bermudas. Shakespeare hat den Bericht wahrscheinlich gelesen und bei der Abfassung des *Tempest* als Quellenmaterial benutzt.

> For foure and twenty houres the storme in a restlesse tumult, had blowne so exceedingly, as we could not apprehend in our imaginations any possibility of greater violence, yet did wee still finde it, not onely more terrible, but more constant, [5] fury added to fury, and one storme urging a second more outragious then the former; whether it so wrought upon our feares, or indeede met with new forces : Sometimes strikes [? shrieks] in our Ship amongst women, and passengers, not used to such hurly and discomforts, [10] made us looke one upon the other with troubled hearts, and panting bosomes: our clamours dround in the windes, and the windes in thunder. Prayers might well be in the

> heart and lips, but drowned in the outcries of the Officers: nothing
> heard that could give [15] comfort, nothing seene that might incoura-
> ge hope ... the Sea swelled above the Clouds, and gave battell unto
> Heaven. It could not be said to raine, the waters like whole Rivers did
> flood in the ayre.[1]

Es bestätigt sich zunächst, was wir anläßlich der *Tempest*-Szene
feststellten: Der durch den objektiven Sprachzustand gegebene historische Unterschied zwischen dem elisabethanischen und dem modernen Englisch ist recht gering. Der ältere Text enthält eine Reihe
von Ausdrücken, die nicht mehr vorhanden oder nicht mehr geläu-
fig sind (*foure and twenty*, Z.1; *wrought*, Z. 7; *hurly = tumult*, Z.
10). Die Grammatik hat sich geringfügig geändert (*so ... as*, Z. 2,
würde heute durch *so ... that* ersetzt). Die größere Freiheit gegenüber sprachlichen Normen kommt am augenfälligsten in der relativen Beliebigkeit der Orthographie (z.B. *dround* und *drowned*; Großschreibung zum Zweck der Hervorhebung wie Z. 15ff.) und der Zeichensetzung zum Ausdruck. Die größere Offenheit der Semantik
zeigt sich daran, daß die einzelnen Bestandteile von Synonymen-
feldern noch nicht spürbar in der Bedeutung differenziert sind. Ohne
deutlichen Unterschied werden gebraucht: *outragious*, Z. 7, und
[*with*] *fury*, Z. 6; *tumult*, Z. 2, und *hurly*, Z. 10; *shrieks* (?), Z. 9,
clamours, Z. 12, und *outcries*, Z. 14f. Der Prozeß, in dessen Verlauf
die vielen semantischen Dubletten beseitigt werden und jedem Mitglied eines Wortfeldes – sofern es nicht als überflüssig ausfällt – eine bestimmte Bedeutungsnuance zugeteilt wird, steht erst am Anfang.

Wenn aber die Sprache als zur Verfügung stehendes System
(*langue*) bis auf den Grad der Festlegung dem modernen Englisch
ähnelt, so ist doch die Art und Weise des Gebrauchs, der von diesem System gemacht wird, sehr anders. Niemand würde heute so
schreiben. Täte man es doch, dann setzte man sich dem Vorwurf
aus, man schriebe schwülstig, pathetisch, übertrieben. Unsere
sprachlichen Konventionen verlangen bei der Textsorte des wahr-
heitsgetreuen Berichts Nüchternheit, Sachlichkeit, Präzision, Zu-
rückhaltung im Emotionalen und Ökonomie beim Einsatz sprachlicher Mittel.

---

[1] Geoffrey Bullough (ed.), *Narrative and Dramatic Sources of Shakespeare*, Bd. 8
(London, 1975) S. 276–277.

Der elisabethanische Autor zieht dagegen alle Register der Sprache. Sein Stil ist von verschwenderischer Üppigkeit. Es wird nicht nur mit einem umfangreichen Vokabular gearbeitet, sondern es werden auch viele Inhaltselemente mehrfach zum Ausdruck gebracht. Das Optimum an sprachlicher Wirkung wird nicht in einer freiwilligen Beschränkung gesehen, sondern auf dem Wege über effektverstärkende Wiederholungen, Variationen und Steigerungen gesucht. Der Autor will nicht nur informieren, sondern auch an die Gefühle appellieren. Zu der offensichtlich angestrebten Wirkung gehört neben dem erkennenden und emotionalen Respons auch ein ästhetischer, das Vergnügen an der sprachlichen Darbietung.

Während man heute auch die wohldurchdachte Prosa so zu schreiben versucht, daß sie ungekünstelt und natürlich wirkt, trägt der elisabethanische Text seine Künstlichkeit deutlich, an manchen Stellen sogar aufdringlich, zur Schau. Es läßt sich ein einheitliches Konstruktionsprinzip erkennen (das freilich nicht überall streng durchgeführt wird): die Sprachelemente werden paarig angeordnet und gegeneinander ausgewogen. Auf der Ebene des Wortgebrauchs führt das zu zwei- oder viergliedriger Synonymie (*congeries*): *women, and passengers*, Z. 9f.; *hurly and discomforts*, Z. 10; *troubled hearts, and panting bosomes*, Z. 11f. Auf der Ebene der Syntax dominieren Parallelismen. Mit Vorliebe werden zwei Satzteile durch ein Paar von Konjunktionen zur Waage gebracht: *so ... as*, Z. 2 ; *not onely ... but*, Z. 5; *whether ... or*, Z. 7f. Dabei werden die beiden Satzglieder oft als Isokola, als (ungefähr) gleichlange und rhythmisch gleichartige Elemente ausgebildet. Gelegentlich unterstreicht eine Wiederholungsfigur wie die Anapher den Parallelismus: *nothing heard that could give comfort, nothing seene that might incourage hope*, Z. 15f. Auch sonst sind Figuren der Wortwiederholung und Steigerung stets zweiteilig, so die Anadiplose *our clamours dround in the windes, and the windes in thunder*, Z. 12f., oder die Epanalepse *fury added to fury*, Z. 6. – Wie man sieht, lassen sich die meisten Bestandteile von Stracheys Kunstsprache mit Hilfe der Terminologie der Figurenlehre der Rhetorik beschreiben.

Auffällig ist auch bei diesem Text, wie bei Shakespeares Sturmszene, die Tendenz zur Metaphorik, zum bildlichen, uneigentlichen Sprachgebrauch. Es handelt sich vor allem um Personalmetaphern, bei denen eine Sache oder ein Abstraktum personifiziert wird: Stürme treiben einander an, Schreie ertrinken, das Meer liefert dem Himmel eine Schlacht. Funktion dieser Metaphern ist die Steigerung der Beschreibung zur Hyperbel, zur kaum noch überbietbaren Aussage.

Zwischen den Sturmschilderungen Shakespeares und Stracheys besteht ein unübersehbarer Qualitätsunterschied. Strachey trägt dikker auf; er verwendet seine Mittel schematischer; seine Effekte sind diffus; die durchgehende Übersteigerung des Ausdrucks verhindert die Entwicklung zu einem Höhepunkt.

Dennoch wird klar, daß das Verhältnis beider Autoren zur Sprache und die einkalkulierte Reaktion des Publikums im Grunde gleichartig sind. Beide Autoren bekennen sich zum Artifiziellen, zur Kunstsprache, zum gemachten Text. In beiden Fällen werden Reichtum und Komplexität angestrebt; Schwierigkeiten werden in Kauf genommen. Beim Publikum wird ein hohes Maß an Sprachbewußtsein und Vergnügen am Umgang mit künstlich geformter Sprache vorausgesetzt. Der Kommunikationsvorgang enthält eine starke emotionale Komponente.

Die Elisabethaner und die Sprache

In der Regierungszeit Elisabeths ist nicht nur, bedingt durch den neuerrungenen Platz unter den führenden Nationen, durch das subjektive, von der Wirtschaftsgeschichte nicht bestätigte Gefühl wachsenden Wohlstands und durch kräftige Propaganda der Behörden, ein Anwachsen des nationalen Selbstbewußtseins zu verzeichnen; es vollzieht sich gleichzeitig ein Wandel in der Einstellung zur Sprache und eine Zunahme der kunstsprachlichen Aktivitäten.

Schon in der Blütezeit des englischen Humanismus zu Anfang des 16. Jahrhunderts war das Augenmerk in verstärktem Maße auf die Sprache gelenkt worden, allerdings vorwiegend auf die klassischen Sprachen, insbesondere das Lateinische. Obwohl einige Humanisten ihre Schriften in der Muttersprache publizierten, galt das Englische, die Vulgärsprache, im ganzen noch wenig. Englisch war vor allem ein Mittel der alltäglichen Verständigung, dessen man sich ohne besonderes Bewußtsein eines Potentials an Gestaltungsmöglichkeiten bediente. Ausdruck dieser Haltung waren unter anderem die Humanistenschulen, die *grammar school* in Stratford beispielsweise, deren Lehrplan ganz auf Latein fixiert war und Englisch als Fach nicht kannte.

Im Laufe des Jahrhunderts begann man dann immer mehr, die Möglichkeiten zu entdecken, die in der eigenen Sprache steckten. Das Englische wurde zum bevorzugten Medium der gehobenen Sprache. Sogar ein Teil der Gelehrten gab jetzt der Muttersprache den Vorzug. »I honor the Latin, but I worship the English«, sagte der Humanist Richard Mulcaster.

Der Prozeß des Zuwachses, von den Elisabethanern *augmentation* genannt, spiegelt sich in der Entwicklung des Vokabulars. Gegen Ende des 16. Jahrhunderts ist der schriftlich belegte Wortschatz des Englischen mehr als doppelt so hoch als zu Anfang. Dabei wird die Sprache, die durch die Überschneidungen des romanischen und des germanischen Anteils ohnehin vokabelreich ist, vor allem durch Begriffe vermehrt, die dem Lateinischen – auch den nachantiken Fachsprachen – entnommen sind. Andere Zugänge entstehen durch Neubildung, Funktionserweiterung (z. B. Gebrauch von Substantiven in verbaler Funktion), durch Kombination oder durch Aufnahme von Dialektwörtern in die Schreibsprache.

Nur ein Teil des neuen Vokabulars gehört der Gemeinsprache an. Der Großteil gehört – jedenfalls zunächst – der Sondersprache eines bestimmten Autors an, der zu einmaliger oder wiederholter Verwendung seine eigenen Begriffe prägt. Bei Begriffen, die generell im Umlauf sind, ist oft die Auslegung der Bedeutung individuell. Das elisabethanische Englisch ist also in stärkerem Maße als das moderne Englisch ein Konglomerat von Eigensprachen mit relativ schwach ausgeprägter gemeinsamer Grundlage.

Ein gemeinsamer Zug besteht, vor allem in den Jahren vor dem Ende des 16. Jahrhunderts, in einem euphorischen Optimismus hinsichtlich der Aussagemöglichkeiten der Sprache, in einem Zutrauen, daß man mit Sprache alles machen kann, wenn man nur intensiv genug experimentiert.

Gemeinsam ist auch ein Element des Spielerischen in allen sprachlichen Produktionen, auch den ernstgemeinten. In allen Gattungen und auf allen Stilebenen werden sprachliche Kunststücke zweckfrei und um ihrer selbst willen präsentiert. Die Spielelemente sind nicht immer von der erlesensten Art. Die nationale Leidenschaft für *puns* zeitigt beispielsweise bei Shakespeare und seinen Zeitgenossen neben brillanten Gedankenspielen auch viele nichtssagende Wortspiele.

Bemerkenswert ist schließlich eine allgemeine Tendenz zur schnellen Popularisierung sprachlicher Experimente und Novitäten. Dazu gehört zum Beispiel der Euphuismus, die von John Lyly um

1580 initiierte manirierte Stilkunst mit ihren exzessiven Parallelismen und Metaphern. Nach kurzer Zeit wirkt auch diese Mode nur noch in der abgeschwächten Art nach, wie wir sie beispielsweise bei Stracheys Sturmschilderung kennengelernt haben.

Daß die Erzeugnisse der Sprachkunst auch den einfachen Zeitgenossen erreichten, wird nicht nur an der Popularität der Dramen, sondern auch an den religiösen Texten deutlich. Die *Authorized Version* der Bibel (1611), in einem langen Prozeß aus Tyndales älterer Übersetzung fortentwickelt, hat – wie ein Vergleich mit der Lutherbibel zeigt – den gleichen Hang zu wohlgeformt-üppiger Sprache und reicher Metaphorik wie andere Texte der englischen Renaissance. Populäre Sprachkunstwerke sind auch die Predigten. Zu berühmten Kanzelrednern wie John Donne oder Lancelot Andrewes kam man von weither nicht nur der Erbauung, sondern auch des geistigen Vergnügens wegen.

Auch unter den Verhältnissen der Shakespearezeit kann ein Autor mit dem Englischen nicht wirklich machen, was er will. Es gibt spürbare Restriktionen. Puristen wettern gegen zuviel *augmentation* und Überfremdung. Die literarischen Gattungen haben Konventionen und Formen, über die man sich nicht leicht hinwegsetzen kann. Die stärkste disziplinierende Macht für das Englische ist die Bildungssprache Latein. Wer – wie Shakespeare – eine *grammar school* besucht hat, der kann mit der Muttersprache nicht umgehen, ohne im Hintergrund das rigidere System der lateinischen Grammatik und die Stilregeln und die Fehlerlehre der Rhetorik zu sehen. Die Anlehnung an das Lateinische verhindert den Wildwuchs des Englischen.

Shakespeares Sprache ist, auch mit den Maßstäben ihrer eigenen Zeit gemessen, ein Sonderfall; sie ist nicht die notwendige oder naheliegende Konsequenz aus einer bestimmten historischen Situation. Aber dieser Sonderfall wird durch die damalige Position der Sprache als eines gesellschaftlichen Phänomens ermöglicht und gefördert. Shakespeares Sprache gehört in eine Zeit, in der sich sprachliche Experimente und Sondersprachen leicht durchsetzten, weil man bereit war, jedem, der etwas Neues mit der Sprache anstellte, Gehör zu schenken. Sie ist ferner das Werk eines Autors, der damit rechnen konnte, daß sein Publikum sprachlichen Produktionen einen hohen Unterhaltungs- und Vergnügungswert zusprechen würde, daß es einem Wortgefecht mit geradezu sportlichem Interesse folgte und einen Monolog nicht nur als Sinngebilde, sondern auch als virtuose Spracharie goutierte.

Die Sprache ist schließlich auf ein Publikum zugeschnitten, das auch noch dem Exzeß gegenüber tolerant blieb und sich bereitwillig überfordern ließ. Wir tendieren heute dazu, das elisabethanische Publikum zu überschätzen und ihm ein volles Verständnis der Shakespeareschen Sprache zuzutrauen. In Wirklichkeit übersteigen viele Dialogpartien die Grenzen des bei einmaligem Hören zu Entschlüsselnden. Kein elisabethanischer Theaterbesucher hat alle wesentlichen Aussagen des *Hamlet* erfaßt. Man war jedoch zur Anstrengung und zur Bescheidung mit partiellem Verständnis bereit.

Weil diese Vorbedingungen erfüllt waren, konnte Shakespeare die Freiheit, die der objektive Sprachzustand durch die Offenheit der Syntax und Semantik und durch das riesige Potential an Wörtern bot, voll ausnutzen.

POESIE

Der Aufstieg der Dichtung

Mit dem Zuwachs der Landessprache an Bedeutung und Interesse ging eine Funktionserweiterung und Höherwertung der Poesie einher. Wenn die Lyrik der elisabethanischen und jakobäischen Zeit noch heute einen ungewöhnlich hohen Anteil des lebendigen Traditionsguts stellt, so liegt das nicht etwa an einer zufälligen Häufung poetischer Begabungen in dieser Epoche, sondern vor allem an der Wichtigkeit, die der sozialen Rolle des Dichtens damals zugeschrieben wurde.

Es gehörte schon seit dem Mittelalter zum Bildungsideal des Herrn von Stand, daß er nicht nur der Kriegskunst, sondern auch der Poesie mächtig sein sollte. Praktiziert freilich wurde das nur vereinzelt. In den letzten Jahrzehnten des 16. Jahrhunderts wurde es dann tatsächlich zum Teil der gelebten Rolle vieler tonangebender Personen, sich mit Lyrik zu befassen und Gedichte zu schreiben.

Unter den Autoren von Lyrik, die wir in unseren Anthologien finden, sind neben Personen, die sich hauptsächlich als Literaten einen Namen machten, auch Adlige zu finden, die im politischen und gesellschaftlichen Leben der Zeit eine Rolle spielten: Sir Philip Sidney, Sir Walter Ralegh, der Earl of Oxford zum Beispiel. Die Königin selbst schrieb Gedichte, wie sie auch die Laute spielte und das

Waidwerk beherrschte. Jeder öffentliche Auftritt des Hofes – Turniere in Westminster, Prozessionen durch die Londoner City, Empfänge bei Reisen in die Provinz – wurde mit Girlanden von Gedichten verschönt.

Nicht nur Höflinge sind am Aufschwung der Lyrik beteiligt. Seit es die Lateinschulen der Humanisten gibt, gehört Dichtung – lateinische Dichtung – zum bevorzugten Unterrichtsstoff und das Verfassen poetischer Kompositionen zu den Schulaufgaben. Jeder Gebildete kann dichten; es wird Mode, das zu demonstrieren.

Der modische und aktuelle Charakter der Hinwendung zur Poesie kommt am deutlichsten bei der Entwicklung der Sonettdichtung zum Ausdruck. Das Sonett, in der ersten Hälfte des 16. Jahrhunderts durch Wyatt und Surrey eingeführt, brauchte zunächst längere Zeit, ehe es jenseits eines kleinen Kreises von Liebhabern bekannt wurde. In den 90er Jahren bricht dann nach der posthumen Veröffentlichung der Sonettsammlung des Nationalidols Sir Philip Sidney, *Astrophel and Stella,* eine Sonettmode aus, an der sich neben Könnern auch zahlreiche Amateure mit ungezählten Gedichten an platonische Schönheiten namens Idea, Fidessa oder Diana beteiligen. Schon nach wenigen Jahren ist der Rummel vorbei; man beginnt, die Sonettdichterei zu karikieren.

Die Poesie wird durch diese Entwicklungen nicht zum anerkannten Mittelpunkt der zeitgenössischen Kultur; sie bleibt Steckenpferd und Spiel. Die bevorzugten Dichtarten, Liedgedichte und Sonette, rangierten im streng hierarchischen, vom Epos angeführten System der Gattungen ohnedies an unterer Stelle. Gedichte, so betonen ihre Autoren oft genug, sind *nugae,* Zeitvertreib ohne Anspruch. Aber in einer Gesellschaft, deren normgebende Schicht sich als Mußegesellschaft auffaßt – auch wenn sie es gar nicht mehr ist –, und in der das Ernstnehmen des Spiels zu den angestrebten Haltungen gehört, ist das schon etwas.

Shakespeares Gedichte

Für Shakespeare waren Zustand und Entwicklung der Poesie in zweifacher Hinsicht wichtig. Zum einen wählt auch er, der ehrgeizige Bürgerliche aus der Provinz und (mutmaßliche) Absolvent der *grammar school* seines Heimatorts, neben und vor dem Schreiben von Theaterstücken die Versdichtung als Weg zum Ruhm und zu Sponsoren. Zum andern sind seine Dramen auch poetische Kompositionen, die vom jeweiligen Stand der lyrischen Gattungen und der poetischen Moden beeinflußt werden.

Shakespeare schreibt in der ersten Phase seiner schon von den Anfängen an erfolgreichen Karriere als Bühnenautor zwei kurze Versepen; er publiziert sie selbst (was er mit keinem seiner Stücke macht) und widmet sie einem für seine literarischen Interessen bekannten Aristokraten, Henry Wriothesley, Earl of Southampton. Shakespeares *Venus and Adonis*, eine schon von vielen Vorgängern behandelte Geschichte aus der antiken Mythologie, erschien 1593. Obwohl er bereits eine Reihe von Dramen verfaßt hatte, bezeichnete der Autor das Gedicht in der Widmung als seinen Erstling (»first heir of my invention«): Epen, auch Kurzepen, sind hohe und ernstzunehmende Literatur, Theaterstücke dagegen Gebrauchs- oder Subliteratur, die nicht zählt.

Im nächsten Jahr veröffentlicht Shakespeare ein Erzählgedicht ähnlicher Art, diesmal über einen Stoff aus der Sagenzeit der römischen Geschichte, *The Rape of Lucrece*.

Die beiden Gedichte bringen dem Autor enormes Ansehen im Kreis der Kenner und Liebhaber von Literatur ein. *Venus and Adonis*, heute kaum gelesen, wird von Zeitgenossen häufiger erwähnt und gepriesen als das meistgenannte Bühnenstück, *Hamlet*, (in Zahlen: 34 Erwähnungen gegen 29) und die ersten Verheißungen der Unsterblichkeit für den Autor beziehen sich auf die Gedichte, nicht auf die Dramen.[2]

Wir wissen nicht, wie sich das Verhältnis zu Southampton als Patron entwickelte, persönlich und finanziell. Wir können nur feststellen, daß Shakespeare den Weg der patronisierten Hochliteratur nicht weiter verfolgte. Die Zeiten des Dichters, der davon lebt, zum Ruhme eines aristokratischen Gönners zu schreiben, waren vorbei. Shakespeare hielt es offenbar nicht mehr für nötig, Ansehen auf dem Wege über Gedichtpublikationen zu suchen.

Die Sonette, in unseren Augen das wertvollste unter den nichtdramatischen Werken Shakespeares, wurden wahrscheinlich noch als Widmungsliteratur geschrieben, aber nicht mehr vom Autor selbst gewidmet und publiziert (sondern viele Jahre später von ei-

---

[2] Sammlung der Erwähnungen und Anspielungen bis 1700: *The Shakespere Allusion-Book*, ed. John Munro, 2 Bde. (London, 1909, repr. New York, 1970).

nem Verleger). Mutmaßlich in den Jahren nach den epischen Gedichten entstanden, sind sie ein Ausfluß der zu dieser Zeit gerade noch aktuellen Sonettmode, heben sich aber zugleich von ihr ab, und zwar nicht nur durch ihre einzigartige sprachlich-poetische und gedankliche Qualität, sondern auch durch ihre Konstruktion als Zyklus. Von den 154 Gedichten sind die meisten, 1–126, nicht an die hehre, schöne und unnahbare Dame der lyrischen Konvention gerichtet, sondern an einen Mann, genauer: an ein geliebtes Gegenüber, dessen Geschlecht außer in wenigen Gedichten unbestimmt bleibt. Diese Person wird in der Anfangssequenz von thematischen Variationen, aus denen das Werk sich zusammensetzt, aufgefordert, seine geistigen und physischen Vorzüge durch Heirat und Nachkommenschaft zu verewigen. Im folgenden geht es dann um sich wandelnde Aspekte einer Beziehung zwischen dem poetischen Ich und dem angeredeten Du: Glück und Einvernehmen, Bewußtwerden von Differenzen des Alters und des Standes, Abwesenheit und Entfremdung, Rivalität und Eifersucht. Die Konstruktion eines männlich-weiblichen Gegenübers macht es möglich, statt der einseitigen, unverbrüchlichen und damit auch monotonen Liebe des verzweifelten Anbeters zu einer kalten Schönen, wie sie im petrarkistischen Konventionssystem üblich ist, alle Aspekte der Liebe und der intensiven Beziehungen zwischen Menschen zum Thema zu machen.

Auch die *dark lady*, um deren Beziehung zum lyrischen Ich es im letzten Teil des Zyklus geht, ist – ob sie nun Bezug zu einer wirklich existierenden Person hat oder nicht – vor allem eine Konstruktion, die der Erweiterung und Vertiefung der thematischen Möglichkeiten dient. Sie ist dunkelhaarig und weicht damit schon vom idealen Einheitsblond der Sonettdame ab; sie ist weder so himmlisch schön und klug, daß sie jeder lieben muß, noch ist sie keusch. Das Verhältnis zu ihr kann damit die Themen der sexuellen Hörigkeit, der Subjektivität und Verblendung des Liebenden und des Widerstreits zwischen Begehren und Vernunft zur Sprache bringen.

Lyrik im Drama

Shakespearedramen sind keine einheitlichen und einebigen Texte, sondern Systeme von Textformen unterschiedlicher Art und mit verschiedenen Merkmalen der Poetizität.

Eine Ebene wird von einer ganzen Anthologie lyrischer Gedichte gebildet, die in die Dialoge eingearbeitet sind. Es sind Gedichte der verschiedensten Art, vorwiegend kürzere und sangbare Formen. Die Gedichte werden rezitiert, gesungen, bisweilen vor den Augen des Publikums verfertigt (wie bei dem Wettbewerb der Verseschmiede in *Love's Labour's Lost*) oder an Bäume geheftet (wie Orlandos Rosalindpoesie in *As You Like It)*.

Manche der lyrischen Teiltexte sind in die Handlung integriert, wie zum Beispiel die verrückten und weisen Liedchen und Reimsprüche, mit denen der Narr im *Lear* den König als erster zur Einsicht mahnt und das Thema *reason in madness* anschlägt. Häufig dienen lyrische Einlagen dazu, die Stimmung einer Szene zu etablieren, wie beim Trauerweidenlied – »Sing willow, willow, willow« –, das Emilia ihrer Herrin Desdemona vorsingt, oder dem Lied vom fröhlichen Leben »Under the greenwood tree«, das sich die Verbannten im Wald von Arden vortragen lassen, um sich Mut zu machen. Auch was wie eine bloße Einlage zur Unterhaltung der Bühnengesellschaft und des Publikums aussieht, hat in der Regel Bezug zum Geschehen auf der Bühne. So läßt Portia im *Merchant of Venice*, während ihr Favorit Bassanio darüber nachsinnt, welches der drei Kästchen er wählen soll, ein Lied singen, in dem alle Zeilen der ersten Strophe sich auf *lead* reimen und die richtige Wahl suggerieren.

Lyrische Texte werden meist als Gedichte kenntlich gemacht; mitunter werden sie aber auch als unmarkierte Passagen dem Dialogtext einbeschrieben. Das gilt vor allem für die zahlreichen Sonette und sonettähnlichen Strukturen, die während der 90er Jahre – also in der Zeit, in der diese Gedichtform in Mode ist – Aufnahme in die Dramen finden. Als Romeo und Julia zum Beispiel auf dem Ball der Capulets zum erstenmal miteinander sprechen, tun sie das in der Form des Sonetts. Er spricht das erste Quartett und variiert darin auf originelle Weise die konventionelle Metapher der Liebe als Pilgerfahrt zu einem Heiligenschrein; sie spricht die nächsten vier Zeilen und nimmt das Bild auf; dann vollenden beide das Sonett in schnellem Wechsel. Am Ende steht – wie am Schluß eines traditionellen petrarkistischen Sonettzyklus – der erste Kuß.

Die Reflexion der zeitgenössischen Lyrik ist nicht auf die Stellen beschränkt, an denen der Dramentext die metrische Gestalt eines Gedichts hat. Lyrische Motive und Bilder werden auch sonst aufgenommen und weitergeführt. Wenn etwa Macbeth nach dem Mord an

Duncan von der Vorstellung besessen ist, mit dem schlafenden
König den Schlaf selbst ermordet zu haben,

> ... the innocent sleep,
> Sleep that knits up the ravell'd sleave of care,
> The death of each day's life, sore labor's bath,
> Balm of hurt minds, great nature's second course,
> Chief nourisher in life's feast ...   II,2,33–37,

so variiert er damit den verbreiteten Typus des Sonetts *To Sleep*.

Poetizität des Dramas: Vers und Prosa

Die Shakespearestücke enthalten nicht nur Gedichte und lyrische
Passagen, sondern ihre Dialoge sind im ganzen poetische Texte.
Schauspiele werden nach der Gepflogenheit der Renaissancepoetik,
die alle fiktionalen Texte unter *poesy* einordnet, generell mit zur
Dichtung gerechnet. Das ist freilich, wie wir schon im Zusammenhang mit der kulturellen Position der elisabethanischen Theatorauto-
ren sahen, nur eine nominelle Zuordnung und keine Anerkennung
ernstzunehmender poetisch-literarischer Qualitäten.

Shakespeares Dramen gehören aber auch ihrer sprachlichen Form
nach zur Dichtung, sowohl nach der damaligen wie nach der modernen Terminologie. Es sind Versdramen, deren metrische Grundstruktur der Blankvers ist.

Der Blankvers, in der ersten Hälfte des 16. Jahrhunderts in Anlehnung an italienische Modelle entwickelt, war schon in der Generation der Theaterautoren vor Shakespeare, nicht zuletzt durch das
Vorbild Christopher Marlowes, zum Standardmetrum des englischen Dramas geworden, obwohl es durchaus auch Autoren gab, die
(wie zum Beispiel John Lyly) ihre Stücke in Prosa schrieben.

Blankverse sind reimlose iambische Pentameter, Zeilen also, in
denen sich die Abfolge unbetonte Silbe : betonte Silbe (Senkung :
Hebung) fünfmal wiederholt. Das Versende wird im Regelfalle
durch einen Einschnitt, zum Beispiel durch das Ende eines Satzteils,
markiert.

Die ersten Worte des Macbeth bieten ein Beispiel für eine metrisch regelmäßige Zeile:

> So foul and faïr a day I have not seen.   I,3,38

Eine solche Regelmäßigkeit ist bei Shakespeare eher die Ausnahme als die Regel, da er das metrische Schema durch den tatsächlichen Rhythmus stark moduliert, so daß kaum eine Zeile genau dem Muster entspricht. Er tut das, um die Monotonie eines durchgehend iambischen Textes zu vermeiden, um die normale Syntax nicht ständig um des Versmaßes willen verändern zu müssen und um die ästhetische und emotionale Grundwirkung des Rhythmus zu erzeugen, die aus dem wechselnden Spannungsverlauf zwischen der beim Hörer oder Leser existierenden Erwartung der Wiederkehr eines metrischen Musters und der variierenden Erfüllung dieser Erwartung im tatsächlichen Rhythmus hervorgeht.

So zeigen beispielsweise die auf den Satz des Macbeth folgenden Zeilen, in denen Banquo aufgeregt auf die Erscheinung der Hexen reagiert, eine zunehmende Auflösung des regulären metrischen Musters:

Banquo.   How far is't call'd to [Forres]? What are these
        So wither'd and so wild in their attire,   [40]
        That look not like th'inhabitants o'th'earth,
        And yet are on't. Live you? or are you aught
        That man may question? You seem to understand me,
        By each at once her choppy finger laying
        Upon her skinny lips. ...   [45]
                      I,3,39–45

Die Sinnabschnitte fallen nicht mehr mit den Zeilenenden zusammen; Enjambements (run-on-lines) überwiegen. Hebungen und Senkungen vertauschen den Platz (z.B. bei »Live you?«, 42). Die Zeilen haben zum Teil durch einen sogenannten klingenden Versausgang – eine überzählige Senkung nach der fünften Hebung – eine elfte Silbe. Trotz aller Abweichungen vom metrischen Schema geht aber das Grundmuster nie ganz verloren; die Sprache bleibt Blankvers.

Das Versmaß setzt Akzente, strukturiert den Inhalt und löst ästhetische und emotionale Response aus. Es dient darüber hinaus als Trägersystem und Rechtfertigung für eine poetisch-dramatische Sondersprache, die von der Pflicht zur Einhaltung der grammatischen Regeln und von der Bindung an die Konventionen und Idiome der Alltagssprache weitgehend befreit ist und dichterische Freiheit im ursprünglichen und eigentlichen Sinne beanspruchen kann.

In der Dramenwelt markiert der Blankvers die sprachliche Norm. Normale Charaktere, die ja in der Regel Personen von Stand und Bildung sind, beherrschen diese Sprachform und bedienen sich ihrer in allen normalen Sprechsituationen.

Wo Verssprache die Norm darstellt, da liegt die Prosa unterhalb der Norm. Wer Prosa spricht, ist zur Zeit oder auf Dauer (unfähig oder nicht willens), normal zu sprechen. Viele Charaktere von niederem sozialem Rang – Bauern, Handwerker, Soldaten, Matrosen (wie die einfachen Seeleute in der Sturmszene des *Tempest*) – können nur Prosa sprechen.

Die Bediensteten hoher Herren sind dagegen meist der Verssprache mächtig, falls sie nicht gerade betrunken sind, wie der Pförtner auf der Burg des Macbeth. Kinder und Narren sprechen meist Prosa. Auch Personen von hohem Status verfallen in Prosa, wenn ihr Geist sich verwirrt: der wahnsinnige Lear der Heideszenen, die umnachtete Ophelia, die schlafwandelnde Lady Macbeth. Prosa kann schließlich auch signalisieren, daß Personen von Rang sich inoffiziell und scherzend unterhalten, wie Gloucester und Kent in der Eröffnungsszene von *King Lear*.

Bei gereimten Passagen wird von der Sprachnorm in umgekehrter Richtung abgewichen: Die Sprache ist als überstrukturiert erkennbar. Am häufigsten kommen gereimte Zeilenpaare (*couplets*) mit dem gleichen fünfhebig-iambischen Versmaß wie der Blankvers vor. Oft sind diese Reimstellen sentenzartig und markieren den Abschluß einer Szene oder eines Szenenteils. So faßt Hamlet nach dem Racheauftrag seine Situation in einem Zweizeiler zusammen:

> The time is out of joint – O cursed spite,
> That ever I was born to set it right! I,5,188f.

Mitunter weitet sich das Schluß-*couplet* aus. So schließt zum Beispiel die Balkonszene in *Romeo and Juliet* mit einer Folge von gereimten Abschiedsversen:

Julia. Good night, good night! Parting is such sweet sorrow,
That I shall say good night till it be morrow. *[Exit above.]*
[Romeo.] Sleep well upon thine eyes, peace in thy breast!
Would I were sleep and peace, so sweet to rest!
Hence will I to my ghostly [sire's] close cell,
His help to crave, and my dear hap to tell. *Exit.*
II,2,184–189

In einigen frühen Stücken Shakespeares sind ganze Szenen in gereimter Form geschrieben. Im Laufe der Zeit macht der Autor dann von gereimten Versen, außer in lyrischen Einlagen, immer seltener Gebrauch, so daß man sogar die Häufigkeit von Reimen als ein Indiz bei der Datierung von Dramen herangezogen hat.

WELTBILD

Der Hintergrund an Informationen und Meinungen, die Shakespeare bei seinem Publikum voraussetzte und auf die er daher ohne volle Darlegung und Erklärung nur anspielte, ist vielteilig. Es gibt Anspielungen auf zeitgenössische Ereignisse wie Regierungswechsel, Teuerungen und spektakuläre Prozesse, auf Elemente des damaligen Wissens, Glaubens und Aberglaubens wie die fabulösen Lehrmeinungen der alten Tierkunde, auf Doktrinen der politischen Theorie und der Ethik und auf die verschiedenen Erscheinungsformen von Hexen und Geistern.

Die Fremdheit des Anspielungshorizonts schafft zwischen unseren Reaktionen auf den Text und denen eines elisabethanischen Publikums eine unaufhebbare Differenz. Selbst wenn wir uns die vorausgesetzten Informationen aus Kommentaren verschaffen, so sind sie doch nicht originäres Wissen; wir reagieren nicht auf die Anspielung, sondern auf eine Zusatzinformation. Meinungen und Glauben der Elisabethaner vermögen wir in vielen Fällen ohnehin nicht zu teilen: der Basilisk, dessen Blick versteinert, ist für uns ein Fabelwesen und der Geist von Hamlets Vater eine Fiktion.

Zum Glück gehören viele der Anspielungen zur Oberflächenschicht der Aussage. Wir verpassen wenig, wenn wir nicht mitbekommen, daß der Autor auf eine Irlandexpedition des Grafen Essex oder auf die Verurteilung eines königlichen Leibarztes Bezug nimmt. Was man wirklich wissen muß, liefern meist die Einzelerklärungen der Ausgaben.

Es gibt jedoch auch Bereiche des Anspielungshintergrunds, die als tragende Bestandteile der dramatischen Aussage von Bedeutung sind. Dazu gehört vor allem ein Komplex von Vorstellungen über den Aufbau der Welt und die Zusammenhänge alles Seienden, die von den Zeitgenossen als allgemein bekannt und akzeptiert und somit keiner besonderen Begründung bedürftig angesehen wurden.

Der Cambridger Literaturwissenschaftler E.M.W. Tillyard hat mit dem Titel seiner 1943 erschienenen grundlegenden Darstellung diesem geistigen Fundament den noch heute allgemein üblichen Namen gegeben: *The Elizabethan World Picture*. Tillyards Buch und seine Sichtweise haben in den vergangenen Jahrzehnten einen enormen Einfluß auf das Verständnis der englischen Renaissance und der Dramen Shakespeares ausgeübt. Die Nachhaltigkeit dieses Einflusses hat einmal didaktisch-praktische Gründe. Das bei ihm zu findende Weltbild ist von eminenter Lehrbarkeit und Lernbarkeit; es ist

durch das Beruhen auf bildlichen Vorstellungen plastisch einpräg-
sam und durch das Ineinanderpassen der Teile leicht im Gedächtnis
rekonstruierbar.

In seiner Geschlossenheit, übersichtlichen Kompliziertheit und
Symmetrie ist es darüber hinaus ein Gebilde von großem ästhetischen und auch spielerischen Reiz, ein schönes Weltgebäude und
ein kosmologisches Puppenhaus, in dem alles drin ist, aber alles
kleiner, niedlicher, putziger, als wir es aus unserer Welt kennen.

Das System ist ferner unübertrefflich in seiner Anwendbarkeit.
Der Vorstellungs- und Ideenkomplex, auf den Tillyard sich bezieht,
hat nicht zuletzt durch seine Flexibilität über viele Jahrhunderte hinweg Geltung behalten. Im Mittelalter ist mit seiner Hilfe die Ordnung der jenseitigen Welt erfaßt worden, in der Renaissance die der
neuen Künste und Fertigkeiten des Menschen; sogar die kopernika-
nische Wende von der geozentrischen zur heliozentrischen Anordnung der Himmelskörper hat das Weltbild verkraftet.

Diese Flexibilität macht das System universell geeignet auch für
das Aufdecken von Strukturen in Texten, und zwar weitgehend unabhängig davon, ob auch der Autor in den Kategorien dieses Weltbildes dachte und schrieb.

Ein Großteil der neueren Drameninterpretationen, insbesondere
bei den Tragödien, benutzt Kategorien des von Tillyard vermittelten
Ideenkomplexes als Bezugsrahmen. In der Zeit der Dominanz des
im Prinzip ahistorischen *new criticism*, etwa von 1950 bis in die
70er Jahre, war die Betrachtung unter Weltbild- und Ordnungs-
aspekten oft die einzige historische Dimension der Deutungen.

Tillyards Darstellung ist aber auch seit ihrem Erscheinen ebenso
umstritten, wie sie populär ist. Einige frühe Kritiker, Experten der
history of ideas, warfen Tillyard vor allem vor, daß sein Aufriß des
Weltbildes unvollständig sei, weil er das Ideengut wichtiger zeitgenössischer Philosophen wie Francis Bacon nicht eingearbeitet habe.
Andere bestritten vehement, daß das bei Tillyard Dargestellte die
Meinung aller Elisabethaner gewesen sei und erklärten das Konzept
eines elisabethanischen Weltbildes für eine Fiktion oder eine unzulässige Verallgemeinerung. Tillyard hat sich die Kritik zwar selbst
zugezogen, weil er sein Weltbild-Konzept nicht präzis definierte
und auch in seiner Darstellung nicht immer einheitlich anwendete,
aber ein Großteil dieser älteren Kritiker zielte doch an dem vorbei,
was Tillyard meint (und was den Dramen tatsächlich zugrunde liegt)
und geht von einem anderen Begriff von *world picture* aus.

Als Weltbild kann man einmal die Summe dessen betrachten, was eine Epoche über die Welt weiß oder zu wissen glaubt. In diesem Sinne hatten die Elisabethaner kein gemeinsames Weltbild. Es gab in dieser Zeit des Übergangs zwischen den mittelalterlichen und den modernen Methoden und Ergebnissen der einzelnen Wissenschaften erhebliche Differenzen zwischen dem, was verschiedene Individuen und Gruppen für wahr und erwiesen hielten. Manche glaubten an Hexen und schwarze Magie, andere nicht. Manche taten nichts ohne den Rat ihres Astrologen, andere hielten alle praktizierenden Astrologen für Scharlatane. Viele glaubten noch an das alte Modell der Planetenbewegung, andere akzeptierten die Theorie, daß die Sonne im Zentrum des Himmelssystems stehe.

Nun ist aber diese Bedeutungsvariante von ›Weltbild‹ nicht die einzige und nicht die vorherrschende. Wenn man vom Weltbild einer Zeit spricht, meint man damit in erster Linie jene kleinere Teilmenge aus dem Gesamtbestand an Wissen und Meinungen, die in einer Kultur herangezogen wird, um eine systematische Erklärung der Beschaffenheit und Zusammenhänge der Welt zu liefern, die geteilt werden kann und auf Konsens beruht, ein Modell der Welterklärung.

Dieses Weltbild dient als Rahmen, in den der Einzelne verschieden viele und verschieden differenzierte Detailkenntnisse und -meinungen einordnen kann, und es dient als Kommunikationssystem zur einvernehmlichen oder kontroversen Diskussion über den Bau und das Funktionieren der Welt und über die Handlungsweisen, die daraus abzuleiten seien. So wie sich in unserer Zeit Kernkraftgegner und Kernkraftbefürworter in dem Vorstellungsmodell einig sind, daß die Erde ein gefährdetes Ökosystem ist, das nicht aus dem Gleichgewicht gebracht werden darf – eine Vorstellung, die relativ jung ist –, so gab es auch für die Elisabethaner ein Modell, und zwar ein Gesamtmodell der Welt, das Gemeingut war.

Dieses Weltbild, das vorwiegend als ein Ensemble eingefleischter Vorstellungen und Sichtweisen bei jedem Zeitgenossen vor jeder kritischen Reflexion existierte, wurde nicht als geschlossenes Lehrgebäude vermittelt. Es gibt typischerweise keine elisabethanische Gesamtdarstellung. Die Übertragungswege waren verzweigt und partiell. Zusammenhängende Teile des Gesamtkomplexes sind in Predigten, Gesetzespräambeln und in den ins Grundsätzliche gehenden Einleitungen zu Fachbüchern zu. finden.

Hauptquelle und Hauptmedium des Weltbildes ist die Sprache,

sowohl die begriffliche als auch die metaphorische. Man kann sich das Weltbild selbst am besten als eine Art von Sprache vorstellen, genauer gesagt: als ein semantisches System, das teils aus visuellen Vorstellungen, teils aus sprachlichen Zeichen und den ihnen zugeordneten Bedeutungen besteht. Je komplexer, bildreicher und reflektierter die Sprache ist, um so plastischer spiegelt sie auch das Weltbild. So bieten Shakespeares Texte die besten Illustrationen des zeitgenössischen Weltbildes und sie setzen zugleich am stärksten die Kenntnis dieses Gemeinguts an Ideen voraus.

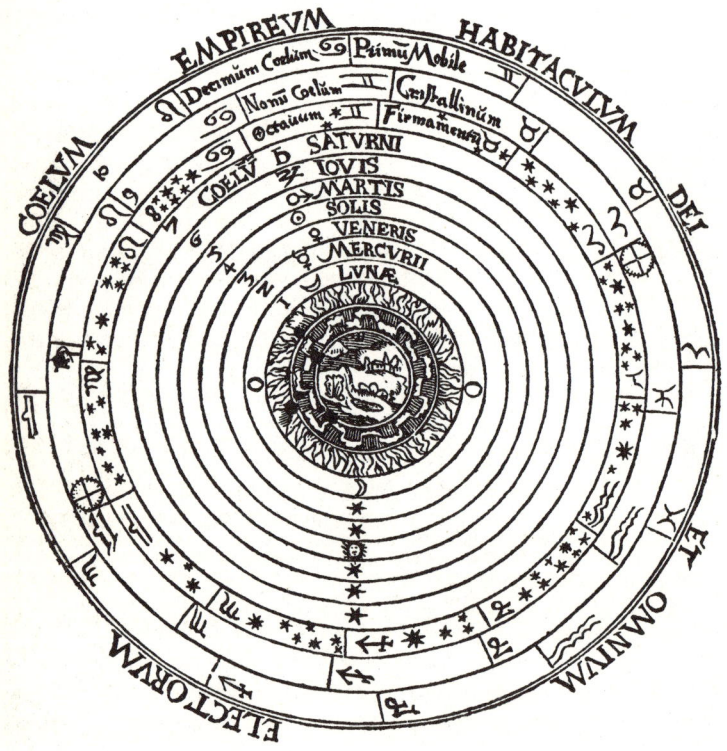

Der Aufbau des Universums: Erde, Planetensphären und Himmel (Petrus pianus, zuerst 1524).

Ordnung durch Hierarchien

Die Elisabethaner fassen das Weltganze als *frame of order*, als Bauwerk der Ordnung, auf. Für sie ist die Vorstellung einer allumfassenden Ordnung zentral. Man streitet über die Grenzen ihrer Erkennbarkeit und über den Grad ihres Zerfalls, nicht aber darüber, daß es im Prinzip eine universale Ordnung gibt, in der alle gegenwärtigen und vergangenen Phänomene ihren Platz haben und die sowohl materielle als auch geistige Wesenheiten umfaßt. Sie überspannt und vereinigt alle einzelnen Wissenschaften und Disziplinen, ist die Basis sowohl für die Naturwissenschaften als auch für die Historie und die politische Theorie.

Die Einheit des Universums stammt aus Gott. Seiner einen Schöpfungsintention ordnen sich das Ganze und alle Teile unter. Er erhält sein Werk und gibt dem Menschen auf, die Ordnung zu erkennen und sich ihrer zu erfreuen. An die Ordnung der Welt zu denken, hat daher stets religiöse Implikationen.

Der Kosmos ist hierarchisch gegliedert: Er ist eine Hierarchie, die wieder aus einzelnen Hierarchien besteht. Als Gott die Welt aus

Stufenleiter des Seins: Stein, Pflanze, Tier, Mensch (Bovillus, 1509).

Der Korrespondenzbau der Welt und die Kette des Seins.
Schautafel aus der Enzyklopädie von Robert Fludd, 1617–21.

dem Chaos erschuf, hat er alle Kreaturen, vom einfachsten der Mineralien bis zum höchsten der Erzengel, nach dem Prinzip des *degree*, der Rangstufung, geordnet.

Das elisabethanische Weltbild ist nicht nur ein Ideengebäude,
sondern auch ein Komplex von Leitmetaphern und Bildvorstellun-
gen. Für die Art und Weise der Ordnung nach *degree* werden vor allem die Bilder der Stufenleiter oder der Treppe – *ladder, scale of
degree* – und der Kette des Seins – *chain of being* – verwandt.

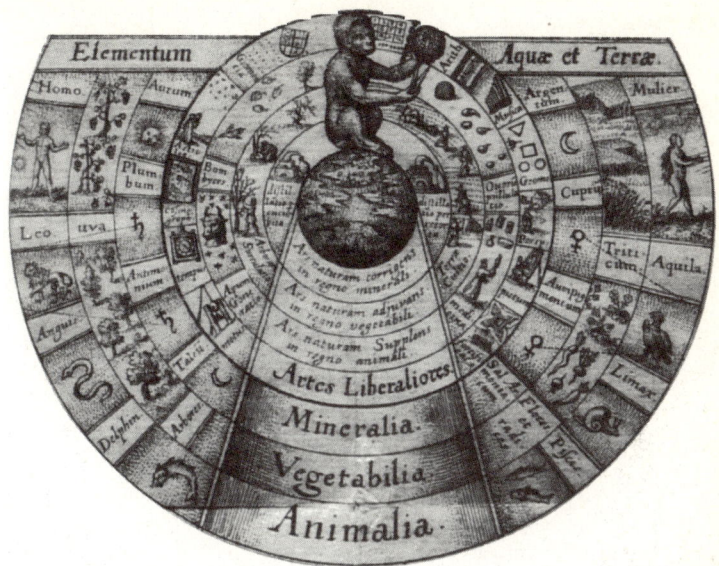

*Die Hierarchien der Mineralien, Pflanzen und Lebewesen
bei Fludd. Auf der Erdkugel der Mensch als Nachäffer des Schöpfers
(ape of nature).*

Sowohl die Stufenleiter – als auch die Kettenmetapher drückt
zweierlei aus: Einmal sind in die Ordnung alle Wesen ohne die geringste Ausnahme so eingebunden, daß sie ihren eigenen, unver-
wechselbaren Platz haben. Zum andern ist auch die Hierarchisierung
lückenlos; die Einordnung jedes Wesens erfolgt durch Unter- und
Überordnung.

Wenn auch jedes geschaffene Einzelwesen seine eigene Stufe im
Weltbau innehat, so gibt es doch auch eine umfassendere Gliederung in Bereiche, die natürlich wieder hierarchisch ist. In der sublu-
naren, irdischen Welt, die dem Wandel und dem Tod unterworfen
ist, steht auf der untersten Ebene das Reich der Mineralien, deren
einzige Grundeigenschaft die Existenz ist (Leitbeispiel: der Fels).
Auf der nächsten Stufe stehen die Wesen des *Vegetable Kingdom*
(Leitbeispiel: der Baum), bei denen zum Sein noch das Leben tritt.
Die Angehörigen des *Animal Kingdom* (Leitbeispiel: das Pferd) haben Gefühl und Bewegung als zusätzliche Qualitäten. Beim Men-

schen im nächsthöheren, dem rationalen Bereich treten Verstand und Seele hinzu.

Vom Monde an beginnt der Makrokosmos, die intelligible, nicht (oder nicht hinreichend) mit den Sinnen wahrnehmbare Welt. Von den sieben Planeten – Luna, Mercurius, Venus, Sol, Mars, Jupiter und Saturnus – hat jeder seine eigene Sphäre; jeder wird von einem Engelwesen, einer himmlischen Intelligenz, gelenkt. Jenseits des siebten Himmels wölben sich weitere Sphären: das Firmament mit den Fixsternen und den Tierkreiszeichen, das durchscheinende *Cristallinum*, das *Primum Mobile*, über das Gott die Bewegung an das ganze System weitergibt, und schließlich der äußerste Bereich, *Coelum Empyraeum*, in dem Gott mit den Seligen und den Engeln wohnt.

Analogie, Korrespondenz, Spiegel

Die Bestimmbarkeit des Platzes in der Ordnung für jedes Einzelwesen beruht auf dem Prinzip der Verschiedenheit, der unendlichen Gradabstufung und der Vielfalt der Positionen. Zu diesem Prinzip der Verschiedenheit gehört, damit die endlose Zahl der *degrees* eine Ordnung bildet, das komplementäre Prinzip der Analogie. Alle Kreaturen sind einander ähnlich. Der Grad ihrer Verwandtschaft mit anderen Wesen bestimmt – zusammen mit dem spezifischen Unterschied – ihre Seinsposition. Die Ordnung ist also auch ein System von Analogien oder *correspondences*, von Übereinstimmungen der Bau- und Funktionsweise verschiedener Schöpfungsteile.

Die Bedeutung der Analogie und der dazugehörigen rechten Proportion legt Pierre de La Primaudaye in einer 1586 in englischer Übersetzung erschienenen Schrift dar: Da alle Dinge in der universalen Ordnung sich durch mannigfache Qualitäten und durch stoffliche Verschiedenheit voneinander unterscheiden, bedarf es der Analogie und der Proportion, um Zusammenhalt und Zusammenwirken der Schöpfungsbereiche zu sichern. Als Kardinalbeispiele für analoge Komplexe dienen dabei – wie oft – der Körper mit seiner organischen Ordnung, die Familie als größeres Ebenbild des Organismus und der Staat als politischer Körper, *body politic*:

As we see that in the body of this universal frame, there is (as the Phi-
losophers say) matter, forme, privation, simplicitie, mixture, substance,
quantitie, action and passion, and that the whole world being com-
pounded of unlike elements, of earth, water, aire and fire, is notwith-
standing preserved by an Analogie and proportion, which they have
togither: and as we see in a mans bodie, head, hands, feete, eies, nose,
eares: in a house, the husband, wife, children, master, servants: in a
politike bodie, Magistrates, Nobles, common people, artificers: and that
everie bodie mingled with heate, colde, drie and moist, is preserved by
the same reason of analogie and proportion which they have togither:
So is it in every common-wealth well appointed and ordred ...[3]

Schon die Bilder der Kette und der Leiter oder Treppe drücken neben den Aspekten der Vielteiligkeit und Verschiedenheit auch den
der Analogie aus. Es gehört zum Wesen von Kette und Leiter, daß
ihre Glieder und Stufen sich an jeweils anderer Stelle ständig wiederholen.

Das besondere Bild für die Korrespondenzen in der Ordnung ist
die wohl beliebteste und markanteste Metapher der elisabethanischen Zeit: der Spiegel. In zahllosen Kontexten – beispielsweise im
Titel von lehrhaften Werken – kommen die Begriffe *mirror* und
glass vor. Die Welt besteht aus Spiegeln. Benachbarte Kreaturen
spiegeln einander. Jedes Wesen spiegelt in erhöter, reinerer Form
die Eigenarten der rangniederen Wesen, in verblaßter, schwächerer
Form die Eigenschaften höherer Wesen. Korrespondenzen können
auch Teile der Schöpfung miteinander verbinden, die ihrem *degree*
nach weit auseinanderliegen.

Am häufigsten beredet und beschrieben werden die Korrespondenzen zwischen dem Makrokosmos und dem Menschen. Planet
und Konstellation der Geburt prägen Charakter und Konstitution.
Die Organe des Körpers sind Gestirnen zugeordnet, so das Herz der
Sonne, der Kopf dem Mond, die Leber dem Jupiter. Selbst die sieben Öffnungen des Hauptes haben astrale Bezüge: Mars regiert das
rechte, Venus das linke Nasenloch und Merkur den Mund.

Jedes außergewöhnliche Ereignis in einem Bereich des Universums kann sich in einem anderen spiegeln. Nach dem Königsmord
in *Macbeth* verhalten sich auch der Himmel und die Sonne wider
Ordnung und Natur:

---

[3] Pierre de La Primaudaye, *The French Academy*, zitiert nach: James Winny (ed.),
The Frame of Order (London, 1957), S. 113.

Rosse   Ha, good father,
          Thou seest the heavens, as troubled with man's act
          Threatens his bloody stage. By th' clock 'tis day
          And yet dark night strangles the travelling lamp.
          Is't night's predominance, or the day's shame,
          That darkness does the face of earth entomb,
          When living light should kiss it?
Old Man   'Tis unnatural
          Even like the deed that's done.

                                                    II,4,4–11

Der Mensch

Der Mensch hat eine zentrale Position im Universum. Durch die rationalen Fähigkeiten, die nur ihm eigen sind, ist er von allen anderen Kreaturen unterschieden; durch seinen Leib ist er das höchste der Körperwesen, durch seine Seele das unterste der Geistwesen. Somit verbindet und verklammert er die beiden großen Bereiche des Kosmos, die sensible und die intelligible Welt. Sir Walter Ralegh erläutert die Position des Menschen in seiner *History of the World* (1614) anläßlich des Berichts über die Erschaffung der Welt:

> And whereas God created three sorts of living natures (to wit) angelical, rational, and brutal; giving to angels an intellectual, and to beasts a sensual nature, he vouchsafed unto man, both the intellectual of angels, the sensitive of beasts, and the proper rational belonging unto man, and therefore (saith *Gregory Nazianzene*) *Homo est utriusque naturae vinculum;* Man is the bond and chain which tyeth together both natures.[4]

Die herausgehobene Stellung des Menschen ergibt sich nicht nur aus der Struktur des Universums, sondern auch aus einer besonderen Absicht Gottes. Er hat den Menschen nach seinem Bilde, als letzte und vollendetste unter seinen Kreaturen geschaffen, damit er die Erde und alle Wesen auf ihr beherrsche und seinen Schöpfer betrachte und verherrliche. Er hat den Menschen im Spiegel- und Korrespondenzbau des Universums zum Spiegel schlechthin gemacht. Im Menschen wird die ganze Schöpfung gespiegelt. Er ist ein Modell, ein Resümee der Welt:

---

[4] Zitiert nach der 11. Auflage (London, 1736), S. 19.

> Man, thus compounded and formed by God, was an abstract or model,
> or brief story of the universal ...[5]

(Daß die Beziehung zwischen Vorbild und Abbild eine Leitvorstellung der Elisabethaner ist, drückt sich nicht nur in der Spiegelmetapher, sondern auch in Begriffen wie Modell, Muster (*pattern*), Form (*mould*), Abbreviatur, Schema und Buch – als Abbild der Wirklichkeit – aus.)

Da der Mensch alle Aspekte des Kosmos repräsentiert und in sich enthält, heißt er – als Gegenpol zum Makrokosmos – die kleine Welt, der Mikrokosmos:

> ... and because in the little frame of man's body there is a representation of the universal, and (by allusion) a kind of participation of all the parts there, therefore was man called *Microcosmos,* or the little world.[6]

Die Autoren der Zeit werden nicht müde, auf die Korrespondenzen zwischen Mensch und Kosmos hinzuweisen. Der Mensch spiegelt Gott, die Engel, die Gestirne; er spiegelt vor allem die irdische Welt. Sein Körper setzt sich, wie alles unter dem Monde, aus den vier Elementen zusammen. Seine vier Lebenssäfte (*humours*) sind ebenfalls den vier Elementen zugeordnet und enthalten die vier Grundeigenschaften der Materie: die schwarze Galle, *melancholy*, ist erdhaft, kalt und trocken, das Phlegma, *phlegm*, ist wäßrig, kalt und feucht, das rote Blut, *sanguis*, ist luftig, heiß und feucht, die rote Galle, *choler*, feurig, heiß und trocken. (Die vier Temperamente entstehen durch das Vorherrschen eines dieser Säfte in der Konstitution eines Menschen.) Die Aufzählung der Korrespondenzen, spitzfindig oder naheliegend, läßt keinen Körperteil und keine Eigenschaft aus. Ein Auszug aus Raleghs langer Liste:

> His blood, which disperseth it self by the branches of veins through all the body, may be resembled to those waters, which are carried by brooks and rivers over all the earth; his breath to the air, his natural heat to the inclosed heat which the earth hath in it self ... the hairs of man's body, which adorns, or overshadows it, to the grass, which covereth the upper face and skin of the earth; our generative power, to nature, which produceth all things ...[7]

---

[5] Ralegh, S. 19.
[6] Ebenda.
[7] Ralegh, S. 20.

Anders als die meisten Kreaturen lebt der Mensch in einer Gesellschaft. Dadurch wird er zum Ordnungswesen par excellence, denn die Gesellschaft weist ihm seinen *degree* in einer Reihe von Hierarchien zu: Er wird seinem sozialen Stand, seinem Berufsstand, seinem Familienstand und seinem Vermögensstand nach eingeordnet.

Die zeitgenössischen Darstellungen der gesellschaftlichen Ordnung, insbesondere die von kirchlichen oder staatlichen Stellen stammenden, sind nicht frei von propagandistischen Zügen. Sie benutzen die euphorischen Harmonie- und Korrespondenzvorstellungen um zu suggerieren, daß alle gesellschaftlichen Unter- und Überordnungen, mögen sie noch so ungerecht sein, direkt von Gott stammten. Nach dem offiziellen *Book of Homilies* (1547), dessen Predigten regelmäßig von allen Kanzeln verlesen werden mußten, sind die Verhältnisse von Herrschern und Untertanen oder von Reichen und Armen Teil einer »profitable, necessarie and pleasant ordre«, so natürlich (und unabänderlich) wie Regen und Sonne, Wolken und Vögel. Was immer ist, ist gut – und wehe, wenn es anders wäre:

> Some are in high degree, some in low, some Kings and Princes, some inferiours and subiects, Priests and lay men, masters and servants, fathers and children, husbands and wiues, rich and poore, and euery one haue neede of other, so that in all things is to bee lauded and praised the goodly order of GOD, without the which no house, no Citie, no Commonwealth can continue and endure, or last.[8]

Der König

Wie in der gesamten Schöpfung der Mensch eine bevorzugte Stellung einnimmt, so ist es innerhalb der menschlichen Gesellschaft mit dem König, dem Stellvertreter Gottes, der Spitze aller irdischen Hierarchien. Die elisabethanischen Weltvorstellungen sind durch und durch monarchistisch. Auch wenn Staatstheoretiker und Historiker lehren, daß es noch andere »commendable sorts of government« (Ralegh) gebe und daß das Königreich nicht die ursprüngliche Organisationsform der Menschheit sei, so gilt doch die Monar-

---

[8] *Certaine Sermons or Homilies Appointed to be Read in Churches*, ed. Mary Ellen Rickey and Thomas B. Stroup (1623, facsimile reprint Gainesville, Fla., 1968), S. 69.

chie als natürlich, gottgesetzt und der allgemeinen Ordnung entsprechend.

Das kommt nicht nur bei Darstellungen der menschlichen Gesellschaft zum Ausdruck. König und Königreich sind vielmehr Modelle, die auch auf andere Bereiche des Kosmos übertragen werden. So haben beispielsweise alle Arten von Wesen ihre Könige (oder Primaten): die Vögel den Adler, die Fische den Delphin, alle Tiere den Löwen; König unter den Bäumen ist die Eiche, unter den Metallen das Gold, unter den Steinen der Diamant, unter den Tugenden die Gerechtigkeit. Die irdische Schöpfung ist in *kingdoms* eingeteilt. Teile des Tierreichs bilden wieder in sich Monarchien, wie vor allem der Bienenstaat.

Auch für die überirdischen Bezirke liefert das Menschenreich die Begriffe. Gott herrscht als König der Könige über das Königreich des Himmels. Die Planeten haben souveräne Gewalt. Über sie wieder herrscht als König die Sonne. Auch Shakespeare schildert den Sternenherrscher Sol mit allen Attributen eines Königs:

> The heavens themselves, the planets, and this centre
> Observe degree, priority, and place,
> ...
>
> And therefore is the glorious planet Sol
> In noble eminence enthron'd and spher'd
> Amidst the other; whose med'cinable eye
> Corrects the [ill aspects] of [planets evil],
> And posts like the commandment of a king,
> Sans check, to good and bad. ...
>
> *Troilus and Cressida*, I,3,85f.,89–94

Weltbild, Denkweise, Literatur

Für die Renaissanceliteratur ist das Weltbild nicht nur als Anspielungshintergrund, also als Komplex vorausgesetzter Informationen und Meinungen, von Bedeutung; es beeinflußt auch die Poetik, die Auffassungen über Funktionen und Verfahrensweisen der Literatur. Die Dichtung – eine Kunst, die damals ja noch umstritten ist – kann sich durch Ableitung ihrer Aufgabe aus dieser Ordnung und ihren Eigenarten rechtfertigen. Dem Menschen ist die Betrachtung der Ordnung Gottes, ihrer Korrespondenzen und Stufen aufgegeben,

und zwar als Quelle der Freude über die Schönheit und Zweckmäßigkeit des Kosmos und als Quelle der Erkenntnis: Erkenntnis
der Werke Gottes, der Position und der Pflichten des Menschen und
Erkenntnis Gottes, den man in dieser Welt nur *per speculum crea-
turarum* sehen kann. Gerade die Dichtung vermag durch die Darstellung der Weltordnung zu erfreuen und zu belehren, weil sie
durch ihre Kunstsprache Ordnungszusammenhänge zu illustrieren
vermag und weil ihre fiktiven Welten die Struktur des Seins mitunter deutlicher erkennen lassen als die reale Welt, deren Ordnung
hinter der Oberfläche des Sichtbaren verborgen ist.

Auf die Art und Weise, wie der Autor seine Aufgabe erfüllt, nehmen das Weltbild und die von ihm generierten Denkgewohnheiten
in mehrfacher Hinsicht Einfluß. Der Dichter fühlt sich zur Darstellung des Exemplarischen und Modellhaften, des für die Seinsord-
nung Wichtigen, verpflichtet. Daraus resultieren unter anderem die
Besonderheiten der Stoffwahl, die bei Shakespeare und anderen
zeitgenössischen Dramatikern zu beobachten sind. Die Hauptfiguren
der Stücke sind in aller Regel hierarchisch wichtige Personen: Könige, Fürsten, mindestens königliche Kaufleute. Die Handlungen gehen nie im Einmaligen und Privaten auf. Die meist einer Quelle entnommenen Fälle, mit denen sich der Autor beschäftigt, werden so
ausgestaltet und durchgespielt, daß die Korrespondenz mit einer
Vielzahl anderer Fälle (und damit auch die Relevanz für den Zuschauer) durchsichtig wird. Es hat also auch letztlich seine Begründung im Weltbild der Zeit, wenn Shakespeare in der Eingangsszene
des *Tempest* den Sturm nicht nur als einmaliges Naturereignis schildert, sondern auf die Beziehungen des Unwetters zu anderen Formen der Ordnungsstörung – Streit, Aufruhr, Umkehrung der Herr-
schaftsverhältnisse – verweist.

Elisabethaner denken in Analogien. Sie versuchen, ein Phänomen
nicht so sehr für sich zu begreifen als vielmehr in seinen Relationen
und Parallelen zu benachbarten Phänomenen oder auch zu entfernten, aber analogen Seinsbereichen zu erfassen. Der Blickpunkt liegt
zwischen den Dingen, nicht in ihnen. Die Welt wird von der Korrespondenz ihrer Teile her erfaßt.

Dadurch erhält die Bildersprache (*imagery*), also jene Formen der
Sprachverwendung wie Metapher, Vergleich und Gleichnis, die
mehrere Seinsbereiche zusammenschließen, erhöhte Bedeutung. Für
uns sind Metaphern Formen des uneigentlichen Redens. Wenn ich
sage »Er war ein Löwe in der Schlacht«, so ist die in diesem Satz

ausgesprochene Identifizierung von *Kämpfer* und *Löwe* nicht eigentlich gemeint; eine gewisse Vergleichsbeziehung, *Tapferkeit*, zwischen dem Uneigentlichen (*vehicle*) *Löwe* und dem Eigentlichen (*tenor*) *Kämpfer* berechtigt zu der Redeweise. Für Elisabethaner existieren die Analogien wirklich. Seinsverwandte Wesen sind der Identität näher. Der Kosmos besteht aus einer Serie von Metaphern. Auch wer metaphorisch redet, der redet eigentlich, nicht nur bildlich, übertreibend, dekorativ. – Das erklärt (zusammen mit der rhetorischen Tradition), warum in allen elisabethanischen Texten die Metaphorik eine so prominente Rolle spielt und warum Shakespeare im Rahmen seiner Sondersprache metaphorische Systeme ausbildet, bei denen eine Gruppe von verwandten Bildern im Laufe des Dramas wiederholt und variiert wird und so die dramatische Aussage entscheidend mitbestimmt.

Als Beispiel für Shakespeares elisabethanische Metaphorik und deren Zusammenhang mit dem Weltbild mag eine Stelle aus *Henry V* dienen. Als der König mit seinen Großen über eine Kriegserklärung an Frankreich berät und es um die Frage geht, wie man die unterschiedlichen Kräfte im Lande für die eine nationale Sache einsetzen kann, erläutert der Erzbischof von Canterbury die Arbeitsweise im Bienenstaat als Beispiel für das gottgewollte Zusammenwirken verschiedener Funktionen unter dem einigenden Prinzip des gemeinsamen Gehorsams gegenüber einem Herrscher:

> ... for so work the honey-bees,
> Creatures that by a rule in nature teach
> The act of order to a peopled kingdom.
> They have a king, and officers of sorts, [190]
> Where some, like magistrates, correct at home;
> Others, like merchants, venter trade abroad;
> Others, like soldiers, armed in their stings,
> Make boot upon the summer's velvet buds,
> Which pillage they with merry march bring home [195]
> To the tent-royal of their emperor;
> Who busied in his [majesty] surveys
> The singing masons building roofs of gold,
> The civil citizens kneading up the honey,
> The poor mechanic porters crowding in [200]
> Their heavy burthens at his narrow gate,
> The sad-ey'd justice, with his surly hum,
> Delivering o'er to executors pale
> The lazy yawning drone. ...   I,2,187–204

Einem modernen Autor würden wir es übel vermerken, wenn er Zoologie und Soziologie derart ineinssetzte. Wir glauben an Parallelen im tierischen und menschlichen Verhalten, aber nicht an ein Verhältnis, das sich der Identität nähert. Für die Elisabethaner, für die der Vergleich der Hierarchie von Bienenstaat und Königreich ein Paradebeispiel für die wundersamen Analogien des Weltbaus ist, kann der Autor beim Aufzeigen der Korrespondenzen beider Bereiche kaum übertreiben, denn es ist ja, wie der Text sagt, der Sinn des Bienenvolkes ›gemäß einer Regel in der Natur ein mit Menschen bevölkertes Königreich das Gesetz der Ordnung zu lehren‹. Aus zeitgenössischer Perspektive betrachtet, sind es gerade Detailreichtum, Genauigkeit und Akzentuierung der Parallelführung, die die Originalität, den ästhetischen Reiz und den Erkenntniswert der Shakespearestelle ausmachen.

Shakespeare parallelisiert, bald metaphorisch-identifizierend (*they have a king*), bald mit der Distanz des Vergleichs (*some, like magistrates*), die beiden Bereiche durch die Darstellung von etwa zehn gemeinsamen öffentlichen Funktionen. Er betont dabei zwei Arten von Korrespondenzen, auf die es ihm im dramatischen Kontext besonders ankommt. Die eine ist das Prinzip der *unity in diversity*, die Zusammensetzung der Gesamtfunktion des Gemeinwesens aus weitgehend selbständigen und verschiedenartigen Teilfunktionen. Die andere ist seine in *Henry V* zum Thema erhobene Konzeption des Herrschers als einer Kraft, die nicht aktiv zu handeln braucht. Der Monarch der Bienen ist Spitze und Mittelpunkt des Staates (was auch im Satzbau zum Ausdruck kommt: Spitzenstellung von »king«; das Wort »emperor«, Z.196, ist der syntaktische Angelpunkt der ganzen Stelle). Die Untertanen schulden ihm Gehorsam. Er greift jedoch nicht tätig in das staatliche Geschehen ein. Sein Amtsgeschäft besteht darin, Majestät zu sein (»busied in his majesty«, Z.197), als oberste Instanz anwesend zu sein und die Aktivität der verschiedenen Stände ›von oben zu überschauen‹ und ›zu überwachen‹ – das ist der Doppelsinn von »surveys«, Z.197.

Stabilität und *mutability*

Das Denk- und Vorstellungssystem der Zeit läßt Kategorien wie Fortschritt oder Entwicklung kaum zu; zwar ist die Welt nicht unveränderlich, aber Veränderung wird grundsätzlich als etwas Negatives begriffen.

Das ganze riesige Ordnungsgefüge war nach der Erschaffung der Welt zunächst perfekt und stabil. Der Sündenfall des Menschen hat die Ordnung dann erschüttert und ein Element der Unsicherheit und Unbeständigkeit (*mutability*) in sie hineingetragen. Der Mensch übt nur noch im Ausnahmefall der Tugendhaftigkeit jene Vorbildfunktion aus, die ihm nach dem Schöpfungsplan zugedacht war. Er kann das Abbild Gottes in sich verzerren. Seit er nicht mehr nur Musterspiegel für die Vorzüge der Erde ist, treten auch die Korrespondenzen mit den schlechten Eigenschaften der niederen Wesen – mit der Grausamkeit des Wolfes und der Verschlagenheit des Fuchses – bei ihm hervor. Er erkennt oft die Ordnung nicht mehr an, verläßt seinen Platz und strebt nach Umsturz. Der Platz des Einzelnen, insbesondere des Mächtigen, in der Ordnung ist labil, dem Einfluß der Fortuna ausgeliefert.

Über Bedeutung und Ausmaß von *mutability* und *decay* in der jetzigen, gealterten Welt gab es im 16. und 17. Jahrhundert eine lange Kontroverse. Der Mensch war unbestritten seit der Ursünde Adams korrumpierbar und zum Bösen geneigt. Unterlag damit nicht die ganze Welt einem Prozeß des Verfalls, wie eine Gruppe von Autoren meinte, deren Argumente 1616 Godfrey Goodman in seiner Abhandlung *The Fall of Man, or the Corruption of Nature* sammelte?[9] Mußte bei der Bedeutung, die dem Menschen als Mikrokosmos zukam, sein Fall nicht den ganzen Kosmos anstecken? War vielleicht die Welt doch nicht stabil angelegt, so daß man mit Donne sagen mußte:

> Then, as mankinde, so is the worlds whole frame
> Quite out of joynt, almost created lame:
> For, before God had made up all the rest,
> Corruption entred, and deprav'd the best:
> It seis'd the Angels, and then first of all
> The world did in her cradle take a fall,
> And turn'd her braines, and tooke a generall maime,
> Wronging each joynt of th' universall frame.
> The noblest part, man, felt it first; and than

---

[9] Zu der Kontroverse zwischen Goodman und Hakewill s. Victor Harris, *All Coherence Gone* (Chicago, 1949).

> Both beasts and plants, curst in the curse of man.
> So did the world from the first houre decay ...
>> »An Anatomie of the World. The first Anniversary«, 191–201[10]

Waren nicht die Zeichen des Verfalls allenthalben greifbar, im Makrokosmos in der Erschütterung der alten ptolemäischen, erdbezogenen Ordnung durch die Entdeckung des heliozentrischen Systems, auf Erden durch Sittenzerfall, widrige Zeitläufte, physische Dekadenz? Konnte man noch von einer Ordnung reden, wenn keiner sich mehr in seinen Relationen sehen wollte, vielmehr jeder sich selbst absolut setzte und für einzig in seiner Art hielt?

> 'Tis all in peeces, all cohaerence gone;
> All just supply, and all Relation:
> Prince, Subject, Father, Sonne, are things forgot,
> For every man alone thinkes he hath got
> To be a Phoenix, and that then can bee
> None of that kinde, of which he is, but hee.
>> Donne, »Anatomie«, 213–218

Die Optimisten, deren Tradition 1627 in George Hakewills *Apologie of the Power and Providence of God* gipfelte, sahen dagegen die Korruption im Universum auf den Menschen beschränkt. Wie hätte der gerechte Gott auch den am Sündenfall unschuldigen Teil der Natur mitleiden lassen können? Seine Ordnung war im Wesen noch so stabil wie von Anbeginn. *Mutability* bedeutete keinen Verfall der Welt, sondern einen Kreislauf: was sich hier zum Schlechten ändert, wird dort durch eine Wendung zum Besseren kompensiert.

Alle vermeintlichen Zeichen des Verfalls ließen sich auch anders deuten. Die Welt würde so lange intakt bleiben, bis Gott, der sie in einer Woche schuf, ihr am Jüngsten Tag ein plötzliches Ende bereitet.

Ordnungsverlust

Auch eingefleischte Optimisten behaupten nicht, daß die Ordnung der Welt jemals ungefährdet sei. Das Prinzip der Ordnung ist zwar stabil und zeitlos; es kann nicht untergehen, aber es kann durch den

---

[10] *The Poems of John Donne*, ed. H.J.C. Grierson (Oxford, 1912), Bd. 1, S. 237.

vom Sündenfall verderbten Menschen in seiner zeitlichen Verwirklichung in Frage gestellt und sogar für eine Weile aufgehoben werden. Die Kernzone der Ordnungsstörungen liegt im staatlich-politischen Bereich mit Rebellionen der Untertanen, pflichtvergessenen Herrschern, Bürgerkriegen, Kämpfen zwischen den Nationen. Aber auch der einzelne Mensch kann seinen Platz in der Ordnung verlassen und nach Ungebührlichem streben oder durch die Macht der Fortuna – mit eigenem Zutun oder ohne Schuld – zu Fall kommen. Allerwärts wiederholen sich die beiden großen Ereignisse der Heilsgeschichte: der Fall der ersten Menschen und der Engel, aber auch die Restitution durch die Menschwerdung und den Opfertod Christi.

Die Gefährdung der Ordnung durch menschliche Auflehnung gegen das Ranggefüge ist, solange das alte Weltbild gilt, das Schrecknis der Schrecknisse. Gerade weil man die überkommene Ordnung für göttlich und unveränderlich hielt, fürchtete man – wie schon die ordnungspolitischen Widerstände gegen das Theater und die Diskussion um die Beständigkeit des Weltbaus zeigten – jedes Streben nach Veränderung, denn ein Umsturz des Alten konnte ja nicht zu einer neuen und besseren Ordnung, sondern nur zum negativen und destruktiven Ziel des Rückfalls in das Chaos führen.

Autoren, die begeistert die Herrlichkeit und Zweckmäßigkeit des Kosmos und seiner *degree*-Stufung preisen, schließen oft eine beschwörende Mahnung an, dieses Gebäude nicht durch Insurrektion gegen die ordnungshütende Obrigkeit zu gefährden. Wenn die Kette der Über- und Unterordnung im staatlichen Bereich reißt, dann ist die ganze Welt zerrüttet; Sicherheit und Besitz, die höchsten irdischen Güter, sind dahin. So wird im *Book of Homilies* gepredigt:

> For where there is no right order, there reigneth all abuse, carnall liberty, enormitie, sinne, and Babylonicall confusion. Take away Kings, Princes, Rulers, Magistrates, Judges, and such estates of GODS order, no man shall ride or goe by the high way unrobbed, no man shall sleepe in his owne house or bedde unkilled, no man shall keepe his wife, children, and possession in quietnesse, all things shall bee common, and there must needes follow all mischiefe, and utter destruction both of soules, bodies, goodes, and common wealthes.[11]

---

[11] *Certaine Sermons*, ed. Rickey and Stroup, S. 69–70.

Dramatiker der heilen Welt?

Auch wenn der Komplex von Ideen und Vorstellungen über die
Ordnung der Welt in erster Linie ein sprachliches Teilsystem und
ein Mittel der Verständigung ist, so ist er doch nicht rein beschrei-
bend und wertneutral. Taxonomien sind immer auch wertzuweisen-
de Ordnungen. Das elisabethanische Weltbild hat daher auch Züge
einer normativen Ordnung und eines Modells im Sinne eines Vor-
bilds.

Das gilt besonders für die politisch-gesellschaftliche Dimension
des Ideengebäudes, das – wie die staatlich verordneten Predigten
des *Book of Homilies* zeigen – von der elisabethanischen Obrigkeit
als Mittel der Propaganda für ihre Ordnungspolitik eingesetzt wird.

Die kritische Erkenntnis der ideologischen Dimension vieler elisabethanischer Texte hat zwischen 1970 und dem Ende der 80er
Jahre zu einer breiten Welle von Angriffen gegen das Konzept eines
Weltbildes bei Shakespeare geführt, der sich als wütender Protest
gegen Tillyard artikuliert, obwohl er eigentlich eine Auseinandersetzung mit Shakespeare sein müßte. Die Kampagne gegen »Tillyard's
fabrication«, wie das Weltbild jetzt schlicht heißt, wird vor allem
von Vertretern des *New Historicism* getragen, und zwar besonders
von der englischen Gruppe, die ihren Ansatz als *Cultural Materialism* bezeichnet.

Die Neue Historik, die auf Grundpositionen der marxistischen Literaturwissenschaft aufbaut und sie auf verschiedene Weisen fortentwickelt, will die Vorherrschaft der ahistorischen Interpretation
brechen und die alte Konzeption Shakespeares als eines über der
Zeit und ihren Streitfragen stehenden Dramatikers aus der Welt
schaffen. Der Shakespeare der *Cultural Materialists* ist – so die Titel zweier programmatischer Bücher – zugleich *Political Shakespeare* und *Alternative Shakespeare*[12]. Was in der konventionellen
Sichtweise als Hintergrund der Literatur betrachtet und durch *background studies* kulissenhaft beleuchtet wurde, das soll jetzt Vordergrund werden. Die Literatur ist genauso Teil des politisch-sozialen
Zeitgeschehens und partizipiert an dessen materieller Bedingtheit
wie alle anderen Bereiche der Kultur. Literatur ist nicht nur sozio-

---

[12] Jonathan Dollimore and Alan Sinfield (ed.), *Political Shakespeare: New Essays
in Cultural Materialism* (Ithaca, 1985); John Drakakis (ed.), *Alternative Shakespeare* (London, 1985).

politisch bedingt, sie ist selbst eine politische Kraft, die in jene Kämpfe um Macht und Hegemonie eingreift, die in jeder Epoche unablässig zwischen den verschiedenen Zentren, Ideologien, Gruppierungen geführt werden.

In den hegemonialen Diskursen der elisabethanischen Zeit wird der Platz des Theaters vorwiegend als ein Ort der verdeckteren oder offeneren Opposition gegen das staatlich-kirchliche Herrschaftssystem gesehen, als ein Hort der Subversion, die, oft als Affirmation getarnt, die Ansprüche der Orthodoxie unterminiert oder in Frage stellt.

Ein solcher Ansatz ist natürlich mit dem Tillyards nicht vereinbar, dessen Grundannahmen – einheitliches Weltbild, breiter Konsens, Akzeptanz einer tradierten Ordnungsvorstellung – der neuen Sichtweise diametral entgegenstehen. Die neue Gewißheit heißt: »There was no unified, totalistic Elizabethan world picture«[13].

Außerdem versündigte sich Tillyard, wie man jetzt meinte, an Shakespeare. Seit über 200 Jahren gibt es in der Shakespearekritik über den Wandel der Prinzipien und Methoden hinweg ein unwandelbares Axiom: An Shakespeare ist kein Fehl; eine Interpretation, die Shakespeare in eine kritikwürdige Position bringt, muß falsch und verwerflich sein. Nach Tillyard nun soll Shakespeare die Ideologie und die Geschichtsdeutung der Obrigkeit des Tudorstaates vertreten; damit wäre er ein Fürstenknecht, »the Tillyard tradition's lickspittle apologist for the Tudor Myth and the Chain of Being«[14].

Dieser zum Tudorpropagandisten herabgewürdigte Shakespeare, so lautete ein weiterer Vorwurf, wurde zu Tillyards Zeiten vom konservativen *establishment* des englischen Universitäts- und Sekundarschulwesens zur Aufrechterhaltung des sozialen und politischen *status quo* mißbraucht. Shakespeare wurde, nach einem vielzitierten Wort von Terence Hawkes, zu einer mächtigen ideologischen Waffe gemacht.[15]

---

[13] Hugh H. Grady, »Instituting Shakespeare: Hegemony and Tillyard's Historical Criticism«, in: Peggy A. Knapp (ed.), *Assays: Critical Approaches to Medieval and Renaissance Texts*, vol. v. (Pittsburgh, 1989) S. 37–61, hier: S. 55 (unter Berufung auf Sigurd Burckhardt); vgl. S. 37–41 und 48–52.

[14] Malcolm Evans, *Signifying Nothing: Truth's True Contents in Shakespeare's Text* (Brighton, 1986), S. 231.

[15] Formulierung dieses Angriffs: Terence Hawkes, *That Shakespeherian Rag: Essays on a Critical Process* (London, 1986), S. 66–69.

Die Sorge, Shakespeare müßte, falls er sein Weltbild mit der Regierung teilte, ein *law-and-order*-Poet gewesen sein, ist unbegründet. So wichtig nämlich das zeitgenössische Weltbild für ihn ist, so wenig kann man es einfach als konzeptuelle Basis seiner Dramen ansehen. Shakespeare ist kein Dramatiker der heilen Welt, kein Verkünder der Schönheit und Wohlgefügtheit des Kosmos. Die Ordnung in ihrem normalen oder gar idealen Zustand interessiert ihn offenbar wenig.

Die intakte Ordnung ist undramatisch. Für den Dramatiker, der Dynamik, Konflikte, Handlungen braucht, ist sie als unmittelbarer Gegenstand ungeeignet. Für Shakespeare sind Gefährdungen und Störungen der Ordnung der Stoff, mit dem sich die allermeisten seiner Dramen befassen: alle Tragödien und Historien und – wie wir aus der *Tempest*-Szene ersehen konnten – auch ein Teil der Komödien.

Fast in jedem Stück gehört die Präsentation der Ordnung zum dramaturgischen Programm der Exposition. Die Ordnung wird exponiert, indem die Hierarchien der Welt dieses Stücks – die staatliche Rangordnung und die Hierarchien der Familien und Gruppen – vorgezeigt und die Plätze jeder Einzelfigur in ihnen verdeutlicht werden. Das theatralische Instrumentarium zur Etablierung der Ordnungen für den Zuschauer (bei unseren Interpretationen oft übersehen oder heruntergespielt) ist aufwendig und vielgestaltig: Kostümierung nach Rang und Bedeutung, Aufzüge, Prozessionen, Platznehmen *secundum ordinem*, Heraushebung der hierarchischen Spitze durch *attendants* und Befehlsempfänger, eine Dialogführung, die zeigt, wer das Sagen hat und wer nicht.

Dieses Ordnungsbild am Anfang wird im Laufe des Stückes ergänzt durch sprachliche Elemente. Dabei wird nicht nur über die Hierarchien im Stück gesprochen, sondern es werden auch Korrespondenzen mit anderen Bereichen der Welt – mit dem Tierreich etwa oder mit Sonne und Sternen – auf dem Wege über die Metaphorik aufgezeigt.

In keinem Stück bleibt die Ordnung so, wie sie anfänglich gezeigt wird. Die Handlungen drehen sich immer um Aufhebungen und Gefährdungen der Hierarchien: Könige sind schwach oder kriminell, Aristokraten rebellieren, Kinder tun nicht, was die Eltern wollen, Männer geben vor lauter Liebe ihre Dominanz auf. Die elisabethanischen Theatergegner, die in allen Dramen eine Kette von Ordnungswidrigkeiten und -verstößen sehen, die sie seitenlang lustvoll aufzählen, haben der Sache nach recht.

Zwischen Ordnungsdarstellung und Ordnungsverlust besteht ein enger Zusammenhang. Man kann als Regel formulieren: Je gravierender und weitreichender die Gefährdung oder Störung der Ordnung, um so sorgfältiger und umfassender ist der exponierende Aufriß der Ordnung als allgemeines System und als Ausgangssituation in diesem Stück. Die allgemeine Ordnung dient als Bezugssystem und Referenzschema, anhand dessen die Abweichungen sichtbar gemacht und in ihrer Besonderheit profiliert werden.

Dieser Zusammenhang läßt sich anhand jener berühmten Weltbildstellen demonstrieren, die immer wieder, nicht nur bei Tillyard, als Beispiele für Shakespeares Darstellung der Ordnung der Welt herangezogen werden und die fast ausnahmslos Funktionsstörungen zum Anlaß haben.

Kosmische Korrespondenzen sind solche des Unheils, wie die zwischen moralischer und makrokosmischer Unnatur in *Macbeth* oder die zwischen psychischer Verstörung und Gewitter in den Heideszenen des *Lear*. Bei der bekanntesten Weltbild-Darlegung Shakespeares, der *degree*-Rede des Odysseus in *Troilus and Cressida*, klagt der Sprecher die eigene Partei wegen »*neglection of degree*« an:

> ... O, when degree is shak'd,
> Which is the ladder of all high designs,
> The enterprise is sick. How could communities,
> Degrees in schools, and brotherhoods in cities,
> Peaceful commerce from dividable shores,
> The primogenity and due of birth,
> Prerogative of age, crowns, sceptres, laurels,
> But by degree stand in authentic place?
> Take but degree away, untune that string,
> And hark what discord follows. Each thing [meets]
> In mere oppugnancy: the bounded waters
> Should lift their bosoms higher than the shores,
> And make a sop of all this solid globe;
> Strength should be lord of imbecility
> And the rude son should strike his father dead;
> ...
> This chaos, when degree is suffocate,
> Follows the choking ... I,3,101–115, 125f.

Das positive Ordnungsbeispiel des Bienenstaates wird nur vorgetragen, weil die dort zu findende Harmonie verschiedener Kräfte im Staate England noch aussteht.

Auch das Individuum begreift sich vor allem dann als Mikrokosmos, wenn es die innere Ordnung als gestört empfindet. Wer zwischen Vorsatz und Ausführung einer furchtbaren Tat steht, so überlegt Brutus, der erleidet einen Aufstand in seiner kleinen Welt:

> ... the state of a man,
> Like to a little kingdom, suffers then
> The nature of an insurrection.   *Julius Caesar,* II,1, 67–69

Die Weltordnung dient also vor allem als Bezugssystem in einer Welt der Unordnung. Sie ist nur als Norm und als Gegenbild präsent. Sie kann als früher einmal existierend angenommen werden. So stellt beispielsweise der sterbende Gaunt in *Richard II* das England der Vergangenheit als Modell und Schmuckstück der kosmischen Gesamtordnung (»... this little world, / This precious stone set in the silver sea ...«) der verruchten Jetztzeit gegenüber.[16] Sie kann schließlich am Schluß des Dramas als bevorstehend oder beinahe erreicht erscheinen, wie im letzten Akt des *Merchant of Venice,* wo die Liebenden Lorenzo und Jessica die Schönheit der Gestirne als Abbild der eigenen Harmonie betrachten – immer noch eingedenk, daß sie als Menschen dem Verfall unterworfen sind und der kosmischen Ordnung nur zum Teil innewerden können:

Lorenzo.   Sit, Jessica. Look how the floor of heaven
          Is thick inlaid with patens of bright gold.
          There's not the smallest orb which thou behold'st
          But in his motion like an angel sings,
          Still quiring to the young-ey'd cherubins;
          Such harmony is in immortal souls,
          But whilst this muddy vesture of decay
          Doth grossly close it in, we cannot hear it.   V,1,58–65

---

[16] Vgl. dazu Verf., »›This Royal Throne of Kings, this Sceptred Isle‹. Struktur und Wirkungsweise von Gaunts England-Variationen«, Shakespeare-Jahrbuch (West) 1983, S.73–88.

LITERATURHINWEISE

Shakespeares Sprache

E.A. Abbott, *A Shakespearian Grammar* (London, 1869, rev. ed. London, 1972).

Wilhelm Franz, *Die Sprache Shakespeares in Vers und Prosa* (Halle, 1939, rpt. Tübingen, 1986) (4. Aufl. der *Shakespeare-Grammatik* von 1897–99).

Eric Partridge, *Shakespeare's Bawdy* (London, 1947).

G.L. Brook, *The Language of Shakespeare* (London, 1976).

Manfred Scheler, *Shakespeares Englisch* (Berlin, 1982).

N.F. Blake, *Shakespeare's Language: An Introduction* (London, 1983).

Vivian Salmon and Edwina Burness (ed.), *A Reader in the Language of Shakespearean Drama* (Amsterdam, 1987).

Aspekte der Sprachkunst: Rhetorik, Poetik, Stilistik, Metaphorik

Caroline F.E. Spurgeon, *Shakespeare's Imagery and What It Tells Us* (Cambridge, 1935).

T.W. Baldwin, *William Shakespere's Small Latine and Less Greeke*, 2 vols. (Urbana, Ill., 1944).

Sister Miriam Joseph, *Shakespeare's Use of the Arts of Language* (New York, 1947).

Wolfgang Clemen, *The Development of Shakespeare's Imagery* (London, 1951. [Deutsche Fassung: *Shakespeares Bilder: Ihre Entwicklung und ihre Funktionen im dramatischen Werk* (Bonn, 1936)].

Lee A. Sonnino, *A Handbook to 16th Century Rhetoric* (London, 1968).

Brian Vickers, *The Artistry of Shakespeare's Prose* (London, 1968).

John Baxter, *Shakespeare's Poetic Styles: Verse into Drama* (London, 1980)

S.S. Hussey, *The Literary Language of Shakespeare* (London, 1982).

Keir Elam, *Shakespeare's Universe of Discourse: Language-Games in the Comedies* (Cambridge, 1984).

E. Faas, *Shakespeare's Poetics* (Cambridge, 1986).

Lexika und Konkordanzen

Alexander Schmidt, *Shakespeare-Lexicon,* 2 Bde., (Berlin. 1902, rpt. New York, 1971).

Leon Kellner, *Shakespeare-Wörterbuch* (Leipzig, 1922).

M.P. Tilley, *A Dictionary of the Proverbs in England in the 16th and 17th Centuries* (Ann Arbor, 1950).

Helge Kökeritz, *Shakespeare's Names: A Pronouncing Dictionary* (New Haven, 1959).

Marvin Spevack, *A Complete and Systematic Concordance to the Works of Shakespeare*, 9 vols., (Hildesheim, 1968–80).

Marvin Spevack, *The Harvard Concordance to Shakespeare* (Hildesheim, 1973).

Marvin Spevack, *A Shakespeare Thesaurus* (Hildesheim, 1993).

Weltbild, Denken, politische Theorie

A.O. Lovejoy, *The Great Chain of Being: A Study in the History of an Idea* (Cambridge, Mass., 1936).

E.M.W. Tillyard, *The Elizabethan World Picture* (London, 1943).

Theodore Spencer, *Shakespeare and the Nature of Man*, 2nd ed. (New York, 1948).

Victor Harris, *All Coherence Gone* (Chicago, 1949).

J.B. Bamborough, *The Little World of Man* (London, 1952).

C. Morris, *Political Thought in England: Tyndale to Hooker* (London, 1953).

Ernst H. Kantorowicz, *The King's Two Bodies* (Princeton, 1957).

James Winny (ed.), *The Frame of Order: An Outline of Elizabethan Belief Taken From Treatises of the Late Sixteenth Century* (London, 1957).

W.H. Greenleaf, *Order, Empiricism, and Politics: Two Traditions of English Political Thought, 1500–1700* (London, 1964).

Maurice Hussey, *The World of Shakespeare and his Contemporaries: A Visual Approach* (London, 1971).

Leonard Barkan, *Nature's Work of Art: The Human Body as Image of the World* (New Haven, Conn., 1975).

S.K. Heninger, Jr., *The Cosmographical Glass: Renaissance Diagrams of the Universe* (San Marino, Calf., 1977).

John Alvis and Thomas G. West (ed.), *Shakespeare as Political Thinker* (Durham, N.C., 1981).

C.G. Thayer, *Shakespeare's Politics* (Athens, Ga., 1983).

Leonard Tennenhouse, *Power on Display: The Politics of Shakespeare's Genres* (New York, 1986).

Zur Kontroverse um das elisabethanische Weltbild und die Methoden seiner Erforschung

Herbert Howarth, »Put Away the World-Picture«, *The Tiger's Heart: Eight Essays on Shakespeare* (London, 1970), S. 165–191.

Robert Ornstein, *A Kingdom for a Stage: The Achievement of Shakespeare's History Plays* (Cambridge, Mass., 1972).

Michael D. Bristol, *Carnival and Theater: Plebeian Culture and the Structure of Authority in Renaissance England* (New York, 1985).

Jonathan Dollimore and Alan Sinfield (ed.), *Political Shakespeare: New Essays in Cultural Materialism* (Ithaca, N.Y., 1985).

John Drakakis (ed.), *Alternative Shakespeares* (London, 1985).

Malcolm Evans, *Signifying Nothing: Truth's True Contents in Shakespeare's Text* (Brighton, 1986).

Terence Hawkes, *That Shakespeherian Rag: Essays on a Critical Process* (London, 1986).

Edward Pechter, »The New Historicism and Its Discontents: Politicizing Renaissance Drama«, *PMLA* 102.3 (1987), S.292–303.

P.J.H. Titlestad, »Religion, Politics and Literature: The Elizabethan Background New Modelled«, *Shakespeare in Southern Africa*, 2 (1988), S. 42–50.

Hugh H. Grady, »Instituting Shakespeare: Hegemony and Tillyard's Historical Criticism«, in: Peggy A. Knapp (ed.), *Assays: Critical Approaches to Medieval and Renaissance Texts*, vol. v. (Pittsburgh, 1989), S. 37–61.

4. Kapitel

Figuren, Szenen, Handlung: Shakespeares Dramaturgie

Woraus besteht ein Shakespearedrama?

Handlung, Charakter, Themen und – als übergeordnete Kategorie – Sprache: das sind die Komponenten, von denen bei der Diskussion von Shakespearedramen vor allem die Rede ist. Auf die Frage, welche der Komponenten das Eigentliche der Dramen ausmachen und daher vorrangige Beachtung verdienen, sind im Laufe der Rezeptionsgeschichte ganz unterschiedliche Antworten gegeben worden.

Bis zum Ende des 18. Jahrhunderts werden bei Besprechungen der Stücke die Handlung, die Charaktere und der gedankliche Gehalt (*sentiment*) ungefähr gleichwertig berücksichtigt. Dann folgt eine lange, bis zum Beginn unseres Jahrhunderts andauernde und noch heute nachwirkende Phase, in der die Charaktere im Mittelpunkt des Blickfeldes stehen. Man sieht in Shakespeares Werk eine Galerie großer Charakterschöpfungen, die in ihrer Lebensechtheit als Leitbeispiele menschlicher Existenz gelten können. Die Handlung ist nur ein Hilfsmittel, um die Charaktere und ihre Schicksale vorzuführen. Es geht in erster Linie um die Eigenschaften und Leidenschaften von Personen, den Ehrgeiz des Macbeth und die Eifersucht Othellos.

Kennzeichnend für die uneinheitliche und verzweigte Entwicklung im 20. Jahrhundert ist die Abkehr von der Konzeption des Charakterdramas und die Hinwendung zur Konzeption des Themendramas. Ein Shakespearedrama erhält seine Eigenart und seine Einheit durch ein zentrales Thema oder durch eine zusammenhängende Gruppe von Themen. *King Lear* kann zum Beispiel entweder als ein Stück über das Thema ›wrath in old age‹ (Campbell)[1] oder als ein Drama über eine Reihe thematischer *patterns* wie ›Alter und Gerechtigkeit‹, ›Vernunft des Wahnsinns und Wahnsinn der Vernunft‹, ›Blindheit und Sehen‹, ›Kleidung und Nacktheit‹ (Heilman)[2] aufge-

---

[1] Lily B. Campbell, *Shakespeare's Tragic Heroes* (Cambridge, 1930).

[2] Robert B. Heilman, *This Great Stage: Image and Structure in King Lear* (Baton Rouge, La., 1948).

faßt werden. Die Aussagen des Dialogs sind in erster Linie Beiträge zur Thematik; der Gesichtspunkt, daß sie bestimmten Personen zugehören, tritt zurück. Die Handlung ist von geringem Interesse. Der Dramatiker ist vom Menschenschöpfer zum Moral- und Existenzphilosophen und zum Anthropologen geworden. – Zugleich mit der Hinwendung zu den Themen tritt die vorher oft nur beiläufig berücksichtigte Komponente der Sprache (insbesondere ihrer poetischen und metaphorischen Elemente) in den Vordergrund.

Die Betrachtung der Dramen als Themenstücke ist eine Anpassung an die Jetztzeit. Sie entspricht einer grundsätzlichen Tendenz der letzten Jahrzehnte zur breiten Diskussion öffentlich interessierender Themen und zur Verwendung dramatisierender Diskussionsformen vom Podiumsgespräch und vom Interview bis zum Lehrstück des Schulfunks. Sie hat ferner eine Welle neuer Einsichten in die Feinstruktur der Dramen mit sich gebracht. Sie setzt allerdings auch die Tradition der einseitigen Bevorzugung bestimmter Komponenten fort. Die Dramen gehen ebensowenig in der Diskussion von Themen wie in der Darbietung von Charakteren auf.

Die Schwäche der themenorientierten Betrachtung besteht vor allem darin, daß hier – im Einklang mit der modernen Neigung, subtile und elaborierte Schichten unter Vernachlässigung der elementaren zu bevorzugen – eine Komponente zur Hauptsache gemacht wird, die von der Werkstruktur her abgeleitet und nachgeordnet ist. Eine dramatische Diskussion von Themen findet bei Shakespeare nur in den Grenzen der Handlung und der handlungstragenden Figuren statt.

Wir wollen uns zunächst mit den elementaren Gegebenheiten des Dramas befassen, mit den Figuren und ihrer Gruppierung und mit der Einzelszene und ihrem Aufbau, um dann zur Erörterung der Ganzheit eines Stücks, zum Plot und zu den Problemen der Einheit des Shakespearedramas zu kommen.

BÜHNENGESELLSCHAFT UND EINZELFIGUR

Wenn wir an Shakespeares Personen denken, dann denken wir noch heute in erster Linie an seine Einzelcharaktere in ihrer Einmaligkeit und Unverwechselbarkeit, an Hamlet und Falstaff, Desdemona und Shylock. In den Dramen selbst begegnen uns die Personen aber nicht als isolierte Wesen, sondern als Mitglieder und Funktionsele-

mente einer durch mannigfache Beziehungen zusammengeschlosse-
nen Gesamtheit von Figuren, die wir als Bühnengesellschaft bezeichnen wollen. Anders als der Einzelcharakter wird die Bühnengesellschaft in ihren wesentlichen Strukturen von Stück zu Stück
mit Abwandlungen wiederholt.

Strukturen der Bühnengesellschaft: *Macbeth*

Nehmen wir das Personenverzeichnis von *Macbeth*:

DUNCAN, *King of Scotland*

MALCOLM,
DONALBAIN,   } *his sons*

MACBETH,
BANQUO,   } *generals of the King's army*

MACDUFF,
LENNOX,
ROSSE,
MENTETH,   } *noblemen of Scotland*
ANGUS,
CATHNESS,

FLEANCE, *son to Banquo*
SIWARD, *Earl of Northumberland, general of the English forces*
YOUNG SIWARD, *his son*
SEYTON, *an officer attending on Macbeth*
BOY, *son to Macduff*
ENGLISH DOCTOR
SCOTS DOCTOR
SERGEANT
PORTER
OLD MAN

Three MURDERERS

LADY MACBETH
LADY MACDUFF
GENTLEWOMAN *attending on Lady Macbeth*

Three WITCHES, *the Weird Sisters*
Three other WITCHES
HECAT
APPARITIONS

LORDS, GENTLEMEN, OFFICERS, SOLDIERS, ATTENDANTS,
and MESSENGERS

Die Bühnengesellschaft ist mehrfach strukturiert. Ihr Aufbau spiegelt zunächst Größe und Zusammensetzung des Ensembles, das Shakespeare zur Verfügung hatte. Von der Titelfigur bis zum letzten Boten treten 43 Personen in einer Sprechrolle auf, aber die meisten Rollen sind winzig und können von Statisten oder von Schauspielern, die mehrere Parts übernehmen, dargestellt werden. Nur 20 Personen treten in mehr als einer Szene auf; darunter sind immer noch Nebenfiguren, von denen sich mehrere kombinieren lassen. Etwa 15 Schauspieler und ein paar Statisten genügen, um das Stück aufzuführen. Weniger als zehn haben eine substantielle Rolle (– nur sechs Rollen sind mehr als 100 Zeilen lang). Die Zahl der weiblichen Charaktere ist auffallend klein: Es gibt nur zwei eigentliche Frauenrollen. Eine Rolle, die des Porters, geht in das komische Charakterfach. Die Titelfigur ist stark hervorgehoben.

All das entspricht den Verhältnissen in einer englischen Schauspieltruppe zu Anfang des 17. Jahrhunderts: etwa zehn Hauptschauspieler, die Teilhaber sind, einige Zusatzschauspieler im Lohnverhältnis, einige Jugendliche in der Lehre, die auf Frauenrollen spezialisiert sind; sonst gibt es in einem Ensemble, in dem jeder alles spielt, als Spezialisten nur die Attraktionen des Hauses, die Komiker und den (oder die) Heldenspieler.

Zweitens repräsentiert die Bühnengesellschaft eine wirkliche Gesellschaft in allen wesentlichen Funktionsgliedern. Es ist eine Gesellschaft, deren Ordnung sich – wie es schon bei den in der Sturmszene des *Tempest* auftretenden Figuren der Fall war – in einer Hierarchie von Vorgesetzten- und Untergebenenverhältnissen ausdrückt. Die Gesellschaft ist eine Pyramide, von der besonders die Spitze und ein Teil der Basis durch Personen verkörpert werden. Die Spitze, die den Eindruck der Vollständigkeit erweckt, ist dreistufig.

Duncan, der mehrfach und über das von der Handlung her erforderliche Maß bei der Ausübung seiner Funktionen gezeigt wird (in den Szenen I,2, I,4 und I,6), ist spürbar und sichtbar Oberhaupt der Gesellschaft. Hinter ihm kommen die Großen, die für eine Nachfolge in Frage kommen oder die besonders wichtige Ämter haben: Malcolm, Donalbain, Macbeth, Banquo. Die nächstniedere Schicht ist breiter; sie besteht aus den übrigen schottischen Adligen: Macduff, Lennox, Rosse, Menteth, Angus, Cathness. Reichlich vertreten ist schließlich die Schicht derjenigen, die lediglich Befehlsempfänger sind: Bedienstete, Boten, Soldaten.

Völlig ausgespart bleiben die Mittelschicht der Gesellschaft, also das Bürgertum, und jene Mehrheit der unteren Schichten, die nicht in den Diensten des Adels steht. Diese Segmente der Bevölkerung werden auch nirgends im Dialog erwähnt. Es ist, als ob sie nicht existierten oder zumindest bei der Darstellung einer funktionstüchtigen Gesellschaft ausgelassen werden könnten. Damit ist sowohl die soziale Position des Autors als auch die der meisten Zuschauer nicht vertreten. Die Masse des Publikums findet also nicht – wie üblicherweise in der Literatur – in der Welt der Fiktion eine Gruppe von Gleichgestellten als Träger von Normen und als Objekte der Sympathie vor.

Frauen erscheinen nur dann als Mitglieder der Bühnengesellschaft, wenn sie – wie Lady Macbeth und Lady Macduff – für die Durchführung der Handlung benötigt werden. Während die Söhne (und potentiellen Nachfolger) meist mit im Spiel sind, bleibt die Position der Ehefrau meist unrealisiert, wie z.B. bei Duncan und Banquo.

Bei jeder Figur (mit Ausnahme der Hexen), wird die gesellschaftliche Stellung determiniert. Bei vielen Personen, auch bei relativ häufig auftretenden wie Rosse und Lennox, bleibt die gesellschaftliche Rolle auch das einzige Merkmal, das der Figur zugeschrieben wird. Selbst die Figuren, die – wie Macbeth selbst – im Laufe des Dramas individuell charakterisiert werden sollen, werden zunächst als Inhaber bestimmter sozialer Positionen und Ämter eingeführt. Es kommt nicht vor, daß eine Person dem Publikum zuerst als privates Individuum und dann erst als Amtsträger vorgestellt wird.

Die Bühnengesellschaft ist als ein Handlungsfeld angelegt, das sich besonders für gesellschaftlich-politische Aktionen eignet und das auch bei privaten Begebenheiten die Auswirkungen auf den öffentlichen Bereich ins Licht treten läßt. Die Schicksale von Personen in hohen Positionen – Duncans Ermordung, Macbeths Thronbesteigung, Banquos Tod oder auch nur Macduffs Flucht – bewirken unübersehbar und fast automatisch eine Veränderung der Bühnengesellschaft und eine Störung der durch sie repräsentierten Ordnung.

Gruppierungen

Außer der Stufenleiter der feudalen Hierarchie unterliegen alle wichtigen Charaktere einem anderen Prinzip der Zuordnung: der Familie. Der König und die Großen Schottlands gehören zur gleichen

Sippschaft. Duncan redet Macbeth und die Thane zugleich als Würdenträger und Verwandte an. Innerhalb der Sippschaft agiert jeder für ein eigenes Haus. Jede Staatsangelegenheit ist auch eine Familienangelegenheit. Obwohl alle Familien unvollständig sind – frauenlos oder kinderlos oder getrennt – spielen Beziehungen in der Familie, und zwar sowohl zwischen Ehegatten (Macbeth, Macduff) als auch zwischen Eltern und Kindern (Duncan, Banquo, Macduff, Siward) eine große Rolle.

Die Überlappung der politisch-gesellschaftlichen und der familiären Struktur und der daraus resultierende Doppelaspekt der meisten Beziehungen und Handlungen ist für die Rezeptionsgeschichte folgenreich gewesen. Jede Zeit konnte sich den ihr gemäßen Aspekt heraussuchen und entweder das Familiendrama oder das politische Spiel als Dominante sehen.

Die kleinsten Gruppierungen innerhalb der Bühnengesellschaft bestehen aus zwei oder drei Personen. Fast alle Charaktere sind in solche Kleingruppen eingebunden. Es überwiegen die Figurenpaare: Macbeth und Lady Macbeth, Malcolm und Donalbain, Banquo und Fleance usw. Dreierkonstellationen kommen vor allem im Bereich des Bösen vor: drei Hexen, drei Mörder, drei Erscheinungen. Manche dieser Verbindungen sind permanent, andere – wie der Einsatz von Rosse und Angus als Botenpaar oder die Allianz von Malcolm und Macduff in der Emigration – kommen nur für eine Szene oder Szenenfolge zustande. Die gleiche Person kann eine ganze Serie von Zweier- und Dreierbeziehungen durchlaufen.

Ein Teil dieser Beziehungen ist mit dem Stoff, den Shakespeare einem Geschichtsbuch entnimmt, bereits vorgegeben. Ein Vergleich mit der Quelle macht jedoch deutlich, daß der größte Teil der Zweier- und Dreiergruppen erst bei der Dramatisierung entstanden ist. Die Zusammenfügung der Figuren zu kleinsten Konstellationen ist eines der wichtigsten Mittel der Dramaturgie.

Die Bildung von Figurenpaaren dient auf der einfachsten Ebene der Verdoppelung und Verstärkung einer dramatischen Funktion und der Belebung des sonst einförmigen Dialogs: Eine wichtige Nachricht wird durch zwei Personen überbracht (I,3); eine ausführliche Schilderung wird auf zwei Berichter aufgeteilt (I,2). Auch die Doppelbesetzung der Position des Verbrechers durch Macbeth und Lady Macbeth und des Vorkämpfers der Ordnung durch Malcolm und Macduff dient unter anderem der Verstärkung zentraler Funktionen.

Vor allem jedoch ist das Prinzip des Figurenpaares die Kombination von Parallele und Kontrast. Verschiedenheit innerhalb einer Ähnlichkeit bringen sowohl die großen Konfigurationen (Macbeth – Lady Macbeth; Macbeth – Banquo) als auch die kleinen zum Ausdruck. Die beiden Söhne Duncans beispielsweise, die anfangs stets gemeinsam auftreten, fliehen nach dem Königsmord, als sich die Gesellschaft auflöst, in verschiedene Richtungen: einer nach England, einer nach Irland. Eine Serie von Parallelen und Kontrasten ergibt sich im dritten Akt bei Banquo und seinem Sohn Fleance. Beide sind als Opfer eines Mordanschlages vorgesehen. Banquo stirbt, Fleance entkommt. Damit ist das letzte Ziel des Anschlags, die Auslöschung des Hauses Banquo, vereitelt. Macbeth tröstet sich damit, daß die unmittelbare Bedrohung abgewendet, die ›ausgewachsene Schlange‹ erledigt ist, während dem ›entkommenen Reptil‹ erst später Giftzähne wachsen werden. In Wirklichkeit ist es aber Banquo, der zurückkommt und Macbeth gefährdet, während Fleance ungefährlich bleibt.

Die Dreizahl repräsentiert bei Gruppen wie den Hexen und Mördern die mehr als doppelte Kraft, aber auch das Ungerade, Unstimmige des Bösen.

Die meisten Kombinationen von drei Figuren sind unfest; sie bestehen nur eine Szene oder einen Akt lang. Neben der – in diesem Stück relativ seltenen – Konfrontation von zwei Personen ist es vor allem das aus drei Figuren bestehende Feld, innerhalb dessen Spannungen und Konflikte generiert und ausgetragen werden. In der Regel stehen dabei zwei zu einem Parallel- und Kontrastpaar verbundene Figuren einer dritten gegenüber.

Von dieser Art ist zu Anfang des Dramas die Konstellation der Mörder und ihres königlichen Opfers und in den beiden letzten Akten die der beiden Hauptträger und des Usurpators. Ein Beispiel im Rahmen einer einfach aufgebauten Szene bietet die Schlafwandelszene (V,1), in welcher der Auftritt der Hauptperson von zwei Personen, die durchgehend auf der Bühne sind, einer Kammerfrau und einem Arzt, beobachtet, kommentiert und beurteilt wird. Die beiden Beobachter sind ein ungleiches Paar: Der Kammerfrau ist der Vorgang vertraut, dem Arzt ist sie neu; sie ist Laie, er wird als Fachmann konsultiert. Gemeinsam bilden die beiden einen Kontrast zu Lady Macbeth. Sie stehen als wache und vernünftige Vertreter der Ordnung der Schlafenden und Geisteskranken gegenüber, an der sich die Zerstörung der natürlichen Ordnung rächend manifestiert.

Auch in vielfigurigen Szenen kann das bestimmende Element eine Dreiergruppe sein. So ist es zum Beispiel in der Szene, in der Malcolm von König Duncan zum Nachfolger designiert wird und Macbeth den legitimen Weg zur Krone versperrt sieht (I,5).

Die Durchführung des Plot ist, wie wir gesehen haben, keineswegs der einzige Zweck, zu dem die Bühnengesellschaft komponiert wurde, aber natürlich gehören die Handlungsfunktionen bei den meisten Figuren zu den wichtigsten Aufgaben. Die Stellung einer Figur in der Gesellschaftshierarchie deckt sich nicht immer mit der Bedeutung innerhalb der Handlung. Der Königssohn Donalbain zum Beispiel ist im Plot ohne nennenswerte Aufgabe. Im ganzen jedoch besteht eine weitgehende Korrespondenz: Die Träger der wesentlichen staatlich-gesellschaftlichen Rollen sind auch die Hauptträger der Geschichte. Die Handlungsstruktur entspricht der Struktur der Gesellschaft: Alle führenden Personen sind in sie einbezogen.

Das bedeutet, daß die Handlung im vollen Sinne des Wortes gesellschaftsverändernd ist. Die Gesellschaft, die an sich von ihren Mitgliedern als stabiles Gebilde begriffen wird, wandelt sich vom Königsmord an radikal. Es wird nicht nur die Spitze ausgewechselt, sondern sie erscheint als ganze reduziert und unfest. Bei dem wechselnden Hofstaat des Königs Macbeth kommt nie eine lückenlose Hierarchie von Würdenträgern zustande. Im letzten Akt untersteht dem Usurpator niemand mehr, der dem Zuschauer seit Beginn des Dramas bekannt wäre. Erst der Schluß vereint die Überlebenden wieder in einer Ordnung, die der des Anfangs ähnelt.

Die Handlungen, die an der Spitze der Hierarchie begangen werden, betreffen das ganze Gemeinwesen bis zum geringsten der Untertanen. Da dieses Betroffensein durch das Plot nicht zum Ausdruck kommt, treten Personen, die nicht zum Kreis der an der Handlung Beteiligten gehören, in sogenannter chorischer Funktion auf. Figuren wie der Alte Mann (II,4) und ein namenloser Lord (III,6) reflektieren die veränderten Zustände im Lande und repräsentieren die Stimme der Allgemeinheit.

Zum Vergleich: Die Bühnengesellschaft von *The Tempest*

Aufbau und Handhabung der Bühnengesellschaft variieren je nach der Gattung, der Entstehungszeit und nach den speziellen Intentionen des Autors. Um ein Bild von der Variationsbreite zu erhalten, wollen wir die Bühnengesellschaft eines Stückes betrachten, das von *Macbeth* so verschieden ist wie möglich, und dann die Spielbreite von Übereinstimmung und Divergenz besprechen.

The Tempest ist in einer späteren Schaffensphase entstanden als *Macbeth*; das Stück gehört einer anderen Gattung an: der Komödie nach der zeitgenössischen Einteilung, der Romanze (oder romantischen Komödie) nach der stärker differenzierenden modernen Terminologie. Die Liste der *dramatis personae*:

> ALONSO, *King of Naples*
> SEBASTIAN, *his brother*
> PROSPERO, *the right Duke of Milan*
> ANTONIO, *his brother, the usurping Duke of Milan*
> FERDINAND, *son of the King of Naples*
> GONZALO, *an honest old councillor*
> ADRIAN *and* FRANCISCO, *lords*
> CALIBAN, *a salvage and deformed slave*
> TRINCULO, *a jester*
> STEPHANO, *a drunken butler*
> MASTER OF A SHIP
> BOATSWAIN
> MARINERS
>
> MIRANDA, *daughter of Prospero*
>
> ARIEL, *an airy spirit*
>
> IRIS
> CERES
> JUNO   *spirits*
> NYMPHS
> REAPERS
> [*Other* SPIRITS *attending on Prospero*]

Es ist deutlich erkennbar, daß das Stück für die gleiche Art von Ensemble geschrieben wurde wie *Macbeth*. Obwohl die Bühnengesellschaft mit nur 18 Sprechrollen weniger figurenreich ist, bildet sie doch auch hier ein Personenfeld, zu dessen Besetzung etwa 15 Schauspieler erforderlich sind. Elf Personen – mehr als in *Macbeth* – haben eine substantielle Rolle mit mehr als 100 Zeilen. Eine Person, Prospero, ragt an Bedeutung weit aus der Bühnengesellschaft heraus. Es gibt – abgesehen von den mythologischen Figuren der Maskenspieleinlage – nur eine einzige Frauenrolle. Mehrere Figuren, Caliban, Trinculo und Stephano, fallen unverkennbar in das komische Fach.

In der Struktur der Bühnengesellschaft sind sich die beiden Stükke erstaunlich ähnlich. Es wird wieder eine hierarchisch geordnete Gesellschaft mit ihren wesentlichen Funktionsgliedern vorgestellt. Sie wird repräsentiert durch ihre Spitzen – die Herrscher mit ihrem unmittelbaren Anhang – und durch befehlsausführende Untertanen – Butler, Spaßmacher, Seeleute und dienstbare Geister; die mittleren Ränge sind nur durch eine gelegentliche Figur wie Kapitän und Bootsmann besetzt.

Auch hier tritt die Bühnengesellschaft zur Austragung von Konflikten zusammen, die primär politisch-gesellschaftlich sind. Der Hauptkonflikt ist im Prinzip der gleiche wie in *Macbeth*: eine als stabil und statisch konzipierte Hierarchie wird für eine Zeit gestört und verunklärt, und zwar dadurch, daß ein Unberechtigter den Platz eines Herrschers usurpiert.

Ein signifikanter Unterschied besteht darin, daß hier der auslösende Akt der Usurpation in der Vergangenheit liegt. Schon vor Jahren ist Prospero, der Herzog von Mailand, von seinem Bruder Antonio und dessen Verbündetem, König Alonso von Neapel, entmachtet und in einem Boot ausgesetzt worden. Gegenstand der Handlung sind die Auswirkungen in der dramatischen Gegenwart: Sühne, Einsicht und Vergebung, aber auch eine neue Verschwörung, die sich diesmal gegen einen der Usurpatoren richtet.

Gemeinsam haben beide Dramen auch die in der Bühnengesellschaft angelegte ambivalente Verbindung von Staatsaktion und Familiendrama. Die meisten politischen Konflikte sind zugleich Zwiste innerhalb der beiden beteiligten Familien oder zwischen ihnen. Prosperos Herrschaft über die Insel ist ein familiäres Regime. Die Liebe zwischen Miranda, der Herzogstochter, und Ferdinand, dem Königssohn, ist zugleich eine Familienangelegenheit, auf deren Verlauf Prospero als Vater Einfluß nimmt, und die befriedende Verbindung zweier Herrscherhäuser.

Gemeinsam ist beiden Dramen schließlich die Aufteilung der Bühnengesellschaft in Paare – parallel, kontrastiv oder beides – und Dreiergruppen. Ferdinand und Miranda, Antonio und Sebastian, Trinculo und Stephano, Ariel und Caliban gehören zusammen und treten zum Teil zu einer dritten Figur in eine enge Beziehung.

Die gattungsbedingten Unterschiede erscheinen auf den ersten Blick nicht sonderlich gravierend. Ein Herzog von Mailand und ein König von Neapel stehen einem König von Schottland an Bedeutung nach; sie herrschen über entlegene Gefilde. Das Gefolge ist weniger zahlreich. Die Bühnengesellschaft schließt Fabel- und Zauberwesen ein.

Sobald man aber die Bühnengesellschaft als ein dynamisches, sich wandelndes Gebilde betrachtet, erkennt man eine erhebliche Abweichung vom Modell der Tragödie. Trotz wechselnder Parteiungen und dauernder Bewegung ändert sich die Bühnengesellschaft kaum. Alle Figuren, mit denen das Stück beginnt, werden in den harmonisierenden, versöhnlichen Schluß einbezogen. Obwohl eine Reihe von Personen schuldig geworden ist, braucht nur einer, der Usurpator Antonio, seine Position in der Hierarchie aufzugeben.

In der Tragödie und in der Komödie werden ähnliche Konflikte in ähnlich zusammengesetzten Bühnengesellschaften auf verschiedene Weise und nach verschiedenen Grundregeln durchgespielt.

Ein erheblicher Unterschied besteht auch hinsichtlich der Beteiligung der Figuren am plot. In *Macbeth* nehmen fast alle Charaktere an der Durchführung des einzigen Plot, der Geschichte des Macbeth, teil. Im *Tempest* dagegen hat nur ein Teil der Personen bei der Darbietung des zentralen Plot – abgesetzter Herrscher überwindet und läutert seine Absetzer – eine notwendige, die Figur hinreichend beschäftigende Funktion. Um diesen Mangel auszugleichen, werden an die Haupthandlung Nebenhandlungen angefügt, die zugleich die Funktion haben, das in der Haupthandlung kaum ausgeprägte Element der Komik zu verstärken. Man sieht daran auch, wie Shakespeare seine Stücke stets so anlegt, daß das volle Ensemble eingesetzt wird.

Varianten. Perspektive

In den meisten Shakespearedramen hält sich die Bühnengesellschaft und alles, was mit ihr zusammenhängt, in dem Rahmen, der durch unsere beiden Modellfälle abgesteckt wird. In den Historien ist das sogar ausnahmslos der Fall. In einigen Tragödien und in einer Reihe von Komödien ist jedoch der durch die Bühnengesellschaft repräsentierte Gesellschaftsausschnitt – und damit auch das Spektrum der Handlungen und Themen – anders als in den Beispielen.

Romeo and Juliet und *Othello* sind Tragödien, in denen die Spitze der Gesellschaft, der Fürst von Verona und der Doge von Venedig, nur in einer Nebenrolle auftritt und die Hauptfiguren das Interesse eher durch ihre privaten Schicksale als durch ihre gesellschaftliche Bedeutung auf sich ziehen. Auch in diesen Stücken wird jedoch die gesellschaftlich-politische Komponente betont: der Streit der Häuser Montague und Capulet, der eine tödliche Gefahr für das Gemeinwesen darstellt und der durch den Tod der Liebenden beigelegt wird; Othellos Rolle als für den Staat unentbehrlicher Außenseiter; die militärische Hierarchie, die das Verhältnis der Hauptpersonen prägt.

Atypisch sind in mancher Hinsicht auch die Römerdramen, in denen die Staatsform die Republik ist und die dominierende Figur des Monarchen fehlt.

Bei den Komödien ist im ganzen unverkennbar, daß die im Zentrum des Interesses stehenden Figurenbeziehungen deutlicher in den Bereich des Privaten gehören als in den anderen Gattungen. Dabei zeigt sich die Tendenz, das Geschehen möglichst hoch in der sozialen Hierarchie anzusiedeln, so daß auch ein an sich privater Vorgang wie die Liebeswerbung öffentliche Bedeutung gewinnt. Die Beziehung zwischen Ferdinand und Miranda bietet dafür ein Beispiel.

Die meisten Shakespearekomödien sind Dramen, in denen nach dem Muster von *The Tempest* eine staatlich-gesellschaftliche Hierarchie von oben an dargestellt wird und in denen die Spitzen der Gesellschaft in entscheidenden Rollen mitspielen. Das gilt für die Romanzen wie *Cymbeline* und *The Winter's Tale*, für ein Problemstück wie *Measure for Measure* und für lustige Komödien so unterschiedlicher Art und Entstehungszeit wie *Love's Labour's Lost, A Midsummer Night's Dream, Much Ado about Nothing, As You Like It, Twelfth Night* und *All's Well That Ends Well*.

In einigen Komödien tritt der Inhaber der Staatsgewalt nicht als Mithandelnder, sondern nur als Schiedsrichter und Berufungsinstanz in Erscheinung (*Merchant of Venice, Comedy of Errors*). Nur gelegentlich gibt es Stücke, die so weit unter der Ebene der wichtigen Entscheidungen angesiedelt sind, daß die Spitze der Hierarchie gar nicht mehr in den Blick kommt (*The Taming of the Shrew, The Merry Wives of Windsor*).

Auch in den Komödien gibt es keine eigentliche Repräsentanz der mittleren Stände, speziell des Bürgertums. Die rangniedrigsten unter den ernstzunehmenden Figuren sind meist *gentlemen* und *ladies*. Bürger können als patrizische Kaufleute positive Figuren sein, nicht als Handwerker. Ein »royal merchant« wie Antonio und seine noblen Freunde treten im übrigen mit dem Habitus des Adligen und Hofmannes auf.

Schlichte Bürger und einfache Menschen werden fast ausschließlich in einer abschätzigen Perspektive gesehen. Handwerker führen in *A Midsummer Night's Dream* ein gutgemeintes, aber albernes und tölpelhaftes Schauspiel auf. Bürger erscheinen in den Volksszenen von *Julius Caesar* und *Coriolanus* als Teil der verführbaren, wankelmütigen Menge. Sie bilden in *2 Henry VI* den Anhang des Aufrührers Jack Cade und sitzen seiner primitiven Sozialutopie auf.

Daß ein Autor in seinem Werk eine andere soziale Position vertritt als seine eigene und daß ein Teil des Publikums genötigt wird, mit dem Eintritt in die Welt der Fiktion die gesellschaftliche Perspektive zu verändern, ist in der Geschichte der Literatur nichts Außergewöhnliches. Im Mittelalter zum Beispiel wird höfische Literatur als Niederschlag der dominierenden Kulturform auch von Nicht-Höflingen geschrieben und gelesen. Bei Shakespeare trägt neben der Beharrungskraft der höfisch-aristokratischen Literaturtradition auch das Weltbild mit seiner Betonung der obersten Glieder aller Hierarchien zu der Fixierung auf die führenden Gestalten des Gemeinwesens bei. Wahrscheinlich kann man außerdem sagen, daß Kunstformen mit einer ausgeprägten Unterhaltungsfunktion immer dazu neigen, den sozialen Perspektivpunkt nach oben zu verlegen, damit der einfachere Teil des Publikums seinem eigenen Milieu entfliehen kann.

Die Handhabung der gesellschaftlichen Perspektive bei Shakespeare entspricht schließlich auch der historischen Haltung der *middle classes* in England, die nicht auf die Schaffung einer eigenen bürgerlichen Kultur oder eines bürgerlichen Selbstbewußtseins aus waren, sondern sich nach den Idealen und Gepflogenheiten der *gentry* ausrichteten, in die sie aufsteigen wollten und konnten. (Shakespeare beispielsweise verschaffte seiner Familie ein Wappen und damit das Anrecht auf Zugehörigkeit zur Schicht der *gentlemen*.)

Einzelfiguren

In keinem Drama sind die einzelnen Charaktere auf gleiche Weise konstituiert. Immer sind einige flüchtiger und unvollständiger gezeichnet, andere stärker individualisiert. Bei Shakespeare sind die Unterschiede außerordentlich. Während manche Figuren – wie »An Old Man« und »A Lord« in *Macbeth* – namenlos bleiben und fast eigenschaftslos sind, gehören andere zu den komplexesten Charakteren der Weltliteratur. Der Grund für diese Spannbreite liegt einmal im Denken der Zeit, das bei Anerkennung der gemeinsamen Privilegierung aller Menschen doch vor allem von der Verschiedenheit an Rang und Bedeutung und damit auch an Modellwert für andere ausgeht.

Zum anderen fördert die Dramaturgie Unterschiede der Charakterisierung. Die Figuren dürfen nach Sprechweise und Verhalten als Kunstfiguren erkennbar sein. Bei einer naturalistischen Konvention, wie sie Ende des 19. und Anfang des 20. Jahrhunderts herrschte, muß auch der einfachste Charakter so detailliert gezeichnet werden, daß er einer Gestalt der Lebenswelt ähnelt, und auch beim komplexesten Charakter dürfen die in der Realität gegebenen Möglichkeiten, in einen Menschen hineinzusehen, nicht überschritten werden. Bei Shakespeare ist auf der einen Seite die Reduzierung auf eine simple dramatische Funktion erlaubt; auf der anderen Seite wird eine Reihe von dramaturgischen Mitteln entwickelt, die der Anreicherung und Komplizierung der dramatischen Figur dienen und die dem Publikum Möglichkeiten des Einblicks in eine Persönlichkeit bieten, die in der Wirklichkeit gar nicht vorhanden sind.

Schließlich trägt auch die elisabethanische Theaterpraxis mit ihrer Verbindung von Ensemblespiel und Starsystem dazu bei, daß einzelne Rollen hervorgehoben werden.

In welchem Maße die Hauptfiguren aus der Bühnengesellschaft herausragen, macht schon der Umfang der Rollen klar. Macbeth zum Beispiel spricht 705 Zeilen, das sind 30% des gesamten Textes.[3] Die zweitgrößte Rolle, die der Lady Macbeth, umfaßt mit 257 Zeilen (10,9%) nur gut ein Drittel der Hauptrolle. Daß die Prominenz der Titelfigur nicht nur mit den Erfordernissen der Handlung zusammenhängt, zeigt ein Vergleich mit der Quelle. Dort ist von Macbeth und Duncan etwa gleichviel die Rede. Im Drama macht Duncans Part nur ein Zehntel der Macbethrolle aus. – Beim *Tempest* ergibt sich ein ähnliches Bild. Prospero spricht 653 Zeilen, 28,6% des Textes. Keine der übrigen Rollen erreicht ein Drittel dieses Umfangs.

Die meisten Tragödien und Historien enthalten eine Titelrolle, die ein Viertel bis ein Drittel des gesamten Textes ausmacht (das Maxi-

---

[3] Zahlen nach Marvin Spevack, *A Complete and Systematic Concordance to the Works of Shakespeare*, Bd. 3 (Hildesheim, 1968).

mum: Hamlet mit 1507 Zeilen und 37,3%) und mehr als den doppelten Umfang der nächstkleineren Rolle hat. Nur wenige Stücke haben zwei oder drei Hauptfiguren mit etwa gleicher Prominenz: Romeo und Julia, Antonius und Cleopatra, Jago und Othello, Falstaff, Prinz Heinz und König Heinrich IV. Bei den Komödien ist ein ausgewogenes Verhältnis zwischen mehreren Hauptfiguren, deren jede etwa ein Zehntel des Textes spricht, häufiger anzutreffen, beispielsweise in *Twelfth Night* und *A Midsummer Night's Dream*.

Wie komplexe Figuren gemacht werden

Von den dramaturgischen Mitteln, die Shakespeare einsetzt, um eine Figur komplex zu machen, sollen drei besprochen werden: das Ausspielen der bühnengesellschaftlichen Beziehungen, die Versetzung in psychische und emotionale Extremzustände und die Verwendung solistischer Sprechweisen.

Bühnengesellschaftliche Beziehungen. Wie bei der Grobcharakterisierung anläßlich der Einführung einer Figur vor allem die Stellung in der Gesellschaft klargelegt wird, so wird auch die weitere Ausgestaltung der Hauptpersonen vorwiegend durch das Aufzeigen von Beziehungen zu anderen Figuren erreicht. Man kann Hauptfiguren geradezu als diejenigen Figuren definieren, die zu den meisten Mithandelnden in einer dramatisch relevanten Beziehung stehen.

Die Relationen, die privat oder offiziell, freundschaftlich oder antagonistisch, beständig oder wandelbar sein können, werden meist szenisch dargestellt. Man sieht, wie sich die Figur in verschiedenen Rollen und Situationen verhält; man kann ihr Verhalten mit dem der anderen Agierenden vergleichen; man sieht und hört deren Reaktionen. König Lear zum Beispiel erfährt man als komplexe, vielschichtige, nicht widerspruchsfreie Figur, weil alle anderen Personen der Bühnengesellschaft zu ihm in enger Beziehung stehen und weil wir bei seinen Konfrontationen mit ihnen – mit den schmeichlerischen bösen Töchtern, mit Cordelia, mit den unterschiedlichen getreuen Paladinen Kent und Gloucester, mit dem provozierenden Narren usw. – immer mehr über ihn erfahren.

Die charakterisierende Wirkung von bühnengesellschaftlichen Beziehungen wird dadurch verstärkt, daß gerade den Hauptpersonen Figuren beigegeben werden, die als Kontrast- und Spiegelfiguren komponiert sind. In *King Lear* hat unter anderem Gloucester eine solche Funktion. Sein Schicksal ist ähnlich dem Lears, aber einfacher, durchschaubarer. Die Parallelen unterstreichen manche Züge Lears, die Unterschiede schärfen den Blick für das Besondere des Titelhelden – für seine geistige Blindheit zum Beispiel, die mit der physischen Blindheit Gloucesters kontrastiert. Dem Helden werden sogar speziell für die Wahnsinnsszenen des Vergleichs und der Profilierung halber zwei Repräsentanten der Verrücktheit, die vernünftig sein kann, beigegeben, der Narr mit seinem sinnvollen Unsinn und der hellsichtige Edgar, der sich als irrsinniger Poor Tom verstellt.

Extremzustände. Shakespeare hat keine Scheu vor der Darstellung von Pathos im eigentlichen Sinne, von psychischen Extremzuständen. Vor allem die Hauptcharaktere genießen das Privileg, große Leidenschaften an den Tag zu legen. Shakespeare genügt damit einmal einem populären Interesse seiner Zeit an menschlichen Grenzsituationen; auch in der psychologischen Literatur der Renaissance stehen die *passions* im Vordergrund. Zum anderen sieht er die Leidenschaft als einen Zustand, in dem sich das Wesen eines Menschen, insbesondere seine dunklen Seiten, unverstellt zeigt. Ein deutliches Beispiel ist der Wahnsinn, die äußerste Leidenschaft, bei der ein Charakter in dem Moment der Auflösung seiner Identität Dinge über sich aussagt, die sonst nicht zur Sprache kommen.

In der Regel erfordert schon die Durchführung des Plot von den Hauptfiguren starke emotionale Antriebe: Haß, Rachsucht, Habgier, Liebe. Shakespeare läßt Figuren von Gewicht oft darüber hinaus zu enthüllenden Ausbrüchen von Leidenschaft provozieren. So wird zum Beispiel Shylock, immer ein Christenhasser, durch zwei christliche Spötter gereizt, die tieferen Gründe für seine Erbitterung und seine Rachegelüste herauszuschreien (*Merchant of Venice*, III,1).

Solistische Sprechweisen. Die bekanntesten Mittel zur Intensivierung der Charakterdarstellung sind der Monolog, bei dem der Sprecher allein auf der Bühne ist, und das Beiseitesprechen (*aside*), eine Redekonvention, bei der ein Charakter im Beisein anderer Figuren etwas sagt, was diese nicht hören.

Monolog und Beiseitesprechen fußen auf jener Informationstechnik, die den Zuschauer zum Mitwisser und Dialogpartner macht. Der Sprechende redet nicht mit sich selbst, sondern mit dem Publikum. Erstes Ziel ist im allgemeinen die Wahrung des Informationsvorsprungs der Zuschauer. Die meisten Monologe und *asides* sind

Planungsvorträge. Der Sprechende teilt mit, was er zu machen gedenkt, oder er bespricht Alternativen und entscheidet sich dann. Ein weiterer Typ dieser Art von Monolog ist die Bilanz zurückliegender Entwicklungen, die für den Zuschauer den Zweck der Rekapitulation erfüllt.

Die zweite Grundfunktion des Monologs (nicht so sehr des *aside*) ist die der artistischen Solopassage. Das Publikum erwartet, daß Autor und Schauspieler an diesen Stellen ihre Virtuosität unter Beweis stellen. Monologe zeichnen sich fast immer durch besonders kunstvolle sprachlich-rhetorische Gestaltung und reiche Metaphorik aus. Mitunter wird der Monolog auch bei Shakespeare zu einem Kabinettstück ohne volle Einbindung in den dramatischen Kontext. Der berühmteste aller Monologe, »to be or not to be«, ist eine vom *genus deliberativum* der Rhetorik inspirierte Pro-und-Contra-Rede über den Selbstmord, die nur locker mit der äußeren und inneren Entwicklung im *Hamlet* verbunden ist. (Typischerweise steht der Monolog in den frühen Ausgaben an unterschiedlichen Stellen.)

Auf der Basis dieser Grundfunktionen baut Shakespeare die Monologe zu subtilen Mitteln der Selbstdarstellung aus. Aus der Bilanz werden Rechtfertigung und Selbstanalyse; mit der Planung verbindet sich die moralische Erörterung; die Konzentration des Publikums, das eine besondere sprachliche Leistung erwartet, wird zur Aufnahme besonders komplexer Aussagen genutzt.

Beziehungen und dramatische Funktionen von Figuren: Macbeth, Lady Macbeth, Banquo

Die Dramaturgie der Einzelcharaktere soll anhand von *Macbeth* demonstriert werden. Betrachtet werden drei Charaktere, Macbeth, Lady Macbeth und Banquo. Als Textausschnitt genügt, von einem Ausblick abgesehen, der erste Akt. Es wird keine vollständige Interpretation angestrebt. Es geht darum zu zeigen, wie die Charaktere etabliert werden, welche dramatischen Funktionen sie wahrnehmen und welche Verbindungen zwischen ihnen bestehen.

Macbeth ist die Hauptfigur einer aus Holinsheds *Chronicles* entnommenen Geschichte eines Königsmords. Der Held dieser Geschichte benötigt nur zwei Eigenschaften: Ehrgeiz und Skrupellosigkeit. Macbeth ist aber auch die Hauptfigur in der Umgestaltung der

Vorlage zu einem Drama, in dem anhand des vorgegebenen Falles die Problematik des Bösen als einzelmenschliche Schuld und Sühne, als Umsturz und Restauration der staatlichen Ordnung und als metaphysische Auseinandersetzung zwischen himmlischen und höllischen Mächten, Natur und Unnatur exemplarisch dargestellt wird. Die Durchführung dieses Programms erfordert einen komplexeren Charakter.

Eingeführt wird Macbeth nicht als angehender Verbrecher, als Mensch, der anders ist als die Norm, sondern als streitbarer Repräsentant des Guten und als Vorkämpfer jener Ordnung, die er später – als sein eigenes Gegenbild – zerstört. Dabei wird die Möglichkeit der Umkehrung in das Gegenteil von Anfang an impliziert, und zwar nicht als geheimer Makel diese Individuums, sondern als ein Potential, das in jedem Mächtigen angelegt ist.

Macbeth, der selbst erst in der dritten Szene auftritt, erscheint in den Botenberichten der zweiten Szene als Sieger in einer Doppelschlacht gegen äußere und innere Feinde und als Retter Schottlands.

Die Boten konzentrieren sich ganz auf die Gegenüberstellung zwischen Macbeth und drei anderen Figuren. Eine davon ist Banquo, der zweite schottische Heerführer, eine Parallelfigur, zu der Macbeth im Verhältnis des *primus inter pares* steht. Die beiden anderen sind Feinde, der Rebell Macdonwald und der Verräter Cawdor. Bei der Konfrontation mit Macbeth wird eine grimmige Feindschaft und zugleich eine bis zur Vertauschbarkeit gehende Ebenbürtigkeit und Gleichartigkeit hervorgehoben. Die Ambivalenz der Lobpreisung des Helden, der den Schurken Zug um Zug gleicht, erreicht ihren Höhepunkt am Schluß der Szene, als König Duncan Strafe und Belohnung verkündet. Macbeth soll den Platz Cawdors einnehmen, der zum Tode verurteilt wird: »What he hath lost, noble Macbeth hath won« (67).

Es wird sich zeigen, daß dies ein Akt voll dramatischer Ironie ist. Der neue Than von Cawdor wird den König noch schlimmer hintergehen als der alte, dem er nicht nur im Titel nachfolgt, sondern auch als »that most disloyal traitor« (52).

In der Szene der Begegnung mit den Hexen (I,3) werden die Figuren Macbeth und Banquo zunächst parallel geführt. Sie sind Dialogpartner, jedem wird ein dreifaches »prophetic greeting« (78) zuteil, sie rätseln gemeinsam über die Bedeutung des Vorgangs, wenn auch ihre Reaktionen bereits verschieden sind. Macbeth wirkt erregter, betroffener als Banquo.

Als dann die Ernennung zum Than von Cawdor gemeldet wird und Macbeth zwei der drei Titel besitzt, mit denen ihn die Hexen angeredet haben, trennen sich die Wege der Figuren. Banquo bleibt zurück: er möchte die Frage nach der Herkunft und Natur der Erscheinungen geklärt haben und warnt vor vorschnellem Vertrauen. Macbeth denkt nur noch an die Zukunft, die mit dem »... that shalt be King hereafter« (50) beschworen worden ist. Ihn beschäftigt nur, ob die Königsprophezeiung sich bewahrheiten wird und ob sie das ohne sein gewaltsames Zutun kann.

Macbeth sondert sich von der Gesellschaft ab. Er hört auf, sich mitzuteilen, und beginnt, seine Überlegungen in der Form von kürzeren und längeren, monologartigen *asides* auszusprechen. Als er sich den anderen wieder zuwendet, belügt er sie über den Grund seiner geistigen Abwesenheit. Fortan existiert die Figur doppelt: als öffentlicher Macbeth, der ein die Konventionen wahrender Heuchler ist, und als der geheime Macbeth, den nur das Publikum ganz kennt.

Macbeth entfernt sich innerlich von seinem ersten Partner. Banquo entwickelt sich zu einer Kontrastfigur, deren gleichbleibende Rechtschaffenheit die Tiefe des Falles verdeutlicht, den Macbeth tut. Sinnbildlich für das Ende der Kommunikation bei gleichzeitiger Wahrung des Scheins eines Einvernehmens ist die mehrfach wiederholte Verabredung einer gründlichen Aussprache mit Banquo, die nie stattfindet.

Der geheime Macbeth offenbart sich vor dem Publikum in einer Serie von Monologen und langen *asides*. Die drei Solostellen des ersten Akts (I,3,127–142; I,4,48–54; I,7,1–28) gehen aus Situationen hervor, in denen eine Entscheidung dringend ist. Sie beginnen als Planungsmonologe, in denen eine Alternative vorgestellt und erörtert wird. Der Andrang von Vorstellungsbildern und Überlegungen führt dann zu einer Emotionalisierung; die rationale Alternativdiskussion verliert sich in Assoziationsketten, so daß am Ende keine feste Handlungsentscheidung getroffen wird.

Die Monologe leisten keinen unmittelbaren Beitrag zur Entwicklung der Handlung und lassen sich auch nicht als Stufen einer Entwicklung des Charakters deuten. Macbeth bleibt bis zum Mord der gleiche. Entscheidend ist das Hin und Her, ist die Fülle der Gedanken, Bedenken, Ängste und Bilder, die beim Erwägen des Verbrechens ins Bewußtsein des Helden und damit zur Sprache kommen.

Damit das gesamte Problem von Schuld und Buße vielschichtig darstellbar wird, gibt Shakespeare seinem Helden eine besondere psychische Konstitution. Macbeth ist kein empfindungsarmer Monomane des Ehrgeizes, sondern ein Mensch von ungewöhnlicher Sensibilität, der vom Augenblick der ersten Versuchung an vom Grauen der Untat aufgerührt wird. Seine rastlose Imagination, die sich zum Zwanghaften und Krankhaften steigert, läßt ihn die Tatfolgen bildlich vor seinen Augen sehen.

Gepaart mit dem empfindlichen Sensorium für das Irrationale und Krankhafte des Bösen ist jene Klarheit und Weitsichtigkeit des Intellekts, die Macbeth die Bedeutung seines Ausbruchs aus der sittlichen und staatlichen Ordnung klar erkennen läßt und ihn ohne Überforderung der Aussagemöglichkeiten seiner Rolle zum Interpreten und Analytiker seiner eigenen Erfahrungen und Taten macht.

Von der fünften Szene an wird dem Helden Lady Macbeth als neue Parallel- und Kontrastfigur beigegeben. Die Person ist besonders aufschlußreich, weil sie in einem höheren Maße als die anderen Figuren eine Schöpfung Shakespeares, eine für die Zwecke dieses Dramas angefertigte Konstruktion ist. Die Frau des Helden als eine mit wesentlichen Funktionen betraute Figur ist in der Quelle nicht vorgegeben.

Bestimmend für die Einführung und Gestaltung der Figur waren, wie sich aus der Struktur des Dramas ablesen läßt, mehrere dramaturgische Notwendigkeiten, deren erste und einfachste auf der Hand liegt: Shakespeare braucht für seinen Helden, der mit den meisten Mithandelnden nicht mehr offen reden kann, einen Verschworenen und Vertrauten als Gesprächspartner. Selbst die vielberufene Offenheit der elisabethanischen Bühne für den Monolog ist nicht unbegrenzt. Mit mehr als dreißig kürzeren und längeren Monologen, die das Stück trotz der Einführung der Partnerfigur noch enthält, ist bereits ein Maximum erreicht.

Die Partnergestalt muß als zweites dramaturgisches Erfordernis die Funktion einer Antriebsfigur für den Helden übernehmen, dessen Charakterstruktur starke handlungshemmende Elemente enthält, die nur durch die beigegebene Figur eines einflußreichen Verführers überwunden werden können.

Die Sensibilität und Klarsichtigkeit, die das Aussagepotential der Gestalt so sehr vergrößern, machen Macbeth jedoch zugleich zu einem Protagonisten, der als handelnde Figur schwer zu bewegen ist. Solange er noch »young in deed« (III,4,143) ist, bis zum dritten Akt, ist Macbeth ein schlechter, ewig zaudernder und reflektierender Täter.

Die Konzeption des Dramas und die darauf zugeschnittene Gestaltung der Hauptperson erfordern also eine Figur, die Macbeth auf den Entschluß zum Mord zutreibt, indem sie das gesamte Potential zum Bösen in ihm aktiviert, die ihn dann bei seinem Entschluß hält und seine Skrupel niederkämpft und ihm einen Teil der praktischen Zurüstungen abnimmt, damit das Augenmerk des Zuschauers nicht vom psychischen Geschehen abgelenkt wird.

Die Figur muß Macbeth nahe genug stehen, um großen Einfluß auf ihn zu haben, muß aber dabei gegensätzlich geartet sein: schnell zum Bösen entschlossen, skrupellos, frei von seinen Visionen und Gewissensbissen, kurzsichtig, was die Folgen des Verbrechens, umsichtig, was die praktische Durchführung angeht.

Die Gesamtanlage des Stücks stellt eine weitere Anforderung an die Figur: Sie muß im vollen Sinne des Wortes ein teuflicher Mensch sein, um die übernatürlichen Mächte des Bösen in der menschlichen Bühnengesellschaft repräsentieren zu können.

Shakespeare hat die Figur der Lady Macbeth so konstruiert, daß sie diesen Funktionen der Gesprächspartnerin, Verführerin, Tadlerin und Repräsentantin des bösen Prinzips voll gerecht wird, zugleich aber auch so, daß die Gestalt trotz ihrer wichtigen Aufgaben nicht stärker als erwünscht hervortritt; denn das Drama darf nur eine Zentralfigur haben, damit das Stück das Drama einer Usurpation bleibt und nicht zu einer privatbürgerlichen Ehetragödie wird.

Lady Macbeth erscheint beim ersten Auftreten allein auf der Bühne, einen Brief ihres Mannes verlesend. Dieser Brief, der die Hexenprophezeiung meldet und die daraus erwachsenden Zukunftsaussichten andeutet, behandelt in seinem Inhalt Dinge, die der Zuschauer bereits weiß. Seine dramatische Relevanz besteht (neben der Rekapitulation) vor allem darin, daß er durch seine Existenz und durch seine Informationen und Formulierungen die Ausgangsposition der Empfängerin definiert, und zwar in Abhängigkeit von der Position des Helden. Mit dem Brief wird ein wesentlicher Teil dessen, was die vorhergehenden Szenen für die Exposition der Hauptfigur geleistet haben, in einer für die Sekundärfigur angemessenen Verkürzung und Vereinfachung auf Lady Macbeth übertragen: Sie wird Macbeth an die Seite gestellt und in seine politische und moralische Situation einbezogen.

Der Titel eines Partners, bislang Banquo vorbehalten, wird jetzt ihr zuerkannt: »my dearest partner of greatness« (I,5,11). Grundlage dieser Partnerschaft ist die außerordentliche Nähe und Innigkeit des

Verhältnisses der Ehegatten. Während Macbeth bis kurz vor dem Königsmord in der moralischen Schwebe eines noch Schuldlosen, zwischen Versuchung und Fall Stehenden bleibt, verschreibt sich Lady Macbeth wenige Augenblicke nach der Lektüre des Briefes rückhaltlos dem Bösen und erfleht in einer ebenso leidenschaftlichen wie zeremoniellen Invokation der höllischen Gewalten Besessenheit durch die »Geister, die über Mordgedanken walten«, Grausamkeit, Schutz vor Reue und Gewissensbissen, Schutz vor den Augen des Himmels. Sie ist fortan teuflisch, »fiendlike«.

Die Plötzlichkeit des Sündenfalls, die dramaturgisch notwendig ist, um den Fluß des Geschehens nicht durch eine dramatisch irrelevante Darstellung der ursprünglichen, noch nicht gefallenen Lady Macbeth aufzuhalten, wird durch Stellung und Charakterzeichnung der Figur motiviert.

Lady Macbeth ist als Frau, zumal als Frau einer Staatsperson, von vornherein ein Wesen geringerer Statur und minderer Bedeutung in der menschlichen Hierarchie als ihr Mann, und damit ist auch ihre Fallhöhe geringer. Der unvermittelte Entschluß zum Bösen entspricht außerdem der naiven und kurzsichtigen Denkweise, die den Charakter konstituiert. Die Wurzel ihrer Überlegungen ist die Ansicht, daß man nur das Begehren in die Tat umzusetzen brauche, um das erstrebte Gut dauerhaft und glücklich zu besitzen.

Die simple Mentalität, die ihren menschlichen und moralischen Status verringert, macht ihre Stärke als Praktikerin des Verbrechens aus. Da ihre Gedanken nie über die Wegstrecke zwischen *desire* und *effect* hinausgehen, kann sie sich ganz auf das technische Problem der Beseitigung Duncans konzentrieren, ein Unternehmen, das für sie nur »[a] great business« (I,5,68) ist.

Die in der monologischen Einführung der Figur dargelegten Eigenarten ihres Charakters und ihres Verhältnisses zu Macbeth – die vertraute Beziehung, die Hingabe an das Böse, die Kurzsichtigkeit und die Konzentration auf die Technik des Verbrechens – werden in den anschließenden Gesprächen mit Macbeth (I,5,54–73) und in der zweiten Überredungsszene (I,7) zu den Angelpunkten der Verführung.

Ihre Argumente in diesen Dialogen beruhen auf dem Axiom, daß man den Mut haben müsse, im Handeln derselbe zu sein wie im Begehren (I,7,39–41). Bei der rhetorischen Durchführung des Themas knüpft sie an die Argumentationsweise der Hexen an, indem sie nach deren Motto »Fair is foul and foul is fair« verfährt.

Sie appelliert an Macbeths Liebe, damit er das Lieblose tue (I,7,38f), an seine Schwurtreue, um ihn zur höchsten Treulosigkeit zu bewegen (54–59), an seine Ehre, um ihn zur Ehrlosigkeit zu verleiten (41–44), und vor allem an seine Mannhaftigkeit und seinen Mut, damit er eine Tat begehe, die feige ist und keinem Manne ziemt (45–51).

In diesen Szenen dominiert Lady Macbeth. Sie ist die überlegene, härtere und männlichere Gestalt. Macbeth ist von Anfang an in der Defensive, er wirkt zaghaft und schwach, und er gibt sich schließlich geschlagen.

In dieser Umkehrung des nach elisabethanischem Verständnis normalen, natürlichen Verhältnisses der Geschlechter liegt der Sinn der Szenen. Wenn sich hier eine scheinbar mannhafte Frau und ein scheinbar weibischer Mann gegenüberstehen, so drückt sich darin ein Wesenszug des Bösen aus: die Perversion, die Unnatur. Lady Macbeths Mannhaftigkeit ist keine Charakterstärke, sondern im Gegenteil ein Aspekt ihrer Sünde. Sie hat dem Mütterlich-Weiblichen abgeschworen. Sie hat das getan, um mannhaft zu werden, aber ihre Männlichkeit ist – wie die Mannhaftigkeit des Verbrechers überhaupt – falsch und verkehrt. Ihre Furchtlosigkeit, Entschlossenheit und Tatkraft sind nur Zerrbilder der echten männlichen Tugenden. Sie ist wie die Hexen ein Zwitterwesen, nicht mehr Weib und doch auch kein Mann, zur Unfruchtbarkeit verdammt.

Wenn Lady Macbeth hier wichtige Aspekte des Bösen wie die Perversion und inhärente Unfruchtbarkeit des Verbrechens demonstriert, so zeigt sich daran schon, daß die Figur trotz ihrer relativen Unkompliziertheit durchaus für die Dramatisierung genereller Aussagen zu den Themen des Stückes geeignet ist. Insbesondere werden durch sie Motive, deren entscheidende Verarbeitung erst erfolgen kann, nachdem der Held das Stadium der Verhärtung im Bösen erreicht hat, bereits zu einem frühen Zeitpunkt und in zunächst einfacher Form in das Stück aufgenommen. Ihre Denkweise zum Beispiel illustriert die prinzipielle Kurzsichtigkeit und Unvernunft des Bösen, das sich durch den Ausschluß des Denkens zwischen Vorsatz und Tat unvorbereitet den Konsequenzen überliefert.

Auch in dem Geflecht der Ironien, die das Drama durchziehen und ihm seine Form geben – die Bösen sind Ironiker, die alles auf den Kopf stellen und Gegensätze einebnen wollen; die dramatische Ironie der Ereignisse macht diese Versuche durch Rückumkehrung zunichte – spielt Lady Macbeth eine zentrale Rolle.

Die weitere Entwicklung der drei Figuren und ihres Verhältnisses sei kurz skizziert:

Im zweiten Akt, in dem der Königsmord geschieht, hat die Dreierkonstellation tragende Bedeutung. Banquo ist, da der König nicht mehr auftritt, die Hauptfigur der guten Seite, zunächst als argloser Wachhabender, der dem Mörder das Feld überläßt, dann als der Besonnene, um den sich die anderen sammeln. Macbeth steht im Mittelpunkt als eine sich wandelnde Figur. Er agiert als Heuchler, dann – im Dolchmonolog – als von Visionen Heimgesuchter, als Täter, wieder als vom Grauen Gepeinigter und schließlich wieder als Heuchler.

Lady Macbeth hat ihren wichtigen Auftritt in der Mordszene. Während Macbeth hinter der Szene den Mord begeht, steht sie auf der Bühne als Regisseurin, die alles Geschehende dirigiert und durch deren Augen alles gesehen wird, in ihrer Beherrschung und Kälte der Pol des Bösen und Unmenschlichen.

Alle drei Personen werden von der mit dem Mord an Duncan einsetzenden radikalen Veränderung der Bühnengesellschaft erfaßt. Lady Macbeth hört auf, ein Faktor der äußeren Handlung zu sein. Auch den Lauf der inneren Entwicklung beeinflußt sie nicht mehr. Sie selbst macht ebenfalls bis zu ihrem plötzlichen Zusammenbruch kaum eine innere Wandlung durch. Dennoch ist ihre Präsenz in der Bühnengesellschaft weiterhin wichtig, weil sich an ihr als einem gleichbleibenden Element zeigt, wie sehr sich die Menschen und die Verhältnisse um sie herum wandeln.

Mit der Umwelt ändert sich ohne ihr Zutun auch ihre eigene Position, eine Veränderung, die gerade durch ihre erzwungene Inaktivität unterstrichen wird. Bei der dramatischen Durchführung der Sühnethematik spielt sie eine wichtige Rolle, da Shakespeare in die Mitte des Motivkreises der inneren Hölle das Motiv der Vereinsamung des Verbrechers stellt und hier wiederum innerhalb einer verzweigten Darstellung besonders an dem Zerbrechen der Partnerschaft und der Ehe Macbeths und Lady Macbeths aufzeigt, daß es keine Gemeinschaft des Bösen gibt.

Der Zusammenbruch der Lady Macbeth kommt genauso unvermittelt wie einst ihre Konversion zum Bösen. Auch hier erscheint die Plötzlichkeit durch dramaturgische Gründe geboten und durch die Vereinbarkeit mit der Anlage des Charakters gerechtfertigt. Die Figur muß nach Erfüllung ihrer dramatischen Funktionen abtreten, ohne im Stadium des Alleinseins noch mehrere, nur sie betreffende

Szenen zu beanspruchen. Ihr Ende kann unvermittelt eintreten, weil die plötzliche und vollständige Zerstörung ihrer Person bereits durch das Mißverhältnis zwischen der Kleinheit und Simplizität ihres Charakters und ihrem gewaltigen Unterfangen von Anfang an vorbereitet ist. Sie zerbricht und verfällt dem Wahnsinn als der ihr gemäßen Form der Einsamkeit und der Hölle. Die ironische Rache der Natur läßt die Rationalistin im Irrationalen und Emotionalen untergehen.

Während sie zurücktritt, gewinnt Macbeth an Dominanz. Jetzt selbst dem Bösen ergeben, emanzipiert er sich von seiner Verführerin und erweist sich auch im Verbrechen als die größere Gestalt. Da er nie geglaubt hat, das Böse berechnen und begrenzen zu können, halten ihn die Konsequenzen seiner ersten Tat nicht davon ab, den eingeschlagenen Weg handelnd weiterzugehen. Auf diesem Wege durchläuft Macbeth noch eine Reihe von psychischen Stadien: Furcht, Gefühl der Bedrohung, neue Entschlossenheit, Panik, trügerische Sicherheit, Abstumpfung, Nihilismus. Diese Stadien werden einmal durch bestimmte Ereignisse (z.B. Geistererscheinung, zweite Hexenprophezeiung, Nachricht vom Tode der Lady Macbeth) beeinflußt, zum anderen sind sie mit Personenbeziehungen verbunden.

Eine solche Beziehung ist die Konfrontation mit Banquo, die den dritten Akt beherrscht. Banquo ist die Person, an der sich Macbeths Gefühl der Unsicherheit und der Verfehlung des Ziels konkretisiert.

Macbeth fürchtet sich nicht vor Entdeckung und Gegenaktionen, sondern vor Banquos Wesen und Existenz: »There is none but he / Whose being I do fear« (III,1,53f.). Banquos Integrität, sein Besitz der königlichen Tugenden (»his royalty of nature«, 49), bereitet Macbeth Angst, weil er sich deklassiert, in seinem Anspruch auf den obersten Platz angefochten sieht. Banquos Nachkommen sollen, der Prophezeiung zufolge, die Nutznießer seiner Machtergreifung sein.

Der Plan, mit der Ermordung Banquos und seines Sohnes die Fesselung an »saucy doubts and fears« (III,4,24) zu brechen, wird durch die letzte Steigerung der Heuchelei unterstützt. Banquo wird als »chief guest« (III,1,11) hofiert, sein Fehlen beim Bankett als Makel des Festes bedauert. Als Banquos Geist dann tatsächlich als ›Hauptgast‹ kommt und Macbeth aus der Fassung bringt, vereitelt er durch seine stumme Präsenz – und damit auf eine für diese Figur, die nie aktiv handelt, typische Weise – den Versuch von Macbeth und Lady Macbeth, in Schottland den Schein eines geordneten Staates aufrechtzuerhalten.

HANDLUNG UND SZENE

Was heißt ›Handlung‹?

Handlung heißt zielgerichtetes, vom Willen geleitetes Tun. Der Begriff der Handlung hat heute für eine Reihe von Wissenschaften große Bedeutung. In der Soziologie und Philosophie gehören Handlungstheorien zu den grundlegenden Modellen für die Erfassung gesellschaftlicher Zusammenhänge. In der Linguistik gibt es eine von verschiedenen Schulen vorangetriebene Tendenz, Sprache als Handlung zu begreifen. Die Literaturwissenschaft hat in beträchtlichem Ausmaß damit begonnen, handlungstheoretische Ansätze für die Anwendung auf literarische Texte zu adaptieren.

Während das Theater dem allgemeinen Trend folgt und die Shakespearedramen handlungsbetont oder sogar auf die Oberflächenhandlung reduziert darbietet, ist die Handlung in der Shakespearekritik weiterhin Stiefkind. Man geht oft von der Vorstellung aus, daß ein Shakespearedrama aus verschiedenen Ebenen, *levels*, besteht, und in dieser Hierarchie der Ebenen liegt die Handlung unten, als verhältnismäßig primitives, oft übernommenes, die Größe des Dramas am wenigsten mitbedingendes Substrat. Wer von der Handlung redet, der weiß, daß er n u r von der Handlung redet.

Ist diese Geringschätzung berechtigt? Drama bedeutet ursprünglich Handlung – kann diese Kategorie in einem hochentwickelten Bühnenwerk zu einer Nebensache herabsinken? – Wir müssen fragen, welche Arten von Handlung es in einem Shakespearedrama gibt und welche Bedeutung sie haben.

In der Diskussion über Dramen wird die Kategorie der Handlung oft als nahezu deckungsgleich mit der des Plot behandelt. Aus dieser Sichtweise kann die Handlung des *Tempest* so beschrieben werden:

> Prospero, Duke of Milan, ousted from his throne by his brother Antonio, and turned adrift on the sea with his child Miranda, has been cast upon a lonely island. This had been the place of banishment of the witch Sycorax. Prospero, by his knowledge of magic, has released various spirits (including Ariel) formerly imprisoned by the witch, and these now obey his orders. He also keeps in service the witch's son Caliban, a misshapen monster, the sole inhabitant of the island. After Prospero and Miranda have lived thus for twelve years, a ship carrying the usurper, his confederate, the king of Naples, and the latter's

son Ferdinand, is by the art of Prospero wrecked on the island. The
passengers are saved, but Ferdinand is thought by the rest to be
drowned, and Ferdinand thinks the rest are drowned. Ferdinand and
Miranda are thrown together, fall in love, and plight their troth. Ariel,
by Prospero's orders, subjects Antonio and the king of Naples to va-
rious terrors. Antonio is cowed; the king repents his cruelty, is recon-
ciled with Prospero, and his son Ferdinand is restored to him. All ends
happily, for the ship is magically restored and Prospero and the others
prepare to leave the island, after Prospero has renounced his magical
faculties. Caliban, whose intercourse with Stephano, a drunken butler,
and Trinculo the jester, has provided some excellent fooling, is left, as
before, the island's sole inhabitant.[4]

Plots sind Abstraktionen; sie haben keine unmittelbare Entspre-
chung in der Wirklichkeit des Dramas. Was in sie eingehen soll,
bleibt dem Ermessen überlassen. Sie können Ereignisse und Motiva-
tionen ausführlicher wiedergeben als in diesem Beispiel; sie können
aber auch – wie bei der strukturalistischen Erzählanalyse üblich –
von formelhafter Kürze sein. Auf jeden Fall geht in sie das Vorver-
ständnis dessen ein, der das Plot formuliert. (In unserem Falle wird
beispielsweise der Anschlag von Antonio und Sebastian gegen den
König von Neapel als unwichtig angesehen und ausgelassen.)

So nützlich Plots als Orientierungshilfen und als Hinweis auf
wichtige Ereigniszusammenhänge auch sein mögen: sie sind weder
eine Reduktion der Handlung noch eine getreue Abbildung der
Handlungsstruktur. Als Umsetzungen von Handlungsvorgängen in
Erzählberichte sind sie im Wesen nicht-dramatisch, handlungs-
fremd. Die ganz andere Art der Abbildung des Geschehens zeigt
sich auf mancherlei Weise:

– Das Plot führt Ereignisse auf, die auf der Bühne gar nicht als
Vorgang stattfinden, hier zum Beispiel alle Geschehnisse vor dem
Sturm;
– auf der anderen Seite laufen im Drama zahlreiche Handlungen ab,
die sich nicht als expandierte Bestandteile des Plot auffassen lassen;
– die referierten Ereignisse sind im Drama zum Teil Vorgänge anderer Art; der Sturm beispielsweise ist ein Geschehen, bei dem
man weder den Urheber noch die Betroffenen kennt;

---

[4] The Concise Oxford Dictionary of English Literature, 2nd ed. rev. Dorothy Eagle
(Oxford, 1970), S. 566.

– alle Informationen des Plot sind aus dem Dramentext gewonnen, aber ihr Gewicht und ihre Abfolge sind verändert. So tauchen Charaktere, die im Stück schon früh auftreten, hier erst im letzten Satz auf.

Der Komplex von Geschehnissen, der den Inhalt des Plot bildet, ist gar keine Handlung im eigentlichen Sinne, also keine zielgerichtete, willensgesteuerte Aktion. Selbst im *Tempest*, wo ein großer Teil der Ereignisse durch den Willen einer Person ausgelöst wird, kann man das Gesamtgeschehen nicht auf eine intentionale Handlung Prosperos reduzieren. Das Plot repräsentiert also nicht d i e Handlung. Es referiert nur einen Aspekt der Ganzheit des Stückes, nämlich diejenigen angenommenen und tatsächlich präsentierten Begebenheiten, die den kausalen Zusammenhang der verschiedenen im Drama gezeigten Aktionen ausmachen.

Anders als das Plot ist die Szene, das wichtigste Subsystem des Shakespearedramas, eine wirkliche Handlungseinheit. In jedem Drama hat die Einzelszene bis zu einem gewissen Grade Handlungscharakter, und sei es auch nur als in sich abgeschlossene Sprachhandlung. In der für die elisabethanische Bühne geschriebenen Szene ist das Handlungselement immer stark ausgeprägt. Vorgänge mit schwacher Intentionalität, die nur nominell als Handlungen gelten können, wie einfache Konversation oder schlichtes Beisammensein, kommen kaum je als Szenenkern vor. Da die Szenentrennung – die Unterbrechung der räumlichen und zeitlichen Kontinuität – durch eine leere Bühne signalisiert wird, geschieht jeder Szenenanfang als neue Zusammenkunft, bei der die Akteure meist mit erklärter oder deutlich implizierter Handlungs- oder Interaktionsabsicht auftreten. Die Situation wird dargelegt, die Handlungspläne werden durchgeführt oder vereitelt; der Vorgang endet mit der Auflösung der Aktionsgemeinschaft. Obwohl es auch fast handlungslose Szenen gibt (und natürlich fast immer Figuren, die sich zeitweise passiv oder nur reagierend verhalten) ist die Szene in der Regel sowohl eine Handlung (oder eine Abfolge von Handlungen) aus der Perspektive der Beteiligten auf der Bühne als auch eine relativ geschlossene Komponente der Gesamthandlung des Autors.

Wenn wir uns mit der Handlung bei Shakespeare auseinandersetzen wollen, dürfen wir uns nicht auf die Plots beschränken. Die Beschäftigung mit den Plots, deren Aussagewert über die Struktur der Dramen beschränkt ist, bringt vor allem deshalb Nutzen, weil

Shakespeare meist eine Geschichte von anderer Hand als eines seiner Ausgangsmaterialien benutzt und weil die Untersuchung des
Verarbeitungsprozesses aufschlußreich ist. Hauptsitz der Handlungen, Hauptanliegen der Handlungsdramaturgie und daher auch
Hauptgegenstand der Handlungsanalyse ist die Szene.

Die Szene: Elemente und Grundbegriffe

Die Elemente und Grundbegriffe der Dramaturgie der Szene lassen
sich an einem kurzen Textbeispiel, *Macbeth*, I,1, zusammenfassend
demonstrieren.

	Thunder and lightning. Enter three WITCHES.	
1. Witch.	When shall we three meet again?	
	In thunder, lightning, or in rain?	
2. Witch.	When the hurly-burly's done,	
	When the battle's lost and won.	
3. Witch.	That will be ere the set of sun.	[5]
1. Witch.	Where the place?	
2. Witch.	Upon the heath.	
3. Witch.	There to meet with Macbeth.	
1. Witch.	I come, Graymalkin!	
[2. Witch.]	Paddock calls.	
[3. Witch.]	Anon!	[10]
All.	Fair is foul and foul is fair:	
	Hover through the fog and filthy air.	
		Exeunt.

Die Struktur der Szene wird durch die Figurenführung bestimmt.
Die drei Figuren erscheinen auf einmal; Theatereffekte – Blitz und
Donner – markieren das Auftreten und unterstreichen die Plötzlichkeit.

Die drei Personen, durch Aufmachung, Verhalten und Redeweise
als Hexen identifizierbar, treten ausschließlich als Glieder einer
Gruppe in Erscheinung: Sie sprechen zuerst im Wechsel, dann gemeinsam; sie haben etwa gleiche Anteile am Dialog. Individualisiert
werden sie durch oberflächliche Unterscheidungszeichen wie die
verschiedenen Tiere als *spiritus familiares* und durch verschiedene
Rollen als Sprecherinnen: die erste fragt, die zweite antwortet, die
dritte kommentiert.

Zu Anfang des Textes wird dem Publikum die Situation der Szene klargemacht. Zu den Bestimmungselementen gehören neben den Figuren die äußeren Umstände – Ort, Zeit, Wetter – und der Anlaß: Die Hexen kommen zusammen, um eine gemeinsame Unternehmung zu besprechen. Bei der Lokalisierung wird in vielen Szenen nur die Alternative ›im Freien‹ oder ›drinnen‹ verwendet. Hier liefert schon das Gewitter die Ortsangabe ›draußen‹. Da zunächst nichts über die Zeit gesagt wird, muß der Zuschauer annehmen, daß die Szene bei Tage spielt. Die Annahme wird später (5) bestätigt.

Das Wetter ist wichtiger als Raum und Zeit, weil es zugleich reale und symbolische Bedeutung hat. Unwetter und Hexentreffen gehen zusammen, nicht nur in diesem Fall, sondern auch sonst (2). Zwischen dem ambivalenten Wahlspruch des Bösen »Fair is foul, and foul is fair« (12) (der auch auf das Wetter bezogen werden kann, vgl. I,3,38) und dem bösen, undurchdringlichen Wetter (»fog and filthy air«, 12) besteht eine enge syntaktische und inhaltliche Beziehung.

Die Handlung der Szene besteht darin, daß die Hexen eine Verabredung über die Zusammenkunft mit Macbeth treffen und dann mit dem Deklamieren ihres Spruches ein Ritual der Gemeinsamkeit vollziehen. (Schon die Verabredung hat durch ihr formelhaftes Frage-und-Antwort-Schema rituellen Charakter.)

Die Szene hat, wie das bei Auftritten mit wenigen Personen auch auf der elisabethanischen Bühne möglich ist, ihren Höhepunkt unmittelbar vor dem Schluß. Wie der Aufbau, so erfolgt auch der Abbau der Szene nicht in Stufen, sondern auf einen Schlag. Das Abtreten geschieht aber nicht unvermittelt. Die Figuren werden von den Hexentieren, Graumiezchen und Pogge, weggerufen.

Jede Szene erfüllt sowohl lokale Funktionen, die an dieser Stelle, im unmittelbaren Kontext, wirksam werden, als auch übergreifende Funktionen, die im Zusammenwirken mit anderen, zum Teil weit entfernten Szenen und Textstellen bestehen.

Im lokalen Kontext ist die Szene zunächst einmal eine dramatische Attraktion für sich: lautes, bewegtes spannendes Hexenspektakel und Abrakadabra. (Auch die weiteren Hexenszenen enthalten eine gehörige Portion Klamauk und Brimborium.)

Dank dieser Eigenart kann die Szene eine Aufgabe erfüllen, die der Eröffnungsszene in elisabethanischen Dramen immer zufällt: das laute, schwatzende Publikum ohne aufmerksamkeitsheischende Mittel wie die Verdunklung des Zuschauerraums und das Hochgehen des Vorhangs zur Ruhe und zur Konzentration zu bringen. (Neben dem Einstieg durch Krach und Spannung, der z.B. auch in *Hamlet* und *Julius Caesar* praktiziert wird, kennt Shakespeare auch die leise, graduelle Eröffnung. *Twelfth Night* beispielsweise beginnt mit einem Musikstück und einer Meditation über Musik und Liebe.)

Im szenenübergreifenden Kontext gehört der Auftritt zwar in die durchgehende Sequenz von Handlungen, die zum Plot gehören, ist aber kein notwendiger Teil. Natürlich könnten die Hexen auch ohne Vorbesprechung mit Macbeth zusammentreffen.

Die in der Szene vermittelten Informationen über die Schlacht (3f.) und über das Treffen mit Macbeth (6f.) sind ebenfalls nicht essentiell – sie dürfen es auch in einer Eröffnungsszene, die nur teilweise aufmerksam verfolgt wird, gar nicht sein. Es geht in erster Linie um unbestimmte programmatische Ankündigungen, um den Aufbau von Erwartungen beim Publikum.

Ihre wichtigste übergreifende Funktion hat die Szene als Ausgangspunkt für dramaturgische Elemente, die wir als thematische Sequenzen bezeichnen wollen. Bestimmte, auf Themen des Stückes bezogene Elemente der dramatischen Aussage werden in unregelmäßigen Abständen wiederholt, und zwar meist nicht in der Grundform, sondern in einer dem jeweiligen Kontext angepaßten Abwandlung. Die Wiederholungen vollziehen sich vor allem auf der Ebene der Sprache, wo sowohl Leitbegriffe und Synonymreihen als auch Serien verwandter Metaphern erscheinen, aber auch auf der Ebene der Vorgänge und der bühnengesellschaftlichen Muster.

Mit dem seltenen, zwei semantisch gegensätzliche, aber phonetisch verwandte Komponenten umfassenden Wort *hurly-burly*, *Wirrwarr*, *Aufruhr*, beginnt eine lange Serie von Begriffen der Ordnungsstörung. Allein in der folgenden Szene kommen *revolt* (2), *broil* (6), *rebel* (10, 15), *traitor* (52) und *dismal conflict* (53) vor.

Das Motiv des Unwetters und seiner übertragenen Bedeutung wiederholt sich als Serie von Sprachbildern (z.B. I,2 und I,7) und als Folge von realen Phänomenen (Unwetter beim Königsmord und bei Banquos Ermordung).

Geradezu allgegenwärtig ist das Motiv der Umkehrung der Normen und der Gegensatzgleichung. Schon hier kommt es doppelt vor: im alliterierenden Hexenwahlspruch und in der Ankündigung, die Schlacht werde »lost and won«, positiv und negativ und damit unentschieden sein. Zu den thematischen Sequenzen gehören nicht nur der Austausch von Schein und Sein und die Pervertierung der

Ordnungspositionen durch Macbeth und Lady Macbeth, sondern auch z.B. die letzten Hexenprohezeiungen, die Gutes zu verheißen scheinen und doch den Untergang bedeuten. Wörtliche Echos der beiden Formulierungen kommen schon in den nächsten Szenen vor. Auch Cawdors Titel ist *lost and won* (I,2,67). Macbeth tritt mit den Worten auf »So foul and fair a day I have not seen« (I,3,38).

Die Szene: Raum und Zeit

Die Lokalisierung der Szene in Raum und Zeit geschieht bei Shakespeare hauptsächlich durch den Dialog. An die Stelle der die ganze Szene hindurch anhaltenden visuellen Information durch Bühnenbild und Bühnenbeleuchtung treten punktuelle sprachliche Signale, die den Zuschauer zum Gebrauch seiner Vorstellungskraft auffordern. »Let us«, sagt der Prologsprecher in *Henry V*, »On your imaginary forces work« (Prol.17f.). Der Appell an die Phantasie kann durch Requisiten unterstützt werden. Ein Thronsessel, ein Tisch, ein Bett symbolisieren Räume, Kerzen und Fackeln deuten Nachtzeit an.

Die Erzeugung der Raum- und Zeitillusion durch Sprache hat einige offenkundige Nachteile:

- Es ist nicht erreichbar, daß der Zuschauer eine detailreiche oder gar naturalistische Raumvorstellung hat.
- Die Lokalisierung wird von Zuschauer zu Zuschauer anders vorgestellt.
- Die sprachliche Lokalisierung hält nicht ohne weiteres die ganze Szene hindurch vor. Wenn sich der Zuschauer zum Beispiel der Nachtzeit eines Ereignisses bewußt bleiben soll, dann muß der Dialog in Abständen daran erinnern.

Die großen Vorzüge des Verfahrens bestehen darin, daß der Grad der Lokalisierung sehr variabel ist und daß Wortkulissen und sprachliche Zeitausmalungen sich ausgezeichnet mit anderen Funktionselementen, beispielsweise mit thematischen Sequenzen, verbinden lassen.

Eine Bühne, die mit technischen Illusionsmitteln arbeitet, muß das ganze Stück hindurch einigermaßen einheitlich vorgehen. Man kann nicht einen Raum liebevoll ausstatten und den nächsten abstrakt lassen, eine Szene kompliziert ausleuchten und die nächste bei Arbeitslicht spielen.

Shakespeares Dramaturgie läßt einen weiten Spielraum. Eine Szene braucht gar nicht lokalisiert werden; sie kann irgendwo und irgendwann spielen. In der Regel werden wenigstens die Elementarunterscheidungen ›draußen‹: ›drinnen‹ und ›bei Tageslicht‹ : ›bei Nacht‹ ermöglicht. Dabei brauchen die Normalzustände ›draußen‹ und ›am Tage‹ (die ja auch dem äußeren Eindruck der Bühne entsprechen) nur schwach markiert zu werden, während Innenraum und Nacht stärkerer Signale bedürfen.

Über die Elementarinformationen geht Shakespeare immer dann hinaus, wenn die Lokalisierung für die Handlung und deren thematische Auswertung wichtig ist. Als König Duncan als Gast von Macbeth auf Burg Inverness ankommt, wird das Äußere des Gebäudes ausführlich besprochen, wobei die vielen im Gemäuer nistenden Vögel besonders hervorgehoben werden:

Hoboys and torches. Enter KING [DUNCAN], MALCOLM, DONALBAIN, BANQUO, LENNOX, MACDUFF, ROSSE, ANGUS, *and* ATTENDANTS.

Duncan.	This castle hath a pleasant seat, the air
	Nimbly and sweetly recommends itself
	Unto our gentle senses.
Banquo.	This guest of summer,
	The temple-haunting [marlet], does approve,
	By his lov'd [mansionry], that the heaven's breath
	Smells wooingly here; no jutty, frieze,
	Buttress, nor coign of vantage, but this bird
	Hath made his pendant bed and procreant cradle.
	Where they [most] breed and haunt, I have observ'd
	The air is delicate. I,6,1–10

Die Beschreibung hat die Funktion, die Arglosigkeit der Guten zu dramatisieren, die den Ort ihres Verderbens für eine Idylle halten und Fruchtbarkeit sehen, wo Unfruchtbarkeit herrscht. In den Szenen, die im Inneren der Burg spielen, folgen dann Lokalisierungssignale, die den wahren Charakter des Ortes enthüllen: die gefängnisartige Geschlossenheit (durch das geschlossene, sich erst nach wiederholtem Pochen öffnende Tor symbolisiert), die Unheimlichkeit (durch Eulenruf evoziert), die Ähnlichkeit mit der Hölle (vom Porter dargelegt).

Wie die Beispiele zeigen, wird der Bereich der bloßen Information über Raum und Zeit sehr schnell verlassen, um die Lokalisierung ins Metaphorische und Symbolische auszuweiten. Reiches Studienmaterial für bedeutungshaltige Lokalisierungen bieten die komplexen, aus vielen Einzelstellen bestehenden Schilderungen der Nacht im 2. Akt von *Macbeth* und im Schlußteil von *The Merchant of Venice*: auf der einen Seite die Nacht als der Tag des Bösen, auf der anderen Seite die Nacht als Zeit der Liebe und der Harmonie, der Nähe zum Makrokosmos, des Lichts, das im Dunkel um so heller strahlt.

Der Grad der Lokalisierung ist nicht nur von Szene zu Szene, sondern auch von Drama zu Drama verschieden. In *Twelfth Night* fragt die schiffbrüchige Viola an der Küste: »What country, friends, is this?« Sie erhält die Antwort: »This is Illyria, lady« (I,2,1f.). Damit sind die Auskünfte über Illyrien auch schon zu Ende: ein fernes Land am Meer, sonst nichts.

In den Venedigszenen des *Merchant of Venice* dagegen kommt man nicht in Gefahr zu vergessen, wo die Handlung spielt. Venedig, Schauplatz zahlreicher elisabethanischer Dramen, ist für die Londoner ein reicheres, exotischeres und verruchteres Ebenbild der eigenen Stadt. Shakespeare kann bei seinem Publikum ein Venedigbild voraussetzen, das er durch häufige Verwendung der Wörter *Venice* und *Venetian* (insgesamt 23mal) abruft und durch viele kleine Zusatzelemente im Dialog in der von ihm gewünschten Richtung modifiziert.

Sein Venedig hat keine Gebäude und keine Kanäle. Eine einzige »gondylo« bildet das Venedigdekor. Venedig ist ganz auf Handel und Reichtum reduziert. Das einzige topographische Detail ist der Rialto, wo sich die Kaufleute treffen. Der Ruf »What news on the Rialto?« wird leitmotivisch wiederholt. An zahlreichen Stellen ist von Gold, Dukaten und Juwelen die Rede. Begriffe wie Zählen und Rechnen, Kredit und Risiko durchziehen den Dialog auch da, wo nicht von Geschäften die Rede ist. Antonios Handelsschiffe, zu Anfang des Stücks hymnisch beschrieben und zwischendurch mehrfach als gewaltige, aber unsichere Aktivposten erwähnt, symbolisieren mit ihren Standorten Tripolis und Indien, Mexiko und England die weltweiten Verbindungen. Sogar Gesetz und Rechtsprechung werden als dem Handelsinteresse unterworfen dargestellt. – Auch hier zeigt sich die Tendenz zu einer Topographie geistiger Bezirke; der dramaturgische Zweck der bloßen Lokalisierung einer Szene wird überstiegen.

Szenenstrukturen

Die Grundstruktur der Szene ist, da sie auf den Gegebenheiten der Bühne beruht, immer gleich. Dennoch ist die Gefahr der Monotonie nicht groß, da die Grundstruktur äußerst variabel ist, nicht nur hinsichtlich der Dialoge und Vorgänge, sondern auch im Umfang der Szene und in der Zahl der beteiligten Personen. In jedem Drama gibt es Zwei-Personen-Szenen und Massenszenen, in denen fast die gesamte Bühnengesellschaft auftritt. Der Umfang variiert von einigen Zeilen bis zu Großszenen von mehreren hundert Zeilen, die bis zu einem Fünftel des Textes ausmachen. Auch die Zahl der Szenen, aus denen ein Drama zusammengesetzt ist, unterliegt starken Schwankungen. *Antony and Cleopatra* besteht aus 42 Szenen, *The Tempest* aus 9. *Macbeth*, ein sehr kurzes Stück (2349 Zeilen) hat 27 Szenen von 12 bis 240 Zeilen Länge; *Hamlet*, das längste Shakespearedrama, hat nur 20 Szenen mit durchschnittlich doppelter Länge (31 bis 605 Zeilen).

Die Variabilität des Szenenumfangs und des eingesetzten Figurenensembles ist größer als in anderen Epochen, deren Dramaturgie meist mit gleichmäßigeren Szenenmustern operiert. Eine ungewöhnliche Variationsbreite besteht auch bei den Aktionen und Bewegungen innerhalb der Szene. Es gibt Szenen, in denen viel geschieht und die Figuren dauernd in Bewegung sind. Da Shakespeares Dramen aber auch rhetorische Texte; Sprachdramen sind, kommen daneben Szenen vor, in denen die Sprache die einzige Bewegung liefert und die Figuren nur Sprecher sind, die ihre Position nicht verändern. Das gibt es vor allem bei formellen Reden und bei Gesprächen zwischen zwei Personen. Auf die bewegungsreiche Sturmszene folgt im *Tempest* ein mit fast 200 Zeilen sehr langes Lehrgespräch Prosperos mit Miranda, das zwar als sprachlicher Vorgang kunstvoll belebt und gegliedert ist, bei dem aber das Ablegen und Wiederanlegen des Zaubermantels die einzige außersprachliche Aktivität ist. – Moderne Regisseure bringen solche Szenen meist durch Gänge der Figuren künstlich in Bewegung. (Zu den Vorzügen der Shakespearelektüre gehört die Möglichkeit, sich auf sprachliche Vorgänge zu konzentrieren, ohne durch die pausenlose Betriebsamkeit auf der heutigen Bühne abgelenkt zu werden).

Eine normale Szene leistet einerseits einen Beitrag zu einer durchgehenden Ereigniskette und hat andererseits eine Eigenhandlung, deren Verlauf und Bedeutung nicht allein durch das Plot bestimmt werden. In Extremfällen kann beides ganz auseinandergehen oder ganz zur Deckung kommen. Eine komische Szene kann ohne Beziehung zu einer Handlung sein. Eine Mordszene kann ganz darin aufgehen, ein zentrales Ereignis des Plot darzustellen.

Am häufigsten gehören Ausgangssituationen und Handlungsbeginn einer Szene in einen Lebensbereich, den wir als gehobenen Alltag bezeichnen könnten. Es sind Vorgänge, die jeder kennt, die aber doch so weit aus der Routine herausgehoben sind, daß man sie interessant findet.

Musterbeispiel für einen solchen gewöhnlich-ungewöhnlichen Vorgang ist die in jeder Tragödie und Historie mindestens einmal vorkommende Staatsszene, die den Charakter einer Audienz, einer Proklamation oder einer Beratung des Monarchen mit den Großen des Landes haben kann. Diese Szenen bieten Schaugepränge und befriedigen Neugier. Sie beginnen meist mit feierlichem Aufzug und höfischem Zeremoniell und leiten dann zur Abwicklung der anstehenden Geschäfte über. Andere Beispiele solcher Szenenanlässe sind das Gastmahl, der formelle Besuch, die Verhandlung zwischen den Fronten, die Ansprache des Heerführers.

Oft stellt die Szene ein Ritual dar, das heißt einen Vorgang, dem Religion oder Gesellschaft eine bestimmte Bedeutung beilegen und dessen Form festgelegt ist: Zweikampf als Gottesgericht, Beerdigung, Krönung oder Abdankung eines Monarchen. Fast ausnahmslos besteht das entscheidende dramatische Moment darin, daß der Vorgang nicht so abläuft, wie es die Handelnden bezwecken und die Zuschauer erwarten. Die Durchbrechung der Normalität und das gestörte Ritual sind die wichtigsten Grundmuster von Szenen. Meist ist es dabei das erwartungsdurchbrechende Ereignis, das die Bedeutung der Szene für den Zusammenhang des *plot* ausmacht.

Hamlet beginnt mit dem Ritual einer Wachablösung, bei dem ein besonderes Vorkommnis, die Erscheinung des Geistes, zu melden ist. Das Stück endet mit einem sportlichen Fechtkampf, der zu einem tödlichen Gefecht wird. Richard II. bricht das zeremonielle Gottesgericht zwischen Bolingbroke und Mowbray im entscheidenden Moment ab und erweist sich damit als unfähiger und ungerechter Monarch. Der Prozeß Shylocks gegen Antonio nimmt eine jähe Wende, die den Kläger zum Angeklagten macht. Das Bankett von Macbeth und Lady Macbeth und das Gastmahl des Timon aus Athen verlaufen erwartungswidrig. Auf dem Ball der Capulets erscheint Romeo, ein Montague, als ungeladener Gast. Hamlet stört

die Beerdigung Ophelias. Richard III. hält den Leichenzug Heinrichs VI. an und wirbt um die Witwe des Toten, den er selbst ermordet hat.

Die Anfangsszene von *1 Henry VI*: Gestörtes Ritual

Die erste Szene von *The First Part of Henry the Sixth* ist ein Beispiel für den Szenentyp des gestörten Rituals und zugleich für die
Dramaturgie der frühen Werke. (Das Stück ist spätestens 1592 entstanden.)

Shakespeare beginnt seine Tetralogie über die Wirren der Rosenkriege mit der Beerdigung des frühverstorbenen Heinrich V. Dieses
Ereignis wird so dramatisiert, daß der Keim der folgenden Entwicklungen hier schon angelegt erscheint und die Gesamtkonzeption der
Geschichtsphase umrissen wird.

Heinrich V. wird in der Rückschau als idealer Monarch gepriesen. An seinem Bild wird die Funktion des Königs in der kosmischen Ordnung exemplifiziert. Es ist die Norm, an der Gegenwart
und Zukunft gemessen werden müssen. Sein Tod ist ein Exemplum
für den *Fall of Princes*; mit seinem Fall fällt auch die Nation aus ihrer Prosperität und Glorie und aus der besonderen Gnade Gottes.
Zwietracht zersetzt das Land im Innern. Der äußere Erzfeind Frankreich gewinnt im Kriege die Oberhand.

Anhand der Strukturskizze auf S. 147, die Auftritt, Anwesenheit
(dünne Linie), Sprechstellen (dicke Linie) und Abtreten der Figur
verzeichnet, kann man sich den Aufbau der Szene verdeutlichen.

Im ersten Teil (1–56) kommen zunächst die vier höchsten Würdenträger des Landes in der Reihenfolge ihres Ranges zu Wort.
Dann wird die Dialogführung unruhig: Gloucester und Winchester
führen ein Wechselgespräch. Bedford, der erste und im Dialog dominierende Sprecher, schließt den Teil mit einer längeren Rede ab.
Im zweiten Teil (57–161) stehen die Berichte der Boten, die gelegentlich von Zwischenbemerkungen unterbrochen werden, im Mittelpunkt. Im kurzen dritten Teil (162–177) wird die Bühnengesellschaft schrittweise abgebaut. Jeder der vier Großen spricht ein
Schlußwort und geht ab.

Der Anfang steht im Zeichen eines gemessenen Zeremoniells. Ein
Trauermarsch ertönt. Über die Bühne wird in feierlicher und präch-

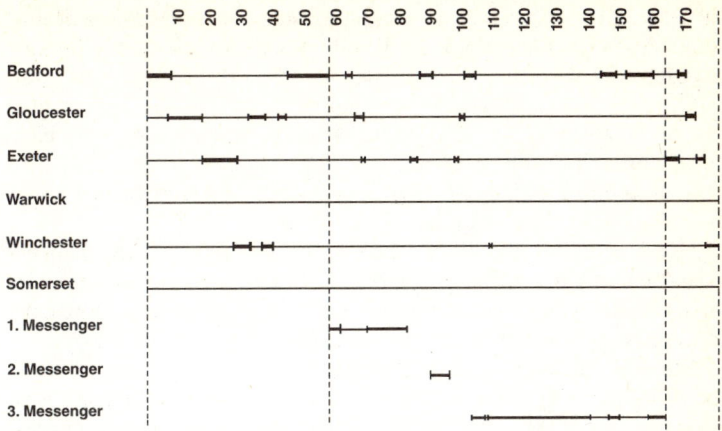

tiger Prozession ein Katafalk getragen. Bedford, Onkel des Königs und Regent von Frankreich, deutet als Erster Trauernder den Tod des Königs als kosmisches Ereignis, durch einen Aufstand hervorgerufen:

Bedford. Hung be the heavens with black, yield day to night!
Comets, importing change of times and states,
Brandish your crystal tresses in the sky,
And with them scourge the bad revolting stars
That have consented unto Henry's death:
King Henry the Fift, too famous to live long!
England ne'er lost a king of so much worth. *1 Henry* VI, I,1,1–7

Zweiter und Dritter Trauernder, die Herzöge von Gloucester und Exeter, variieren das Thema: der König als Sonne, die alle Feinde blendete – der König als Opfer von »death's dishonorable victory« (20).

Als der Vierte Trauernde, der Bischof von Winchester, die Reihe der Nachrufe durch einen Lobpreis der Gottgefälligkeit des Toten krönen will, wird die Zeremonie unterbrochen. Gloucester attackiert die Kirche und den Bischof, erhebt den Vorwurf des eigennützigen Machtstrebens. Der Bischof antwortet mit erbitterten Gegenvorwürfen.

Mit Mühe beschwichtigt Bedford die Streitenden und lenkt zur Zeremonie zurück:

Cease, cease these jars and rest your minds in peace.
Let's to the altar ...   44f.

Als er in priesterlicher Funktion das Totenopfer darbringt, und den Geist des Verstorbenen als Schutzpatron anruft, wird das Ritual zum zweiten Mal gestört: Der erste Bote unterbricht ihn mitten im Satz.

Die drei Boten bringen immer schlimmere Hiobsnachrichten über politische Rückschläge und militärische Niederlagen in Frankreich. Sie unterbrechen die Feier und setzen sie zugleich als makabres Antiritual des Leichenzugs fort: Was Heinrich V. errungen hatte, das folgt ihm sozusagen ins Grab.

Die Unglücksbotschaften scheinen die Großen zur Einigkeit anzuspornen. Drei von ihnen gehen ab, um sich – wie jeder in seinem Schlußwort darlegt – dem Gemeinwohl zu widmen. Der vierte, der Bischof von Winchester, macht dann, wie aus seiner monologischen Absichtserklärung erhellt, den guten Willen der anderen zunichte: Er will gegen das Gemeinwohl arbeiten, den kindlichen Thronfolger in seine Gewalt bringen und den Staat beherrschen. Damit wiederholt sich das Muster des Anfangs: Drei Personen wirken in einem Ritual zusammen, die vierte zerstört es.

Die Architektur der Szene ist besser als die Ausführung. Die Sprache zeigt noch den Anfänger: Sie ist durchgehend pathetisch und wirkt laut und undifferenziert. Die Botenberichte sind lang und detailüberladen.

Auch bei der Szenenkonstruktion ändert sich später noch einiges. Der Aufbau verliert das Abgezirkelte; das Gerüst scheint nicht mehr so deutlich durch. Aber die Konstruktionsart bleibt die gleiche. Auch in den Tragödien und Komödien, die nach 1600 entstanden sind, beruhen die Szenen auf einem einfachen, choreographischen Figuren- und Handlungsgerüst, das die dramatische Aussage formelhaft und schematisiert sichtbar macht.

Eine komplexe Szene: Die Reichsteilung in *King Lear*

Die Reichsteilung zu Beginn von *King Lear* wirkt, wenn man sie durch die Augen des Großteils der neueren Interpretationen sieht, verwickelt oder gar verwirrend. Moderne Interpretationen stützen sich meist auf Zitate, die aus dem Kontext gelöst und einzeln ausgelotet werden, und diese Szene enthält besonders viele und verschiedenartige bedeutungsschwere Stellen.

Hier soll die Reichsteilungsszene in Umkehrung der üblichen

Sichtweise von ihrem kompositorischen Gerüst her analysiert werden. Die tragenden Bestandteile der Szenenkonstruktion werden hervorgehoben, die übrigen Aspekte – sowohl Elemente der lokalen Feinstruktur als auch szenenübergreifende Aussagen – werden nur in Stichworten erwähnt und in eckige Klammern gesetzt.

In der Szene, die sich über 308 Zeilen erstreckt, wird ein umfangreiches dramatisches Programm durchgeführt:

– Mit Ausnahme Edgars und des Narren werden alle wichtigen Personen eingeführt. Ihre Position in der Bühnengesellschaft, ihre Beziehung zu Lear und ihre Einstellung zu seinem Tun werden dargelegt.
– Von der Märchengeschichte um König Lear wird etwa die Hälfte der Erzählschritte hier schon dramatisiert: die Ausgangssituation des Vaters, der Kinder und der geplanten Erbverteilung; das Stellen der Aufgabe, mit der die Kinder ihre Würdigkeit beweisen sollen; die Durchführung der Aufgabe mit dem vermeintlichen Versagen des guten Kindes; Verstoßung des guten Kindes, Bevorzugung der bösen Töchter; Rettung des verstoßenen Kindes durch günstige Heirat; Verschwörung der bösen Töchter gegen den Vater.
– Damit das Aussagepotential der Geschichte voll genutzt werden kann, wird hier schon die tiefere Problematik des Geschehens verdeutlicht. Das Tun des königlichen Vaters wird in seiner Widersinnigkeit erkennbar: Er vermischt Privates und Politisches, läßt einen Liebeswettkampf austragen, dessen Ergebnis er schon vorweggenommen hat, er will Unteilbares – Königsamt und Königtitel – trennen und Unmeßbares – Liebe – messen. Seine spätere Entmachtung und Isolation wird vorbereitet, aber er erscheint – da er ja auch im Niedergang noch jeder Zoll ein König sein soll – doch als Herrscher im Vollbesitz seiner Gewalt.

Die Strukturskizze (S. 150) zeigt, daß die Konturen der Szene im großen genau so klar sind wie bei der Anfangsszene von *1 Henry VI*.

Die Szene hat vier Teile, die durch markante Veränderungen in der Bühnengesellschaft voneinander abgesetzt werden. – Der erste Teil (1–33), eine Vorszene, besteht aus einem Zwiegespräch hochgestellter Persönlichkeiten (mit einer dritten Person als Zuhörer).

Dann folgt – mit dem üblichen Aufzug und Gepränge – eine Staatsszene, in deren Verlauf die Reichsteilung stattfindet (34–187). Dieser Teil repräsentiert den Handlungstyp des Rituals, das erwartungskonform beginnt und vom letzten Teilnehmer gestört wird.

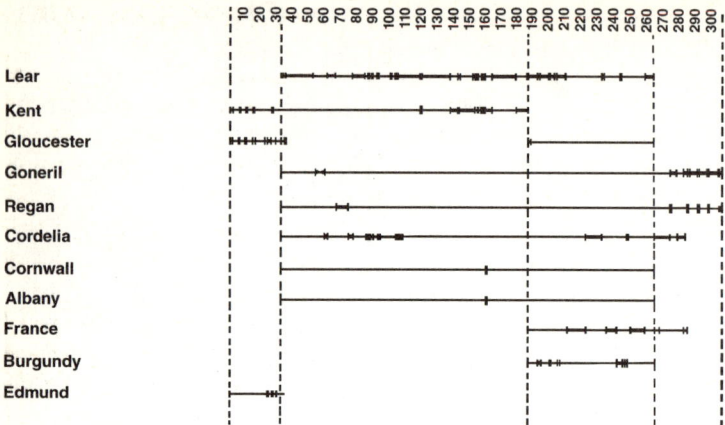

Im dritten Teil (188–266) wird nach dem Abgang Kents und dem Erscheinen des Königs von Frankreich, des Herzogs von Burgund und Gloucesters die Staatsszene fortgesetzt. Auch bei der Verhandlung mit den beiden Brautwerbern handelt es sich um ein Ritual, das einen unerwarteten Verlauf nimmt.

Die Bühnengesellschaft wird in Stufen abgebaut. Nach dem Auszug der meisten Personen agieren im vierten Teil (267–308), der Nachszene, zunächst vier Personen, die drei Königskinder und Frankreich, dann noch zwei, die bösen Schwestern.

Das Schema verdeutlicht ferner, in welchem Maße Lear die Szene beherrscht. Seine königliche Macht wird als Macht über das Wort demonstriert. Allerdings zeigt die Dialogstruktur auch schon die Begrenzung seiner Macht: Im ersten und vierten Teil werden Dinge besprochen, von denen der König nichts weiß und bei denen er nicht mitsprechen kann.

Die Vorszene, ein lockeres, stellenweise anzüglich-interessantes Gespräch, bewerkstelligt den Übergang von Unruhe zur Konzentration beim Publikum. Die Hauptfiguren der Gloucester-Handlung werden vorgestellt.

[Informelle Prosa bildet Kontrast zur Zeremoniensprache. – Gloucesters Problem wird angedeutet: falsche Einstellung zur Sexualität und zu seinem Bastard. – Unterhaltung über Reichsteilung weckt Erwartung einer glatten und gerechten Zweiteilung.]

Bei der Ankündigung der Reichsteilung (»... we have divided / In

three our kingdom...«, 37f.) und der Liebeskonkurrenz (»Tell me ...
/ Which of you shall we say doth love us most...«, 48– 51) steht
Lear in beherrschender Position, einen herausgehobenen Befehls-
ausführer, Kent, neben sich, einer Dreiergruppe scheinbar gleichran-
giger Figuren gegenüber, in der aber eine feine Trennungslinie existiert: Cordelia hat nicht, wie die Schwestern, einen Mann neben
sich; sie ist die einzige unbegleitete Figur. Ihre eigentliche Bezugsperson ist der Vater, dessen Liebling sie ist und der in sie besondere Erwartungen setzt. Der Konflikt ist in der Figurenkonstellation
angelegt.

[Auch Lears Rede zeigt durch Ambivalenzen, Widersprüche und
unbewußte Ironie die Ungereimtheit des Vorhabens. Lears »darker
purpose« (36) ist nicht nur ›geheim‹, sondern auch ›düster‹. Mit seiner Erklärung, er wolle ›unbelastet auf den Tod zukriechen‹ beginnt
die thematische Sequenz der Tiermetaphern, die Lears Weg vom
Herrscher zum »bare two-fork'd animal« begleiten.]

 . Das Ritual beginnt; Goneril und Regan spielen mit, Cordelia
nicht. Die Dreiergruppe reißt an der Bruchstelle. Cordelia, der
Spielverderber, wird isoliert und aus der Gesamtkonstellation ausge-
stoßen. Lear vollzieht die Aufkündigung jeder Bindung in einem
zornigen und feierlichen Anti-Ritual.

Die Teilung geht auf veränderter Basis weiter, planwidrig und
nicht mehr glatt aufgehend: Drei durch zwei ergibt eins und einen
Rest. Die Unmöglichkeit der Teilung (und des umschichtigen Auf-
enthalts bei den Töchtern) wird durch einen symbolischen Akt illustriert: Eine Krone wird unter den Erben geteilt und dabei zerbrochen.

[Cordelia und die Schwestern vertreten verschiedene Konzeptionen von Liebe und Verwandtschaftsbindung. – Die Sprachen kon-
strastieren: eine Opulenz, die hohl und geheuchelt ist, und eine
Kargheit, die die Wahrheit sagt, aber auch provoziert. – Beginn der
Sequenz über *nothing* – nichts sein und zu nichts werden.]

Kent wendet sich gegen Lear, der ihm bislang König, Vater und
Herr war, und ergreift die Partei Cordelias. Er wird verbannt. Lear,
jetzt ohne Begleitfigur, steht gegen zwei Zweiergruppen, aber noch
gehorcht das Restensemble seinem Willen.

[Kent gehört auch durch die Sprache der »plainness« (148) zu
Cordelia. Er spricht von Lears »folly« (149) und nennt den König
»mad« (146) und führt damit diese beiden Leitbegriffe in den Dialog ein. Beginn der Sequenzen ›Blindheit‹ – »See better, Lear«
(158) – und ›Krankheit‹, 163f.]

Burgund und Frankreich treten in eine Verhandlung mit Lear ein, die eine Umkehrung der normalen Brautwerbung ist. Der Brautvater ist nicht Anwalt, sondern Feind der Tochter; er will sie isoliert lassen. Burgund wägt und rechnet Liebe (wie Lear), verzichtet und bestätigt damit die Verstoßung. Frankreich, ranggleich mit Lear, handelt konträr. Unter Zurechtweisung Lears nimmt er Cordelia, kehrt ihren Rang um (»... most rich being poor, / Most choice forsaken, and most lov'd despis'd...«, 250f.), bildet mit ihr ein Paar.

Als Lear abgeht, ist er das einzige unpaarige Element in der Bühnengesellschaft, einbezogen nur noch durch die Paktbedingungen in ein ungleiches Dreieck: Goneril und Regan (mit ihren Männern) als Machtinhaber, er als Titelträger – und vorläufig noch Herr über hundert Ritter.

In der Nachszene tun sich die beiden Töchter gegen ihn zusammen, als labiles Paar. Lear ist draußen und bedroht. Cordelia verläßt das Land. Jede feste Gruppierung der Bühnengesellschaft ist aufgelöst.

Die Szene – so läßt sich zusammenfassen – verfügt nicht nur über ein stabiles Grundgerüst von Handlungen und Positionsveränderungen der Figuren, sondern dieses Grundgerüst, das keineswegs nur irgendwo tief unten stützt und trägt, bestimmt auch durchgehend die dramatische Aussage. Alle Feinstrukturen sind mit der Grundstruktur verzahnt. Auch subtile sprachliche und thematische Details sind eine Ausarbeitung, Auslegung, Präzisierung der elementaren Vorgänge. Die Dramaturgie der Stücke lebt von der Handlung.

Plots: Herkunft und Eigenart

Die Plots von Shakespeares Dramen bilden eine bunte Sammlung. Manche sind märchenhaft, andere beruhen auf historischen Ereignissen, manche spielen in entfernter Vergangenheit, manche in der Gegenwart, manche – wie das des *Macbeth* – sind einfach, überschaubar und einsträngig, andere – wie das des *Tempest* – sind verschlungen und aus mehreren Ereignisketten zusammengesetzt.

Anders als die übrigen Bereiche der Dramaturgie trägt die Plotkonstruktion Shakespeares nicht unübersehbar das Zeichen der Besonderheit oder Größe. Wenn nicht das Wissen um die Bedeutung der ausgeführten Stücke auf die Beurteilung aller Komponenten abfärbte, würde man die meisten Handlungsgerüste als typische elisabethanische Dutzendware ansprechen.

Die allermeisten Plots sind, wie man weiß, nur zum geringeren Teil Shakespeares eigenes Werk; sie gehen auf eine Quelle oder auf verschiedene Quellen zurück. Zwar wird kein Plot ganz unverändert der Dramatisierung zugrunde gelegt, aber Shakespeare verfährt beim Ändern (wie im Falle des *Macbeth*) erstaunlich zurückhaltend, wenn man von der Hinzufügung zusätzlicher Handlungselemente absieht.

Auch die wenigen Dramen, für deren Haupthandlung man keine bestimmte Quelle gefunden hat, *Love's Labour's Lost*, *The Merry Wives of Windsor* und *The Tempest* vor allem, ändern das Bild kaum. Ihre Plots bestehen zumeist aus Kombinationen gängiger Handlungsmotive, für die es nicht an Parallelen in der zeitgenössischen Literatur fehlt.

Daß ein Autor, der bei der Komposition seiner Figuren und Szenen eine unendliche Innovationskraft zeigt, so wenig eigene Erfindung in seine Plots investiert, ist erstaunlich, und das nicht nur auf den ersten Blick. Zwar liefern die Denkschemata der Renaissance eine Teilerklärung. Man suchte die Originalität generell eher auf dem Gebiet der Durchführung eines Themas oder der Variation eines gegebenen Musters als im Bereich des Stofflichen; die rhetorisch-literarische Disziplin der *inventio* lehrte das Auffinden von Materialien, nicht die Erfindung. Aber andere Dramatiker, besonders Ben Jonson, verfahren doch schon nach der einleuchtenden Devise, daß eine ambitionierte Dramenkomposition am besten bei der Konstruktion eines eigenen Plot anfange.

Offenbar gehört es zu Shakespeares Eigenart, Vorgefundenes als Rahmen zu akzeptieren – ob es sich um Theaterbedingungen, Zuschauerwünsche oder Plots handelt – und die Originalität auf den Binnenraum des Rahmens zu beschränken.

Die Liste der sicheren oder mutmaßlichen Shakespearequellen umfaßt Werke aus allen möglichen Gattungen, Epochen und Ursprungsländern, z.B. eine römische Komödie, Plautus' *Menaechmi* (für *The Comedy of Errors*), eine mittelalterliche Sammlung von Sagen, Anekdoten und Legenden, die *Gesta Romanorum* (für eines der Plots in *The Merchant of Venice*) und ein englisches Gedicht aus der Mitte des 16. Jahrhunderts, Arthur Brookes *The Tragical History of Romeus und Juliet*.

So universell und weitgespannt, wie es den Anschein hat, ist die

Auswahl allerdings doch nicht. Die Mehrzahl der Stoffe hat zwar schon eine lange Überlieferung hinter sich, wird aber von Shakespeare einem Drucktext seiner eigenen Zeit entlehnt, und zwar in der Regel einem populären Werk von erprobtem Allgemeininteresse.

Die meisten Plots entstammen einer von drei Quellengruppen oder Einzelquellen.

– Für die zehn Historien und für *Macbeth* dienen einzeln oder gemeinsam zwei Werke als Quelle, die das verbreitete Interesse des elisabethanischen Lesepublikums an nationaler Geschichte reflektieren, Raphael Holinsheds *Chronicles of England, Scotland and Ireland* (2. Auflage 1587), ein von der legendären Vorgeschichte bis in die jüngere Zeit reichendes Kompendium, und Edward Halls *The Union of the Two Noble and Illustre Famelies of Lancastre and Yorke* (1548), eine Geschichte Englands von Richard II. bis zum Ende der Rosenkriege. Die Werke sind von ungleicher Qualität: Hall ist der originellere Deuter und Gestalter; Holinshed und seine Mitarbeiter beschränken sich stärker auf das Kompilieren. Beide Werke setzen ohne eigenes Quellenstudium einen mehrstufigen Prozeß des Neuerzählens von Geschichte fort, beide betonen das Anekdotische, das interessante Einzelereignis, beide arbeiten das Exemplarische und überzeitlich Bemerkenswerte der einzelnen historischen Fälle heraus.

– Die Plots der Römerdramen, *Julius Caesar, Antony and Cleopatra* und *Coriolanus*, gehen auf Plutarchs *Parallelbiographien* zurück, die in England durch eine Übersetzung von Sir Thomas North (1579) bekannt wurden. Plutarch, der Anfang des 2. Jahrhunderts n.Chr. schrieb, faßt sich nicht als Geschichtsschreiber, sondern als ›Maler von Lebensbildern‹ auf; er hält die kennzeichnende Anekdote, die alltägliche Szene für wichtiger als Schlachten und Staatsaktionen; er moralisiert, indem er jeweils einen Griechen und einen Römer – Alexander und Caesar, Alkibiades und Coriolan – gegenüberstellt und wertend vergleicht.

– Eine Gruppe von Plots, vor allem von Komödien, leitet sich von den Geschichtenbänden der italienischen Novellisten des 14. bis 16. Jahrhunderts her, z.B. von Boccaccios *Decamerone*, Bandellos *Novelle* oder Cinthios *Hecatommithi*. Der Weg führt oft über eine Zwischenquelle wie William Painters Anthologie *The Palace of Pleasure* (1566). Diese Geschichten sind meist von den italienischen Autoren nicht erfunden, sondern der mündlichen oder schriftlichen Erzähltradition entnommen worden. Sie werden mit den Mitteln der seit den Anfängen des Humanismus entwickelten Sprachkunst neugefaßt – unterhaltsam, effektvoll und oft zur Illustration eines Mottos oder Themas zugespitzt.

Diese Hauptquellen zeigen schon, daß Shakespeares Plots (genauer; deren aus den Quellen bezogenen Ausgangsformen) bei aller Buntscheckigkeit doch gemeinsame Merkmale aufweisen:

– Der Großteil der zugrundeliegenden Geschichten ist in einem langen Traditionsprozeß mehrfach umerzählt und neuerzählt worden. Die durch die Zeit getesteten Materialien eignen sich für weitere Tradierung.
– Das von Shakespeare bevorzugte populäre Traditionsgut besteht, ähnlich den volksläufigen Überlieferungsformen wie Märchen und Ballade, im Kern meist aus einer archetypischen Situation mit elementaren Personenbeziehungen und Konflikten: Zwei Kinder aus verfeindeten Familien lieben sich; ein Vater will seinen Besitz gerecht auf seine Töchter verteilen. Ein Mächtiger, der die Moral in einem Staat aufrechterhalten soll, erliegt selbst der Versuchung zur Unmoral.
– Die meisten Geschichten sind aus einer Erzählhaltung hervorgegangen, die im Einzelnen das Allgemeine, im besonderen Fall das Exemplarische aufzuzeigen versucht. Auch die historischen Quellen sind moralisierte Geschichte.
– In den meisten Quellen spielen das Anekdotische und die Einzelbegebenheit eine große Rolle, so daß die Vorlagen der Dramatisierung entgegenkommen.

Es besteht also durchaus eine Affinität zwischen dem aus den Quellen bezogenen Material und dem fertigen Drama.

Plots: Konstruktion

Die Verwirklichung der in einem Plot beschreibbaren Ereigniskette ist bei Shakespeare nur eines der Ziele des Dramas. Für die Durchführung der anderen Intentionen – z.B. die Präsentation von Unterhaltungsdarbietungen und sprachlicher Virtuosität, für den Ausbau der Bühnengesellschaft und der Einzelfiguren über die Handlungsfunktionen hinaus, für die Eigenhandlung und das Eigeninteresse der Szenen, für Reflexionen – braucht er viel Spielraum. Die meisten Handlungsvorlagen liefern diesen Spielraum, da sie relativ einfach sind und weder die Bühnengesellschaft voll auslasten noch alle verfügbaren Szenen beanspruchen. Hamlet ist beispielsweise ein Stück, in dem – von der hektischen Aktivität der Schlußszene abgesehen – die Durchführung des Plot nur einen Bruchteil des Dialogs einnimmt.

Manche Stoffe, etwa die Plutarch-Viten oder die Geschichte der Rosenkriege, enthalten mehr potentielle Plotelemente, als sich bequem verarbeiten lassen. Nach anfänglichen Schwierigkeiten mit einem Zuviel an Schlachten und Intrigen in den Historien über Heinrich VI. lernt Shakespeare die Kunst der rigorosen Vereinfachung und Auswahl. In *Richard II.* beispielsweise wird aus dem Ereignismaterial der Quellen nur so wenig in Shakespeares eigenes Plot übernommen, daß jede der ausgewählten Begebenheiten komplex und mit allen Implikationen dargestellt werden kann.

Häufiger als ein Zuviel wird ein Mangel an Plot zum dramaturgischen Problem. Plots, die aus kürzeren Erzählungen entnommen sind, geben nicht genügend Rollen und Aktionen her, um ein Drama auszufüllen. Der Autor gliedert dem zentralen Plot zusätzliche Einzelaktionen oder Ereignisketten mit kausalem Zusammenhang (also weitere Plots) an.

Vor allem die Komödie benötigt oft eine Handlungserweiterung. Hier sind die Haupthandlungen häufig schlicht und ohne spektakuläre Ereignisse wie Kämpfe oder Hofzeremonien. Die Charakterisierung der Figuren und die Motivierung der Handlungen sind weniger intensiv als in der Tragödie und erfordern daher geringeren Raum. Die vielen komischen Effekte von der Clownerie bis zur Situationskomik müssen nach Möglichkeit durch den Faden einer Handlung zusammengehalten werden.

Die Zusammensetzung des Publikums und der Unterhaltungsauftrag des Theaters bringen es mit sich, daß in englischen Dramen des 16. und 17. Jahrhunderts viel mehr Betrieb auf der Bühne herrscht als in älteren oder zeitgenössischen kontinentalen Stücken. Die Zuschauer erwarten, daß beständig etwas los ist. Der Üppigkeit der Sprache entspricht die Üppigkeit der Aktivitäten. Shakespeares *Comedy of Errors* zeigt den Unterschied zum Kontinent. Die Plautuskomödie, die als Quelle dient, ist sehr turbulent: Zwei Zwillinge, die lange getrennt waren, sind jetzt in der gleichen Stadt und werden dauernd verwechselt. Shakespeare gibt seinem Stück ein zweites Zwillingspaar auf der Dienerebene und vervielfacht dadurch das Verwirrspiel (Herren werden verwechselt, Diener werden verwechselt, Diener verwechseln ihre Herren). Außerdem baut er noch Handlungselemente einer weiteren plautinischen Komödie ein.

Shakespeare hat eine Reihe von Stücken mit zwei Plots, von denen meist eines deutlich dominiert. Er kombiniert aber auch unbedenklich vier oder fünf Handlungsstränge. Die Konstruktionsweise der Stücke mit mehreren Plots ist verhältnismäßig einfach. Die Plots werden nicht so eng wie möglich integriert, sondern im Gegenteil möglichst unabhängig geführt. Im *Tempest* zum Beispiel haben die einzelnen Verschwörergruppen nur in der Anfangsszene und im Schlußakt Kontakt, sonst bewegen sie sich getrennt über die Insel.

Die Zuordnung der Plots erfolgt nach zwei Prinzipien, die wir bereits bei der Bühnengesellschaft als konstitutiv erkannten: hierarchische Über- und Unterordnung und Zusammenstellung zu Parallel- und Kontrastpaaren.

Verschiedene Plots sind auf verschiedenen Ebenen der gesellschaftlichen Hierarchie angesiedelt. Im Extremfall ist die Distanz so groß, daß das Geschehen im unteren Bereich die Spitzen der Gesellschaft nicht tangiert. Der Aufstand der Trunkenbolde ist für Prospero ohne Belang.

Zum Kontrast von oben und unten tritt in der Regel die Parallele der Vorgänge. Die Kleinen versuchen, das gleiche zu tun wie die Großen, wirken dadurch komisch, werfen aber oft in der Parodie ein kritisches Licht auf die Aktionen der höheren Kreise. Die ungebildeten Tröpfe in *Love's Labour's Lost* äffen auf erheiternde, aber auch dekuvrierende Weise das geistreich-künstliche Werbungsspiel der Hofleute nach; die Bordellwirtin Mrs. Overdone und ihr Faktotum Pompey in *Measure for Measure* schlagen sich mit dem Problem der Unzucht herum wie der Herzog und sein Stellvertreter.

Je höher ein Nebenplot in der Hierarchie angesiedelt ist, um so geringer wird das Gefälle zwischen Ernst und Unernst. In *Twelfth Night* sind die Agierenden des zweiten Plot zwar komisch, aber immerhin Leute von Stand: Sir Toby Belch, Sir Andrew Aguecheek, die Hofdame Maria und der Haushofmeister Malvolio. Der Handlungsstrang gewinnt dadurch an Seriosität und an Nähe zur Haupthandlung. Bei der Haupthandlung und der Gloucester-Handlung im *Lear* ist der soziale Abstand noch geringer, die Parallelen sind ausgeprägter, die Kontraste subtiler.

Eine Verklammerung der Plots wird meist auf dem Wege über die Bühnengesellschaft vorgenommen. Verbindungsfiguren übernehmen Handlungsfunktionen in zwei Handlungen. Prince Hal verbindet die Handlungsebenen des Hofes und des Falstaff-Milieus in *1* und *2 Henry IV*, Edmund, der böse Sohn Gloucesters, greift als Liebhaber von Goneril und Regan in die Lear-Handlung ein.

Trotz ihrer im Grunde einfachen Konstruktionsweise kann die Kombination von Plots durch die bloße Häufung von Bestandteilen zu komplizierten Gebilden führen. In *A Midsummer Night's Dream* sind vier Handlungen auf vier sozialen Ebenen übereinandergeschichtet: 1. Theseus, der Herzog von Athen, bereitet seine Hochzeit mit der Amazonenkönigin Hippolyta vor. 2. Der Feenkönig Oberon hat einen Ehestreit mit seiner Frau Titania. 3. Zwei Paare vornehmer junger Athener haben Probleme miteinander und mit den Eltern. 4. Die Handwerker proben ein Stück und führen es auf. Ein solches Konglomerat wirkt, wie wir es auch beim *Tempest* feststellen können, als *multiple plot* unschön und zusammengestoppelt. Das tatsächliche Drama ist aber durchsichtiger und – durch die Betonung der thematischen Verbindung zwischen den Plots – auch einheitlicher.

Quellenfragen

Die Quellenforschung gehört zu den ältesten Zweigen der Literaturwissenschaft. Im Falle Shakespeares ist der größte Teil ihrer Arbeit schon seit Jahrzehnten getan. Das Korpus der Texte, die als Quellen in Frage kommen, steht fest und wird kaum noch erweitert. Auch der historische Weg, den die Stoffe genommen haben, ist – von einigen Problemfällen abgesehen – generell geklärt.

Dennoch herrscht in diesem Forschungsbereich keineswegs beschaulicher Frieden. Bei fast jedem Drama gibt es noch immer Kontroversen über Quellenfragen. Das rührt daher, daß es von den meisten Stoffen mehrere Versionen gibt, die Shakespeare gekannt haben kann. Außer bei massiven wörtlichen Übernahmen, die bei der Dramatisierungen von narrativen Texten selten vorkommen, ist es außerordentlich schwierig, zwischen sicheren Quellen, wahrscheinlichen Quellen und bloßen Analogien zu unterscheiden. So kommen z.B. für die Geschichte vom Fleischpfand in *The Merchant of Venice* drei Fassungen, eine italienische Novelle, eine aus dem

Französischen übersetzte rhetorische Deklamationsübung und eine
englische Prosaübersetzung, einzeln oder gemeinsam als direkte
Vorlage in Frage. Die Tendenz geht – wie überall – zu größerer
Vorsicht bei der Aufstellung von Hypothesen: »...it has become in-
creasingly apparent how much more often one can say, ›This is like
Shakespeare‹, than ›This is definitely Shakespeare's source‹«.[5]

Den scharfsinnigen Argumenten zu folgen, ob ein Text *analogue*
oder *probable source* ist, kann ein detektivisches Vergnügen bereiten. Das Gebiet der Quellen und Parallelen bietet aber auch wie
kaum ein anderes die Möglichkeit zur Anhäufung von totem Wissen. Das bloße Faktum der Benutzung einer Quelle A für das Drama
B ist von minimalem Erkenntniswert.

Sinnvoll wird die Beschäftigung mit Quellen eigentlich nur dann,
wenn man sich der Mühe unterzieht, Vorlage und Shakespearetext
vergleichend zu analysieren – eine Arbeit, die einem die existieren-
de Sekundärliteratur nicht abnimmt. Es gibt kaum einen besseren
Weg zum Verständnis der Struktur eines Stückes und zum Begreifen der Außerordentlichkeit Shakespeares als einen solchen Vergleich – auch wenn er sich nur auf einen Teil des Dramas beschränkt – und das Nachdenken über Beweggründe und Wirkungen
der Änderungen, Auslassungen und Zusätze.

DAS DRAMA ALS EINHEIT

Wenn auch die Szene die grundlegende dramaturgische Einheit ist,
so ist doch das Drama mehr als eine Aneinanderreihung von Szenen. Es ist ebenfalls als ein Ganzes, als dramaturgische Einheit,
komponiert.

Anderer Einheitsbegriff

Wir neigen heute dazu, das für selbstverständlich zu halten und den
Shakespearedramen, wie allen anderen großen Werken der Litera-

---

[5] Geoffrey Bullough, *Narrative and Dramatic Sources of Shakespeare,* Bd. 1
(London, 1957), S. ix.

tur, eine strenge Geschlossenheit und einen engen Zusammenhalt zuzuschreiben. Die Einheit des Kunstwerkes gehört für die Mehrzahl der neueren Literaturtheoretiker und in der Praxis der Interpretation zu den höchsten Gütern: Einzelheiten dürfen sich nicht verselbständigen, alle Teilstrukturen müssen sich bruchlos einer Gesamtstruktur einordnen.

In der Shakespearekritik ist man inzwischen davon abgekommen, ganze Stücke aus einem Punkt zu erklären und beispielsweise *Macbeth* ausschließlich als *drama of ambition* zu deuten. Es ist Gemeingut geworden, daß die Dramen mehrere Themen haben und eine gegliederte Einheit bilden. Noch immer aber wird sehr viel Energie, Scharfsinn und mitunter Spitzfindigkeit darauf verwandt, unter dem Motto *The Unity of...* zwischen den Komponenten eines Dramas einen möglichst engen Zusammenhang aufzuzeigen und disparat Erscheinendes auf einen Nenner zu bringen. Meist geht man auch davon aus, daß die Stücke darauf angelegt seien, beim Zuschauer oder Leser einen einheitlichen Gesamteffekt – *unified general response* – auszulösen.

Die einheitsbetonenden Anstrengungen der Moderne schießen leicht über das Ziel hinaus. Shakespeare hatte mit Sicherheit einen anderen, weniger strengen Einheitsbegriff als wir. So wie seine Dramen Mehrzweckstücke sind, die sich an heterogene Zielgruppen wenden, zugleich unterhaltende, ästhetische, emotionale und kognitive Zwecke verfolgen und die unterschiedlichen Sprachformen und theatralischen Darbietungen mischen, so besteht auch ihre Ganzheit oft aus einem lockeren Zusammenhang, und die Einheit ist nicht unbedingt oberstes Postulat. Fast jedes Drama enthält Elemente – Bühnengeschehnisse und Figuren –, die sich der Einordnung in eine einheitliche Gesamtstruktur widersetzen. Immer wieder erhalten die lokalen, auf das Hier und Jetzt gerichteten Belange den Vorrang vor szenenübergreifenden Aspekten wie glatten Handlungssequenzen und Konsistenz der Charaktere.

Wie wir bei der Analyse von Beispielszenen sahen, ist die Zahl der szenenübergreifenden Aussageelemente überaus hoch. Die Stücke sind dadurch mit einem Netz von Verknüpfungen überzogen. Das Grundmuster der Zusammenfügung ist aber nicht ein enges Verzahnen der Komponenten, sondern das Zusammen-Stellen separater Teile, die durch Gemeinsamkeiten, Wiederholungen und Kontraste miteinander korrespondieren.

Einheitsstiftende Faktoren

Einer der wichtigsten Faktoren für den Zusammenhalt des ganzen Dramas ist die Bühnengesellschaft. Ihre Mitglieder sind ja eng aneinander gebunden und vielfach zueinander in Beziehung gebracht: als Glieder der staatlich-sozialen Hierarchie, als Verwandte, als Herrschaft und Gesinde. Wie bunt auch immer das Geschehen sein mag, es geschieht unter den gleichen Leuten. Besonders in der Komödie, die sich oft in mehrere Handlungsstränge und in Abfolgen von Einzelereignissen aufteilt, verläßt sich Shakespeare auf die Kohäsionskraft der Bühnengesellschaft, die ja hier von Anfang bis Ende konstant bleibt und meist nicht durch Todfeindschaft oder verschiedene Nationalität gespalten ist. Bei der Tragödie, deren Bühnengesellschaft durch Konflikte und Tod dem Wandel unterliegt, wird die Funktion der Bindung zum Ganzen stärker durch andere Komponenten, besonders durch die Handlung, wahrgenommen. In den Historien wird die Konstanz des Personenkreises nicht selten durch Abweichung von der überlieferten Geschichte erreicht.

Auch von den durchlaufenden Handlungssträngen geht natürlich zusammenbindende Kraft aus; sie liefern den Kausalnexus und die Illusion der zeitlichen Sukzession: Weil Ereignisse voneinander abhängen, erscheinen sie als ein deutliches Nacheinander. Shakespeare läßt fast keine Szene und keine Figur ganz ohne Anbindung an einen Handlungsstrang. Im *Merchant of Venice* beispielsweise hat Launcelot Gobbo, der manchmal einfach als »the Clown« bezeichnet wird, hauptsächlich die Funktion, Jux zu machen. Er wird aber nicht nur – als Diener Shylocks – gesellschaftlich eingeordnet, sondern auch mit einem kleinen Plot versehen: Er wechselt aus den Diensten des Juden zu Bassanio über und verstärkt damit den allgemeinen Bewegungsduktus von Shylock weg und nach Belmont hin, wo sein neuer Herr einheiratet.

Es gibt nicht nur die Ebenen der Einzelszene und des ganzen Dramas. In der Regel werden Nachbarszenen aufeinander abgestimmt. Oft werden mehrere Szenen zu Sequenzen zusammengestellt. Das allgemeinste Prinzip ist die Abwechslung: Innenszenen wechseln mit Draußenszenen, figurenreiche mit figurenarmen, öffentliche mit privaten, Szenen der Herrschaften mit Dienerszenen, haupthandlungsbezogene mit nebenhandlungsbezogenen. In manchen Dramen dient über längere Strecken das Alternieren von zwei Bereichen als Konstruktionsprinzip: die englische und die französische Seite in

Henry V und *1 Henry VI*, der Hof und die Welt Falstaffs in *1* und *2 Henry IV*.

Eine typische Szenensequenz, die nach dem Prinzip von Kontrast und Wiederholung aufgebaut ist, findet sich am Anfang von *Richard II*. Die erste und die dritte Szene sind große Staats- und Schauszenen mit vielen Figuren. Sie sind inhaltlich aufeinander bezogen: In der ersten klagt Henry Bolingbroke, Herzog von Hereford, den Herzog von Norfolk eines schweren Verbrechens an, in der dritten soll der Zweikampf zwischen Ankläger und Angeklagtem stattfinden. Die zweite und die vierte Szene sind Innenszenen mit wenigen Beteiligten. Hier werden im intimen Gespräch die Hintergründe der öffentlichen Aktionen erhellt.

Besonders in den späteren Werken ist die Verknüpfung von Szenen zu Sequenzen oft sehr komplex. Im *Macbeth* zum Beispiel sind die Szenen des ersten Akts nicht nur durch Handlungssequenzen und durch die üblichen Relationen von Kontrast und Parallelität verbunden, sondern auch durch einen räumlichen und einen zeitlichen Prozeß. Der Weg der Handelnden führt vom Schlachtfeld über den Königshof nach Inverness, dem Sitz des Bösen. Er führt weiter vom Tag in die Nacht. Die Szenen (die in Wirklichkeit einen längeren Zeitraum darstellen) spielen nacheinander bei Tageslicht, in der Dämmerung, am Abend und in der Nacht.

In welchem Maße Shakespeare seinen Dramen eine Fünf-Akt-Struktur gibt und den einzelnen Akt als kompositorische Einheit auffaßt, ist umstritten. Die formale Akteinteilung, die seit der Folio-ausgabe durchgeführt ist, stammt vermutlich nicht aus Shakespeares Manuskripten. Das Fünf-Akt-Schema gewann zu Shakespeares Zeit unter dem Einfluß der römischen Literatur an Verbreitung, hatte sich aber noch nicht allgemein durchgesetzt. Shakespeare verwendet in einigen Dramen offensichtlich das Fünferschema, so etwa in *Henry V*, wo vor jedem von fünf Teilen der Chorus-Sprecher auftritt. In anderen bildet mindestens ein Teil der in der Folio markierten Akte eine deutliche kompositorische Einheit; im *Macbeth* etwa gilt das für den ersten, zweiten und fünften Akt. Bei anderen Stücken, zum Beispiel *King Lear*, fällt es schwer, der überlieferten Akteinteilung größere Bedeutung beizumessen. Sicher ist, daß Shakespeare bei der Dramenkonstruktion nicht von einem starren fünfteiligen Gliederungsschema, also etwa Einleitung, Steigerung, Höhepunkt mit Peripetie, fallende Handlung und Lösung bzw. Katastrophe, ausging.

Der Mittelteil ist in Shakespeares Dramen selten straff aufgebaut. Die Szenen sind locker gereiht und wirken mitunter – so im *Merchant of Venice* – wie ein Potpourri. Als Ausgleich haben die Stücke immer einen markanten, die Fäden wieder zusammenfassenden, einheitsstiftenden Schluß, gewöhnlich in der Form einer Langszene, in der alle (überlebenden) Mithandelnden auftreten. Dieser Teil hat meist eine große Aktionsdichte, da sich die Schlußteile der Handlungsstränge hier abspielen: Lösung, Entwirrung, Verlobung oder Hochzeit in der Komödie, Untergang des Helden in der Tragödie, Abschluß einer Geschichtsphase oder Tod des Herrschers in der Historie. Der Schluß dient außerdem – und nicht selten ist das die vorrangige Funktion – der Bekräftigung oder Wiederherstellung der gesellschaftlichen und moralischen Ordnung. Die Komödie schließt mit allgemeiner Harmonisierung und Versöhnung. Ungelöste Probleme werden übergangen, nicht integrierbare Personen bleiben unauffällig draußen (wie Shylock) oder erscheinen einen Augenblick lang als traktabel (wie Caliban). In den Historien wird, auch wenn Wirren und Kriege weitergehen, ein Moment der Stasis dargestellt. Nach dem Tode des Helden in der Tragödie wird die Ordnung restauriert, ob mit der (möglicherweise trügerischen) Zuversicht des neuen Königs Malcolm in *Macbeth*, der Schottland gute Zeiten verheißt, oder mit dem bedrückenden Gefühl der Verpflichtung zum Weitermachen, die aus Edgars Schlußworten in *King Lear* spricht.

Die dramaturgische Verarbeitung von Themen hat in erster Linie die Funktion, den Einzelfall in seiner exemplarischen Bedeutung zu zeigen und die mit dem Plot gegebenen Konflikte und Probleme – z.B. das Verhältnis von Liebe und Pflicht bei der Beziehung zwischen den Eltern und Kindern oder die Rechtfertigung staatlicher und außergesetzlicher Gewalt – auf eine möglichst komplexe Weise zu erörtern und durchzuspielen. Da ein Thema nicht an einer Stelle massiert behandelt wird, sondern in einer oft vielteiligen Sequenz von Stellen, kann gerade die thematische Arbeit viel zur Verklammerung der Teile eines Stücks beitragen. Meist hat die thematische Arbeit für den Zusammenhalt des Stücks größere Bedeutung als der Kausalnexus der Ereignisse.

Thematische Arbeit als Mittel des Zusammenhalts:
The Merchant of Venice

Wir sahen bereits, wie in der Eröffnungsszene des *Tempest* die später beherrschenden Themen des Aufruhrs und der Umkehrung eingeführt werden und wie die Reichsteilungsszene in *King Lear* über thematische Sequenzen in Verbindung mit den Szenen des Wahnsinns, des Unbehaustseins und der Erniedrigung der Kreatur steht. In welchem Maße thematische Bezüge auch disparate Bereiche klammern können, läßt sich am Beispiel des *Merchant of Venice* verdeutlichen.

Shakespeare fügt in diesem Drama – wenn man alle Handlungssequenzen berücksichtigt, die sich über eine Reihe von Szenen erstrecken – nicht weniger als fünf Plots zusammen. Die beiden wichtigsten, die Geschichte vom Fleischpfand und die Geschichte von der Kästchenwahl, haben folgendes Gerüst:

– Ein Kaufmann, der einem Freund Geld leihen will, borgt die Summe von einem Juden. Als Verfallstrafe bei versäumter Rückzahlungsfrist muß der Kaufmann ein Pfund seines Fleisches verpfänden. Die Frist kann nicht eingehalten werden. Der Jude klagt das Pfand ein. Erst im letzten Moment gelingt es, den Kaufmann mit einem juristischen Trick – der Jude hat mit der Abmachung unwissentlich gegen ein altes Gesetz verstoßen – zu retten und seinen Widersacher vom Kläger zum Angeklagten zu machen.
– Eine reiche Erbin ist testamentarisch verpflichtet, denjenigen zu heiraten, der von drei Kästchen aus Gold, Silber und Blei das richtige, ihr Bild enthaltende wählt. Zwei unwürdige Bewerber wählen falsch. Der dritte, würdige, wählt richtig und gewinnt Herz und Hand der Dame.

Beide Handlungsgerüste können allein kein Drama füllen, da sie nur wenige Figuren involvieren und nur ein paar als Szenen ausformbare Bestandteile haben. Die Mechanik der Kopplung ist einfach. Sie geschieht in der bei Shakespeare üblichen Weise durch Verbindungsfiguren, die in beiden Plots mitwirken. Bassanio ist zugleich der Freund des Kaufmanns und der würdige und erfolgreiche Bewerber. (Diese Personalunion hat den Vorzug, daß sie das beliebte Thema der Konkurrenz zwischen Freundschaft und Liebe ins Spiel bringt.) Portia, die umworbene Erbin, fungiert verkleidet als Rechtsexperte, der die Wende im Prozeß herbeiführt. (Hier sind die Funktionen in den verschiedenen Handlungen schwerer zu vereinbaren.)

Im übrigen weisen die beiden Plots keine offenkundige Nähe zueinander auf. Wenn man das Stück nicht kennte, müßte man sich fragen, was der Autor in Hinsicht der thematischen Aussage mit dem schwankhaften Darlehensstreit und der märchenhaften Brautlotterie einzeln und zusammen eigentlich anfangen will.

Die Pfandgeschichte enthält das größte thematische Potential. Die Kontrahenten, Antonio und Shylock, sind Gegenpole, nicht nur als Christ und Jude, ernst-melancholischer Held und gerissen-komischer Schurke, sondern auch als Vertreter unterschiedlicher Konzeptionen des Geschäftslebens.

Antonios Kaufmannsethos beruht auf der Übertragung aristokratischer Werte und Haltungen in die Welt des bürgerlichen Handels. Der Kaufmann Antonio ist in erster Linie ein Freund, der dem Renaissanceideal entspricht: großzügig, selbstlos, zu jedem Opfer bereit:

> My purse, my person, my extremest means,
> Lie all unlock'd to your occasions.   I,1,138f

Diese Haltung gilt nicht nur gegenüber Bassanio. Shakespeare läßt ihn auch sonst nach dem (historisch neuen) Prinzip der Geschäftsfreundschaft handeln: Er verleiht sein Geld grundsätzlich ohne Entgelt und ohne Sicherheit. Neben der Freundschaft macht die Bereitschaft zum Risiko seine Leistung als Kaufmann aus. Ausdrücke des Wagens wie *venture* und *hazard* sind Kernbegriffe seines Handelskredos. Vor allem seine Schiffe sind *ventures*. Als »royal merchant« im vollen Sinne des Wortes erträgt Antonio, wie sonst ein Herrscher, die Auslieferung der eigenen Position an die launenhafte Fortuna mit gleichbleibender Beherrschung.

Shylock dagegen ist ein Handelsmann, der Zinsen verlangt, was Shakespeare ihm – obwohl es in der Realität damals schon legitim und üblich war – als Wucher ankreidet. Zinsen sind *interest*, Eigennutz. Shylock verlangt Sicherheiten. Er hält die List im Geschäftsleben für erlaubt. Er will das Erworbene horten und um keinen Preis hergeben. Er haßt Antonio und betrachtet Handel als eine Form des Kampfes.

Das Schwarz-Weiß-Schema des guten und des bösen Kaufmanns wird in der Durchführung differenziert. Shylock erhält Gelegenheit, seine Position so plausibel wie möglich zu begründen. Es wird auch gezeigt, in welchem Maße die Christen durch Verachtung und inhumane Behandlung dazu beigetragen haben, Shylock zum Schurken und Außenseiter zu machen. Aber diese Differenzierungen ändern nichts an der Überlegenheit von Antonios Ethos.

Die Brautlotterie wird als thematische Parallele zur Handelsgeschichte ausgestaltet, indem sie zur Parabel über die gleichen Werte und Haltungen gemacht wird. – Portia ist reich, so wie Antonio und Shylock reich sind. Wer ihre Hand gewinnt, erwirbt ein Vermögen, und eben dieser Aspekt wird betont. Als Bassanio seinen Freund um die Mittel zur Finanzierung der Brautfahrt angeht, erklärt er die Sanierung seiner zerrütteten wirtschaftlichen Verhältnisse zu einem seiner Ziele. Die enge Verbindung zwischen Liebeswerbung und Vermögenserwerb, sonst in der Komödie meist tabuisiert, bleibt dann durchgehend im Blick. Portia ist in der begeisterten Schilderung Bassanios nicht nur ein Muster an Schönheit und Tugend, sondern auch ein Wertobjekt. In seinem Wortporträt dominieren Begriffe wie *rich, nothing undervalued, her worth, golden, thrift* (= geschäftlicher Erfolg). Sie wird zum mythologischen Goldsymbol: Ihr Haar ist ein Goldenes Vlies, die Freier, die zu Schiff aus allen vier Winden gefahren kommen, sind Argonauten auf ihrer Schatzsuche. Auch die Parallele zwischen dem *venture* der seefahrenden Freier und den *ventures* des Kaufmanns (mit seinen Schiffen, die *argosies* heißen und damit auf den gleichen Mythos verweisen) ist nicht zu übersehen.

Wie in der Welt des Handels kommt im Reich der Liebe alles auf das rechte Wagnis an. In den Portia-Szenen stehen neben den Begriffen des Glücks die des Wagens, *hazard, venture, to take a chance*, im Mittelpunkt. Portia selbst ist eine Wagende, indem sie ihre Zukunft ohne Vorbehalte der vom Vater verfügten »lottr'y of my destiny« (II,1,15) anvertraut. Alle Freier wagen einen hohen Einsatz, denn sie müssen schwören, im Falle des Scheiterns nie wieder um eine Frau zu werben. Sowohl die Prinzen von Marokko und Arragon als auch Bassanio setzen sich der ›blinden Fortuna‹ aus (II,1,36), aber sie wählen nicht blindlings. Jeder trifft nach langer Überlegungsrede seine Wahl zwischen drei Metallen und drei Aufschriften und zeigt dabei, ob er die richtige Einstellung zum Wagnis und zum Reichtum hat.

Die Prinzen wählen die edlen Metalle und die Sprüche, die Nehmen und Gewinnen zum Ausdruck bringen (Gold: »Who chooseth me shall gain what many men desire«, Silber: »Who chooseth me shall get as much as he deserves«). Sie glauben, Portia und der Reichtum stünden ihnen nach Anspruch und Verdienst zu.

Bassanio bekennt sich zu dem Spruch, der vom Wählenden verlangt zu geben, für etwas äußerlich Unscheinbares wie Blei das Äußerste zu wagen: »Who chooseth me must give and hazard all he hath«. Er steht dem Edelmetall, nach dem er strebt, mit Distanz gegenüber (»So may the outward shows be least themselves«, III,2,73). Seine Haltung entspricht genau der des Kaufmanns; er gewinnt zu Recht.

Venedig und Belmont, die Welt Portias, werden innerhalb der Parallelität auch kontrastiert. Die Stadt um den Rialto ist geschäftig, hektisch, voller Spannungen und Konflikte, während Belmont ein Ort der Ruhe, der Gelassenheit, des Zeremoniells und der Harmonie ist. Die gleichen Themen werden auf unterschiedliche Art behandelt. In Belmont, der märchenhaften Region, werden Wahrheit und Irrtum in der vereinfachten Form schöner Sprüche und Reden vorgetragen. In Venedig sind die Argumente subtiler und die Positionen differenzierter; die Debatten gehen hin und her. Das Kompositionsprinzip der Wiederholung auf unterschiedlichen Anspruchsebenen läßt sich wiedererkennen.

Trotz der Parallel- und Kontrastkonstruktionen wirken Kästchenwahl und Pfandgeschichte nicht wie aus einem Guß – ganz abgesehen davon, daß das Stück auch noch andere Komponenten enthält. Es wird aber deutlich, in welchem Maße die thematische Arbeit Handlungs- und Figurengerüste mit Bedeutung füllen und zu einer Gesamtheit binden kann.

Literaturhinweise

Dramaturgie, Handlungs- und Szenenkomposition

T.W. Baldwin, Shakespere's Five-Act Structure (Urbana, Ill., 1947).

H.T. Price, Construction in Shakespeare (Ann Arbor, Mich., 1951).

Madeleine Doran, Endeavors of Art: A Study of Form in Elizabethan Drama (Madison, 1954).

Bernard Beckerman, Shakespeare at the Globe: 1599–1609 (New York, 1962).

Anne Righter, Shakespeare and the Idea of the Play (London, 1962).

J.L. Styan, Shakespeare's Stagecraft (Cambridge, 1967).

Robert Weimann, Shakespeare und die Tradition des Volkstheaters: Soziologie. Dramaturgie. Gestaltung (Berlin, 1967).

John Russell Brown, Shakespeare's Dramatic Style (London, 1970).

Emrys Jones, Scenic Form in Shakespeare (Oxford, 1971).

Manfred Pfister, Das Drama: Theorie und Analyse (München, 1977).

Ralph Berry, Shakespearean Structures (Totowa, N.J., 1981).

James E. Hirsch, The Structure of Shakespearean Scenes (New Haven, 1981).

Margrete Munkelt, Bühnenanweisung und Dramaturgie: Hinweise zu Interpre-
    tationen und Inszenierung in Shakespeares First Folio und den Quartover-
    sionen (Amsterdam, 1981).

Philipp H. Highfill, Jr. (ed.), Shakespeare's Craft (Carbondale, 1982).

Ann Pasternak Slater, Shakespeare the Director (Brighton, 1982).

Alan C. Dessen, Elizabethan Stage Conventions and Modern Interpreters
    (Cambridge, 1984).

Anthony Brennan, Shakespeare's Dramatic Structures (London, 1986).

Rudolf Stamm, Shakespeare's Theatrical Notation: The Early Tragedies (Bern,
    1989).

Charaktere

A.C. Bradley, Shakespearean Tragedy (London, 1904).

Charlotte Ehrl, Sprachstil und Charakter bei Shakespeare (Heidelberg, 1957).

Leo Kirschbaum, Character and Characterization in Shakespeare (Detroit,
    1962).

Katharine Cooke, A.C. Bradley and his Influence in Twentieth-Century
    Shakespeare Criticism (Oxford, 1972).

Kenneth McLeish, Longman Guide to Shakespeare's Characters: A Who's
    Who of Shakespeare (Harlow, 1985).

Quellen

Geoffrey Bullough (ed.), Narrative and Dramatic Sources of Shakespeare, 8
    vols. (London, 1957–75).

Kenneth Muir, The Sources of Shakespeare's Plays (London, 1977).

5. Kapitel

Gattungen und Stücke

Probleme der Einteilung

Die erste Folioausgabe kündigt ihren Inhalt nicht unter einer Sammelbezeichnung wie *works* oder *plays* an, sondern unter drei Gattungsbegriffen:

SHAKESPEARES,
COMEDIES,
HISTORIES, &
TRAGEDIES.

Diese Dreiteilung, die sich im Innern des Folianten mehrfach wiederholt, genügt Polonius im *Hamlet* nicht. Sein Katalog der dramatischen Gattungen, den er anläßlich der Meldung von der Ankunft der Schauspieler vorträgt, ist wesentlich umfangreicher:

> The best actors in the world, either for tragedy, comedy, history, pastoral, pastoral-comical, historical-pastoral, [tragical-historical, tragical-comical-historical-pastoral] ... II,2,396–99

Die Aufzählung kennzeichnet die Pedanterie des Polonius, impliziert aber auch eine Stellungnahme zu den Fragen der Gattungen: Die Bedeutung von Tragödie, Komödie und Historie wird bestätigt, aber es gibt auch Zusatz-, Teil- und Mischgattungen. Das Gattungssystem wird nicht als strenge Dreiteiligkeit aufgefaßt und (vielleicht) nicht sehr ernst genommen.

Die moderne Kritik bezieht ihre Positionen teils in der Nähe der Folioherausgeber, teils in der Nähe des Polonius. Einerseits geht man davon aus, daß alle Stücke einer der drei Gattungen zuzuordnen sind, auch wenn das in manchen Fällen, wie zum Beispiel bei *Troilus and Cressida*, schwierig ist. Auf der anderen Seite erscheint vielen Kritikern die Einteilung nach Tragödien, Komödien und Historien zu grob und nichtssagend. Von den zahllosen Versuchen, das Gesamtwerk feiner nach Untergattungen oder Werkgruppen zu unterteilen, haben sich einige weitgehend durchgesetzt. So werden zum Beispiel die Römerdramen allgemein als Gruppe für sich betrachtet. Andere Kategorien, wie z.B. *problem plays,* werden teils –

mit stark wechselnder inhaltlicher Füllung – verwendet, teils zurückgewiesen.

Für uns kommt es vor allem darauf an zu erörtern, welche Begriffe die Elisabethaner mit den Bezeichnungen *tragedy, comedy* und
history verbanden und in welchem Maße diese Begriffe und die bereits existierenden Werke der Gattung Shakespeares Dramen prägten.

Die aus der modernen Diskussion stammenden Unterteilungen
und Gruppierungen werden aus einer Position der Skepsis durchmu-
stert. Die Skepsis bezieht sich weniger auf die Buntheit der Eintei-
lungen, die sich dabei ergeben haben. Es kann sehr lehrreich sein zu
sehen, auf wieviele Arten sich beispielsweise Shakespeares Komödien gruppieren lassen. Bedenken erheben sich vielmehr gegen die
Tendenz, den in der Moderne entstandenen Gruppen- und Gattungsbegriffen eine historische Existenz zu unterstellen und für Shakespeares Schaffen Paradigmen anzusetzen – d a s *problem play* oder
d i e *festive comedy* –, die er weder gekannt noch gar als Leitbild
anerkannt hat.

Es soll versucht werden, bei jedem einzelnen Drama anzudeuten,
wo es innerhalb des Gattungssystems steht und in welchem Maße
Gattungsaspekte für sein Verständnis wichtig sind. Bei Shakespeares Dramen variiert die Einbindung in Gattungen und Gruppen
sehr stark. Wir werden uns daher mit gattungsgeprägten und grup-
pengebundenen Werken wie den Historien intensiver zu befassen
haben als beispielsweise mit den meisten Komödien.

Auf keinen Fall ist beabsichtigt, anläßlich der Diskussion des Ortes im Gattungssystem allen für die Interpretation des Stückes relevanten Aspekten gerecht zu werden.

TRAGÖDIE

Die Tragödienkonzeption

Nach modernen Vorstellungen ist die Tragödie eine Gattung, deren
Wesen besonders schwer zu begreifen und zu definieren ist. Für die
Engländer der Shakespearezeit ist die Tragödie im Prinzip eine ein-
fache und klar umrissene Sache: ein Drama vom *Fall of Princes*.

Dieser Tragödienbegriff geht auf das Mittelalter zurück, auf eine

Zeit, in der die Tragödie in England noch gar nicht als Drama, son-
dern nur als eine bestimmte Art von Geschichten existierte. – In
Chaucers *Canterbury Tales* (vor 1400) trägt der Mönch, als er mit
dem Erzählen von Geschichten an der Reihe ist, seinen Mitpilgern
Tragödien vor, und zwar gleich sechzehn Stück. Ehe er mit seiner
»Tale De Casibus Virorum Illustrium« beginnt, erklärt er, was eine
Tragödie ist:

> Tragedie is to seyn a certeyn storie,
> As olde bookes maken us memorie,
> Of hym that stood in greet prosperitee,
> And is yfallen out of heigh degree
> Into myserie, and endeth wrecchedly.   VII,1973–77[1]

(Tragödie heißt: eine bestimmte Geschichte, wie sie uns alte Bücher überlie-
fern, von einem der in großer Prosperität lebte und der aus hohem Rang ins
Unglück gefallen ist und ein elendes Ende nimmt.)

Beispiele für solche *casus* sind die Geschichten von Luzifer und
Adam, Samson und Herkules, von Alexander, Julius Caesar und Nero und von mittelalterlichen Gestalten wie König Petrus von Zypern
und Graf Ugolino von Pisa.
      Verursacherin des Sturzes ist Fortuna, die Göttin, der man nie
trauen darf:

> For certein, whan that Fortune list to flee,
> Ther may no man the cours of hire withholde.
> Lat no man truste on blynd prosperitee;
> Be war by thise ensamples trewe and olde.   VII,1995–98

(Denn sicher ist: Wenn Fortuna entweichen will, dann kann niemand ihren
Lauf aufhalten. Möge niemand dem blinden Glück trauen. Laßt euch durch
diese wahren und alten Exempla warnen.)

Symbol und Werkzeug der Fortuna ist das Rad (*wheel of Fortune*),
das den einen unversehens nach oben trägt und den anderen zu Fall
bringt. In einem der *mittellateinischen Carmina Burana* heißt es:

Fortunæ rota volvitur	Fortunas Rad, es dreht sich um:
descendo minoratus;	Ich sinke, werde weniger,
alter in altum tollitur	Den anderen trägt es hinauf:
nimis exaltatus	Gar zu hoch erhoben

---

[1] *Works,* ed. F.N. Robinson, 2nd ed.(London,1957), S. 189.

rex sedet in vertice –	Sitzt der König auf dem Grat:
caveat ruinam!	Er hüte sich vor dem Falle!
Nam sub axe legimus	Denn unter dem Rade lesen wir:
Hecubam reginam.	Königin Hecuba.
	(Übersetzung: Wolfgang Schadewaldt)

Es ist offensichtlich, daß diese Tragödienkonzeption in einer engen Beziehung zum Weltbild steht. Thema ist ja der Fall eines Menschen von seinem Platz in der Seinswelt, der noch zu Shakespeares Zeit als besonders faszinierend und furchterregend betrachtet wird, durch die seit dem Sündenfall die Beständigkeit der Ordnung bedrohende, das Gefühl der Sicherheit zerstörende *instability* und *mutability*. Jeder Fall eines Mächtigen erteilt Lehren: an jedermann, nicht mit Dauer zu rechnen und irdische Glücksgüter nur als geliehen zu betrachten, an die Mächtigen, nicht dem Hochmut zu verfallen, an die Niedrigen, nicht neidisch zu sein auf hohen Rang, der mit der Gefahr des tiefen Falls so eng verbunden ist.

Grundstruktur und Varianten

Bei der Dramatisierung dieses Tragödienkonzepts ergeben sich jene Strukturen, die uns aus der Shakespeareschen Dramaturgie vertraut sind: Bühnengesellschaften, in denen die tragische Figur hohen oder beherrschenden Rang hat und die Hierarchie von Untergebenen seine Stellung und Fallhöhe deutlich macht; Handlungen, bei denen mit dem Fall des Individuums ein ganzes Gemeinwesen erschüttert wird; Kombination einzelmenschlicher und staatlich-gesellschaftlicher Aspekte durch die Gruppierungen Familie und Hofstaat; Ausnutzung des individuellen Falles für die Zwecke allgemeingültiger Aussagen.

Sowohl hinsichtlich der Bühnengesellschaft als auch der Handlung besteht eine gewisse Variationsbreite. Der *vir illustris* braucht nicht unbedingt ein König zu sein; die allgemeinen Konsequenzen des Falles können katastrophisch oder nur bedrohlich sein.

Die größte Variabilität besteht hinsichtlich der Gründe und Ursachen des Falles. Bei jedem Falle ist eine Macht beteiligt, die jenseits des menschlichen Willens und jenseits der Vorhersehbarkeit liegt. Diese Macht kann ohne Schuld oder Mittun der tragischen Figur wirken. So ist es oft in der mittelalterlichen Literatur, wo die Göttin

Fortuna, fast wie eine unheilige vierte Partnerin der Trinität, gern als blind handelnd dargestellt wird. In der *Monk's Tale* bringt Fortuna zum Beispiel Alexander und Julius Caesar einfach aus Feindschaft gegen ihre Größe zu Fall.

Diese Vorstellung vom blinden Wirken der Fortuna, eine fatalistische Konzeption, ist aber schon im Mittelalter nicht die einzige. Fortuna ist auch Gottes Rächerin; der Fall ereilt Schuldige. Die Mehrzahl der *casus* des Mönchs handelt von Mächtigen, die ihren Fall verdient oder gar selbst herbeigeführt haben: Luzifer fällt durch seinen Stolz, Adam »for mysgovernaunce«, Nero wegen seiner Verbrechen. Die Schuld kann moralisch schwer wiegen oder gering sein: Samson hat nur seiner Frau sein Geheimnis anvertraut.

Im späten Mittelalter und in der Renaissance, beispielsweise in Boccaccios *De casibus virorum illustrium* (1355–60), Lydgates *The Fall of Princes* (1431–38) und in dem von englischer Geschichte handelnden *Mirror for Magistrates* (zuerst 1559) wird die Schuld oder Mitschuld der tragischen Figur zur Regel.

Shakespeare nutzt die volle Breite der Möglichkeiten aus. *Fortune* – der Begriff taucht außerordentlich häufig auf – ist in jeder Tragödie vorhanden. Die Beziehung zwischen *fortune* und Opfer wechselt: Die Fallenden können frei von Schuld sein wie Romeo (»O, I am fortune's fool«, III,1,136) und Julia, sie können ihren Fall verdient und verursacht haben wie Macbeth und Lady Macbeth.

Nach den Maßstäben anderer Poetiken, beispielsweise der aristotelischen, ist der elisabethanische Tragödienbegriff unzulässig weit und offen: Jeder Todesfall bei Hofe kann als Tragödie ausgelegt werden. Die Elisabethaner gewinnen jedoch mit der Beibehaltung und Ausgestaltung des *Fall-of-Princes*-Konzepts einen Gattungsbegriff, der die Tragödie in einem zentralen Vorstellungs- und Interessenbereich der Zuschauer ansiedelt und der eine große Flexibilität bei der Gestaltung erlaubt. Bei einem strengeren (und möglicherweise literartheoretisch besseren, hoher entwickelten) Tragödienbegriff hätte ein wesentlicher Teil der Werke Shakespeares gar nicht entstehen können.

Das traditionelle, vor allem in der heimischen Erzähltradition überlieferte Konzept des Falls der Mächtigen mit seinem simplen Aufbauschema, in dem nur Höhe und Fall obligatorisch sind (während das Erreichen der Höhe und das Schuldigwerden hinzukommen können) ist nicht das einzige Denk- und Strukturmuster, das auf Shakespeares Tragödien Einfluß nimmt. Seit 1562 die erste für die

Bühne geschriebene englische Tragödie aufgeführt wurde (*Gorbo-duc*, eine dem *Lear* ähnliche Geschichte von einer Reichsteilung, die zu Untergang und Bürgerkrieg führt), haben sich im Ansatz schon Dramentypen herausgebildet, die bei grundsätzlicher Zugehörigkeit zur *Fall-of-Princes*-Tradition neue Akzente setzen. Am schärfsten ausgeprägt ist der (von Thomas Kyd mit *The Spanish Tragedy* begründete Typus) der Rachetragödie, in der ein Privatmensch beauftragt wird, Rache für ein Verbrechen zu üben, das von der öffentlichen Ordnung sonst nicht gesühnt würde. Auch die Ausbildung eines bewegten Intrigen- und Konfliktspiels, das in der reinen *De-casibus*-Tragödie kaum ausgeprägt ist, macht Fortschritte. Von besonderem Einfluß ist schließlich die englische Übersetzung von zehn Tragödien Senecas. Englische Dramatiker lernen aus ihnen nicht nur formale und sprachliche Techniken, sondern lassen sich auch durch sensationelle Themen wie Kindesmord oder Inzest und durch Figuren mit gesteigerten Leidenschaften anregen.

Nach dem bisher Gesagten kann man sich von einer Einteilung der Tragödien in feste Gruppen nur wenig versprechen. Nirgendwo ist eine klare Demarkationslinie in Sicht. Es erscheint sinnvoller, sich die Tragödien als ein Feld vorzustellen, in dessen Grenzen ein Grundtyp abgewandelt wird: ein Grundtyp, der neben mehreren Konstanten – Sturz aus sozialer Höhe, tödliches Ende, universelle Bedeutung – drei variable dramaturgische Elemente enthält. Von diesen sind zwei begrenzt variabel – höhere oder tiefere Situierung der Hauptfiguren in der Bühnengesellschaft, private und öffentliche Dimension der Handlung –; die dritte – der moralische Status des schuldigen oder unschuldigen Helden – läßt sich fast unbegrenzt abwandeln.

Obwohl es wahrscheinlich besser wäre, wenn es zwischen der Gattung Tragödie und dem Einzelstück keine vorurteilshaltige Zwischeninstanz gäbe, so sind doch in der Kritik und im allgemeinen Bewußtsein sieben der zehn Tragödien des Shakespearekanons seit dem Anfang dieses Jahrhunderts in Gruppierungen eingeordnet, die nur selten angefochten werden: *Hamlet*, *Othello*, *King Lear* und *Macbeth* sind als *Great Tragedies* oder *Mature Tragedies* bekannt; *Julius Caesar*, *Antony and Cleopatra* und *Coriolanus* bilden die Gruppe der *Roman Plays*. Die restlichen drei Tragödien, *Titus Andronicus*, *Romeo and Juliet* und *Timon of Athens,* werden wechselnden Gruppierungen zugeteilt oder isoliert betrachtet.

Man könnte über diese Einteilung, die nach ungleichen Kriterien erfolgt ist, endlos mäkeln. Ist *Julius Caesar* etwa keine große Tragödie? Wenn man Römerdramen unterscheidet, warum dann nicht auch ein Schottlanddrama und eine Dänentragödie? Aber man muß mit den eingeführten Bezeichnungen leben, und man kann es auch.

Great Tragedies

Der Rang der *Great Tragedies* steht außer Diskussion – und zwar im wörtlichen Sinne. Die literarische Wertung, sonst Bestandteil oder auch Ziel der meisten Interpretationen, hat bei diesen Dramen schon vor Jahrzehnten aufgehört. (Dafür sind Shakespeares weniger bedeutende Werke von der Kritik so maßlos hochgelobt worden, daß man schon wieder daran erinnern muß, welcher Qualitätsunterschied zwischen einem minderen Shakespearestück und einer der großen Tragödien, Historien oder Komödien besteht.)

Der Begriff *Mature Tragedies* ist inhaltsreicher; man müßte ihn eigentlich auf die Römerdramen ausdehnen. Die nüchterne Implikation ist die der Entstehung in einer bestimmten Phase der Entwicklung des Autors. Die sieben Tragödien entstanden im mittleren Schaffensabschnitt, nach den Historien und vor den Romanzen. Die angenommenen Entstehungsdaten der Römerdramen liegen zwischen 1599 (*Julius Caesar*) und 1607–08 (*Coriolanus*), die der großen Tragödien zwischen 1600–01 (*Hamlet*) und 1606 (*Macbeth*). Der Begriff der Reife läßt sich auch auf die Dramaturgie anwenden. Sie ist voll ausgebildet und erreicht hinsichtlich der Handhabung der Bühnengesellschaft und der Einzelcharaktere, der Szenenkonstruktion und der Plotdurchführung, der thematischen Arbeit und des Einsatzes sprachlicher Mittel ihre größte Komplexität.

Ein Versuch – wie ihn die Wachstumsmetapher ›Reife‹ nahelegt –, zwischen den Dramen und der Biographie Shakespeares einen Zusammenhang zu sehen, gehört in das Gebiet der Spekulation. Es gibt vor allem keinerlei Anhaltspunkte für eine tragische Verdüsterung von Shakespeares Schicksal oder Weltsicht zur Zeit der Tragödien (die im übrigen zugleich die Zeit einiger der heitersten Komödien ist). Auch von der vor einigen Jahrzehnten verbreiteten Hypothese einer Krise des Zeitgeistes, einer allgemeinen Wende zu Pessimismus und Trauer gegen Ende der Regierungszeit Elisabeths, ist man abgekommen.

Der Struktur nach sind die großen Tragödien keineswegs gleichartig. Wenn man bedenkt, daß Shakespeares Dramenkonzeption mittlere Lösungen bevorzugt und die Darstellung rein privater Schicksale ebenso vermeidet wie reine Staatsaktionen, sind sie sogar so verschieden wie nur möglich, und zwar sowohl hinsichtlich der Variablen der Shakespeareschen Tragödien als auch hinsichtlich der Themen und des Verhältnisses zur Tradition.

Macbeth kann man noch am ehesten als mittlere, normale Tragödie ansprechen: ein Modell, das freilich nie kopiert oder abgewandelt wiederholt wird. Die Bühnengesellschaft ist eine klassische Herrschaftshierarchie. Die Handlung betrifft die Grundmotive der Geschichte: Königsmord, Usurpation, Befreiung des Landes. Der Stoff beansprucht, auch wenn er in Wirklichkeit legendär ist, jene Historizität, die für exemplarisches Drama angebracht ist. Die Thematik, das Verbrechen, das Böse schlechthin, ist weiter als in den anderen Stücken. Das Verlaufsmuster ist das des Weltbilddramas und der *De-casibus*-Tragödie: ein voller Kreislauf Ordnung – Unordnung – Ordnung, zwei tragische Figuren – Duncan, dessen Fall Macbeths Aufstieg bedeutet, und der Usurpator Macbeth. Hauptmotiv des Handelns ist der Ehrgeiz, neben dem Stolz die Hauptsünde der schuldig vom Fall Ereilten. Ungewöhnlich und in der Tradition nicht vorgegeben ist die Deutlichkeit, mit der die Titelfigur zugleich Verbrecher und Held, Sympathieträger ist. Das staatlich-gesellschaftliche Geschehen ist dem privaten übergeordnet.

King Lear ist ähnlich und zugleich ganz anders. Es geht auch hier um einen König, um Machtabgabe und Machtergreifung. Aber der König ist alt; er will die Macht freiwillig abgeben; es sind Erben da. Das ändert den Handlungsverlauf, aber auch die Thematik, die aus der Handlung entspringt: Alter, Wahnsinn, Blindheit; Generationskonflikt, Verhältnis der Kinder zueinander. Mit dem Verhältnis Eltern – Kinder kommt die privat-familiäre Seite stärker ins Spiel als in *Macbeth*. Die Gewichte von Schuld und unverdientem Verhängnis sind anders verteilt: Lear hat seine Entmachtung selbst verschuldet, aber sein Leid übersteigt das Maß einer Strafe, die der Zuschauer noch als gerecht empfinden kann, und sein Tod erfolgt, als er einen Läuterungs- und Erkenntnisprozeß durchlaufen hat. Cordelia stirbt ohne jede Schuld.

King Lear hebt sich auch dadurch ab, daß es das einzige Doppeldrama unter den Tragödien ist. Das Nebeneinander und die Verflechtung der Handlungssequenzen und die durch Kontraste und

Parallelen gekennzeichnete Komposition der Figuren und Themen machen das Stück besonders kompliziert. Nicht zuletzt wegen seiner Kompliziertheit, die dem Erkenntnisinteresse der modernen Kritik entspricht, hat das Stück *Hamlet* als meistdiskutierte Tragödie abgelöst. – Der Anschluß an die dramatische Tradition ist eng: das Stück ist nicht nur mit *Gorboduc* verwandt, sondern es ist selbst eine Bearbeitung eines älteren Lear-Dramas.

In *Hamlet* ist die Titelfigur Thronfolger, dritter im Staat nach seinem Onkel und Stiefvater Claudius und seiner Mutter. Dadurch, daß der Held die jüngere, zur Nachfolge bestimmte Generation vertritt, verändert sich gegenüber einem Königsdrama die Bühnengesellschaft und das Bühnengeschehen. Dem Helden wird eine Reihe gleichaltriger Figuren beigegeben: Horatio, der echte Freund, und Rosencrantz und Guildenstern, die falschen Freunde, ferner Ophelia, Laertes. Der Generationskonflikt gewinnt nicht nur dadurch andere Gestalt, daß Hamlet sich mit einem Mörder auseinandersetzen muß, sondern auch durch die Sicht aus der Perspektive der Jüngeren.

Typologisch wird *Hamlet* am stärksten durch die Zugehörigkeit zur Gruppe der Rachetragödien (und mutmaßlich auch durch die verlorene unmittelbare Vorlage, den *Ur-Hamlet*) geprägt. Der Racheauftrag muß stets reflektiert und überprüft werden; der Vollzug der Rache wird – schon aus dramaturgischen Gründen – immer verzögert; der Rächer gerät immer in Isolation und in ein Spannungsverhältnis zu den Mithandelnden. Auch die thematische Vertiefung, die das besondere Merkmal des Shakespearestücks ist, erwächst aus den Gegebenheiten des Rachedramas: Aus der notwendigen Rechtfertigung der Privatrache und aus deren Verzögerung erwachsen die Reflexionen über Aktivität und Passivität, Denken, Entschluß und Handeln – Handeln des Rächers und menschliches Handeln überhaupt.

Mit dem Rachedrama hängt auch die Komplizierung der Intrigen zusammen. *Hamlet* ist – das betont die moderne Kritik besonders – nicht nur ein Gedankendrama, sondern ein verwickeltes und aktionsreiches Spiel. Die Titelfrage eines berühmten Buches, »What happens in Hamlet?«, ist für das Studium des Stückes zentral.[2]

Die Frage des Schuldanteils des Helden ist wieder anders zu beantworten als in den Nachbarstücken. Im Grobschema Schurke: Gerechter gehört Hamlet natürlich in das Lager der Guten. Aber in die-

---

[2] J. Dover Wilson, *What Happens in Hamlet?* (Cambridge, 1935).

sem Stück, in dem nur Claudius eindeutig einer moralischen Seite zugeteilt wird, bedeutet auch Leben, Sich-Involvieren in die Menschheit, sei es handelnd oder unterlassend, schon eine Form des Schuldigwerdens. Hamlets Tod ist nicht der Schlag einer blinden Fortuna.

Othello entfernt sich in Bühnengesellschaft, Handlung und Thematik am weitesten von einem gedachten Zentrum der Tragödien. Shakespeare nähert sich hier dem – zu seiner Zeit schon existierenden – Typus der *domestic tragedy*, der Tragödie über Menschen mittleren oder einfachen Standes, deren Schicksal wegen ihres untergeordneten Ranges keine Auswirkungen auf das Schicksal der Gesamtgesellschaft hat. Othello ist kein Herrscher, auch wenn er aus königlichem Geblüt stammt, und die Republik Venedig gerät durch die Geschehnisse des Dramas nicht in Gefahr. Othello ist allerdings absoluter Befehlshaber in der militärischen Hierarchie, die den Handlungskontext bildet, und bei ihm – wie auch bei Jago und Cassio – spielen militärische und private Belange ineinander. Der thematische Bereich ist enger als in den anderen großen Tragödien: Ehre und Ehrlichkeit, Vertrauen, Leichtgläubigkeit und Täuschung, Liebe und Eifersucht. Othellos (und Jagos) Status als Außenseiter und Nicht-Integrierter gibt dem Stück eine eigene gesellschaftliche Dimension. Mit der Figur eines *honourable murderer*, der sein Tun für gerechtfertigt hält, aber doch schuldhaft einer Täuschung unterlegen ist, gibt der Autor dem Schuldproblem eine neue Variante.

Römerdramen

Römische Geschichte ist für uns wie für die Elisabethaner ein Gebiet für sich. Für uns ist inzwischen die Welt der Römerdramen eher fremder als Hamlets Dänenhof und Lears Britannien. Für die Elisabethaner sind die Stoffe von *Julius Caesar* und *Antony and Cleopatra* vertrauter als selbst Ausschnitte aus der nationalen Geschichte. Antike Stoffe sind nicht einfach nur Bildungsgut. Die Antike hat Modellcharakter: Alle Staatsformen, alle Ideengebäude, alle Arten von Konflikten sind hier schon vorgeformt und literarisch verarbeitet.

Römische Geschichte ist für den Renaissancedramatiker in stärkerem Maße vorgegeben, in allen Fakten fixiert und in der Deutung nur begrenzt variabel, als andere historische Stoffe. Zu dem Bewußtsein, sich mit gebundener Geschichte auseinandersetzen zu müssen, tritt bei Shakespeare die prägende Kraft der Plutarch-Viten mit ihrer anekdotisch-szenischen Erzählweise.

Die Vertrautheit mit der Sache geht Hand in Hand mit einer Distanz in der Einstellung. Die römische Geschichte wird wirklich als historisch, als nicht-zeitgenössisch empfunden, während sonst meist unbefangen in Elsinore oder im mittelalterlichen Inverness normale, zeitgenössische englische Verhältnisse angenommen werden. Das fiktive Rom erinnert in jeder Szene an seine Fremdheit, die auch optisch durch die Toga der Schauspieler hervortritt.

In dieser Distanzierung liegt ein Teil der Attraktivität römischer Stoffe für den Autor und sein Publikum. Im Rahmen der römischen Geschichte – der Geschichte einer Republik – lassen sich Probleme dramatisieren, die sonst nicht vorkommen oder tabu sind. Alle Römerdramen Shakespeares handeln von solchen, nur unter der Bedingung des antiken Stoffes darstellbaren Themen.

In *Julius Caesar* ist der Tod des Titelhelden ein klassisches Beispiel für den *Fall of Princes*: Ein großer Mann, nicht frei von Überheblichkeit, stürzt jäh. Grundmuster des Dramas, in dem die Titelfigur schon im dritten Akt stirbt, sind zwei *casus*: der Caesars und der des Brutus. Gerade die Figur des Brutus zeigt das besondere Potential eines römischen Stoffes. In einem normalen, in einer Monarchie spielenden Drama wäre Brutus, was immer seine Motive sein mögen, ein Königsmörder – eine Figur außerhalb der moralischen und politischen Norm. Hier, in der Verschwörung gegen Caesar, ist er nicht abgestempelt; sein Konflikt zwischen Freundschaft und politischer Moral kann ohne Sympathieverlust und – für den Autor – ohne Gefahr politischer Schwierigkeiten dargestellt werden. Das Drama zeigt im übrigen, daß die Distanzierung vom Stoff auch eine Distanz zu den Figuren mit sich bringt. Wie in allen Römerdramen sind die Figuren nicht gut oder schlecht, sympathisch oder unsympathisch, sondern ambivalent, den Zuschauer nicht zu eindeutiger Parteinahme auffordernd.

Auch in *Antony and Cleopatra* erlaubt der Stoff, eine der bekanntesten Geschichten der Antike, die Behandlung eines Themas, das sonst unter elisabethanischen Voraussetzungen schwer zu gestalten ist. Nach *Romeo and Juliet* ist dies Shakespeares zweite Liebestragödie. Die Schwierigkeit, eine ihrem Wesen nach private Beziehung zum Gegenstand einer Tragödie zu machen, existiert hier nicht: Die

Geliebte ist Herrin eines Reiches; sie verkörpert geradezu die Üppigkeit und Exotik ihres Landes; der Liebende ist kein verliebter Monarch, sondern als einer der Triumvirn eine mächtige, aber nicht absolut herrschende Figur.

Mit seinen langen, locker gefügten Reihen von Szenen, die bald in Rom, bald in Ägypten spielen, ist das Stück eine Demonstration der dramaturgischen Bauweise des Nebeneinanderstellens. Lange stand *Antony and Cleopatra* wegen seiner Konstruktion in geringerem Ansehen – Johnson fand die Begebenheiten »without any art of connexion or care of disposition«[3]. Die Zusammengehörigkeit der Teile wird durch die Zuordnung von Szenen, thematischen Sequenzen und Bildreihen zu einer Reihe von Kontrasten betont: Antonius und Cleopatra, Antonius und Octavius, Rom und Ägypten, Mars und Venus, *dotage* und *duty*, Lust und Tugend, Verstand und Leidenschaft. Die themen- und sprachbezogene neuere Interpretation hat das Stück aufgewertet und den großen Tragödien an die Seite gestellt.

Coriolanus, das sprödeste der Römerdramen, steht abseits von den übrigen, nicht nur, weil es sich seit jeher als ein Stück schwächerer Wirkung erwiesen hat, sondern auch, weil es einen weniger bekannten und bedeutenden Geschichtsausschnitt behandelt. Wieder enthält die antike Vorlage ein Potential, das nicht-antike Stoffe kaum bieten könnten. Die Geschichte von dem Feldherrn, der aus Enttäuschung über den Undank seiner Landsleute die Feinde Roms unterstützt, bis seine Mutter ihn zur Umkehr veranlaßt, ist die Geschichte eines Kriegsmanns, der nicht Untergebener, sondern selbständig handelndes politisches Subjekt ist, und eines Einzelgängers und Abtrünnigen, der doch kein einfacher Landesverräter ist. Shakespeare nutzt den Stoff auch – und das macht das Stück heute noch schwerer rezipierbar, als es ohnehin ist – zu einer patrizisch-verächtlichen Parabel von der Unzuverlässigkeit und Bedrohlichkeit des einfachen Volkes.

---

[3] Im Vorwort zu seinem Text des Stücks. Abgedruckt bei F.E. Halliday, *Shakespeare and his Critics* (London, 1949), S. 456.

Die übrigen Tragödien

Titus Andronicus und *Romeo and Juliet* sind frühe Tragödien ungleichen Ranges. *Titus Andronicus*, dem Inhalt nach ein Römerdrama, ist krudes und bluttriefendes Theater der Grausamkeit, eine Rachetragödie mit Morden in jedem Akt, abgehackten Händen, herausgerissener Zunge und Pasteten aus Blut und Leichen.

Von der immensen Wirkung her erscheint *Romeo and Juliet* als eine der reifsten Tragödien Shakespeares. Kein anderes Stück hat sein Bild im Laufe der Rezeptionsgeschichte so verändert wie dieses. Die Geschichte der reinen, von einer bösen Fortuna verfolgten Liebe, in der Nachwirkung romantisiert und absolut gesetzt, ist bei Shakespeare nur ein Teil eines Aussagekomplexes. Von der Verbindung zwischen der privaten Handlung und der allgemeinen Dimension der Fehde der Häuser war schon die Rede. Eine weitere dramatische Ebene besteht aus Elementen und Figuren der Komödie. Schließlich spielt auch die Zeitmode der 90er Jahre, des Jahrzehnts der Sonettmanie, eine tragende Rolle: Romeos Freunde treiben ein witziges, frivoles und bisweilen zynisches Spiel mit den Konventionen der Sprache und der Liebe.

Timon of Athens, am Ende der Tragödienphase entstanden, ist offenbar ein unfertiges, teilweise im Stadium der Skizze gebliebenes Stück. Es handelt von einem reichen und großzügigen Mann, der unter dem Eindruck des Undanks der Welt zum Einsiedler und Menschenfeind wird: Thematische Parallelen zu *Coriolanus* und *King Lear* liegen auf der Hand. *Timon* hat eine geringe Nachwirkung entfaltet, hat aber, wie alle problematischen Stücke Shakespeares, in letzter Zeit das Interesse der Kritiker auf sich gezogen.

HISTORIE

Nationale Geschichte und internationale Nachwirkung

Historien sind Dramen über Stoffe aus der nationalen, englischen Geschichte. *Richard II* ist eine Historie, weil die Titelfigur König von England ist, *Macbeth* ist keine Historie, weil es um schottische Geschichte geht. Das Beispielpaar weist schon darauf hin, daß es trotz der Klarheit und Einfachheit der Definition Überschneidungen der Gattungsbegriffe gibt. Historien, in denen der Herrscher zu Fall kommt, sind zugleich Tragödien in der elisabethanischen Bedeutung des Begriffs. *Richard II* trägt denn auch beim ersten Erscheinen (1597) den Titel *The Tragedie of King Richard the Second.*

Daß sich bei den zehn Shakespearedramen über englische Geschichte ein gemeinsamer Gattungsbegriff durchgesetzt hat, ist historisch wohlbegründet. Alle diese Dramen verdanken ihre Entstehung einem genau umreißbaren historischen Phänomen: dem heftigen Nationalismus, der sich in den letzten Jahrzehnten der Regierungszeit Elisabeths allenthalben zeigt und sich nicht nur in einem Interesse für nationalgeschichtliche Literatur, sondern auch – beispielsweise – in Feindseligkeiten gegenüber Ausländern niederschlägt. Das Gefühl ›Wir sind wer‹ war in dem Lande, das sich lange als Randnation Europas empfunden hatte, noch nie mit soviel Stolz und Überheblichkeit zum Ausdruck gekommen; die Frage nach der nationalen Identität, nach den Qualitäten des Engländertums, war noch nie so nachdrücklich gestellt und so selbstbewußt beantwortet worden. In welchem Maße diese Erscheinung geschichtlich fixiert ist, zeigt sich schon daran, daß das Historiendrama erst gegen 1580 als geschlossene Gattung in Erscheinung tritt und nach dem Tode Elisabeths in einem schnellen Niedergang zerfällt.

Die Historien stellen uns in verschärfter Weise vor die Frage, wie Dramen, die für eine bestimmte historische Situation geschaffen wurden, außerhalb dieses Kontextes zur Wirkung kommen konnten. Zwar gibt es bei diesen Stücken deutlicher als bei den Tragödien und Komödien eine spezifisch englische Rezeptionsgeschichte. Nur für Engländer sind die Historien bis heute ein bestimmender Faktor für das nationale Selbstverständnis. Auch haben nur sie das Problem, daß ein beträchtlicher Teil der eigenen Geschichte durch eine bestimmte literarische Gestaltung ein für allemal fixiert ist: Keiner kann Richard III. sein Verbrechertum und Heinrich V. sein Heldentum nehmen, wie korrekturbedürftig Shakespeares Darstellung auch sein mag.

Die Historien sind jedoch keine englische Angelegenheit geblieben. Die Nachwirkung in anderen Ländern war im ganzen kaum schwächer als die der übrigen Gattungen. Gerade in Deutschland haben die Historien unter dem kennzeichnenden Namen ›Shakespeares Königsdramen‹ immer zum Kanon der aktiven Werke gehört. Seit dem Zweiten Weltkrieg hat es mehrere hundert Inszenierungen von Shakespearehistorien an deutschsprachigen Bühnen gegeben. Es wurde sogar eine vorher kaum beachtete Werkgruppe, die drei Stücke über die lange und wirre Regierungszeit Heinrichs VI., von berühmten Regisseuren als exemplarische Spielvorlage entdeckt, als »gewaltiger Stoff und seine mächtige Bewältigung durch Shakespeare«, ein »höchst gegenwärtiges Werk«[4], als ein Werk, das »die Geschichte selbst in ihrer eigenen dramatischen Form« zeigt, »zeitgenössisch wie wenige zeitgenössische Stücke«[5].

Die Geschichtskonzeption und das nationale Selbstbild

Die Historien haben ihren Anlaß überdauern und als Geschichtsdramen schlechthin nachwirken können, weil in ihnen der neue nationalistische Impuls durch ältere, universalistische Auffassungen von Geschichte und Geschichtsschreibung aufgefangen und moduliert wird. Mit dem Weltbild der Elisabethaner kennen wir bereits auch ihr Geschichtsbild: Geschichte ist der Weg, den eine als statisch und zeitlos gültig gedachte Ordnung der Welt und der Staaten durch die Zeit nimmt. Die Geschichte wird dadurch instabil, daß sich der heilsgeschichtliche Kreislauf intakte Ordnung – Sündenfall – Erlösung in der Geschichte der Reiche ständig wiederholt. Aufruhr, Krieg, Vergessen der Pflichten innerhalb der Hierarchie unterbrechen die Ordnung oder heben sie temporär auf. Diese Störungen sind die dramatischen, lehrreichen, darstellenswerten Phasen der Geschichte. Sie sind, da sich ihr Grundmuster nicht ändert, ungeachtet ihrer historischen Distanz als Exempla aktuell.

Diese Denkweise führt dazu, daß die nationalgeschichtlichen Stoffe – ähnlich den Vorlagen der Tragödien und Komödien – auf das Allgemeingültige und Exemplarische hin, also unter übernationalen Aspekten, ausgestaltet werden. Auch der Nationalcharakter der Engländer hat noch etwas Internationales. Der perfekte Engländer verkörpert nicht andere, eigene Tugenden, sondern er genügt – von einigen Besonderheiten abgesehen – den allgemeinen moralischen, christlichen und ständischen Normen besser als andere, wird also letztlich am gemeineuropäischen Maßstab des Mannes von Ehre gemessen.

---

[4] Peter Palitzsch anläßlich seiner Inszenierung von *Der Krieg der Rosen*, 1967.
[5] Giorgio Strehler als Regisseur von *Das Spiel der Mächtigen*, 1965/1973.

Die Verbindung des Tudor-Nationalismus mit dem alten, universalen Weltbild bewirkt vor allem, daß sich das Interesse für vater-
ländische Geschichte nicht – wie in neueren Zeiten üblich – in einer
Verherrlichung der glorreichen Phasen der Vergangenheit, sondern
in einer Vergegenwärtigung der überstandenen Notzeiten und Kata-
strophen zeigt. Shakespeare sucht vornehmlich die düstersten Perioden der englischen Geschichte zur Dramatisierung aus. Auch seine
Könige, die Hauptfiguren, stellen eine Negativauslese dar. Mit Ausnahme von Heinrich V. und Heinrich VIII. sind es schwache, schul-
diggewordene oder schurkische Monarchen, während die Herrscher,
deren Bild in der damaligen Geschichtsschreibung glanzvoll war, etwa der Eroberer und Reformer Heinrich II., die europäische Be-
rühmtheit Richard I. Löwenherz oder der gegen Frankreich siegrei-
che Eduard III., ausgespart bleiben. Durch diese Stoffauswahl rük-
ken automatisch auch die negativen Aspekte der eigenen Nation in
das Gesichtsfeld, und bei aller Betonung des glücklichen und geseg-
neten Ausgangs ist die Geschichtsdarstellung nie ohne einen starken
Faktor nationaler Selbstkritik.

Die Blickrichtung auf das Unglück beeinflußt auch die Art und
Weise, wie Shakespeare die nationale Identität im positiven Sinne
ausprägt. England ist das Land der großen Heimsuchungen, eben
deshalb von seinen Bewohnern geliebt und loyal verteidigt. Im gleichen Satz, in dem der sterbende Gaunt unter Umdeutung der Insel-
lage in einen Vorzug sein Land als Modell und Schmuckstück des
gesamten Kosmos preist

> This royal throne of kings, this sceptred isle,
> This earth of majesty, this seat of Mars,
> This other Eden, demi-paradise,
> This fortress built by Nature for herself
> Against infection and the hand of war,
> This happy breed of men, this little world,
> This precious stone set in the silver sea,
> Which serves it in the office of a wall,
> Or as [a] moat defensive to a house,
> Against the envy of less happier lands;
> ...

bringt er auch zum Ausdruck, daß dieses Land in der schlimmen
Gegenwart nicht existiert, sondern nur ein immer noch geliebtes
Zerrbild:

This land of such dear souls, this dear dear land,
Dear for her reputation through the world,
Is now leas'd out – I die pronouncing it –
Like to a tenement or pelting farm.   *Richard II,* II,1,40–49,57–60.

Der typische Engländer ist ein Mensch, der Entbehrungen und Leiden durchzustehen vermag – besser als der verwöhnte Franzose beispielsweise. Die Nation ist vor allem eine Krisengemeinschaft – von
Shakespeare führt eine direkte Traditionslinie zum ›Geist von Dün-
kirchen‹ und zum modernen England. Die Zusammengehörigkeit
der verschiedenen Stände und das Gefühl, eine Elite zu sein, beruht
auf der Gemeinsamkeit des Durchhaltens in der Bedrängnis: »We
few, we happy few, we band of brothers« (*Henry V*, IV,3,60). Auch
die Äußerungen des nationalen Stolzes und des Überlegenheitsge-
fühls werden so durch das Bewußtsein der Heimsuchung gedämpft
und für heutige Rezipienten im Zeitalter eines sich abschwächenden
Nationalismus erträglich gemacht.

Die historischen Stoffe:
Ereignismuster und Personenkonstellation

Shakespeare nimmt seine Stoffe – außer bei dem späten und untypi-
schen *Henry VIII* – aus der Geschichte des englischen Mittelalters,
und zwar aus jener mit dem Übergang der Krone an das Haus An-
jou-Plantagenet (1154) beginnenden Epoche, die von den Elisabethanern als eigentlich englische Geschichte betrachtet wird und auf
die sich ihr historisches Selbstverständnis vorwiegend gründet. –
Die Tudorzeit (seit 1485) wird zu Elisabeths Lebzeiten, wohl aus
Gründen der politischen Vorsicht, nicht behandelt.
  In dem Zeitraum von etwa 1200 bis gegen 1500 bleibt die politische Gesamtlage ungefähr gleich, so daß sich in den Historien die
Handlungsmuster und die Figurenkonstellationen wiederholen. Fast
alle handlungsschaffenden Konflikte lassen sich in eine von drei
Kategorien einordnen:
  Zunächst: Die außenpolitischen Ereignisse bestehen fast aus-
schließlich aus diplomatischen und kriegerischen Auseinanderset-
zungen mit Frankreich. In manchen Historien setzt sich die Bühnengesellschaft kontrastiv aus einer englischen und einer französischen
Hierarchie zusammen.

Der Zündstoff der Feindschaft wird vor allem durch die von der normannischen Eroberung geschaffenen Verhältnisse geliefert. Der englische König ist auch Herzog der Normandie, also zugleich Partner und Vasall des Königs von Frankreich. Der englische Besitz in Frankreich hat zeitweise mehr als die Hälfte des Landes umfaßt; englischen Könige haben lange Ansprüche auf die französische Krone erhoben.

Zu Shakespeares Zeit war der von vornherein aussichtslose Kampf um territoriale und dynastische Forderungen längst gegen England entschieden. Wenn Shakespeare und seine Zeitgenossen in den Kämpfen mit Frankreich dennoch keinen beklagenswerten Aderlaß, sondern die große Bewährung der Nation sahen, so deshalb, weil es bei der Auseinandersetzung – jedenfalls in der Sicht der Nachfahren – auch um den Anschluß an die geistige und kulturelle Kernzone Europas gegangen war. England hatte sich mit der führenden Nation gemessen und seine Ebenbürtigkeit, vielleicht sogar Überlegenheit, bewiesen.

Das zweite Thema: Innenpolitisch geht es in fast allen Historien um die Frage der Thronfolge, wobei die Schärfe der Streitigkeiten vom Intrigenspiel bis zum generationenlangen Bürgerkrieg reicht.

Die Krone war in England erblich, aber die Erbverhältnisse waren unsicher. Es gab Präzedenzfälle für das Übergehen des ältesten Sohnes, und die männliche Nachkommenschaft aus weiblicher Linie war nicht, wie anderswo, von der Erbfolge ausgeschlossen. Es fehlte kaum jemals an Prätendenten. Der Übergang der Macht vom König zum Nachfolger war stets eine Phase der Gefährdung. Es gab keine sichere Kontinuität friedlicher Verhältnisse.

Daß bei jedem Machtwechsel Wohl und Wehe der Nation auf dem Spiel standen, war für die Ende des 16. Jahrhunderts lebenden Engländer keine tote Geschichte. Elisabeth war alt und ohne eigene Nachkommen. Man sah dem Thronwechsel mit Bangen entgegen.

Die ständige Aktualität des Problems der Thronfolge wird – das ist das dritte wiederkehrende Thema – durch die besondere Position des englischen Hochadels verschärft. Die Herzöge und Earls, die sogenannten Barone, sind für das mittelalterliche Königtum in England zugleich Stütze und Gefährdung. Ihre Gefährlichkeit für die Krone und die Wohlfahrt des Staates ergibt sich paradoxerweise gerade aus der im Vergleich zu kontinentalen Herrschern ungewöhnlich mächtigen Position der Könige.

Wie überall, so teilte auch in England der König (der weder über eine stabile Hausmacht noch über große Kronländer auf englischem Boden verfügte) Planung und Exekutive der Politik mit dem hohen Adel, dessen oberster Lehnsherr er war. In England waren die großen Lehen nur bedingt erblich; der König konnte unter Umständen selbst dem Erben eines Herzogs die Belehnung verweigern. Die höchsten Staatsämter waren widerrufliche Aufträge des Monarchen. Auch im Kronrat, der *Curia Regis*, gab es keine automatische Mitgliedschaft. Der König konnte Zusammensetzung und Geschäftsgang von Fall zu Fall ändern. Die Barone durften keine Streitmacht unterhalten. Ihre Untervasallen leisteten den Lehnseid auf den König.

Die englischen Großen waren also vom König abhängig. Es gab keine provinziellen Erbdynastien, in denen sie als Duodezfürsten nach Belieben schalten und walten konnten, solange sie den Monarchen nicht behelligten. Wenn sie politische Macht ausüben wollten, mußten sie entweder mit dem König zusammengehen oder sich untereinander gegen ihn arrangieren, um ihn auszumanövrieren oder im geeigneten Moment einen ihnen genehmen Prätendenten auf den Thron zu bringen.

So erklärt sich die grundsätzliche Personenkonstellation aller Historien, in denen der König von einer labilen Gruppe von Herzögen und Earls umgeben ist. Die Großen schwanken in politischer Einstellung und Loyalität und finden sich in verschiedenen, manchmal kaleidoskopartigen Parteiungen auf seiten des Königs oder gegen ihn zusammen, so daß sich das Muster des personalen Kraftfeldes in der Zentralgruppe des Dramas ständig wandelt.

Die drei Konflikttypen, die sich aus den Besonderheiten der englischen Geschichte ergeben, repräsentieren zugleich elementare Modelle politischen Handelns: Exempel für internationale Auseinandersetzungen; Formen der Machtbehauptung und des Machtwechsels – Legitimierung, Gewalt, Betrug –; Machtspiel innerhalb beweglicher Gruppen von herrschaftsbeteiligten Figuren.

Überblick

An das Studium der Historien (oder auch nur einer Historie) geht man oft mit einem Unbehagen heran, das eine ganz simple Ursache hat: Man findet sich schwerer zurecht als bei den anderen Gattungen.

Für den Anfänger erschwert schon die Ähnlichkeit der Titel – Heinrich oder Richard mit Ordnungszahl – die sichere Identifizierung. Aber auch Fortgeschrittene haben es schwer, Verwechslung und Verwirrung zu vermeiden. Die Geschichte des mittelalterlichen England ist uns fremd und geht uns nichts an. Die Begebenheiten ähneln sich, die Personen auch: Fast in jedem Stück gibt es einen Herzog von York und einen Herzog von Gloucester, meist ist es jeweils eine andere Person. Zum Ausgleich kann die gleiche Person unter verschiedenen Namen auftreten: Herford, Lancaster, Bolingbroke und Henry IV sind identisch. Es kommt hinzu, daß man gerade bei den Historien, die zum größten Teil als Folgen von Stücken komponiert sind, neben der Individualität des Dramas auch die Zusammenhänge verstehen muß.

Hier soll daher vor allem versucht werden, die Verbindungen zwischen den Stücken durchschaubar zu machen und die Erfassung des besonderen Charakters jeder einzelnen Historie zu erleichtern.

Die folgende synoptische Tabelle stellt die Herrscherabfolge und die Dramenreihe nebeneinander:

Haus Plantagenet-Anjou

Henry II	1154–1189	
Richard I	1189–1199	
John Lackland	1199–1216	*The Life and Death of King John* (entstanden 1594–96). Schwacher, unköniglicher Herrscher führt England an den Rand des Ruins, verliert an Macht, stirbt durch Vergiftung. Komplizierte Handlung mit drei Hauptsträngen: a) Verlustreiche Kriege mit Frankreich, b) Streit mit dem Papst, c) Auseinandersetzung um (rechtmäßigen) Thronanwärter Prince Arthur.
Henry III	1216–1272	
Edward I	1272–1307	
Edward II	1307–1327	
Edward III	1327–1377	**Lancaster-Tetralogie. Zweite Tetralogie.**
Richard II	1377–1399	*The Tragedy of King Richard the Second* (1595). Richard, der Rolle des Königs nicht gewachsen, verbannt Henry Bolingbroke. Als er ihm auch sein Erbe vorenthält, kommt Bolingbroke

zurück, gewinnt das Übergewicht gegenüber dem resignierenden König, zwingt ihn zur Abdankung. Richard wird als Gefangener ermordet.

Haus Lancaster

Henry IV	1399–1413

The First Part of Henry the Fourth (1596–97). Obere Ebene: Kämpfe in Schottland, Aufstand in Wales, Rebellion englischer Großer unter den Percies. Sorge des Königs um den wilden Prince Hal. Niederlage der Aufständischen bei Shrewsbury. Hal tötet seinen Rivalen Percy Hotspur im Zweikampf.

Untere Ebene: Prince Hal vergnügt sich mit Falstaff und seinen Kumpanen. Späße und Streiche (›heldenhafter‹ Straßenraub von Gadshill).

The Second Part of Henry the Fourth (1598). Obere Ebene: Weitere Kämpfe gegen die Rebellen. Endgültiger Sieg des Königs. Weitere Sorgen um den Kronprinzen. Versöhnung am Sterbebett. Thronbesteigung Heinrichs V.

Untere Ebene: Der Kronprinz wieder in der Falstaff-Kumpanei. Hauptepisode: Falstaff als Werbeoffizier. Nach der Thronbesteigung sagt sich Heinrich von Falstaff los.

Henry V	1413–1422

The Life of Henry the Fifth (1599). Idealer Herrscher einigt Nation, erklärt gerechten Krieg gegen Frankreich, stürmt Harfleur und siegt bei Agincourt. Nach ehrenvollem Frieden Heirat mit französischer Prinzessin.

Untere Ebene: Soldatenszenen als Spiegelung der hohen politischen Ebene.

York-Tetralogie. Erste Tetralogie.

Henry VI	1422–1461
	und
	1470–1471

The First Part of Henry the Sixth (1589–90). Wechselvolle Kämpfe in Frankreich (Talbot gegen Joan of Arc). Zwietracht unter den englischen Großen. Entstehen der Parteiung Rote Rose (Lancaster) : Weiße Rose (York). Heinrich heiratet die böse Margaret von Anjou.

The Second Part of Henry the Sixth (1590–91). Sturz und Ermordung des Humphrey of Gloucester. York plant Machtergreifung, schürt den

Volksaufstand unter Jack Cade. Beginn der Rosenkriege: York siegt bei St. Albans.
The Third Part of Henry the Sixth (1590–91). Wechselfälle der Rosenkriege. Königin Margaret (Lancaster) siegt bei Wakefield.

Haus York

Edward IV	1461–1470 und 1471–1483	

Der alte York wird gemartert und getötet. Gegenschlag: Yorks Söhne Richard und Eduard siegen bei Towton. Heinrich abgesetzt, Eduard IV. König. Streit im siegreichen Hause York. Abfall des mächtigen Warwick. Lancater besiegt York. Heinrich wieder König. Endgültiger Sieg Yorks. Eduard IV. erneut König. Richard ermordet Heinrich VI. bei Tewkesbury.

Edward V	1483
Richard III	1483–1485

The Tragedy of Richard the Third (1592–93). Richard, Herzog von Gloucester, dezimiert die eigene Familie, um in den Besitz der Krone zu kommen. Er veranlaßt die Beseitigung seines Bruders Clarence. Nach dem Tode von Eduard IV. usurpiert er den Thron und läßt den unmündigen Eduard V. ermorden. Richard wird durch

Haus Tudor

Henry VII	1485–1509

den Earl of Richmond (aus dem Hause Tudor, einer Lancaster-Seitenlinie) bei Bosworth Field besiegt und getötet. Richmond, als Heinrich VII. gekrönt, vereinigt durch Heirat mit Elisabeth von York die Rote und die Weiße Rose.

Henry VIII	1509–1547

The Life of Henry the Eighth (1612–13). Hofintrigen: Cardinal Wolseys Macht und Fall. Buckinghams Prozeß und Hinrichtung. Erzbischof Cranmer triumphiert über seine Feinde. Königliche Ehegeschichte: Der König trennt sich von Katharina von Aragon und heiratet Anne Boleyn. Geburt und Taufe Elisabeths.

Edward VI	1547–1553
Mary	1553–1558
Elizabeth	1558–1603

Haus Stuart

James I	1603–1625

Die Gliederung der zehn Historien ergibt ein symmetrisches Muster. Zwei Dramen, das (nach historischer Chronologie) erste und das letzte, sind durch Zeitintervalle deutlich von den anderen abgesetzt. Die mittleren acht behandeln ohne größere Sprünge einen Zeitraum von etwa 100 Jahren. Sie sind in zwei Vierergruppen eingeteilt, die man – nicht ganz zutreffend – als Lancaster-Tetralogie und York-Tetralogie bezeichnet. Die Trennungslinie zwischen den Gruppen wird hauptsächlich durch ihre unterschiedliche Entstehungszeit markiert. Die historisch gesehen zweite Gruppe, *1, 2, 3 Henry VI* und *Richard III*, ist vor der anderen entstanden – daher auch die mißverständliche Bezeichnung *First Tetralogy*.

Einzelstücke und Tetralogien

Über John Lackland, die unglücklichste Figur unter den Plantagenet-Königen, gab es in der Renaissance nicht weniger als sechs Dramen, ein deutliches Beispiel für die Konzentration auf Notzeiten und negative Helden. Shakespeares *King John* ist ein von der Kritik ungeliebtes, oft nur mit widerwilligem Respekt bedachtes Stück. Eine Umwertung bahnt sich an. Trotz der Fülle der Begebenheiten – die Unterzeichnung der Magna Charta bleibt übrigens unerwähnt – ist *King John* weniger ein Aktionsstück als ein Debattierstück, und als solches von hohem Rang. Hauptthemen: Was legitimiert den Herrscher? Auf welchen Prinzipien beruht politisches Handeln? Verdoppelung des Legitimitätsthemas durch die (unhistorische) Figur des Bastards Faulconbridge, der sich zum uneigennützigen Patrioten entwickelt, während Johann absteigt und fällt.

Wenn die mittleren Stücke heute allgemein als zwei Tetralogien bezeichnet werden, so ist das schwach legitimiert und hängt mit dem *unity*-Fanatismus der Moderne zusammen. Die Stücke sind als Reihen komponiert, aber der Aspekt der Selbständigkeit dominiert, und die Verknüpfungen und Verweisungen sind wenig zahlreich und werden von der Interpretation überstrapaziert.

Immerhin liegt der Dramenreihe aber eine historische Gesamtkonzeption zugrunde, die man im Auge behalten muß, auch wenn man ihre Bedeutung für die Gestaltung des Einzelwerks nicht überschätzen sollte. Die Epoche demonstriert den Kreislauf von Schuld und Sühne, Fall und Erlösung am Beispiel der englischen Nation.

Der Zyklus setzt ein mit dem Zerfall des bis dahin intakten Staatsgefüges unter Richard II., mit der Absetzung dieses Monar-

chen und der widerrechtlichen Thronbesteigung durch Heinrich IV.
(Henry Bolingbroke) aus dem Hause Lancaster. Die Schuld rächt
sich durch die Unruhen der Regierungszeit Heinrichs IV; nachdem
der Usurpator durch Leid und mühsame Erfüllung seiner Königs-
pflichten gebüßt hat, kann sein Sohn, der selbst als wilder Prince
Hal zur Verwirrung der Zustände und zum Leid des Vaters beigetragen hatte, bekehrt und begnadet den alten Einklang zwischen Untertanen, König und Gottesordnung wiederherstellen. In *Henry V*
wird die generationenlange nationale Passion auf begrenzte Zeit unterbrochen; die Reihe von vier Dramen erhält einen positiven Aus-
gang. Mit dem frühen Tode Heinrichs V. und dem Übergang der
Krone an das Kind Heinrich VI. setzt das auf Herrschern und Nation
lastende göttliche Strafgericht erneut ein. Es gipfelt in den Rosen-
kriegen zwischen den Häusern York und Lancaster und endet mit
der – als bis in die Gegenwart andauernd betrachteten – Restauration der Ordnung durch die Vernichtung des königlichen Verbrechers Richard III. und dem Sieg des Henry Tudor, Earl of Richmond, der später als Heinrich VII. den Thron besteigt.

Diese Geschichtskonstruktion ist nicht Shakespeares Erfindung;
sie fußt auf der Darstellung der gleichen Epoche in dem Geschichts-
werk von Edward Hall (1548) und entspricht in den Grundzügen
dem sogenannten Tudormythos, mit dem sich das Herrscherhaus,
dessen dynastische Legitimation schwach war, einen göttlichen
Auftrag zur Befriedung Englands zusprechen ließ. Shakespeare hat
Halls Deutung aber weitgehend umgestaltet und hält Distanz zur of-
fiziösen Tudorpropaganda.

In *Richard II* gibt der wankelmütige, schauspielernde, von Günst-
lingen beherrschte König keine starke Zentralfigur ab. Shakespeare
benutzt als dramaturgisches Prinzip des Aufbaus die Opposition, das
Gegeneinander von Kräften, Personen oder Gruppen, so daß ein exemplarisches Drama des Konflikts entsteht. Solche Oppositionen bestehen unter anderem zwischen Richard und Bolingbroke (die sich
auch gegensätzlich entwickeln: der eine gewinnt an menschlicher Statur, der andere verstrickt sich in Schuld), zwischen den Auffassungen von der Unabsetzbarkeit oder Absetzbarkeit des Königs, zwischen
der alten Zeit (durch Gaunt und York vertreten) und der Gegenwart.

Die Handlung ist einsträngig und klarlinig, betont nicht die Aktion, sondern den jeweiligen, fast statischen Zustand. Auffällig ist
die durchgehende Rhetorisierung und Ritualisierung, die ihren Höhepunkt in der großen *deposition scene* findet: Richard gibt die

Macht nicht formlos ab, wie verlangt, sondern im Zeremoniell einer Anti-Krönung, durch die die Absetzung des von Gott eingesetzten Monarchen als frevelhaft und unheilvoll erscheint.

Es läßt sich nicht mit Sicherheit sagen, ob Shakespeare über Heinrich IV. von vornherein zwei Stücke zu schreiben plante (– wahrscheinlich nicht). Auf jeden Fall sind es Zwillingsstücke, in jeder Hinsicht analog, der zweite Teil als Fortsetzung, Ergänzung und Variation des ersten angelegt. Der zweite Teil ist auch die Reprise eines durchschlagenden Erfolgs: Viele Quartoausgaben und mehrere Zeugnisse von Zeitgenossen belegen, daß *Henry IV* von Anfang an populär war.

Erfolgsgarant ist nicht die obere, politisch-höfische Ebene – das ist, gemessen an anderen Stücken, Standardshakespeare ohne besondere Schwächen und Stärken –, sondern die Figur des Sir John Falstaff, die größte Figur in der Tradition des *miles gloriosus*, witzig und komisch. Seine Komik beruht vor allem auf der Serie von Widersprüchen und Kontrasten, die der »globe of sinful continents« in sich vereinigt: Greis und Springinsfeld, dickwanstig und agil, väterlich und kumpelhaft, generös und ewig auf Pump lebend, ein menschenfreundlicher Gauner. Shakespeare läßt auf ihm zwei Historien und eine Komödie basieren, verspricht eine weitere Fortsetzung.

Außer durch den Kronprinzen sind die Ebenen kaum verbunden, aber sie sind doch einander zugeordnet. Es handelt sich nicht um Historien mit angehängtem Komödienteil. Die Falstaffszenen sind integraler Teil einer Historie. Der Ritter und seine Freunde repräsentieren die Welt der Untertanen, die eigentliche Nation als Träger und Gegenstand politischen Handelns. Sie kommentieren und spiegeln die politische Situation, spielen sie nach. Die Unordnung im Lande Heinrichs IV. korrespondiert mit Falstaffs unordentlichem Leben.

Für den Kronprinzen ist der schlechte Umgang zugleich eine Verfehlung – eine läßliche Verfehlung, die nach englischer Tradition dem jungen Mann von Stand zusteht – und ein wichtiger Teil der Erziehung: Er lernt den Umgang mit Menschen jeden Schlages.

In den letzten Jahrzehnten ist die bis dahin permanente Beliebtheit der Stücke merklich zurückgegangen, und zwar nicht nur auf dem Theater. Gerade auch der Leser hat mit den Falstaffszenen seine Schwierigkeiten. Der anspielungsreiche Witz muß mit Hilfe der Kommentare mühsam rekonstruiert werden. Verbale Komik altert von allen Aussagemodi am stärksten.

Henry V hat wegen seiner ungewöhnlichen Thematik und Struk-

tur eine Sonderstellung unter den Historien. Das Stück ist im wört-
lichsten Sinne ein Königsdrama. Die Dominanz der Hauptgestalt im
Bühnengeschehen ist absolut. Neben seinem Part, der fast ein Drittel
des gesamten Textes ausmacht, gibt es nur untergeordnete Rollen.
Auch die Anlage der Figur selbst ist ungewöhnlich. Nirgends sonst
in Shakespeares Historien und Tragödien gibt es einen positiven
Helden, der nicht zu Fall kommt, eine die Norm verkörpernde
Hauptgestalt nicht nur ohne Tragik, sondern sogar ohne ernsthafte
Anfechtung ihrer moralischen und gesellschaftlichen Statur.

Helden ohne Makel sind für einen Autor immer spröde Gegen-
stände, da dem Perfekten leicht der Ruch des Papierenen, Span-
nungslosen und Unglaubwürdigen anhaftet. Shakespeare konnte
dem Problem nicht entgehen. Die letzte Lücke im Zyklus mußte geschlossen werden. Die Möglichkeiten für Umdeutung und Erfindung waren eingeschränkt, denn von Heinrich V., einer der bekanntesten historischen Figuren, existierte eine populäre Vorstellung, die
ihn als leutseligen Volkskönig und gewaltigen Kriegsmann, als ju-
gendlichen Sieger und energischen Vollbringer von Taten sah.

Shakespeares Arbeitsweise bei diesem Stück ist eine für viele seiner Dramen charakteristische Mischung aus einer glänzenden Routine, effektsicher und erfinderisch in der Variation bewährter Elemente, und einer unaufdringlichen, mitunter geradezu getarnten Kühn-
heit der Dramaturgie. Shakespeare läßt der vaterlandsfrommen
Heinrichslegende ihr Recht, schließt mit allen Publikumserwartun-
gen einen (mitunter etwas faulen) Kompromiß und unternimmt es
dennoch, Ziele zu verfolgen, die über die Nachzeichnung eines lieb-
gewordenen Klischees im Rahmen einer stereotypen Geschichtsauf-
fassung recht weit hinausgehen.

Die Benutzung des aus Prolog und Chorusreden bestehenden
Rahmens, von dessen trivial-patriotischer Atmosphäre der Zuschauer soviel in seine Reaktion auf die szenische Darbietung mit hinein-
nehmen kann, wie es ihm beliebt, erlaubt es dem Autor, in der Dra-
menhandlung die Akzente vom vaterländischen Festspiel auf ein politisches Denkspiel zu verlagern, in dem es vor allem um die Pflichten und Tugenden des Souveräns, um das Verhältnis zwischen Königsamt und Trägerperson und zwischen Herrscher und Untertanen
sowie um das Verhältnis zwischen einer historischen Figur der englischen Geschichte und dem zeitlosen Königsideal und zwischen der
Wesensart und Leistung einer spezifisch englischen Nation und der
traditionellen übernationalen Norm des Staatswesens geht.

Daß die York-Tetralogie vor der Lancaster-Tetralogie geschrieben wurde, merkt man den drei Historien über Heinrich VI., wahrscheinlich Shakespeares ersten Stücken überhaupt, sehr deutlich an. Der dramaturgische Aufbau ist nicht kunstlos und primitiv, aber doch, wie wir am Beispiel der Eröffnungsszene von *1 Henry VI* sehen konnten, vergleichsweise einfach und großflächig; die Konstruktion tritt offen zutage. Bei der sprachlich-rhetorischen Ausführung tendiert Shakespeare noch zu einer Übersteigerung der Effekte und zur Überladung mit funktionsarmen Details. Die Charaktere sind zum Teil schon kompliziert, aber es wird überdeutlich erklärt, wie sie sind und warum sie etwas tun. – Diese Eigenarten kommen der modernen Vorliebe für das Einfache und Nicht-Elaborierte entgegen und haben zur Neuentdeckung der Stücke beigetragen.

König Heinrich VI., zuerst noch unmündig, dann ein frommer und abhängiger Schwächling, kommt als beherrschende Figur nicht in Betracht. Damit die Stücke, bei denen die wirkungsvolle Einzelszene ohnehin dominiert, nicht ganz auseinanderfallen, rückt Shakespeare in jedem der drei Teile andere Geschehnisstränge und Personen in den Vordergrund, und zwar so, daß die Dramen ein Hauptthema haben, das dann im folgenden Stück noch eine sekundäre Rolle spielt, und ein Nebenthema, das im nächsten Stück in die zentrale Position rückt.

Der erste Teil ist vor allem ein Kriegsstück, und der Krieg ist vor allem populäres Spectaculum. Der heldische Talbot und die teuflische Jungfrau von Orleans liefern sich eine Reihe von martialisch-sportlichen Gefechten, bei denen der Engländer nur deshalb schließlich untergeht, weil ihn die eigene Seite im Stich läßt.

Die Zwietracht daheim, das Nebenthema, wird an zwei Streitigkeiten exemplifiziert, die sich dann später ausweiten und zuspitzen: Herzog Humphrey von Gloucester, der Reichsverweser, ist mit dem Bischof von Winchester zerstritten; Angehörige der Häuser York und Lancaster entzweien sich wegen einer Nichtigkeit.

Der zweite Teil hat als Grundmuster die politischen Intrigen unfester Koalitionen und die anarchische Natur des Zwistes. Die durchgehenden Strukturen sind ein Fall und ein Aufstieg. Die ichsüchtigen Großen tun sich zusammen, um Humphrey von Gloucester, den einzigen Politiker, der sich um die Wohlfahrt des Staates kümmert, zu stürzen. Die Kontrastfigur York wird zur beherrschenden Figur im Lager der weißen Rose (– sein Fall wird Thema des nächsten Stücks sein).

Im dritten Teil erfordert der historische Stoff die Unterbringung so vieler repetitiver Begebenheiten – sechs größere Schlachten und dreimaliger Wechsel des Souveräns –, daß für eine dramatische Komposition kaum Raum bleibt. Shakespeare konzentriert sich auf die Einzelszenen dieses Dramas vom Tode: Das elisabethanische Theater der Grausamkeit feiert Orgien des Blutvergießens, der Schmähung und des wortreich-theatralischen Sterbens. Nebenthema ist die Profilierung Richards von Gloucester, der Titelfigur des nächsten Stücks, als grausamster und verschlagenster der Yorkisten.

Wie die Lancaster-Tetralogie gipfeln auch die York-Dramen in einem Stück mit einer alles beherrschenden Figur. Richard III. ist als Schurke so perfekt wie Heinrich V. als Held. Auch hier ist die Zentralfigur praktisch ohne Partner und – bis zum letzten Akt – ohne ernstzunehmenden Gegenspieler. Es findet keine Entwicklung des Charakters statt, sondern nur eine Entfaltung. Eine Charakterisierung wird zu Anfang wie ein Programm verkündet – in *Henry V* durch zwei Bischöfe, in *Richard III* durch die Titelfigur selbst – und dann stufenweise szenisch realisiert.

Richard III ist kein Anfängerstück mehr, aber die dramaturgischen Verfahren erinnern noch an die ersten Dramen. Geblieben ist zum Beispiel der Hang zur Übersteigerung. Das Stück will die Greuel von *3 Henry VI* überbieten. Die Titelfigur stellt sich als physisches, psychisches und moralisches Monstrum vor. Das Stück verwirklicht dieses Programm unter Abkehr von der nach außen gewandten Grausamkeit und Blutigkeit des vorangehenden Dramas. Das Böse bei Richard ist geistig, es beruht auf pervertierten Tugenden: Beherrschung, Beredsamkeit, Klugheit, Erfindungsreichtum. So kann Shakespeare ihm auch (im Einklang mit elisabethanischen Vorstellungen vom Wesen des Bösen) eine dämonische Anziehungskraft geben.

Henry VIII (vielleicht in Zusammenarbeit mit John Fletcher geschrieben) ist ein Nachzüglerstück, dramaturgisch bemerkenswert nur durch seine Prunk- und Schauszenen: Hofball, Scheidungsprozeß, Krönung, Sterbeszene mit Geisterschau, Kindstaufe mit Prophezeiung.

Komödie

Begriff und Tradition

Die Komödien sind die Werkgruppe mit dem lockersten Zusammenhang. Anders als *tragedy* und *history* deutet die Bezeichnung *comedy* erst in dritter Linie auf eine fester umrissene Gattungskonzeption.

Der Begriff der Komödie ist zunächst einmal ein Oberbegriff für alle Stücke, die nicht unter die Kategorien Tragödie oder Historie fallen. Die Komödie ist also eine Sammelgattung. Ihr Name kann, ähnlich dem deutschen ›Schauspiel‹, ein neutraler Terminus sein. Nur auf diese Weise ist erklärlich, daß ein Stück wie *Troilus and Cressida*, in dem zwar die Titelfiguren überleben, aber das Ende weder unblutig noch glücklich ist, (meist) unter die Komödien eingereiht wird.

Für die Elisabethaner ist der Komödienbegriff ferner mit der Erwartung von Jux, Lustigkeit und Gelächter verbunden. Im Vorspiel zu *The Taming of the Shrew* zum Beispiel verspricht der Sprecher den Zuschauern »a pleasant comedy« mit dem Ziel, »[to] frame your mind to mirth and merriment« (*Induction*, 2,130,135). Die Erwartung ist ganz unspezifisch. Der Jux kann aus deftigen Witzen resultieren oder aus feinem sprachkünstlerischem *wit*, aus den Auftritten von clownesken Figuren oder aus Situations- und Aktionskomik, die im Verlaufe einer durchgehenden Handlung entsteht.

Die Tradition der Belustigung ist die älteste und stärkste kontinuierliche Tradition des englischen Theaterwesens. Schon die mittelalterlichen Mysterienspiele (*mysteries* oder *miracle plays*), bei denen Laienschauspieler Zyklen von heilsgeschichtlichen Stücken aufführen, enthalten lustige Stücke und Figuren. Noahs Weib, das sich weigert, die Arche zu besteigen, ist schon der Prototyp der *shrew*, der zänkischen und streitbaren Frau mit Haaren auf den Zähnen. Die komischen Elemente sind nicht etwa unpassende Einsprengsel im frommen Spiel. Jede theatralische Darstellung, auch die ernsthafteste, ist potentiell Jux und Belustigung: Menschen treten in Verkleidung und Maske auf, treiben Mummenschanz. Der Zuschauer durchschaut die Diskrepanz zwischen Anspruch und Wirklichkeit: er weiß, daß Noah der Tischlermeister von nebenan ist. Er hat Jux, während er sich erbaut. (Es ist also nicht ohne Berechtigung, wenn in verschiedenen Ländern und Zeiten im Begriff der Komödie die

Kategorien ›lustige Stücke‹ und ›Stücke aller Art‹ zusammengefaßt werden.)

Die allegorischen Moralitäten des 14. und 15. Jahrhunderts setzten die englische Tradition der Verbindung von Ernst und Scherz fort. Der Belustigung diente unter anderem die fortan unerläßliche *Vice*-Figur, Verkörperung des Lasters und Versucher, aber auch Spaßmacher und Possenreißer.

Als sich nach 1550 die Komödie unter dem Einfluß lateinischer Vorbilder und der italienischen *Commedia dell'arte* als selbständige Gattung etabliert, bleibt die Funktion der Belustigung dominant. Das zeigt sich etwa in der Betonung des Farcenhaften in einer nach plautinischem Muster geschriebenen Komödie wie *Gammer Gurton's Needle* (ca. 1560), in der die Nadel des Titels nach langer Suche in der Hose von Hodge dem Knecht gefunden wird.

Theorie

Von einer strafferen und durchreflektierten, dem Tragödienbegriff vergleichbaren Konzeption der Komödie kann man erst ab etwa 1580 sprechen. Die Ansätze verdichten sich bei Ben Jonson zu einer Theorie der Komödie, die freilich erst vollendet wird, als Shakespeare die meisten seiner Stücke geschrieben hat, und die überdies zum Teil in eine andere Richtung als die von Shakespeare eingeschlagene führt.

Dem Konsens entspricht am ehesten jene Begriffsbestimmung, die Jonson in *Every Man Out of His Humour* durch seine Kritikerfigur Cordatus als allgemein akzeptable Definition vortragen läßt:

> Cicero... would haue a *Comoedie* to be *Imitatio vitae, Speculum consuetudinis, Imago veritatis;* a thing throughout pleasant, and ridiculous, and accomodated to the correction of manners.   III,6,204–209[6]

Nachahmung des Lebens, Spiegel der Sitten, Abbild der Wahrheit – in der Auslegung der Renaissance heißt das: ein Abbild des normalen, gemeinen Lebens, nicht des hohen Lebens, das in der Tragödie gespiegelt wird. Die Verschiebung des sozialen Spektrums bedeutet

---

[6] Ben Jonson, *Works,* ed. C.H. Herford and Percy Simpson, Bd. 3 (1927, rpt. Oxford, 1954), S. 515.

zugleich eine Verschiebung der Handlungen vom öffentlich-politi-
schen in den privaten Bereich. Die Komödie, so sagt schon Sidney,
behandelt »our priuate and domestical matters«[7]. Ihr Spielraum ist
lokal, nicht national; ihre Stoffe sind in der Gegenwart, nicht in der
Historie angesiedelt.

Wie wir schon sahen, macht Shakespeare von der durch diese
Konzeption eröffneten Möglichkeit, die Bühnengesellschaft auf der
Ebene des Großteils des Publikums anzusetzen, kaum Gebrauch.
Seine Komödiengesellschaften sind nicht komplementär zur Tragö-
diengesellschaft, wenn sie auch niedriger an Rang sind. Auch bei
den Handlungen und Themen erfolgt zwar eine Verschiebung zum Bereich des Privaten und Familiären hin, aber nicht unbedingt eine Abkehr von der Dimension des Politischen und Öffentlich-Relevanten.

Die Definition des Cordatus läßt auch andeutungsweise die Auffassung erkennen, daß die Probleme und die didaktischen Absichten
der Komödie anders sind als die der Tragödie. Die Komödie ist
Spiegel der allgemeinen Sitten: Auch die Normabweichungen und
Fehler, die sie schildert, sind normal, verbreitet, läßlich, kurierbar,
so daß man über sie lachen kann. Sidney dazu:

> ... the Comedy is an imitation of the common errors of our life, which
> he [= the Comick] representeth in the most ridiculous and scornefull
> sort that may be, so as it is impossible that any beholder can be con-
> tent to be such a one.[8]

Sidney und Jonson wollen das Lachen der Komödie zum didaktischen Instrument machen. Es soll nicht mehr als Spaß des Zuschauers sein eigener Zweck sein, sondern die allgemeinen Fehler, die
nicht-politischen Schwächen des Privatmanns wie Leichtsinn, Mo-
detorheit, Streitsucht oder Geiz, durch Übersteigerung der Lächerlichkeit preisgeben. Dem Zuschauer wird in den komischen Figuren
ein Zerrspiegel vorgehalten, in dem er erkennen kann, wie lächerlich und vermeidenswert seine eigenen Torheiten sind. – Auch diese Forderung macht Shakespeare sich nur zum Teil zu eigen. Das
Lachen als Selbstzweck spielt in seinen Komödien eine entscheidende Rolle, und die kognitiven Absichten, die er verfolgt, erschöp-
fen sich – gottlob – nicht in Aufforderungen zum Abgewöhnen ta-
delnswerter Angewohnheiten.

---

[7] *Apologie,* ed. Collins, S. 30.
[8] Ebenda.

Gruppen und Stücke

Die Uneinheitlichkeit der Komödien Shakespeares ergibt sich nicht nur aus der Uneinheitlichkeit der Komödie als einer Mehrzweckgattung mit ungefestigter Konzeption, sondern auch aus der Tatsache, daß die 17 Komödien des Shakespearekanons nahezu gleichmäßig über alle Schaffensphasen verteilt sind. Ich beschränke mich zur Orientierung auf eine einfache Gruppierung, die das Kriterium der Entstehungszeit in den Vordergrund stellt.

Den Anfang macht eine Gruppe von Komödien, die zwischen 1592 und 1595 entstanden sind:

The Comedy of Errors
The Taming of the Shrew
The Two Gentlemen of Verona
Love's Labour's Lost

Dem Typ nach gehört ein etwas später geschriebenes Stück hierher: *The Merry Wives of Windsor.*

Diese frühen Stücke sind einfacher in der Gesamtkonstruktion als die späteren Werke der Gattung. Bei der Szenenkomposition schwelgt der Autor in kräftigen komischen Effekten: Verwechslung, Verkleidung, Verstellung, Belauschung; Rauferei, Feiglingsduell, Verprügeln; Ehekrach und vereitelte Hahnreischaft. Auch alle Motive der Liebeskomödie kommen bereits samt Auswertung ihrer thematischen Möglichkeiten vor. Die Bühnengesellschaft ist meist niedriger im Rang als bei den späteren Komödien. Als einfacher Shakespeare und unverwüstlicher Theaterspaß haben einige der Stücke, besonders *The Taming of the Shrew* und *The Merry Wives of Windsor*, eine große Nachwirkung auf der Bühne gehabt (typischerweise auch als Musical oder Oper). In der Kritik sind sie weniger beliebt: Einfache Komik spielt sich besser, als sie sich liest. – Eine Sonderstellung hat *Love's Labour's Lost* als kunstreiches und feingesponnenes Sprach- und Rhetorikspiel.

Die Komödien der mittleren Phase teilt man am besten in zwei Gruppen. Die eine, zwischen 1595–96 und 1601–02 entstanden, besteht aus fröhlichen Komödien, die man auch als *mature comedies* bezeichnen könnte:

A Midsummer Night's Dream
Much Ado about Nothing

As You Like It
Twelfth Night

Die Linie der frühen Komödien wird hier fortgesetzt, aber die Komposition ist komplizierter. Motive und Szenenmuster tauchen seltener in der Grundform und häufiger in anspruchsvollen Variationen auf. Die reine Belustigung tritt zurück oder wird aus der Haupthandlung in die Nebenhandlungen abgedrängt. Die Bühnengesellschaft ist hoch im Rang: die Stücke spielen meist an einem Fürstenhof. Probleme der Politik spielen aber eine geringere Rolle als die der Liebe, die nach der heiteren und der ernsten Seite hin durchgespielt werden. – Diese Stücke gehören zu den meistgespielten Komödien. Wenn man von Shakespeare als Komödienautor spricht, hat man meist diese Gruppe im Auge.

Aus der Zeit von 1596–97 bis 1604 stammt eine schwer zu beschreibende Gruppe von Stücken, die wir in Ermangelung eines treffenderen Begriffs als Problemkomödien bezeichnen wollen, obwohl der seit Ende des 19. Jahrhunderts eingeführte und immer wieder auf andere Stücke angewandte Begriff *problem plays* sich in seiner Doppeldeutigkeit – Stücke über Probleme oder problematische Stücke – wenig bewährt hat:

The Merchant of Venice
Troilus and Cressida
All's Well That Ends Well
Measure for Measure

Die Stücke dieser Gruppe divergieren. *The Merchant of Venice* steht in mancher Hinsicht den fröhlichen Komödien nahe, *Troilus and Cressida* den Tragödien. Was sie alle gemeinsam haben ist, daß sie nicht durchgehend heiter sind und daß die Probleme, die in ihnen mit voller Ernsthaftigkeit behandelt werden, keine leichte Lösung zulassen. Die Dramaturgie ist weniger auf turbulente Handlung als auf Debatte und Auseinandersetzung angelegt. Wie in den Tragödien hat die dramatische Vertiefung der in der Handlung enthaltenen Thematik eine zentrale Bedeutung. In *Measure for Measure* beispielsweise, einem Stück, in dem der Stellvertreter eines Herrschers eben jener Sünde, der Begierde, verfällt, gegen die er streng vorgeht, dreht sich alles um die Themen Gnade und strenge Gerechtigkeit, Zucht und Unzucht, Prinzipien des Handelns in einer Rolle und in der Erfüllung eines Auftrags.

Während alle anderen Gruppierungen bei den Komödien umstritten sind, besteht weitgehend Einigkeit darüber, daß eine Reihe von späten Stücken, zwischen 1607–08 und 1611 entstanden, als *romances* oder *romantic comedies* zusammengehören:

> *Pericles*
> *Cymbeline*
> *The Winter's Tale*
> *The Tempest*

Manche Kritiker betrachten die Romanzen sogar als eigene Gattung neben den Komödien. Der Name der Gruppe hat weniger mit der romantisch-exotischen Atmosphäre als mit der Fortsetzung der Tradition der spätgriechischen und mittelalterlichen Romanzen, der Erzählungen aus einem abenteuerlich-höfischen Milieu – mit Schiffbruch, Zauberei, Trennung und Wiedervereinigung –, zu tun. Die Zusammengehörigkeit der Gruppe beruht außerdem auf bühnengesellschaftlichen, handlungsstrukturellen und thematischen Gemeinsamkeiten. Die Bühnengesellschaft ähnelt in der Verbindung hierarchischer und verwandtschaftlicher Ordnung der der Tragödie. Der Handlungsduktus kommt dem der damals beliebten Tragikomödie Fletchers nahe: Die Hauptfiguren werden an den Rand des Todes geführt, ehe es zu einem guten Ende kommt. In allen Romanzen geht es um Sühne und Versöhnung. Sie stehen dem Modell des religiösen Wiedergeburts- und Erlösungsrituals nahe.

Gemeinsames Thema: Liebe

Die Liebe ist als Gegenstand der Handlungen oder wenigstens einer Handlung das gemeinsame Thema aller Komödien. Es fragt sich, wie der Primat des Themas Liebe zu den Vorstellungen der Elisabethaner über Funktionen und Wesen der Komödie paßt. Daß die Liebe insofern in den Bereich der Komödie gehört, als sie das Musterbeispiel für »priuate and domestical matters« ist, leuchtet ein. Aber wieso kann die Liebe das Komödienthema *par excellence* sein, wenn die Gattung das Ziel der Belustigung verfolgt und vor allem von Fehlern, Verirrungen und Normabweichungen handeln soll? Und wie ist dann auf der Basis einer als komisch verstandenen Liebe eine ernsthafte Aussage möglich?

Wir sind seit der Romantik daran gewöhnt, daß Liebende und ihre Probleme in der hohen Literatur vorwiegend ernst behandelt werden und daß die Liebe auf jeden Fall als innerhalb der individuellen und gesellschaftlichen Normalität liegendes Phänomen angesehen wird. Lange hat die literarische Liebe einer Art von Belustigungstabu unterlegen. Die Elisabethaner nahmen Themen wie Liebe, Werbung, Partnerwahl und Sexualität durchaus nicht ausschließlich von der lächerlichen Seite, aber sie hatten ein schärferes Auge für die komischen Aspekte des Verliebtseins und für die Arten und Weisen, auf die Verliebte aus dem Rahmen der häuslichen und gesellschaftlichen Normalität fallen. Damit verbindet sich eine besondere Sichtweise der Liebe als eines ernsthaften Themas. Den Komödien Shakespeares liegt die Auffassung zugrunde, daß die Analyse der Liebe und des Liebenden vor allem etwas über die Schwächen des Menschen und über die Schwierigkeiten, die er mit seiner eigenen Identität und seinem Verhältnis zu anderen hat, an den Tag bringt.

Die Normabweichung der Liebe, die also teils als ernstes Problem dargestellt, teils mit sympathisierender Heiterkeit betrachtet, teils aber auch als lächerlich hingestellt wird, hat in den Komödien viele Aspekte.

Da ist auf der einfachsten Ebene das Vernarrtsein, das auch vernünftige Menschen verwandelt. Da ist ferner auf einer ernsteren Problemebene das Ausscheiden des Verliebten oder des Liebespaares aus den normalen gesellschaftlichen Bindungen – Familie, Freundeskreis –, das die Liebenden für ihre Umgebung zum Problem macht.

Komisch oder ernsthaft behandelt werden kann das Phänomen der Blindheit der Liebe, der Änderung der Wertvorstellungen. Der Liebende erhöht das Objekt seines Gefühls, hebt die geliebte Person über alle anderen, was objektiv gesehen absurd ist, insbesondere in einer Gesellschaft, in der normalerweise jede Person ihren fixierten Platz hat. Unter dem Eindruck der Liebe wandelt sich auch das Selbstbild des Liebenden. Er kann eine neue Identität gewinnen. Er kann, wenn er eine komische Person ist, auch seine eigene Überheblichkeit und Selbstüberschätzung als Werbender zur Schau stellen und sich blamieren.

Die elisabethanische Sichtweise betont vor allem bei der Werbung die spielerischen, komischen, normabweichenden Aspekte. Bei der Werbung sind die Geschlechterrollen vertauscht. Die männliche Dominanz ist außer Kraft, der Mann ist der Werbende und Bittende. Er wird beherrscht, von seinem Gefühl und von der Partnerin. Fast immer ist die Werbung auch ein Emanzipationsspiel. Die Frau nutzt die ihr zufallende Macht, um ihre eigene Rolle neu zu definieren.

Meist ist die Werbung auch ein Spiel im Sinne eines Wettkampfes, in dem es besonders für die Frau um den Einsatz ihrer gesellschaftlichen Stellung geht, die ja davon abhängt, wie sie sich verheiratet. Die Werbung ist ein Test, in dem man die sprachlichen und geistigen Fähigkeiten mißt und sich auf diese Weise kennenlernt. Nicht selten spielt bei Shakespeare auch der Liebesstreit, der Antagonismus der Geschlechter, eine Rolle, und die Werbung wird zum *battle of the sexes*.

Es gibt auch Seiten der Liebe, die bei Shakespeare kaum zur Sprache kommen. Dazu gehören Entstehung und Entwicklung eines Gefühls: In den Komödien ist man meist auf den ersten Blick sterblich verliebt. Auch die Diskussion der Sexualität unterliegt – der breiten Schicht der Anspielungen zum Trotz – stärkeren Beschränkungen als in der modernen Literatur. Im ganzen jedoch ist das Spektrum der Fragen, die in Zusammenhang mit dem Thema Liebe behandelt werden, breiter als in der nachromantischen Literatur.

Twelfth Night als Beispiel

Nachdem wir uns bereits mit einer Romanze, *The Tempest*, und mit einer Problemkomödie, *The Merchant of Venice*, befaßt haben, seien hier Aufbau und Funktionsweise einer Liebeskomödie skizziert. *Twelfth Night* wird gewählt, weil das Stück eine Mittelstellung einnimmt: 1601–02 entstanden, liegt es mitten in der Laufbahn Shakespeares als Dramatiker; von der Komposition her hält es die Mitte zwischen einem reinen Belustigungsspiel und einer vorwiegend problem- und themenbezogenen Dramatik.

Twelfth Night, or What You Will, bei uns als *Was Ihr Wollt* bekannt, verweist mit dem Titel auf den Dreikönigsabend, Höhepunkt und Ende der zwölf *nights of Christmas*, einer ausgelassenen, karnevalsähnlichen Zeit, in der im Spaß und aus Tollerei alles kopfsteht, die normalen Ränge und Abhängigkeiten aufgehoben sind und jeder – in Grenzen – macht, was er will. Der Titel weckt also die Erwartung einer lustigen, verkehrten, verrückten Welt.

Es geht denn auch toll genug zu in Illyrien – allerdings nicht von Anfang an. Illyrien ist ein friedliches, pastorales Land. Bis auf die fehlende Hirtenkulisse ähnelt es jenem Arkadien, das als geistige Landschaft und Lebensform in der europäischen Literatur eine so gewichtige Rolle spielt. Es ist ein Land der Muße, in dem weder regiert noch gearbeitet wird. Man lebt der Musik, dem Trinken und vor allem der Liebe.

Die Liebesbeziehungen und Werbungsaktivitäten sind so mannigfaltig und verwirrend, daß es eines straffen Ordnungsschemas bedarf, um die Bühnengesellschaft durchschaubar zu halten. Shakespeare verwendet, wie er es oft tut, das aus der antiken Komödie stammende Zwei-Häuser-Schema.

Illyrien besteht im Drama aus zwei Haushalten. Dem einen, kleineren, steht der Herzog Orsino vor, dem anderen, größeren, Olivia, eine reiche Gräfin, deren Vater und Bruder vor einiger Zeit gestorben sind. Entsprechend der Tendenz der Komödie, gerade auf dem Gebiet des Verhältnisses der Geschlechter besondere, außernormale Verhältnisse zu zeigen, ist Olivia die beherrschende Figur, die Bezugsperson für alle übrigen. Sie ist nicht nur Herrin der meisten Mithandelnden, sondern auch das allgemeine Objekt der Liebesaspirationen: Der Herzog Orsino liebt sie; ihr eigener Haushofmeister, Malvolio, macht sich Hoffnungen auf ihre Hand; ein Gast in ihrem Hause, Sir Andrew Aguecheek, will um sie werben.

In der Ausgangssituation ist das Verhältnis zwischen den beiden Häusern statisch. Wenn keine Intervention von außen käme, würde nichts geschehen oder sich entwickeln. Die beiden Hauptfiguren, Olivia und Orsino, sind stationär: jeder hockt daheim. (Sie treffen im Stück erst im letzten Akt zusammen.) Orsino liebt Olivia, schickt aber nur ab und zu einen Höfling mit verliebter Botschaft zu ihr. Sie verweigert ihm die Erwiderung des Gefühls, und zwar nicht deshalb, weil sie sich mit seiner Werbung auseinandergesetzt und sie abgelehnt hätte, sondern weil sie sich auf eine andere Art der Liebe, die melancholische Trauer um ihren Bruder, festgelegt hat.

In der Beziehung zwischen Orsino und Olivia wird eine Form der Liebe genüßlich vorgestellt – Melancholie ist Mode – und zugleich der Kritik anheimgegeben, bei der jeder sich für altruistisch hält, weil sein Gefühl auf eine andere Person gerichtet ist, während es sich in Wirklichkeit um eine subtile Form des Egoismus handelt. Jeder leidet, bemüht sich aber nicht ernsthaft, diesen Zustand zu beenden. Besonders der Herzog betrachtet die unerwiderte Liebe als kultiviertes Spiel. Sie befällt einen ungewollt, aber man kann sie doch steuern, hätscheln und eindämmen – kann sie in wohliges Leiden (»the sweet pangs of it«, II,4,16) umwandeln.

Zu den beiden ortsansässigen Gruppen stoßen die Schiffbrüchigen: Viola, ihr Zwillingsbruder Sebastian (der erst später – III,3 – ins Spiel kommt) und die seemännischen Begleitfiguren der beiden, Captain und Antonio.

Die quirlige Viola, der Gegenpol zu Olivia, durchbricht den statischen Zustand Illyriens. Sie ist das motorische Element der Haupthandlung; sie löst alle Veränderungen aus. Viola verkleidet sich als Mann und tritt als der Jüngling Cesario in die Dienste des Herzogs, wird dessen Freund und Vertrauter und verliebt sich in ihren Herrn. Viola/Cesario wird als Brautwerber zu Olivia geschickt und betreibt die Sache ihres Herrn mit solchem Elan, daß Olivia sich in den kecken und hübschen Liebesboten heillos verliebt.

Auf diese Weise entsteht ein Beziehungsdreieck, das seit der Antike als das Motiv der Liebeskette bekannt ist. A (Orsino) liebt B (Olivia), B liebt aber einen anderen C (Cesario/Viola), der seinerseits einen anderen liebt, nämlich A. Eine glückliche Lösung erfordert das Hinzutreten einer vierten Person und das Umdirigieren von zwei der drei einseitigen emotionalen Fixierungen. Das konventionelle Modell wird in diesem Falle dadurch abgewandelt und kompliziert, daß C, Viola in der Hosenrolle, eine Doppelperson ist. Als Viola – die es ja nur heimlich gibt – liebt sie den Herzog und bleibt von den Bemühungen einer Frau um sie unbeeindruckt. Als Cesario wird sie von den beiden anderen geliebt, einmal als potentieller Ehepartner und einmal als Freund. Das erhöht die Verwirrung, denn außer Viola selbst weiß von den dreien niemand, wen er liebt und von welcher Art die Wechselbeziehungen innerhalb des Dreiecks wirklich sind.

Die Möglichkeiten für Spaß und Belustigung liegen auf der Hand. Der Zuschauer hat das Vergnügen der Mitwisserschaft in einem Verwirrspiel. Er beobachtet beispielsweise Gespräche unter Männern, bei denen einer der Beteiligten eine Frau ist, eine Werbung, bei der sich eine Frau für einen Mann einsetzt, und eine andere, bei der die Frau die Initiative ergreift und einen Mann bestürmt, der in Wirklichkeit ein Mädchen ist.

Das Potential für seriöse Aussagen und thematische Vertiefung wird weder durch die Lustigkeit der Situation noch durch ihre Lebensferne eingeschränkt. Die Dialoge und die Feinstruktur der Szenenhandlungen befassen sich mit dem Wahnsinn, der Tollheit der

Liebe, die das durch und durch bekannte und geschätzte Objekt (den Herzog) verschmäht und das unbekannte (Cesario/Viola) begehrt. In der Extremsituation wird die Alltagserfahrung verdeutlicht: Wir wissen im Grunde gar nicht, wer das ist, den wir lieben; wir sind gezwungen, das Äußere für das Abbild des Inneren, Eigentlichen zu halten. Auch Violas Hosenrolle – auf der elisabethanischen Bühne ein Junge, der ein Mädchen spielt, das einen Mann spielt – wird problematisiert, und zwar in einer Weise, die sehr modern wirkt. Die Annahme, daß die Verteilung der Geschlechterrollen naturgegeben, untrüglich erkennbar und ein für allemal fixiert sei, wird in Frage gestellt. Viola ist zugleich maskulin und feminin; sie ist kein schlechterer Mann als die echten Männer; sie bringt die Vorstellungen über den prinzipiellen Unterschied zwischen Freundschaft unter Männern und der Liebe zwischen den Geschlechtern ins Wanken.

Problematisiert wird schließlich auch der Zusammenhang zwischen Liebe und Identität. Die Emotionen anderer lassen uns nie unberührt. Bis zu einem gewissen Grade ist man der, für den man gehalten wird – ist man vor allem die Person, als die man geliebt wird. Violas Selbstauffassung, zunächst noch von der Gewißheit ihres Rollenspiels getragen (»I am not that I play«, I,5,184), entwickelt sich zu einem unsicheren »I am not what I am« (III,1,141).

Trotz der Möglichkeiten, welche die Haupthandlung für Belustigung und ernsthafte Erörterung bietet, ist die Durchführung nicht ohne dramaturgische Probleme. Dramatisch und spannend sind der Aufbau der Liebeskette (bis zum Anfang des zweiten Akts) und die Lösung der Komplikationen, die auf einen Schlag erfolgen muß, wie die Lösung in einem Kriminalroman. Dazwischen liegt ein langer statischer Zustand, dem sich nur durch Motivwiederholungen (Olivias Werbung um den Jungen) einige Szenen abgewinnen lassen. Shakespeare löst das Problem in einer für Komödienstrukturen typischen Weise: Es wird möglichst viel Nebenhandlung in den Mittelteil gepackt, und es erfolgt eine zusätzliche, von der Grundstruktur her nicht notwendige Komplizierung der Haupthandlung.

Die Gruppe der Figuren, die den unteren Teil der Bühnengesellschaft und die Handlungsträger der Nebenhandlung bilden, ist größer. Sie muß es sein, denn je niedriger und komischer ein Charakter ist, um so schneller verbraucht er sich, erschöpft sein komisches Potential. Der Autor präsentiert also eine Reihe von komischen Typen, die sich nach Möglichkeit eine nach der anderen in den Vordergrund spielen.

Die Beziehungen zwischen den Figuren der unteren Gruppe sind weniger kompliziert. Die Figuren sind, auch wenn sie meist in der Gruppe auftreten, stärker isoliert, haben kaum emotionale Bindungen aneinander. Ein weiterer Unterschied der beiden Gruppen besteht darin, daß die Mitglieder der oberen Gruppe auf einer partnerschaftlichen Ebene agieren, während die andere Gruppe von oben nach unten gestaffelt ist. Die Staffelung erfolgt nicht nach sozialer Stellung, sondern nach geistigen Qualitäten, nach Graden der Schlauheit und Tölpelhaftigkeit.

Die Führungsposition hat Olivias Kammerfrau Maria. Sie hat in der Debatte das letzte Wort und denkt sich die gerissensten Listen aus. Der grobianische Sir Toby Belch, Olivias Onkel, ist weniger schlau als sie, aber er ist nicht nur besonders trinkfest und lautstark, sondern er ist auch ein relativ erfolgreicher Überlister. Auf der untersten Sprosse der Leiter kommt Sir Andrew Aguecheek, ein Dümmling und Gimpel, der von Sir Toby ausgenommen wird und allen zur Belustigung dient. Eine vierte Person, Fabian, ist bloßer Mitläufer. Die vier bilden – gelegentlich zusammen mit dem Narren Feste, einer freien und beweglichen Figur – eine Kumpanei, eine Gesprächs- und Saufgemeinschaft, die sich toll, *mad* im Sinne von ordnungswidrig, aufführt.

Sie bilden auch eine Aktionsgemeinschaft, deren Gegner Malvolio ist, der Ordnungswächter und Kritiker ihrer *madness*. Der freundlose, puritanische Malvolio ist der einzige Mußefeind in Illyrien, der einzige, der alles ernst nimmt, der einzige auch, der von sozialem Ehrgeiz besessen ist.

Ihm wird ein böser Streich gespielt. Er erhält einen scheinbar von Olivia stammenden, in Wirklichkeit von Maria gefälschten Brief, in dem die Schreiberin ihm versichert, sie liebe ihn und wolle sich trotz des Standesunterschieds mit ihm verbinden. Er wird aufgefordert, unfreundlich zum Personal und frech zu Sir Toby zu sein, in Olivias Gegenwart immer zu lächeln und gelbe Strümpfe mit gekreuzten Bändern zu tragen. Malvolio glaubt dem Brief, führt sich weisungsgemäß auf, wird für verrückt erklärt und eingesperrt und schließlich als Blamierter freigelassen.

Bei Malvolio zeigt sich die Narrheit des werbenden, balzenden Mannes in äußerlicher Komik. Daß er zum Liebesverrückten wird, ist besonders passend, da er ein Verächter der Tollheit und des Gefühls ist. Sein Verhalten demonstriert eine Fehlform der Werbung: er überhebt sich und will die Liebe der Frau für seinen eigenen sozialen Aufstieg nutzen. Seine Sinnenlust besteht darin, sich seine künftige Herrschaft als Olivias Gatte auszumalen.

Der zweite, dünnere Handlungsstrang betrifft die fortgesetzten Bemühungen Sir Tobys, Sir Andrew in dem Glauben zu lassen, er habe Aussichten auf die Hand Olivias. Im Laufe dieser Aktionsreihe werden Haupt- und Nebenhandlung gekoppelt. Man bewegt den hasenherzigen Sir Andrew, den vermeintlichen Nebenbuhler Cesario zu fordern. Es ergibt sich eine zweifache Variante des alten komischen Motivs des Feiglingsduells: Der eine Kontrahent ist gar kein Feigling, sondern ein Mädchen; als es hinterher zum Waffengang kommt, kreuzen Sir Toby und Sir Andrew die Klingen mit dem starken Zwillingsbruder Sebastian und holen sich eine Abfuhr.

Die beiden letzten Akte stehen im Zeichen der Lösung. Die Verwirrung wird zunächst – durch mehrere Verwechslungen der Zwillinge – noch gesteigert, ehe sich die Verhältnisse klären: Olivia heiratet Sebastian und damit die Realisierung der männlichen Rolle Viola/Cesarios; der Herzog münzt die Freundschaft mit Cesario in Liebe zu Viola um und verbindet sich mit ihr; sogar Malvolio wird in den Frieden des Schlusses einbezogen; alles endet harmonisch.

LITERATURHINWEISE

Die Tragödien

Sammlungen:

Laurence Lerner (ed.), *Shakespeare's Tragedies: An Anthology of Modern Criticism* (Harmondsworth, 1963).

Alfred Harbage (ed.), Shakespeare, *The Tragedies: A Collection of Critical Essays* (Englewood Cliffs, N.J., 1964).

Maurice Charney (ed.), *Discussions of Shakespeare's Roman Plays* (Boston, 1964).

Malcolm Bradbury and David Palmer (ed.), *Shakespearian Tragedy* (London, 1984).

Dennis F. Bratchell (ed.), *Shakespearean Tragedy* (London, 1990).

Neil Taylor and Bryan Loughrey (eds.), *Shakespeare's Early Tragedies: A Casebook* (London, 1990).

John Drakakis (ed.), *Shakespearean Tragedy*, Longman Critical Readers (London, 1992).

Studien zur Gattung und zu einzelnen Gruppen:

A.C. Bradley, *Shakespearean Tragedy* (London, 1904).

M.W. MacCallum, *Shakespeare's Roman Plays and Their Background* (London, 1910).

Willard Farnham, Shakespeare's Tragic Frontier (Berkeley, 1950).

Irving Ribner, *Patterns in Shakespearian Tragedy* (London, 1960).

John Lawlor, *The Tragic Sense in Shakespeare* (London, 1960).

Derek Traversi, *Shakespeare: The Roman Plays* (London, 1963).

Jan Kott, *Shakespeare heute* (München, 1964).

Northrop Frye, *Fools of Time: Studies in Shakespearean Tragedy* (Toronto, 1967).

J.M.R. Margeson, *The Origins of English Tragedy* (Oxford, 1967).

Nicholas Brooke, *Shakespeare's Early Tragedies* (London, 1968).

Kenneth Muir, *Shakespeare's Tragic Sequence* (London, 1972).

Ruth Nevo, *Tragic Form in Shakespeare* (Princeton, 1972).

Bernard McElroy, *Shakespeare's Mature Tragedies* (Princeton, 1973).

Larry S. Champion, *Shakespeare's Tragic Perspective* (Athens, Ga., 1976).

Walter C. Foreman, *The Music of the Close: The Final Scenes of Shakespeare's Tragedies* (Lexington, Ky., 1978).

Bertrand Evans, *Shakespeare's Tragic Practice* (Oxford, 1979).

Susan Snyder, *The Comic Matrix of Shakespeare's Tragedies: Romeo and Juliet, Hamlet, Othello and King Lear* (Princeton, 1979).

John Bayley, *Shakespeare and Tragedy* (London, 1981).

Dieter Mehl, *Die Tragödien Shakespeares: Eine Einführung* (Berlin, 1983). [Englisch: *Shakespeare's Tragedies: An Introduction* (Cambridge, 1986).]

Catherine Belsey, *The Subject of Tragedy: Identity and Difference in Renaissance Drama* (London, 1985).

Richard Horwich, *Shakespeare's Dilemmas* (New York, 1988).

E.A.J. Honigmann, *Myriad-Minded Shakespeare: Essays Chiefly on the Tragedies and the Problem Plays* (London, 1989).

Vivian Thomas, *Shakespeare's Roman Worlds* (London, 1989).

David Young, *The Action to the Word: Structure and Style in Shakespearean Tragedy* (New Haven, Conn.,1990).

Tom McAlindon, *Shakespeare's Tragic Cosmos* (Cambridge, 1991).

Richard H. Palmer, *Tragedy and Tragic Theory: An Analytical Guide* (Westport, Conn., 1992).

Titus Andronicus

Ausgaben:

Cambridge, ed. J. Dover Wilson (1948).

Arden, ed. J.C. Maxwell (1953).

Oxford, ed. Eugene M. Waith (1984).

New Arden, ed. Jonathan Bate (1995).

Englisch und deutsch: Reclam, ed. Dieter Wessels (1988).

Studien:

Horst Oppel, *Titus Andronicus,* (Heidelberg, 1961).

Alan C. Dessen, *Titus Andronicus*, Shakespeare in Performance (Manchester, 1989).

Maurice Charney, *Titus Andronicus*, Harvester New Critical Introductions to Shakespeare (New York, 1990).

Marion Wynne-Davies, »›The swallowing womb‹: Consumed and Consuming Women in *Titus Andronicus*«, in: Valerie Wayne (ed.), *The Matter of Difference: Materialist Feminist Criticism of Shakespeare* (Ithaca, N.Y., 1991), S. 129–151.

Romeo and Juliet

Ausgaben:

New Variorum, ed. H.H. Furness (1871).

Cambridge, ed. G.I. Duthie and J. Dover Wilson (1955).

New Swan, ed. J. Ingledew (1965).

New Penguin, ed. T.J.B. Spencer (1967).

Arden, ed. Brian Gibbons (1980).

New Cambridge, ed. G. Blakemore Evans (1984).

Cambridge School, ed. Brian Gibbons (1991).

Englisch und deutsch: Reclam, ed. Herbert Geisen (1979).

Sammlungen:

Douglas Cole (ed.), *Twentieth Century Interpretations of Romeo and Juliet: A Collection of Critical Essays* (Englewood Cliffs, N.J., 1970).

Linda Cookson and Bryan Loughrey (eds.), *Romeo and Juliet,* Longman Critical Essays (Harlow, 1991).

Studien:

Franklin M. Dickey, *Not Wisely But Too Well: Shakespeare's Love Tragedies* (San Marino, Cal., 1957).

Inge Leimberg, *Shakespeares Romeo und Julia: Von der Sonettdichtung zur Liebestragödie* (München, 1968).

Jill L. Levenson, *Romeo and Juliet*, Shakespeare in Performance (Manchester, 1987).

Theresa Sullivan, *Romeo and Juliet*, Longman Literature Guidelines (Harlow, 1989).

Graham Holderness, *William Shakespeare's Romeo and Juliet,* Penguin Critical Studies (Harmondsworth, 1990).

Cedric Watts, *Romeo and Juliet,* Harvester New Critical Introductions to Shakespeare, (New York, 1991).

Peter Holding, *Romeo and Juliet*, Text and Performance (Basingstoke, 1992).

Julius Caesar

Ausgaben:

New Variorum, ed. H.H. Furness, Jr. (1913).
Cambridge, ed. J. Dover Wilson (1949).
Arden, ed. T.S. Dorsch (1955).
New Swan, ed. H.M. Hulme (1959).
New Penguin, ed. Norman Sanders (1967).
Oxford, ed. Arthur Humphreys (1984).
New Cambridge, ed. Marvin Spevack (1988).
Cambridge School, ed. Timothy Seward (1992).
Englisch und deutsch: Reclam, ed. Dietrich Klose (1976).
  Francke, ed. Thomas Pughe (1987).

Sammlungen:

Leonard Dean (ed.), *Twentieth Century Interpretations of Julius Caesar: A Collection of Critical Essays* (Englewood Cliffs, N.J., 1968).
Peter Ure (ed.), *Shakespeare, Julius Caesar: A Casebook* (London, 1969).
Harold Bloom (ed.), *William Shakespeare's Julius Caesar*, Modern Critical Interpretations (New York, 1988).
Linda Cookson and Bryan Loughrey (eds.), *Julius Caesar,* Longman Critical Essays (Harlow, 1992).

Studien:

Adrien Bonjour, *The Structure of Julius Caesar* (Liverpool,1958).
David Daiches, *Shakespeare*: *Julius Caesar,* Studies in English Literature (London, 1976).
John Ripley, *Julius Caesar on Stage in England and America, 1599–1973* (Cambridge, 1980).
Ernle Bradford, *Julius Caesar: The Pursuit of Power* (London, 1984).
Michael E. Mooney, »›Passion, I See, Is Catching‹: The Rhetoric of *Julius Caesar*«, *Journal of English and Germanic Philology*, 90 (1991), S. 31–50.
Wolfgang Riehle, »Wiederholung, Parallelität, Variation und Kontrast als Komponenten des dramatischen Rhythmus in Shakespeares *Julius Caesar*«, *Sprachkunst*, 23.2 (1992), S. 309–325.
John Drakakis, »›Fashion it Thus‹: *Julius Caesar* and the Politics of Theatrical Representation«, *Shakespeare Survey*, 44 (1992), S. 65–73.
Vivian Thomas, *Julius Caesar*, Harvester New Critical Introductions to Shakespeare (New York, 1992).
Richard Wilson, *Julius Caesar*, Penguin Critical Studies (Harmondsworth, 1992).

Hamlet

Ausgaben:

New Variorum, ed. H.H. Furness (1877).
Cambridge, ed. J. Dover Wilson (1934).
New Swan, ed. B. Lott (1968).
New Penguin, ed. T.J.B. Spencer (1980).
Arden, ed. Harold Jenkins (1982).
New Cambridge, ed. Philip Edwards (1985).
Oxford, ed. G.R. Hibbard (1987).
Englisch und deutsch: Reclam, ed. Holger M. Klein, 2 Bde. (1984).

Sammlungen und Einführungen:

J. C. Levenson (ed.), *Discussions of Hamlet* (Boston, 1960).
John D. Jump (ed.), *Shakespeare, Hamlet: A Casebook* (London, 1968).
David Bevington (ed.), *Twentieth Century Interpretations of Hamlet: A Collection of Critical Essays* (Englewood Cliffs, N.J., 1968).
Willi Erzgräber (ed.), *Hamlet-Interpretationen,* Wege der Forschung, (Darmstadt, 1977).
Kenneth Muir and Stanley Wells (eds.) *Aspects of Hamlet* (Cambridge, 1979).
Joseph G. Price (ed.), *Hamlet: Critical Essays*, Shakespearean Criticism (New York, 1986).
Harold Bloom (ed.), *William Shakespeare's Hamlet*, Modern Critical Interpretations (New York, 1986).
Linda Cookson and Bryan Loughrey (ed.), *Critical Essays on Hamlet,* Longman Literature Guides: Critical Essays (Harlow, 1988).
Harold Bloom (ed.), *Hamlet*, Major Literary Characters (New York, 1990).
Martin Coyle (ed.), *Hamlet*, New Casebooks (New York, 1992).
Stanley Wells (ed.), *Hamlet and Its Afterlife*, *Shakespeare Survey*, 45 (Cambridge, 1993).

Studien:

J. Dover Wilson, *What Happens in Hamlet* (Cambridge,1935).
Harry Levin, *The Question of Hamlet* (New York,1959).
Kenneth Muir, *Shakespeare: Hamlet,* Studies in English Literature, (London,1963).
Maurice Charney, *Style in Hamlet* (Princeton, 1969).
Martin Scofield, *The Ghosts of Hamlet: The Play and Modern Writers* (Cambridge, 1980).
James A. Calderwood, *To Be and Not To Be: Negation and Metadrama in Hamlet* (New York, 1983).
Peter Davison, *Hamlet: Text and Performance* (London, 1983).
L.C. Knights, »Hamlet and the Perplexed Critics«, *Sewanee Review*, 92 (1984), S. 225–38.

John A. Mills, *Hamlet on Stage: The Great Tradition* (Westport, Conn., 1985).

Manfred Pfister, »›Eloquence is Action‹: Shakespeare und die Sprechakttheorie«, *KODIKAS/CODE*, 8, (1985) S. 195–216.

Michael Hattaway, *Hamlet*, Critics Debate (Basingstoke, 1987).

Graham Holderness, *Hamlet*, Open Guides to Literature (Milton Keynes, 1987).

Arthur McGee, *The Elizabethan Hamlet* (New Haven, Conn., 1987).

Peter Mercer, *Hamlet and the Acting of Revenge: Contemporary Interpretations of Shakespeare* (London, 1987).

Gerhard Müller-Schwefe, *Corpus Hamleticum: Shakespeares Hamlet im Wandel der Medien* (Tübingen, 1987).

Maurice Charney, *Hamlet's Fictions* (New York, 1988).

Cedric Watts, *Hamlet*, Harvester New Critical Introductions to Shakespeare (New York, 1988).

Barbara Everett, *Young Hamlet: Essays on Shakespeare's Tragedies* (Oxford, 1989).

Andrea Stadter, *»Hyperion to a Satyr«: Hamlet im Kontext zeitgenössischer Rachetragödien 1589–1603*, Forum Anglistik (Heidelberg, 1989).

Erwin Wolff, »›Between the Motion and the Act‹: Zur Motivgeschichte des Zögerns«, in: Heinz-Joachim Müllenbrock und Alfons Klein (ed.), *Motive und Themen in englischsprachiger Literatur als Indikatoren literaturgeschichtlicher Prozesse: Festschrift für Theodor Wolpers* (Tübingen, 1990), S. 95–109.

Phyllis Gorfain, »Toward a Theory of Play and Carnivalesque in *Hamlet*«, *Hamlet Studies*, 13, (1991), S. 25–49.

Alex Newell, *The Soliloquies in Hamlet: The Structural Design* (London, 1991).

Marvin Rosenberg, *The Masks of Hamlet* (London, 1992).

Bert O. States, *Hamlet and the Concept of Character* (Baltimore, 1992).

Othello

Ausgaben:

New Variorum, ed. H.H. Furness (1886).

Cambridge, ed. A. Walker and J. Dover Wilson (1957).

Arden, ed. M.R. Ridley (1958).

New Penguin, ed. Kenneth Muir (1968).

New Swan, ed. G. Salgado (1976).

New Cambridge, ed. Norman Sanders (1984).

Cambridge School, ed. Jane Coles (1992).

Englisch und deutsch: Reclam, ed. Dieter Hamblock (1976).

Francke, ed. Balz Engler (1976).

Sammlungen:

John Wain (ed.) *Shakespeare, Othello: A Casebook* (London,1971).

Harold Bloom (ed.), *William Shakespeare's Othello*, Modern Critical Interpretations (New York, 1988).

Susan Snyder (ed.), *Othello: Critical Essays*, Shakespearean Criticism (New York, 1989).

Linda Cookson and Bryan Loughrey (eds.), *Othello*, Longman Critical Essays (Harlow, 1991).

Virginia Mason Vaughan and Kent Cartwright (eds.), *Othello: New Perspectives* (London, 1991).

Harold Bloom (ed.), *Iago*, Major Literary Characters (New York, 1992).

Studien:

G.R. Elliott, *Flaming Minister: A Study of Othello as Tragedy of Love and Hate* (Durham, N.C.,1953).

Robert B. Heilman, *Magic in tbe Web: Action and Language in Othello* (Lexington, Ky., 1956).

Marvin Rosenberg, *The Masks of Othello: The Search for the Identity of Othello, Iago, and Desdemona by three Centuries of Actors and Critics* (Berkeley, 1961).

Stanley Edgar Hyman, *Iago: Some Approaches to tbe Illusion of his Motivation* (New York, 1970).

Jane Adamson, *Othello as Tragedy: Some Problems of Judgement and Feeling* (Cambridge, 1980).

Martin L. Wine, *Othello: Text and Performance* (Basingstoke, 1984).

Peter Davison, *Othello*, Critics Debate (Basingstoke, 1988).

Martin Elliot, *Shakespeare's Invention of Othello: A Study in Early Modern English* (London, 1988).

James L. Calderwood, *The Properties of Othello* (Amherst, Mass., 1989).

Margaret Mikeseil, *Othello: An Annotated Bibliography*, Shakespeare Bibliographies (New York, 1990).

King Lear

Ausgaben:

New Variorum, ed. H.H. Furness (1880).

Arden, ed. Kenneth Muir (1952).

Cambridge, ed. G.I. Duthie and J. Dover Wilson (1960).

New Penguin, ed. G.K. Hunter (1972).

New Swan, ed. B. Lott (1974).

New Cambridge, ed. Jay L. Halio (1992).

Englisch und deutsch: Reclam, ed. Raimund Borgmeier und Barbara Puschmann-Nalenz (1973).

Sammlungen:

Helmut Bonheim (ed.), *The King Lear Perplex* (San Francisco, 1960).

Frank Kermode (ed.), *Shakespeare, King Lear: A Casebook* (London, 1969).

Rosalie L. Colie and F.T. Flahiff (eds.), *Some Facets of King Lear: Essays in Prismatic Criticism* (London, 1974).

Janet Adelman (ed.), *Twentieth Century Interpretations of King Lear: A Collection of Critical Essays* (Englewood Cliffs, N.J., 1978).

Kenneth Muir (ed.), *King Lear: Critical Essays* (New York, 1984).

Harold Bloom (ed.), *William Shakespeare's King Lear,* Modern Critical Interpretations (New York, 1987).

Linda Cookson and Bryan Loughrey (eds.), *Critical Essays on King Lear,* Longman Literature Guides: Critical Essays (Harlow, 1988).

Harold Bloom (ed.), *King Lear,* Major Literary Characters (New York, 1992).

Studien:

Robert B. Heilman, *This Great Stage: Image and Structure in King Lear* (Baton Rouge, La., 1948).

John F. Danby, *Shakespeare's Doctrine of Nature: A Study of King Lear* (London, 1949).

Nicholas Brooke, *Shakespeare: King Lear,* Studies in English Literature (London, 1963).

William R. Elton, *King Lear and the Gods* (San Marino, Cal., 1966).

Marvin Rosenberg, *The Masks of King Lear* (Berkeley, 1972).

Peter Wenzel, *Die Lear-Kritik im 20. Jahrhundert: Ein Beitrag zu einer Analyse der Entwicklung der Shakespeareliteratur* (Amsterdam, 1979).

Stephen Booth, *King Lear, Macbeth, Indefinition and Tragedy* (New Haven, Conn., 1983).

Gamini Salgado, *King Lear: Text and Performance* (London, 1984).

Francis Casey, *King Lear,* Macmillan Master Guides (Basingstoke, 1986).

Kenneth Muir, *King Lear,* Penguin Masterstudies (Harmondsworth, 1986).

James L. Calderwood, *Shakespeare and the Denial of Death* (Amherst, Mass., 1988).

Alexander Leggatt, *King Lear,* Harvester New Critical Introductions to Shakespeare (New York, 1988).

Ann Thompson, *King Lear,* Critics Debate (London, 1988).

Alexander Leggatt, *King Lear*, Shakespeare in Performance (Manchester, 1991).

James P. Lusardi and June Schlueter, *Reading Shakespeare in Performance: King Lear* (Rutherford, N.J., 1991).

Macbeth

Ausgaben:

New Variorum, ed. H.H. Furness (1873).
Cambridge, ed. J. Dover Wilson (1947).
Arden, ed. Kenneth Muir (1951).
New Swan, ed. B. Lott (1958).

New Penguin, ed. G.K. Hunter (1967).

Oxford, ed. Nicholas Brooke (1990).

Cambridge School, ed. Rex Gibson (1993).

Englisch und deutsch: Reclam, ed. Barbara Rojahn-Deyk (1977).

Sammlungen:

John Wain (ed.), *Shakespeare, Macbeth: A Casebook* (London, 1968).

Terence Hawkes (ed.), *Twentieth Century Interpretations of Macbeth: A Collection of Critical Essays* (Englewood Cliffs, N.J., 1977).

Kenneth Muir and Philip Edwards (eds.), *Aspects of Macbeth* (Cambridge, 1977).

John Russell Brown (ed.), *Focus on Macbeth* (London, 1982).

Harold Bloom (ed.), *William Shakespeare's Macbeth*, Modern Critical Interpretations (New York, 1987).

Linda Cookson and Bryan Loughrey (eds.), *Critical Essays on Macbeth,* Longman Literature Guides: Critical Essays (Harlow, 1988).

Samuel Schoenbaum (ed.), *Macbeth: Critical Essays,* Shakespearean Criticism (New York, 1991).

Studien:

Henry N. Paul, *The Royal Play of Macbeth* (New York, 1948).

Roy Walker, *The Time Is Free: A Study of Macbeth* (London, 1949).

G.R. Elliott, *Dramatic Providence in Macbeth* (Princeton, 1958).

John Russell Brown, *Shakespeare: The Tragedy of Macbeth,* Studies in English Literature (London, 1963).

Dennis Bartholomeusz, *Macbeth and the Players* (Cambridge, 1969).

Paul A. Jorgensen, *Our Naked Frailties: Sensational Art and Meaning in Macbeth* (Berkeley, 1971).

Marvin Rosenberg, *The Masks of Macbeth* (Berkeley, 1978).

Harry Berger Jr., »The Early Scenes of *Macbeth*: Preface to a New Interpretation«, *Journal of English Literary History* 47 (1980), S. 1–31.

Stephen Booth, *King Lear, Macbeth, Indefinition and Tragedy* (New Haven, Conn., 1983).

Gordon Williams, *Macbeth: Text and Performance* (London, 1985).

James L. Calderwood, *If It Were Done: Macbeth and Tragic Action* (Amherst, Mass., 1986).

John Griffen, *Macbeth,* Longman Literature Guidelines (Harlow, 1989).

Michael Long, *Macbeth*, Harvester New Critical Introductions to Shakespeare (Hemel Hempstead, 1989).

Thomas S. Wheeler, *Macbeth. An Annotated Bibliography,* Garland Shakespeare Bibliographies (New York, 1990).

Harold Bloom (ed.), *Macbeth*, Major Literary Characters (New York, 1991).

Bernice W. Kliman, *Macbeth*, Shakespeare in Performance (Manchester, 1993).

Antony and Cleopatra

Ausgaben:

Cambridge, ed. J. Dover Wilson (1950).
Arden, ed. M.R. Ridley (1954).
New Swan, ed. J. Ingledew (1971).
New Penguin, ed. Emrys Jones (1977).
New Cambridge, ed. D. Bevington (1990).
New Variorum, ed. Marvin Spevack (1990).
New Arden, ed. John Wilders (1995).
Englisch und deutsch: Reclam, ed. Raimund Borgmeier (1992).
  Francke, ed. Dimiter Daphinoff (1995).

Sammlungen:

John Russell Brown (ed.), *Shakespeare, Antony and Cleopatra: A Casebook*
  (London, 1968).
Mark Rose (ed.), *Twentieth Century Interpretations of Antony and Cleopatra:*
  A Collection of Critical Essays (Englewood Cliffs, N.J., 1977).
Harold Bloom (ed.), *William Shakespeare's Antony and Cleopatra,* Modern
  Critical Interpretations (New York, 1987).
Harold Bloom, *Cleopatra*, Major Literary Characters (New York, 1990).
Linda Cookson and Bryan Loughrey (eds.), *Critical Essays on Antony and*
  Cleopatra, Longman Literature Guides: Critical Essays (Harlow, 1990).

Studien:

Franklin M. Dickey, *Not Wisely But Too Well: Shakespeare's Love Tragedies*
  (San Marino, Cal., 1957).
Robin Lee, *Shakespeare: Antony and Cleopatra,* Studies in English Literature
  (London, 1971).
Janet Adelman, *The Common Liar: An Essay on Antony and Cleopatra* (New
  Haven, Conn., 1973).
Michael Scott, *Antony and Cleopatra: Text and Performance* (London, 1983).
Russell Jackson, »The Triumphs of *Antony and Cleopatra«, Shakespeare-*
  Jahrbuch West (1984), S. 128–148.
Kenneth Muir, *William Shakespeare: Antony and Cleopatra*, Penguin Critical
  Studies (London, 1987).
Martin L. Wine, *Antony and Cleopatra by William Shakespeare,* Macmillan
  Master Guides (London, 1987).
H.W. Fawkner, *Shakespeare's Hyperontology: Antony and Cleopatra* (Ruther-
  ford, N.J., 1991).
Mary Ann Bushman, »Representing Cleopatra«, in: Dorothea Kehler and
  Susan Baker (eds.), *In Another Country: Feminist Perspectives on Renais-*
  sance Drama (Metuchen, N.J., 1991), S. 36–49.

Coriolanus

Ausgaben:

New Variorum, ed. H.H. Furness, Jr. (1928).
Cambridge, ed. J. Dover Wilson (1960).
New Penguin, ed. G.R. Hibbard (1967).
New Swan, ed. J. Ingledew (1975).
Arden, ed. J.P. Brockbank (1976).

Sammlungen:

James E. Phillips (ed.), *Twentieth Century Interpretations of Coriolanus: A Collection of Critical* Essays (Englewood Cliffs, N.J., 1970).
B.A. Brockman (ed.), *Shakespeare, Coriolanus: A Casebook* (London, 1977).
Harold Bloom (ed.), *William Shakespeare's Coriolanus,* Modern Critical Interpretations (New York, 1987).

Studien:

Brian Vickers, *Shakespeare: Coriolanus,* Studies in English Literature (London, 1976).
Gordon Williams, *Coriolanus*, Macmillan Master Guides (Basingstoke, 1987).
Adrian Poole, *Coriolanus,* Harvester New Critical Introductions to Shakespeare (New York, 1988).
Bruce King, *Coriolanus*, Critics Debate Series (Atlantic Highlands, N.J., 1989).
Alexander Leggatt and Lois Norem, *Coriolanus: An Annotated Bibliography*, Garland Shakespeare Bibliographies (New York, 1989).
Stephen Coote, *Coriolanus*, Penguin Critical Studies (London, 1992).
David Wheeler (ed.), *Coriolanus: Critical Essays*, Shakespeare Criticism (New York, 1995).

Timon of Athens

Ausgaben:

Cambridge, ed. J.C. Maxwell (1957).
Arden, ed. H.J. Oliver (1959).
New Penguin, ed. G.R. Hibbard (1970).

Studien:

E.A.J. Honigmann, »Timon of Athens«, *Shakespeare Quarterly,* 12 (1961), S. 3–20.
Francelia Butler, *The Strange Critical Fortunes of Shakespeare's Timon of Athens* (Ames, Iowa, 1966).
Rolf Soellner, *Timon of Athens: Shakespeare's Pessimistic Tragedy* (Columbus, Ohio, 1979).
John J. Ruszkiewicz, *Timon of Athens: An Annotated Bibliography,* Garland Shakespeare Bibliographies (New York, 1986).

John Dixon Hunt, »Shakespeare and the *Paragone*: A Reading of *Timon of Athens*«, in: Werner Habicht, D.J. Palmer, Roger Pringle (eds.), *Images of Shakespeare* (Newark, Del., 1988), S. 47–63.

A.D. Nuttall, *Timon of Athens,* Harvester New Critical Introductions to Shakespeare (New York, 1989).

Die Historien

Sammlungen:

R. J. Dorius (ed.), *Discussions of Shakespeare's Histories: Richard II to Henry V* (Boston, 1964).

Eugene M. Waith (ed.), *Shakespeare, The Histories: A Collection of Critical Essays* (Englewood Cliffs, N.J., 1965).

William A. Armstrong (ed.), *Shakespeare's Histories: An Anthology of Modern Criticism* (Harmondsworth, 1972).

Graham Holderness, Nick Potter, John Turner (eds.), *Shakespeare: The Play of History,* Contemporary Interpretations of Shakespeare (London, 1989).

Graham Holderness (ed.), *Shakespeare's History Plays: Richard II to Henry V*, New Casebooks (London,1992).

Studien:

E.M.W. Tillyard, *Shakespeare's History Plays* (London, 1944).

Lily B. Campbell, *Shakespeare's ›Histories‹: Mirrors of Elizabethan Policy* (San Marino, Cal., 1947).

Derek Traversi, *Shakespeare from Richard II to Henry V* (Stanford, 1957).

M.M. Reese, *The Cease of Majesty: A Study of Shakespeare's History Plays* (London, 1961).

Jan Kott, *Shakespeare heute* (München, 1964).

Irving Ribner, *The English History Play in the* Age *of Shakespeare,* 2nd ed., rev. (London, 1965).

David Bevington, *Tudor Drama and Politics: A Critical Approach to Topical Meaning* (Cambridge, Mass., 1968).

James Winny, *The Player King: A Theme of Shakespeare's Histories* (London, 1968).

Robert Ornstein, *A Kingdom for a Stage: The Achievement of Shakespeare's History Plays* (Cambridge, Mass., 1972).

David L. Frey, *The First Tetralogy: Shakespeare's Scrutiny of the Tudor Myth* (Den Haag, 1976).

John Wilders, *The Lost Garden: A View of Shakespeare's English and Roman History Plays* (London, 1978).

James A. Calderwood, *Metadrama in Shakespeare's Henriad: Richard II to Henry V* (Berkeley, 1979).

Joseph A. Porter, *The Drama of Speech Acts: Shakespeare's Lancastrian Tetralogy* (Berkeley, 1979).

Larry S. Champion, *Perspective in Shakespeare's English Histories* (Athens, Ga., 1980).

H.R. Coursen, *The Leasing Out of England: Shakespeare's Second Henriad* (Lanham, 1982).

John W. Blanpied, *Time and the Artist in Shakespeare's English Histories* (Newark, Del., 1983).

Graham Holderness, *Shakespeare's History* (Dublin, 1985).

Alexander Leggatt, *Shakespeare's Political Plays: The History Plays and the Roman Plays* (London, 1988).

Donald C. Watson, *Shakespeare's Early History Plays: Politics at Play on the Elizabethan Stage* (Basingstoke, 1990).

Larry S. Champion, *The Noise of Threatening Drum: Dramatic Strategy and Political Ideology in Shakespeare and the English Chronicle Plays* (Newark, N.J., 1990).

Graham Holderness, *Shakespeare Recycled: The Making of Historical Drama* (Hemel Hempstead, 1992).

1, 2, 3 Henry VI

Ausgaben:

Cambridge, ed. J. Dover Wilson (1952).

Arden, ed. A.S. Cairncross (Teil 1: 1962; Teil 2: 1957; Teil 3: 1964).

New Penguin, ed. Norman Sanders (1981).

New Cambridge, ed. Michael Hattaway (Teil 1: 1990; Teil 2: 1991; Teil 3: 1993).

Studien:

J.P. Brockbank, »The Frame of Disorder – *Henry VI*«, in: J.R. Brown und B. Harris (eds.), *Early Shakespeare*, Stratford-upon-Avon Studies, (London, 1961), S. 73-99.

Don M. Ricks, *Shakespeare's Emergent Form: A Study of the Structures of the Henry VI Plays* (Logan, Utah, 1968).

David Riggs, *Shakespeare's Heroical Histories: Henry VI and Its Literary Tradition* (Cambridge, Mass., 1971).

Judith Hinchcliffe, *King Henry VI Parts 1, 2 and 3*, Garland Shakespeare Bibliographies (New York, 1984).

Regina Dombrowa, *Strukturen in Shakespeares »King Henry The Sixth«* (Amsterdam, 1985).

Michael Hattaway, »Rebellion, Class Consciousness, and Shakespeare's *2 Henry VI*«, *Cahiers Élisabéthains*, 33 (1988), S. 13-22.

Richard III

Ausgaben:

New Variorum, ed. H.H. Furness, Jr. (1908).
Cambridge, ed. J. Dover Wilson (1954).
New Penguin, ed. E.A.J. Honigmann (1968).
Arden, ed. Antony Hammond (1981).
Englisch und deutsch: Reclam, ed. Herbert Geisen (1978).

Sammlungen:

Harold Bloom (ed.), *William Shakespeare's Richard III*, Modern Critical Interpretations (New York, 1988).
Linda Cookson and Bryan Loughrey (eds.), *Critical Essays on Richard III*, Longman Literature Guides: Critical Essays (Harlow, 1989).

Studien:

Wolfgang Clemen, *Kommentar zu Shakespeares Richard III* (Göttingen, 1957) [Engl. Ausgabe: London, 1968].
A. P. Rossiter, »Angel with Horns: The Unity of Richard III«, *Angel with Horns* (London, 1961), S. 1–22.
Antony Sher, *Year of the King: An Actor's Diary and Sketchbook* (London, 1985).
C.W.R.D. Moseley, *Richard III*, Penguin Critical Studies (London, 1989).
Russ McDonald, »Richard III and the Tropes of Treachery«, *Philological Quarterly* 68 (1989), S. 465–483.
Hugh M. Richmond, *Richard III*, Shakespeare in Performance (Manchester, 1989).
William C. Carroll, »Desacralization and Succession in *Richard III*«, *Shakespeare-Jahrbuch West* (1991), S. 82–96.

King John

Ausgaben:

New Variorum, ed. H.H. Furness, Jr. (1919).
Cambridge, ed. J. Dover Wilson (1936).
Arden, ed. E.A.J. Honigmann (1954).
New Penguin, ed. R.L. Smallwood (1974).
Oxford, ed. A.R. Braunmuller (1989).
New Cambridge, ed. L.A. Beaurline (1990).

Sammlungen:

Frances A. Shirley (ed.), *King John and Henry VIII*, Shakespearean Criticism (New York, 1988).
Deborah T. Curren-Aquino (ed.), *King John: New Perspectives* (Delaware, N.J., 1989).

Studien:

Adrien Bonjour, »The Road to Swinstead Abbey: A Study of the Sense and Structure of *King John*«, *Journal of English Literary History*, 18 (1951), S. 253–274.

James L. Calderwood, »Commodity and Honour in *King John*«, *University of Toronto Quarterly*, 29 (1960), S. 341–356.

Sigurd Burckhardt, »*King John*: The Ordering of This Present Time«, *Journal of English Literary History*, 33 (1966), S. 133–153.

Virginia Mason Vaughan, »Between Tetralogies: *King John* as Transition«, *Shakespeare Quarterly*, 35 (1984), S. 407–420.

A.R. Braunmuller, »*King John* and Historiography«, *Journal of English Literary History*, 55 (1988) S. 309–332.

David Womersley, »The Politics of Shakespeare's *King John*«, *Review of English Studies*, 40 (1989). S. 497–515.

Deborah T. Curren-Aquino, *King John: An Annotated Bibliography*, Shakespeare Bibliographies (New York, 1994).

Richard II

Ausgaben:

Cambridge, ed. J. Dover Wilson (1939).

New Variorum, ed. M.W. Black (1955).

Arden, ed. Peter Ure (1956).

New Swan, ed. H.M. Hulme (1961).

New Penguin, ed. Stanley Wells (1969).

New Cambridge, ed. Andrew Gurr (1984).

Englisch und deutsch: Reclam, ed. Dieter Hamblock (1976).

Francke, ed. Wilfried Braun (1980).

Sammlungen:

Paul M. Cubeta (ed.), *Twentieth Century Interpretations of Richard II: A Collection of Critical Essays*, (Englewood Cliffs, N.J., 1971).

Nicholas Brooke (ed.), *Shakespeare, Richard II: A Casebook* (London, 1973).

Jeanne T. Newlin (ed.), *Richard II: Critical Essays,* Shakespearean Criticism (New York, 1984).

Harold Bloom (ed.), *William Shakespeare's Richard II,* Modern Critical Interpretations (New York, 1988).

Linda Cookson and Bryan Loughrey (eds.), *Critical Essays on Richard II,* Longman Literature Guides (Harlow, 1989).

Studien:

A.R. Humphreys, *Shakespeare: Richard II*, Studies in English Literature (London, 1967).

Herbert Grabes, »The Tragedie of King Richard the second«, *Poetica*, 2 (1968), S. 196–215.

Malcolm Page, *Richard II,* Text and Performance (Basingstoke, 1987).

Charles Barber, *Richard II by William Shakespeare*, Macmillan Master Guides (Basingstoke, 1987).

Richard Harrier, »Ceremony and Politics in *Richard II*«, in: Bernhard Fabian and Kurt Tetzeli von Rosador (eds.), *Shakespeare: Text, Language, Criticism: Essays in Honour of Marvin Spevack* (Hildesheim, 1987), S. 80–97.

Josephine A. Roberts, *Richard II: An Annotated Bibliography.* 2 vols., Garland Shakespeare Bibliographies (New York, 1988).

Graham Holderness, *William Shakespeare: Richard II*, Penguin Critical Studies (Harmondsworth, 1989).

David M. Bergeron, »*Richard II* and Carnival Politics«, *Shakespeare Quarterly*, 42 (1991), S. 33–43.

Margaret Shewring, *Richard II*, Shakespeare in Performance (Manchester, 1994).

1, 2 Henry IV

Ausgaben von Teil 1:

New Variorum, ed. S.B. Hemingway (1936).
Cambridge, ed. J. Dover Wilson (1946).
Arden, ed. A.R. Humphreys (1960).
New Swan, ed. J. and D. Colmer (1965).
New Penguin, ed. P.H. Davison (1968).
Oxford, ed. D. Bevington (1987).

Ausgaben von Teil 2:

New Variorum, ed. M.A. Shaaber (1940).
Cambridge, ed. J. Dover Wilson (1946).
Arden, ed. A.R. Humphreys (1966).
New Penguin, ed. P.H. Davison (1977).
New Cambridge, ed. G. Melchiori (1989).

Sammlungen:

David P. Young (ed.), *Twentieth Century Interpretations of Henry IV, Part Two: A Collection of Critical Essays* (Englewood Cliffs, N.J., 1968).

R.J. Dorius (ed.), *Twentieth Century Interpretations of Henry IV, Part One: A Collection of Critical Essays* (Englewood Cliffs, N.J., 1970).

G.K. Hunter (ed.), *Shakespeare, Henry IV, Parts 1 and 2: A Casebook* (London, 1970).

David Bevington (ed.), *Henry IV Parts I & II: Critical Essays*, Shakespeare Criticism (New York, 1986).

Harold Bloom (ed.), *William Shakespeare's Henry IV Part I,* Modern Critical Interpretations (New York, 1987).

Harold Bloom (ed.), *Falstaff*, Major Literary Characters (New York, 1992).

Studien:

J. Dover Wilson, *The Fortunes of Falstaff* (Cambridge, 1953).

D.R.C. Marsh, *A Critical Commentary on Shakespeare's Henry IV, Part One*, Macmillan Critical Commentaries (London, 1967).

Peter Hollindale, *A Critical Commentary on Shakespeare's King Henry IV, Part 2*, Macmillan Critical Commentaries (London, 1971).

Sherman Hawkins, »*Henry IV*: The Structural Problem Revisited«, *Shakespeare Quarterly*, 33 (1982), S. 278–301.

T.F. Wharton, *Henry the Fourth Parts I & II,* Text and Performance (London, 1983).

Helen Morris, *Henry IV Part I by William Shakespeare,* Macmillan Master Guides (Basingstoke, 1986).

Theodor Wolpers, »Das Selbst und die Politik: Gattungs- und Motivinnovation in Shakespeares Geschichtsdrama *Henry IV, Part I*«, in: Theodor Wolpers (ed.), *Gattungsinnovation und Motivstruktur*, Bericht über Kolloquien der Kommission für literaturwissenschaftliche Motiv- und Themenforschung 1986–1989. Bd. 1 (Göttingen, 1989), S. 28–96.

Ronald Knowles, *Henry IV Parts I & II*, Critics Debate (Basingstoke, 1992).

Neil Taylor, *Henry IV Part Two*, Penguin Critical Studies (London, 1992).

Henry V

Ausgaben:

Cambridge, ed. J. Dover Wilson (1947).

Arden, ed. J.H. Walter (1954).

New Swan, ed. H.M. Hulme (1963).

New Penguin, ed. A.R. Humphreys (1968).

Oxford, ed. Gary Taylor (1982).

New Cambridge, ed. Andrew Gurr (1992).

Cambridge School, ed. M. Bell (1993).

New Arden, ed. T.W. Craik (1995).

Englisch und deutsch: Reclam, ed. Dieter Hamblock (1978).

Sammlungen:

Ronald S. Berman (ed.), *Twentieth Century Interpretations of Henry V: A Collection of Critical Essays* (Englewood Clitts, N.J., 1968).

Michael Quinn (ed.), *Shakespeare, Henry V: A Casebook* (London, 1969).

Harold Bloom (ed.), *William Shakespeare's Henry V*, Modern Critical Interpretations (New York, 1987).

Studien:

Ulrich Suerbaum, »Shakespeare, *Henry V*«, in: *Das englische Drama*, ed. Dieter Mehl (Düsseldorf, 1970) Bd. 1, S. 96–113.

Brownell Salomon, »Thematic Contraries and the Dramaturgy of *Henry V*«, *Shakespeare Quarterly*, 31 (1980), S. 343–356.

Joseph Candido and Charles R. Forker, *Henry V: An Annotated Bibliography*, Garland Shakespeare Bibliographies (New York, 1983).

Jonathan Dollimore and Alan Sinfield, »History and Ideology: The Instance of *Henry V* «, in: John Drakakis (ed.), *Alternative Shakespeares* (London, 1985), S. 206–227.

D.K.C. Todd, *Shakespeare's Agincourt* (Durham, 1985).

Antony Hammond, »›It must be your imagination then‹: The Prologue and the Plural Text in *Henry V* and Elsewhere«, in: John W. Mahon and Thomas A. Pendleton (ed.), ›*Fanned and Winnowed Opinions‹: Shakespearean Essays Presented to Harold Jenkins* (London, 1987), S. 133–150.

Peter Davison, *Henry V by William Shakespeare*, Macmillan Master Guides (London, 1987).

William Tydeman, *Henry V*, Penguin Masterstudies (Harmondsworth, 1987).

Joel B. Altman, »Vile Participation: The Amplification of Violence in the Theater of *Henry V*«, *Shakespeare Quarterly*, 42 (1991), S. 1–32.

Antony Brennan, *Henry V*, Harvester New Critical Introductions to Shakespeare (London York, 1992).

Henry VIII

Ausgaben:

Arden, ed. R.A. Foakes (1957).

Cambridge, ed. J.C. Maxwell (1962).

New Penguin, ed. A.R. Humphreys (1971).

New Cambridge, ed. J. Margeson (1990).

Sammlung:

Frances A. Shirley (ed.), *King John and Henry VIII*, Shakespearean Criticism (New York, 1988).

Studien:

Frank Kermode, »What Is Shakespeare's *Henry VIII* About?«, *Durham University Journal*, New Series 9 (1948), S. 48–55.

Alexander Leggatt, »*Henry VIII* and the Ideal England«, *Shakespeare Survey*, 38 (1985), S. 131–143.

Glynne Wickham, »The Dramatic Structure of Shakespeare's *Henry VIII*: An Essay in Rehabilitation«, *Proceedings of the British Academy*, 70 (1984), S. 149–166.

Stuart M. Kurland, »*Henry VIII* and James I: Shakespeare and Jacobean Politics«, *Shakespeare Studies* 19 (1991), S. 203–218.

Peter L. Rudnytsky, »*Henry VIII* and the Deconstruction of History«, *Shakespeare Survey* 43 (1991), S. 43–57.

Hugh M. Richmond, *Henry VIII*, Shakespeare in Performance (Manchester, 1994).

Die Komödien

Sammlungen:

Robert Ornstein (ed.), *Discussions of Shakespeare's Problem Comedies* (Boston, 1961).

Kenneth Muir (ed.), *Shakespeare, The Comedies: A Collection of Critical Essays* (Englewood Cliffs, N.J., 1965).

Herbert Weil, Jr. (ed.), *Discussions of Shakespeare's Romantic Comedies* (Boston, 1966).

Laurence Lerner (ed.), *Shakespeare's Comedies: An Anthology of Modern Criticism* (Harmondsworth, 1967).

D.J. Palmer (ed.), *Shakespeare's Later Comedies: An Anthology of Modern Criticism* (Harmondsworth, 1971).

Harold Bloom (ed.), *William Shakespeare: Comedies*, Modern Critical Views (New York, 1986).

Gary Waller (ed.), *Shakespeare's Comedies*, Longman Critical Readers (London, 1991).

Wichtige Studien:

G. Wilson Knight, »The Romantic Comedies«, *The Shakespearian Tempest* (London, 1932; rpt. London, 1953), S. 75–168.

H.B. Charlton, *Shakespearian Comedy* (London, 1938).

E.C. Pettet, *Shakespeare and the Romance Tradition* (London, 1949).

M.C. Bradbrook, *The Growth and Structure of Elizabethan Comedy* (London, 1955).

C.L. Barber, *Shakespeare's Festive Comedies: A Study of Dramatic Form and its Relations to Social Custom* (Princeton, 1959).

Bertrand Evans, *Shakespeare's Comedies* (Oxford, 1960).

John Russell Brown, *Shakespeare and his Comedies,* 2nd ed. (London, 1962).

Northrop Frye, *A Natural Perspective: The Development of Shakespearean Comedy and Romance* (New York, 1965).

Robert Grams Hunter, *Shakespeare and the Comedy of Forgiveness* (New York, 1965).

Blaze Odell Bonazza, *Shakespeare's Early Comedies: A Structural Analysis* (Den Haag, 1966).

Howard Felperin, *Shakespearean Romance* (Princeton, 1972).

David P. Young, *The Heart's Forest: A Study of Shakespeare's Pastoral Plays* (New Haven, Conn., 1972).

Alexander Leggatt, *Shakespeare's Comedy of Love* (London, 1974).

Leo Salingar, *Shakespeare and the Traditions of Comedy* (Cambridge, 1974).

Elliott R. Krieger, *A Marxist Study of Shakespeare's Comedies* (London, 1979).

Kenneth Muir, *Shakespeare's Comic Sequence* (Liverpool, 1979).

Ruth Nevo, *Comic Transformations in Shakespeare* (London, 1980).

Northrop Frye, *The Myth of Deliverance: Reflections on Shakespeare's Problem Comedies* (Brighton, 1983).

Edward Berry, *Shakespeare's Comic Rites* (Cambridge, 1984).

Keir Elam, *Shakespeare's Universe of Discourse: Language-Games in the Comedies* (London, 1984).

Richard A. Levin, *Love and Society in Shakespearian Comedy: A Study of Dramatic Form and Content* (Newark, Del., 1985).

Karen Newman, *Shakespeare's Rhetoric of Comic Character: Dramatic Convention in Classical and Renaissance Comedy* (New York, 1985).

Maurice Hunt, *Shakespeare's Romance of the Word* (Lewisburg, 1990).

François Laroque, *Shakespeare's Festive World*: *Elizabethan Seasonal Entertainment and the Professional Stage* (Cambridge, 1991) [*Shakespeare et la fête* (Paris, 1988)].

The Comedy of Errors

Ausgaben:

Cambridge, ed. A. Quiller-Couch and J. Dover Wilson (1922).

Arden, ed. R.A. Foakes (1962).

New Penguin, ed. Stanley Wells (1972).

New Cambridge, ed. T.S. Dorsch (1988).

Cambridge School, ed. Richard Andrews (1992).

Englisch und deutsch: Francke, ed. Kurt Tetzeli von Rosador (1982).

Studien:

Harold Brooks, »Themes and Structure in *The Comedy of Errors*«, in: *Early Shakespeare,* Stratford-upon-Avon Studies, ed. John Russell Brown, Bernard Harris (London, 1961), S. 55–71.

T.W. Baldwin, *On the Compositional Genetics of The Comedy of Errors* (Urbana, Ill.,1965).

Kurt Tetzeli von Rosador, »›Intricate Impeach‹: Die Einheit der *Comedy of Errors*«, *Shakespeare-Jahrbuch West* (1975), S. 137–153.

Arthur F. Kinney, »Shakespeare's *Comedy of Errors* and the Nature of Kinds«, *Studies in Philology*, 85 (1988), S. 29–52.

The Taming of the Shrew

Ausgaben:

Cambridge, ed. A. Quiller-Couch and J. Dover Wilson (1928).

New Penguin, ed. G.R. Hibbard (1968).

Arden, ed. Brian Morris (1981).

Oxford, ed. H.J. Oliver (1982).

New Cambridge, ed. Ann Thompson (1984).

Cambridge School, ed. Michael Fynes-Clinton and Perry Mills (1992).
Englisch und deutsch: Reclam, ed. Barbara Rojahn-Deyk (1984).
  Francke, ed. Thomas Rüetschi (1988).

Sammlung:

Harold Bloom (ed.), *William Shakespeare's The Taming of the Shrew,* Modern
Critical Interpretations (New York, 1988).

Studien:

George R. Hibbard, »*The Taming of the Shrew:* A Social Comedy«, in: *Shakespearean Essays*, ed. Alwin Thaler and Norman Sanders (Knoxville,1964),
S. 15–28.

Joel Fineman, »The Turn of the Shrew«, Patricia Parker and Geoffrey H. Hart-
mann (eds.) *Shakespeare and the Question of Theory* (New York, 1985),
S. 138–159.

Thomas Sorge, »Die Interaktion von Genres und die Konstituierung des Weiblichen in Shakespeares Komödie *Die Zähmung der Widerspenstigen*«,
Shakespeare-Jahrbuch Ost, 124 (1988), S. 109–129.

Graham Holderness, *The Taming of the Shrew*, Shakespeare in Performance
(Manchester, 1989).

The Two Gentlemen of Verona

Ausgaben:

New Cambridge, ed. A. Quiller-Couch and J. Dover Wilson (1921).
New Penguin, ed. Norman Sanders (1968).
Arden, ed. Clifford Leech (1969).
New Cambridge, ed. Kurt Schlueter (1990).

Studien:

Stanley Wells, »The Failure of *The Two Gentlemen of Verona*«, *Shakespeare-
Jahrbuch,* 99 (1963), S. 161–173.

Robert Weimann, »Laughing with the Audience: *The Two Gentlemen of Verona* and the Popular Tradition of Comedy«, *Shakespeare Survey*, 22 (1969),
S. 35–42.

Ruth Morse, »Two Gentlemen and the Cult of Friendship«, *Neuphilologische
Mitteilungen*, 84 (1983), S. 214–224.

Horst Breuer, »Liebe und Intimität: Psychohistorische Bemerkung zu *The Two
Gentlemen of Verona* und einigen anderen Komödien Shakespeares«,
Shakespeare-Jahrbuch West (1984), S. 77–92.

Love's Labour's Lost

Ausgaben:

New Variorum, ed. H.H. Furness (1904).
Cambridge, ed. J. Dover Wilson (1923).

Arden, ed. Richard W. David (1951).
New Penguin, ed. John Kerrigan (1982).
Oxford, ed. G.R. Hibbard (1990).

Studien:

Bobbyann Roesen, »Love's Labour's Lost«, *Shakespeare Quarterly,* 4 (1953), S. 411–426.

John Dixon Hunt, »Grace, Art and the Neglect of Time in *Love's Labour's Lost*«, in: Malcolm Bradbury and David Palmer (ed.), *Shakespearian Comedy,* Stratford-upon-Avon Studies (London, 1972), S. 75–96.

Miriam Gilbert, *Love's Labour's Lost,* Shakespeare in Performance (Manchester, 1992).

A Midsummer Night's Dream

Ausgaben:

New Variorum, ed. H.H. Furness (1895).
Cambridge, ed. A. Quiller-Couch and J. Dover Wilson (1924).
New Swan, ed. J.W. Lever (1961).
New Penguin, ed. Stanley Wells (1967).
Arden, ed. Harold F. Brooks (1979).
New Cambridge, ed. R.A. Foakes (1984).
Cambridge School, ed. Linda Buckle and Paul Kelly (1992).
Englisch und deutsch: Reclam, ed. Wolfgang Franke (1975).

Sammlungen:

Harold Bloom (ed.), *William Shakespeare's A Midsummer Night's Dream*, Modern Critical Interpretations (New York, 1987).

Linda Cookson and Bryan Loughrey (eds.), *A Midsummer Night's Dream*, Longman Critical Essays (Harlow, 1991).

Studien:

Katharine M. Briggs, *The Anatomy of Puck: An Examination of Fairy Beliefs among Shakespeare's Contemporaries and Successors* (London, 1959).

David P. Young, *Something of Great Constancy: The Art of A Midsummer Night's Dream* (New Haven, 1966).

Stephen Fender, *Shakespeare: A Midsummer Night's Dream,* Studies in English Literature (London, 1968).

Werner Habicht, »Shakespeare, *A Midsummer Night's Dream*«, in: Dieter Mehl (ed.), *Das englische Drama* (Düsseldorf, 1970), Bd. 1, S. 79–95.

Roger Warren, *A Midsummer Night's Dream,* Text and Performance Series (London, 1983).

Kenneth Pickering, *A Midsummer Night's Dream*, Macmillan Master Guides (Basingstoke, 1985).

D. Allen Carroll and Gary J. Williams, *A Midsummer Night's Dream: An*

Annotated Bibliography, Garland Shakespeare Bibliographies (New York, 1986).

James L. Calderwood, *A Midsummer Night's Dream*, Harvester New Critical Introductions to Shakespeare, (New York, 1992).

Peter Hollindale, *A Midsummer Night's Dream*, Penguin Critical Studies (Harmondsworth, 1992).

The Merchant of Venice

Ausgaben:

New Variorum, ed. H.H. Furness (1888).

Cambridge, ed. A. Quiller-Couch and J. Dover Wilson (1926).

Arden, ed. John Russell Brown (1955).

New Swan, ed. B. Lott (1962).

New Penguin, ed. W.M. Merchant (1967).

New Cambridge, ed. M.M. Mahood (1987).

Cambridge School, ed. Jonathan Morris and Robert Smith (1992).

Oxford, ed. Jay L. Halio (1993).

Englisch und deutsch: Reclam, ed. Barbara Puschmann-Nalenz (1975).
Francke, ed. Ingeborg Heine-Harabasz (1982).

Sammlungen:

John Wilders (ed.), *Shakespeare, The Merchant of Venice: A Casebook* (London, 1969).

Sylvan Barnet (ed.), *Twentieth Century Interpretations of The Merchant of Venice: A Collection of Critical Essays* (Englewood Cliffs, N.J., 1970).

Harold Bloom (ed.), *William Shakespeare's The Merchant of Venice*, Modern Critical Interpretations (New York, 1986).

Thomas Wheeler (ed.), *The Merchant of Venice*, Shakespearean Criticism (New York, 1991).

Harold Bloom (ed.), *Shylock*, Major Literary Characters (New York, 1991).

Linda Cookson and Bryan Loughrey (eds.), *The Merchant of Venice,* Longman Critical Essays (Harlow, 1992).

Studien·

Toby Lelyveld, *Shylock on the Stage* (London, 1961).

A.D. Moody, *Shakespeare: The Merchant of Venice,* Studies in English Literature (London, 1964).

Lawrence Danson, *The Harmonies of The Merchant of Venice* (New Haven, 1978).

Walter Cohen, »*The Merchant of Venice* and the Possibilities of Historical Criticism«, *Journal of English Literary History*, 49 (1982), S. 765–789.

Thomas Wheeler, *The Merchant of Venice: An Annotated Bibliography*, Garland Shakespeare Bibliographies (New York, 1985).

Bill Overton, *The Merchant of Venice*, Text and Performance Series (London, 1987).

John Lyon, *The Merchant of Venice*, Harvester New Critical Introductions to Shakespeare (New York, 1988).

Christopher Spencer, *The Genesis of Shakespeare's Merchant of Venice*, Studies in British Literature (Lewiston, N.Y., 1988).

Alexia Firenze, *Love's Usury: Love and Greed in the Anti-Semitic World of Shakespeare's The Merchant of Venice* (New York, 1989).

James C. Bulman, *The Merchant of Venice*, Shakespeare in Performance (Manchester, 1991).

The Merry Wives of Windsor

Ausgaben:

Cambridge, ed. A. Quiller-Couch and J. Dover Wilson (1921).

Arden, ed. H.J. Oliver (1971).

New Penguin, ed. G.R. Hibbard (1973).

Oxford, ed. T.W. Craik (1989).

Studien:

William Green, *Shakespeare's Merry Wives of Windsor* (Princeton, 1962).

Jeanne Addison Roberts, *Shakespeare's English Comedy: The Merry Wives of Windsor in Context* (Lincoln, Neb., 1979).

Sandra Clark, »›Wives may be merry and yet honest too‹: Women and Wit in *The Merry Wives of Windsor* and Some Other Plays«, in: John W. Mahon and Thomas A. Pendleton (eds.), ›*Fanned and Winnowed Opinions*‹: *Shakespearean Essays Presented to Harold Jenkins* (London, 1987), S. 249–267.

Anne Barton, »Falstaff and the Comic Community«, in: P. Erickson and C. Kahn (eds.), *Shakespeare's ›Rough Magic‹: Renaissance Essays in Honor of C.L. Barber* (Newark, 1985), S. 131–148.

Much Ado about Nothing

Ausgaben:

New Variorum, ed. H.H. Furness (1899).

Cambridge, ed. A. Quiller-Couch and J. Dover Wilson (1923).

New Penguin, ed. R.A. Foakes (1968).

New Swan, ed. B. Lott (1977).

New Cambridge, ed. F.H. Mares (1988).

Arden, ed. A.R. Humphreys (1981).

Cambridge School, ed. Mary Berry and Michael Clamp (1992).

Oxford, ed. Sheldon P. Zitner (1993).

Englisch und deutsch: Reclam, ed. Dietrich Klose (1976).

Francke, ed. Norbert Greiner (1989).

Sammlungen:

Walter R. Davis (ed.), *Twentieth Century Interpretations of Much Ado about Nothing: A Collection of Critical* Essays (Englewood Cliffs, N.J.,1969).

Harold Bloom (ed.), *William Shakespeare's Much Ado About Nothing,* Modern Critical Interpretations (New York, 1988).

Linda Cookson and Bryan Loughrey (eds.), *Critical Essays on Much Ado About Nothing*, Longman Literature Guides: Critical Essays (Harlow, 1989).

Studien:

J.R. Mulryne, *Shakespeare: Much Ado about Nothing,* Studies in English Literature (London, 1965).

Harold Jenkins, »The Ball Scene in *Much Ado About Nothing*«, in: Bernhard Fabian und Kurt Tetzeli von Rosador (eds.) *Shakespeare: Text, Language, Criticsm: Essays in Honour of Marvin Spevack* (Hildesheim, 1987), S. 98–117.

Roger Sales, *Much Ado About Nothing*, Penguin Critical Studies (London, 1989).

As You Like It

Ausgaben:

New Variorum, ed. H.H. Furness (1890).

Cambridge, ed. A. Quiller-Couch and J. Dover Wilson (1926).

New Swan, ed. J.W. Lever (1967).

New Penguin, ed. H.J. Oliver (1968).

Arden, ed. Agnes Latham (1975).

Oxford, ed. Alan Brissenden (1993).

Englisch und deutsch: Reclam, ed. Herbert Geisen und Dieter Wessels (1981).

Sammlungen:

Jay L. Halio (ed.), *Twentieth Century Interpretations of As You Like It: A Collection of Critical Essays* (Englewood Cliffs, N.J., 1968).

Harold Bloom (ed.), *William Shakespeure's As You Like It,* Modern Critical Interpretations (New York, 1988).

Harold Bloom (ed.), *Rosalind,* Major Literary Characters (New York, 1992).

Studien:

Harold Jenkins, »As You Like It«, *Shakespeare Survey,* 8 (1955), S. 40–51.

Jay L. Halio, »›No Clock in the Forest‹: Time in *As You Like It*«, *Studies in English Literature,* 2 (1962), S. 197–207.

Michael Jamieson, *Shakespeare: As You Like It*, Studies in English Literature (London, 1965).

Peter Reynolds, *As You Like it: A Dramatic Commentary*, Penguin Critical Studies, (New York, 1988).

John Powell Ward, *As You Like It*, Harvester New Critical Introductions to
  Shakespeare (New York, 1992).

Twelfth Night

Ausgaben:

New Variorum, ed. H.H. Furness (1901).

Cambridge, ed. A. Quiller-Couch and J. Dover Wilson (1930).

New Swan, ed. B. Lott (1959).

New Penguin, ed. M.M. Mahood (1968).

Arden, ed. J.M. Lothian and T.W. Craik (1975).

New Cambridge, ed. Elizabeth Story Donno (1985).

Englisch und deutsch: Reclam, ed. Norbert H. Platz und Elke Platz-Waury
  (1976).

  Francke, ed. Therese Steffen (1992).

Sammlungen:

W.N. King (ed.), *Twentieth Century Interpretations of Twelfth Night: A Collection of Critical Essays* (Englewood Cliffs, N.J., 1968).

D.J. Palmer (ed.), *Shakespeare, Twelfth Night: A Casebook* (London, 1972).

Stanley Wells (ed.), *Twelfth Night: Critical Essays*, Shakespearean Criticism
  (New York, 1986).

Harold Bloom (ed.), *Twelfth Night*, Modern Critical Interpretations (New
  York, 1987).

Linda Cookson and Bryan Loughrey (eds.), *Critical Essays on Twelfth Night,*
  Longman Literature Guides (Harlow, 1990).

Studien:

Leslie Hotson, *The First Night of Twelfth Night* (London, 1954).

L. G. Salingar, »The Design of *Twelfth Night*«, *Shakespeare Quarterly,* 9
  (1958), S. 117–139.

William C. McAvoy, *Twelfth Night or What You Will: A Bibliography to Sup-
  plement the New Variorum Edition of 1901* (New York, 1984).

William L. Godshalk (ed.), *Twelfth Night: An Annotated Bibliography*, Garland Shakespeare Bibliographies (New York, 1984).

Barbara Everett, »Or What You Will«, *Essays in Criticism*, 35 (1985),
  S. 294–314.

Cristina Malcolmson, »›What you will‹: Social Mobility and Gender in
  Twelfth Night«, in: Valerie Wayne (ed.), *The Matter of Difference: Materialist Feminist Criticism of Shakespeare* (Ithaca, N.Y., 1991), S. 29–57.

Stevie Davies, *Shakespeare's Twelfth Night*, Penguin Critical Studies (Harmondsworth, 1993).

Troilus and Cressida

Ausgaben:

New Variorum, ed. H.N. Hillebrand and T.W. Baldwin (1953).
Cambridge, ed. A. Walker (1963).
Oxford, ed. Kenneth Muir (1982).
Arden, ed. Kenneth Palmer (1982).
New Penguin, ed. R.A. Foakes (1987).
Englisch und deutsch: Francke, ed. Werner Brönnimann-Egger (1986).

Sammlung:

Priscilla Martin (ed.), *Shakespeare, Troilus and Cressida: A Casebook* (London, 1976).

Studien:

Kenneth Muir, »Troilus and Cressida«, *Shakespeare Survey,* 8 (1955), S. 28–39.

Harold Brooks, »*Troilus and Cressida*: Its Dramatic Unity and Genre«, in: John W. Mahon and Thomas A. Pendleton (ed.), »›*Fanned and Winnowed Opinions*‹: *Shakespearean Essays Presented to Harold Jenkins* (London, 1987), S. 6–25.

Jane Adamson, *Troilus and Cressida*, Harvester New Critical Introductions to Shakespeare (Brighton, 1987).

Peter Hyland, *William Shakespeare: Troilus and Cressida*, Penguin Critical Studies (London, 1989).

Vernon P. Loggins, *The Life of Our Design: Organization and Related Strategies in Troilus and Cressida* (Lanham, Md., 1992).

All's Well That Ends Well

Ausgaben:

Cambridge, ed. A. Quiller-Couch and J. Dover Wilson (1929).
Arden, ed. G.K. Hunter (1959).
New Penguin, ed. B. Everett (1970).
New Cambridge, ed. Russell Fraser (1985).
Oxford, ed. Susan Snyder (1993).
Englisch und deutsch: Francke, ed. Christian A. Gertsch (1988).

Studien:

Joseph G. Price, *The Unfortunate Comedy: A Study of All's Well That Ends Well and its Critics* (Liverpool, 1968).

J.L. Styan, *All's Well That Ends Well*, Shakespeare in Performance (Manchester, 1987).

Janet Adelman, »Bed Tricks: On Marriage as the End of Comedy in *All's Well That Ends Well* and *Measure for Measure*«, in: Norman N. Holland, Sidney

Homan and Bernard J. Paris (eds.), *Shakespeare's Personality* (Berkeley, 1989), S. 151–174.

Sheldon P. Zitner, *All's Well That Ends Well*, Harvester New Critical Introductions to Shakespeare (New York, 1989).

Measure for Measure

Ausgaben:

Cambridge, ed. A. Quiller-Couch and J. Dover Wilson (1922).

Arden, ed. J.W. Lever (1965).

New Penguin, ed. J.M. Nosworthy (1969).

New Variorum, ed. Marc Eccles (1980).

Oxford, ed. N.W. Bawcutt (1991).

New Cambridge, ed. Brian Gibbons (1991).

Cambridge School, ed. Jane Coles and Rex Gibson (1993).

Englisch und deutsch: Francke, ed. Walter Naef und Peter Halter (1977). Reclam, ed. Walter Pache (1990).

Sammlungen:

George L. Geckle (ed.), *Twentieth Century Interpretations of Measure for Measure: A Collection of Critical Essays* (Englewood Cliffs, N.J., 1970).

C. K. Stead (ed.), *Shakespeare, Measure for Measure: A Casebook* (London, 1971).

Harold Bloom (ed.), *Measure for Measure*, Modern Critical Interpretations (New York, 1987).

Linda Cookson and Bryan Loughrey (eds.), *Measure for Measure,* Longman Critical Essays, (Harlow, 1991).

Studien:

G. Wilson Knight, »*Measure for Measure* and the Gospels«, *The Wheel of Fire,* rev. ed. (London,1949), S. 73–96.

Rosalind Miles, *The Problem of Measure for Measure: A Historical Investigation* (London,1976).

Herbert Grabes (ed.), »*Measure for Measure* in Gießen: Die Suche nach dem wahren Sinn: *Maß für Maß* von der Renaissance bis heute«, *Shakespeare-Jahrbuch West* (1978–79), S.201–294. [Sechs Vorträge – von T.S. Dorsch, R. Borgmeier, H. Grabes, H. Fischer, Jan Kott und U. Suerbaum – und Diskussionsberichte.]

Darryl J. Gless, *Measure for Measure, the Law, and the Convent* (Princeton, 1979).

Ulrich Suerbaum, »Handlungen über Handlungen. Zu Shakespeares *Measure for Measure*«, in: Herbert Mainusch und Dieter Rolle (ed.), *Studien zur Englischen Philologie. Edgar Mertner zum 70. Geburtstag,* (Frankfurt, 1979), S. 135–147.

Graham Nicholls, *Measure for Measure: Text and Performance,* Text and Performance Series (Basingstoke, 1986).

Cedric Watts, *William Shakespeare: Measure for Measure,* Penguin Critical Studies (Harmondsworth, 1986).

Harriett Hawkins, *Measure for Measure*, Harvester New Critical Introductions to Shakespeare (Brighton, 1987).

Ruth Nevo, »*Measure for Measure: Mirror for Mirror*«, *Shakespeare Survey,* 40 (1988), S. 107–122.

Pericles

Ausgaben:

Cambridge, ed. J.C. Maxwell (1956).
Arden, ed. F.D. Hoeniger (1963).
New Penguin, ed. P. Edwards (1976).

Studien:

Gerard A. Barker, »Themes and Variations in Shakespeare's *Pericles*«, *English Studies,* 44 (1963), S. 401–414.

Andrew Welsh, »Heritage in *Pericles*«, in: Richard Tobias and P.G. Zolbrod (eds.), *Shakespeare's Late Plays*: *Essays in Honor of Charles Crow* (Athens, Ohio, 1974), S. 89–113.

Nancy Michael, *Pericles: An Annotated Bibliography*, Shakespeare Bibliographies (New York, 1987).

Cymbeline

Ausgaben:

New Variorum, ed. H.H. Furness, Jr. (1913).
Arden, ed. J.M. Nosworthy (1955).
Cambridge, ed. J.C. Maxwell (1960).

Studien:

J.P. Brockbank, »History and Histrionics in *Cymbeline*«, *Shakespeare Survey,* 11 (1958), S. 42–49.

Brian Gibbons, »Fabled *Cymbeline*«, *Shakespeare-Jahrbuch West* (1987), S. 78–99.

Roger Warren, *Cymbeline*, Shakespeare in Performance (Manchester, 1989).

Cynthia Lewis, »›With simular proof enough‹: Modes of Misperception in *Cymbeline*«, *Studies in English Literature, 1500–1900*, 31 (1991), S. 343–364.

The Winter's Tale

Ausgaben:

New Variorum, ed. H.H. Furness (1898).
Cambridge, ed. A. Quiller-Couch and J. Dover Wilson (1931).
Arden, ed. J.H.P. Pafford (1963).
New Penguin, ed. E. Schanzer (1969).
Englisch und deutsch: Francke, ed. Ingeborg Boltz (1986).
   Reclam, ed. Herbert Geisen (1988).

Sammlungen:

Kenneth Muir (ed.), *Shakespeare, The Winter's Tale: A Casebook* (London, 1968).
Harold Bloom (ed.), *William Shakespeare's The Winter's Tale*, Modern Critical Interpretations (New York, 1987).

Studien:

S.L. Bethell, *The Winter's Tale: A Study* (London, 1947).
A.D. Nuttall, *Shakespeare: The Winter's Tale*, Studies in English Literature (London, 1966).
Fitzroy Pyle, *The Winter's Tale: A Commentary on the Structure* (London, 1969).
Roy Battenhouse, »Theme and Structure in *The Winter's Tale*«, *Shakespeare Survey*, 33 (1980), S. 123–138.
Charles Frey, *Shakespeare's Vast Romance: A Study of The Winter's Tale* (New York, 1980).
Dennis Bartholomeusz, *The Winter's Tale in Performance in England and America, 1611–1976* (Cambridge, 1982).
Ronald P. Draper, *The Winter's Tale: Text and Performance* (Basingstoke, 1985).
Wilbur Sanders, *The Winter's Tale*, Harvester New Critical Introductions to Shakespeare (Brighton, 1987).
Christopher Hardman, *The Winter's Tale*, Penguin Critical Studies (London, 1988).

The Tempest

Ausgaben:

New Variorum, ed. H.H. Furness (1892).
Cambridge, ed. A. Quiller-Couch and J. Dover Wilson (1921).
Arden, ed. Frank Kermode (1954).
New Penguin, ed. Anne Righter (1968).
Oxford, ed. Stephen Orgel (1987).
Englisch und deutsch: Reclam, ed. Gerd Stratmann (1982).

Sammlungen:

D.J. Palmer (ed.), *Shakespeare, The Tempest: A Casebook* (London, 1968).

Hallett Smith (ed.), *Twentieth Century Interpretations of The Tempest: A Collection of Critical Essays* (Englewood Cliffs, N.J., 1969).

Harold Bloom (ed.), *William Shakespeare's The Tempest*, Modern Critical Interpretations (New York, 1988).

Linda Cookson and Bryan Loughrey (eds.), *Critical Essays on The Tempest,* Longman Literature Guides (Harlow, 1988).

Harold Bloom (ed.), *Caliban*, Major Literary Characters (New York, 1992).

Maurice Hunt (ed.), *Approaches to Teaching Shakespeare's The Tempest and Other Late Romances*, Approaches to Teaching World Literature (New York, 1992).

Studien:

J.P. Brockbank, *»The Tempest:* Conventions of Art and Empire«, in: John Russell Brown and Bernard Harris (eds.), *Later Shakespeare,* Stratford-upon-Avon Studies (London, 1966), S. 183–201.

D.G. James, *The Dream of Prospero* (Oxford, 1967).

Raimund Borgmeier, »Shakespeares *Tempest* als Utopie«, *Poetica,* 7 (1975), S.189–202.

David L. Hirst, *The Tempest*, Text and Performance Series (London, 1984).

Paul Brown, »›This thing of darkness I acknowledge mine‹: *The Tempest* and the Discourse of Colonialism«, in: Jonathan Dollimore and Alan Sinfield (eds.), *Political Shakespeare: New Essays in Cultural Materialism* (Manchester, 1985), S. 48–71.

Sandra Clark, *William Shakespeare: The Tempest,* Penguin Critical Studies (Harmondsworth, 1988).

Alden T. Vaughan and Virginia Mason Vaughan, *Shakespeare's Caliban: A Cultural History* (Cambridge, 1992).

6. Kapitel

Lebensläufe und Porträts:
Variationen über Shakespeare

Biographie als Modellfall der Rezeptionsgeschichte

Ist Shakespeares Biographie für die Rezeption seiner Dramen wichtig oder gar unerläßlich? Muß man, wenn man zu einem tieferen Verständnis des Werks kommen will, sich auch bemühen herauszufinden, wie der Autor aussah, wie sein Leben verlief, in welchen Kreisen er sich bewegte, wie sein Charakter war, wie er fühlte und dachte? Auf diese Fragen haben die unterschiedlichen Epochen ganz verschiedene Antworten erteilt, und auch innerhalb eines Zeitalters gab es manchmal mehr Kontroversen über das Bild der Person Shakespeare als über die Interpretation seiner Dramen. In manchen Epochen war man überzeugt, daß es ohne ein Bild der lebendigen und fühlenden Person Shakespeares keinen Zugang zur inneren Welt seiner Dramen geben könne; in anderen Zeiten war man (oder waren zumindest die Experten) nicht bereit, der Biographie des Autors irgendeine Relevanz für das Werkverständnis einzuräumen.

Im Laufe der Rezeptionsgeschichte haben sich nicht nur die Standpunkte bezüglich der Bedeutung des Biographischen verändert, sondern auch die Antworten auf die Frage, wer Shakespeare war, haben extremen Wandlungen unterlegen: Jede Epoche hat ihren eigenen Shakespeare oder ihre eigenen Shakespeares gehabt. Dabei spielt zu allen Zeiten der jeweils zeitgenössische Bestand an gesicherten Fakten eine erstaunlich geringe Rolle. Zwar versucht jede Epoche, das vorhandene biographische und historische Wissen in ihr Shakespearebild zu integrieren, aber ausschlaggebend ist das Faktengerüst nie. Der Shakespeare eines Zeitalters, einer Gruppe oder einer Person ist immer eine gemachte Größe, die nicht aus biographisch-historischen Informationen (und deren vorsichtiger Ergänzung durch faktengestützte Mutmaßungen) resultiert, sondern die als passende Autorfigur zu einer bestimmten Sichtweise des Werks konstruiert ist. Dabei werden fast immer Teile des zeitgenössischen Faktenwissens ignoriert oder für falsch erklärt, und das Bild enthält stets Züge, für die es keine historische Evidenz gibt.

Deutlicher noch als die Deutungsgeschichte der Dramen demonstrieren die historischen Wandlungen des Shakespearebildes in seinen biographischen, kultur- und sozialgeschichtlichen und ikonographischen Aspekten Grundphänomene der Rezeptionsgeschichte im allgemeinen und der Wirkungsgeschichte Shakespeares im besonderen: Literarische Rezeption wird auf der einen Seite durch Übernahme und Anschluß, auf der anderen – dem Begriff Rezeption zum Trotz – durch eigene Anverwandlung und kreative Aktivitäten der Rezipienten geprägt. Eine intensive Nachwirkung über Jahrhunderte setzt voraus, daß das zu tradierende Werk samt dem Kontext seiner Genese – wozu nicht zuletzt das Bild des Autors gehört – für Adaptionen geeignet ist. Die Shakespearerezeption konnte nicht zuletzt deshalb zum Glanzstück und Paradebeispiel der Rezeptionsgeschichte werden, weil hier die Bedingungen für eine verändernde Anverwandlung des Überlieferungsguts besonders günstig sind.

Der große Unbekannte?

Wandelbarkeit und Gestaltbarkeit des Shakespearebildes beruhen darauf, daß die verbürgten Teile des Lebenswegs nach den Maßstäben späterer Epochen zu lückenhaft und zu wenig aussagekräftig sind, um den Ansprüchen an eine der Bedeutung des Autors adäquate Biographie zu genügen. Dieser Eindruck des Ungenügens hat sich im allgemeinen Bewußtsein so festgesetzt, daß er zur Grundlage des Shakespearebildes geworden ist. Mit der Person Shakespeares verbindet sich für die meisten Menschen untrennbar die Vorstellung, daß über sein Leben nichts oder fast nichts oder jedenfalls zu wenig bekannt sei und daß man nicht einmal mit Sicherheit wisse, ob er tatsächlich die unter seinem Namen überlieferten Dramen geschrieben habe.

In der Literaturwissenschaft stößt diese populäre Auffassung meist auf Irritation und Widerspruch. Shakespeares Lebenslauf, so wird hier geltend gemacht, ist bestens erforscht und durch schriftliche Zeugnisse belegt. Das im Vergleich zu kontinentalen Verhältnissen reichliche Aktenmaterial in englischen Archiven ist in den letzten zweihundert Jahren so intensiv nach Quellen zum Leben des Dramatikers und seiner Familie durchforscht worden, daß Shakespeares Biographie, die sich immerhin auf einen ganzen Band von Dokumenten und Fakten stützen kann, trotz einiger Lücken die bestdokumentierte Bürgerbiographie der englischen Renaissance darstellt.

Diese Dokumente teilen durchaus nicht nur Lebensdaten mit, sondern sie lassen auch Verhaltensweisen, Einstellungen und Lebensziele erkennen. Die Person, die da zutage tritt, ist zwar kein Durchschnittselisabethaner – der wäre ja in Stratford geblieben und wir hätten nie von ihm gehört –, wohl aber ein typischer Vertreter einer für die Epoche (und für den Aufstieg der *middle classes* in der Folgezeit) entscheidenden Gruppe: der Bürger, die sich verbessern wollen – persönlich, gesellschaftlich, finanziell – und die nach erlangter Verbesserung vor allem auf die dauerhafte Sicherung des Erreichten bedacht sind.

Die erhaltenen Unterlagen ergeben zwar einen Zusammenhang als Lebensgeschichte, aber sie erstatten einen trockenen und schwer lesbaren Bericht. Sie geben die Biographie mit jenen Verkürzungen und Verzeichnungen wieder, die immer dann eintreten, wenn eine Person – wie in einer modernen Personalakte – auf die Anlässe in ihrem Leben reduziert wird, bei denen sie aktenkundig wird: Veränderungen des Personenstandes, Eingaben, Bewilligungen, Strafbescheide, Rechtsverfahren und notarielle Niederschriften.

Shakespeare dokumentarisch

Ein Überblick über die wichtigsten Dokumente und Fakten kann Struktur und Ausssagevermögen der gesicherten Evidenz verdeutlichen.[1]

Am 26. April 1564 wird »Gulielmus *filius* Johannes Shakespere« laut Eintragung im Kirchenbuch in der Pfarrkirche zu Stratford, einem Landstädchen mit etwa 2000 Seelen in der Grafschaft Warwickshire, getauft.[2]

Seine Eltern, John und Mary Shakespeare, hatten acht Kinder, von denen fünf die Kindheit überlebten. William, das dritte Kind, war der älteste Sohn und das älteste der überlebenden Kinder.

Der Vater tat das, was der Sohn später in größerem Rahmen tat: sich verbessern. Er zog aus einer Bauerschaft im Umland, wo sein Vater einen gepachteten Hof bewirtschaftete, in die Stadt und ließ

---

[1] Die Dokumente zu Shakespeares Leben werden zitiert nach dem Abdruck bei Karl J. Holzknecht, *The Backgrounds of Shakespeare's Plays* (New York, 1950).

[2] Holzknecht, S. 3.

sich als *whyttawer* und *glover*, das heißt als Weißgerber (der feines Leder produzierte) und Handschuhmacher oder Täschner nieder. Er heiratete vorteilhaft: seine Frau, Mary Arden, war Tochter und Erbin des Gutsherrn seines Vaters.

John Shakespeare prosperierte. Er sammelte Ehrenämter, war Ratsherr, Stadtvorsteher (*bailiff*), Friedensrichter (obwohl er kaum über formale Bildung verfügte und Dokumente mit Kreuzen unterzeichnete). Der Wohlstand drückte sich im Kauf von Häusern und Grundstücken aus, die freilich zum Teil wieder verkauft werden mußten, als es den Shakespeares vom Ende der siebziger Jahre an nicht mehr so gut ging.

Die Stadt Stratford unterhielt eine neue und gute *grammar school*. Daß Shakespeare diese Lateinschule besuchte, ist nicht dokumentiert, wird aber angesichts seines Bildungshorizonts und vieler Zitate aus Schulbüchern in seinen Dramen allgemein angenommen.

Die nächsten Dokumente über »Wilhelmum Shaxpere« beziehungsweise »Willm Shagspere« betreffen seine Eheschließung. Im November 1582 heiratet er (aufgrund einer Sondergenehmigung nach verkürztem Aufgebot, damit es schneller geht) die acht Jahre ältere Anne Hathaway, Tocher eines großen Bauern aus der Nähe von Stratford. Im Frühjahr des folgenden Jahres wird »Susanna, daughter to William Shakespeare« geboren und am 26. Mai 1583 getauft. Zwei Jahre später folgen Zwillinge, »Hamnet and Judith, son and daughter to William Shakespeare«.[3]

Der Junge stirbt mit elf Jahren; die Töchter überleben die Kindheit. – Über das Verhältnis der Eheleute zueinander und zu den Kindern sind keinerlei Unterlagen erhalten. Mit ganz wenigen Ausnahmen bleiben im Bürgertum alle persönlichen Beziehungen in der Familie ohne schriftlichen Niederschlag.

Von 1585 bis 1592 erstreckt sich die berühmte Lücke in Shakespeares Biographie, die Anlaß zu vielen Ausfüllungen durch Spekulation und Erfindung gewesen ist. Bei einem jungen Mann ohne Grundstückstransaktionen und Prozesse wäre eine solche Aktenlücke nicht weiter bemerkenswert, wenn er nicht beim Wiedereintritt in den Gesichtskreis an einem anderen Ort und in anderen Verhältnissen lebte, nämlich in London als ein in Fachkreisen schon namhafter Stückeschreiber und Schauspieler.

---

[3] Holzknecht, S. 6.

Eine neidische Attacke aus dem Kreis der Konkurrenten, die – anders als der zu einem Theaterensemble gehörende Shakespeare – als freie Schriftsteller ein kärgliches Brot verdienen, beendet das Intervall und zeigt Shakespeare als Theatermann etabliert. Robert Greene, Dramatiker und Gelegenheitsschriftsteller, einer der sogenannten *university wits*, greift in einer auf dem Totenbett verfaßten Schrift unter anderem die Schauspieler an, die sich wie Kletten an die Dichter hängen und mit deren Texten ihre Erfolge erzielen. Besonders zieht er über einen von ihnen her, der als bloßer Schauspieler glaubt, es mit den studierten Herren aufnehmen zu können, »an upstart crow, beautified with our feathers, that with his *tiger's heart wrapped in a player's hide*, supposes he is as well able to bombast out a blank verse as the best of you: and being an absolute *Johannes factotum*, is in his own conceit the only Shake-scene in the country«.[4]

Shakespeares Name wird nicht genannt. Daß er gemeint ist, ergibt sich für den Eingeweihten aus dem Wortspiel (Shake-scene : Shakespeare) und aus der Tigerherz-Stelle, die ein parodiertes Zitat aus einem der ersten Erfolgstücke Shakespeares ist (*3 Henry VI*, 1,4,137).

Die Attacke, die einzige negative Äußerung eines Zeitgenossen über Shakespeare, wurde offenbar allgemein als unberechtigt empfunden. Schon ein paar Wochen später publiziert Henry Chettle, der Nachlaßverwalter Greenes, eine Entschuldigung und verweist auf den Ruf des Angegriffenen als Mensch, als Geschäftspartner und als Künstler.

Von jetzt an wird die Folge der Dokumente dichter. 1593 und 1594 veröffentlicht Shakespeare seine beiden Kurzepen, *Venus and Adonis* und *The Rape of Lucrece*, mit namentlich unterzeichneter Widmung. Ende 1594 gehört er (nach Ausweis eines Zahlungsbelegs des Schatzamts für eine Sondervorstellung bei Hofe) zu den namhaftesten Mitgliedern der *Lord Chamberlain's Men*, einer Truppe, die bald zur führenden wird und die dann Jakob I. kurz nach der Thronbesteigung zu seiner eigenen macht.

Shakespeare hat von jetzt an beständig Erfolg, beruflich, künstlerisch, finanziell und gesellschaftlich. Man kann seine Einkünfte nicht im einzelnen nachrechnen, aber man kann sehen, daß er kontinuierlich Geld anlegt. Im Theatergeschäft kommt er eine Stufe weiter, als er 1599 eine Teilhaberschaft – ein Zehntel des Unterneh-

---

[4] Holzknecht, S. 6.

Das Wappen für »Shakespeare the Player«.
Skizze aus dem Königlichen Wappenamt.

mens – des neuerrichteten Globe erwirbt. Als das Konsortium einige Jahre später, 1608, ein zweites Theater, das Blackfriars, pachtet, gehört er wieder zu den *sharers*, diesmal mit einem Siebtel.

Auch Shakespeares gesellschaftlicher Status wird entscheidend verbessert. Im Oktober 1596 verleiht das Königliche Wappenamt (*College of Arms*) John Shakespeare, *Gentleman*, und seinen Kindern und Kindeskindern das Recht, ein vom Amt entworfenes Wappen zu führen. Von William Shakespeare ist nicht ausdrücklich die Rede, aber es ist klar – auch aus internen Unterlagen des Amts –, daß er die Verleihung betrieben und wohl auch finanziert hat. Er ist es auch, der von der Standeserhöhung am meisten Gebrauch macht und regelmäßig als »William Shakespeare of Stratford upon Avon, in the country of Warwick, gentleman« figuriert. Er ist jetzt Standesherr, Mitglied der *landed gentry*, auch wenn er zeitweilig in der Metropole tätig ist.

Daß Shakespeare sich als Herr aus Stratford fühlt, zeigt sich am deutlichsten an seinen geschäftlichen Transaktionen außerhalb des Theaterunternehmens. Er legt sein Geld vorwiegend in Immobilien in Stratford an. Zuerst (1597) kauft er seinen Herrensitz, *New Place*, eines der größten Anwesen in der Stadt. In den nächsten Jahren kauft er Ackerland, Wald, Nutzungsrechte für Gemeindeland, ein weiteres Haus und Teile der Zehnteinkünfte von mehreren Bauerschaften hinzu.

Shakespeare erwirbt nicht nur, sondern verwaltet die Erwerbungen und macht mit ihnen Geschäfte; er pachtet und verpachtet, verkauft der Gemeinde seinen Bauschutt und treibt Außenstände durch Prozesse ein, spekuliert ein wenig mit dem Horten von Getreide und beteiligt sich an Aktivitäten der Grundbesitzerschaft.

In London dagegen investiert er außer der Teilhaberschaft nur eben genug, um den an Haus- und Grundbesitz gebundenen Rechtsstatus eines Vollbürgers zu haben.

Mit dem geschäftlichen und gesellschaftlichen Aufstieg geht ein Anwachsen der Prominenz als Theatermann und Autor einher. Das aufschlußreichste Zeugnis ist hier eine merkwürdige Bestandsaufnahme der elisabethanischen Literatur aus der Feder eines Kenners und Liebhabers der Poesie namens Francis Meres. Der gibt in einer Anthologie schöner Vergleiche, *Palladis Tamia* (1598), auch eine Gegenüberstellung der klassischen und modernen Literatur, nach Gattungen und in Namenslisten geordnet. Shakespeare, dessen bis dahin geschriebenen Werke er alle kennt und aufzählt, einschließlich der ungedruckten, ist der am meisten genannte und gelobte Moderne. Seine Sonette und seine Epen gelten ihm als Muster an Feinheit und Eleganz. Als Dramatiker hält er ihn für führend: Wie Plautus und Seneca auf den Gebieten der antiken Komödie und Tragödie hervorragten, so sei Shakespeare in England »the most excellent in both kinds for the stage«.[5]

Die wachsende Prominenz als Autor spiegelt sich auch auf den Titelblättern von Dramenausgaben, die – oft ohne Genehmigung und Kontrolle der Verfasser – von Verlegern veranstaltet werden. Während sonst der Autor oft ungenannt bleibt, weil er dem Verlag nicht wichtig ist, wird das bei Shakespeare ab etwa 1598 anders. Popularität und Bekanntheitsgrad sind so beträchtlich, daß man seinen Namen gern groß auf das Titelblatt druckt, manchmal auch bei Werken, die gar nicht von ihm stammen.

In seine beiden Welten, die von Stratford und die des Londoner Theaters, ist Shakespeare kontinuierlich durch ein Netz von Beziehungen wie Freundschaft, Patenschaft, Partnerschaft fest eingebunden, wie man aus einer Anzahl erhaltener Zeugnisse – zum Beispiel Berichte über Besuche und Gefälligkeiten, Freundschaftslegate in Testamenten – ablesen kann.

Das Testament, das er in Stratford macht, drei engbeschriebene

---

[5] *Riverside Shakespeare*, ed. Blakemore Evans, S. 1844.

Blätter, von einem Notar aufgesetzt, vom Erblasser Seite für Seite
unterschrieben, nach zahlreichen Änderungen und Zusätzen am
25. März 1616 ausgefertigt, ist das umfangreichste persönliche Dokument. Wenn man es im Gesamtzusammenhang betrachtet und
sich nicht auf einzelne Legate konzentriert (was besagt »Item, I give
unto my wife my second best bed«?), dann werden noch einmal die
Lebensziele deutlich. Shakespeare will in erster Linie die erworbe-
nen Besitztümer geschlossen weitergeben – an seine älteste Tochter
Susanna als Haupterbin –; er will weiter die übrigen Erbansprüche
nach Gebühr, aber möglichst ohne Schmälerung des Haupterbes erfüllen, und er will schließlich jedem, der ihm verbunden war, ein
Objekt der Erinnerung hinterlassen.[6]

Was er hinterläßt, ist ein höchst ansehnliches Besitztum, und aus
den tönenden Aufzählungen des Testaments spricht unüberhörbarer
Stolz: ›Meine Anwesen, meine Häuser, alle meine Scheunen, Ställe,
Obstplantagen und Gärten, Ländereien und Felder in Stratford, Old
Stratford, Bishopton, Welcombe und London, meine ..., meine ...‹. –
Es dauert Jahrhunderte, ehe Theaterleute wieder solche Kataloge
vorweisen können.

Shakespeare stirbt (laut Inschrift auf dem Grabmonument) am
23. April 1616 und wird (dem Stratforder Kirchenbuch zufolge) am
25. April beigesetzt.

Alles in Ordnung?

Es ist von vornherein abzusehen, daß die Nachwelt mit dem Shakespearebild, das die Dokumente präsentieren, ihre Schwierigkeiten
haben wird, und zwar um so stärker, je mehr Zeugnisse ans Licht
kommen. Manchen Leuten wird das nicht passen, was die Dokumente aussagen, und sie werden den Aufsteiger, Geschäftemacher
und Besitzbürger Shakespeare nicht akzeptieren wollen. Andere
werden sich nicht mit einer Biographie abfinden, die nur den äußeren Lebensweg erfaßt und – bis auf die Bestätigung der sozialen
Qualitäten des *gentle Shakespeare* – so gut wie gar nicht über Per-
sönliches und Privates informiert und fast nichts über die Arbeit des

---

[6] Text des Testaments abgedruckt in *Riverside Shakespeare*, ed. Blakemore Evans,
S. 1832–34.

Schauspielers und Autors sowie über die Genese der einzelnen Werke zu berichten weiß.

Bei keinem Bürger der elisabethanischen Zeit genügen die Lebenszeugnisse späteren Ansprüchen an die Dichte und Vielseitigkeit von Aufzeichnungen und Überlieferungen. Biographen, die sich mit einer Person dieser Epoche befassen, müssen immer mit einer mageren Basis an Materialien vorliebnehmen. Das Konzept eines Künstlerlebens als einer außerordentlichen Lebensform, die schon dem Künstler selbst und seiner Umgebung als der Bewahrung und Dokumentation wert erscheint, existiert ohnehin noch nicht.

Unter historischen Gesichtspunkten fragt sich also nur, wie lückenhaft oder rätselvoll die Dokumentation nach damaligen Maßstäben ist und ob die Evidenz ausreicht, um die landläufige Meinung zu entkräften, daß über Shakespeare ungewöhnlich wenig bekannt sei und daß nicht einmal seine Autorschaft der Dramen feststehe.

Eine dieser Fragen läßt sich mit Entschiedenheit beantworten: Es ist ausgeschlossen, daß nicht Shakespeare, sondern jemand anders das Dramenkorpus verfaßt hat. Es gibt Dutzende von Zeugnissen, die Shakespeare als Verfasser der Dramen nennen. Diese Dokumente stammen nicht nur von Leuten, die sich denkbarerweise täuschen könnten, wie Hofbeamten oder einem literarischen Amateur wie Francis Meres, sondern auch von Insidern des Theaterwesens und des Literaturbetriebs wie Ben Jonson, dem Kollegen, Freund und Rivalen Shakespeares, oder John Heminge und Henry Condell, den Herausgebern der Folioausgabe, die als Theaterleute und als Teilhaber des gleichen Unternehmens dauernd mit Shakespeare zusammenarbeiteten. Man kann über die Zuordnung einzelner Dramen streiten, aber die Hypothese, das Gesamtwerk habe jemand anderen zum Autor, bedeutet die Annahme, daß sich ein ganzes Zeitalter zu einem Komplott zusammengetan habe, um die Nachwelt zu täuschen.

Eine andere Frage ist es, ob die Armut an Dokumenten über die Entstehung des Werks und über Hintergrund und Umstände der Tätigkeit als Dramatiker, insbesondere das völlige Fehlen von Selbstzeugnissen, so normal und rätselfrei ist, wie es manchmal dargestellt wird.

Es ist schwer zu erklären, warum wir über seine Aktivitäten als Stückeschreiber, immerhin eine Form der Schriftlichkeit, so wenig erfahren, wenn wir über seine wirtschaftlichen Transaktionen soviel wissen. Wie kommt es, daß der gleiche Shakespeare, der so rührig und karrierebewußt seinen bürgerlichen Aufstieg verfolgt, keinen

Finger rührt, um seine literarische Prominenz zu fördern und offenbar das Konzept einer literarischen Karriere nicht kennt?

Er schreibt seine Werke – offenkundig nicht nur kraft seines Genies, sondern mit ungeheurem Aufwand an Energie –, aber er nutzt nicht einmal die bescheidenen Möglichkeiten der Selbstdarstellung als Dichter, die seine Zeit kannte und die andere nutzten. Er gibt (nach den Kurzepen) nichts als Einzelausgabe in den Druck; er veranstaltet keine Gesamtausgabe seiner Werke, wie Ben Jonson es tut (und wie andere es dann für ihn tun). Er tritt nicht in Vorworten und Einleitungen mit Stellungnahmen in Erscheinung (wie Jonson und andere), macht sich nie selbst als Urheber namhaft.

Zwar enthalten auch seine Dramen, wie die seiner Zeitgenossen, eine Meta-Ebene mit Aussagen über seine Kunst, aber es ist fast stets die Kunst des Schauspielers und nicht des Dramatikers, über die gesprochen und reflektiert wird, beispielsweise wenn Hamlet mit den in Elsinore gastierenden Schauspielern über ihr Metier spricht oder wenn Macbeth den Menschen als

> a poor player,
> That struts and frets his hour upon the stage,
> And then is heard no more (5,5,24–26)

charakterisiert.

Daß Bewahrung des Erreichten zu seinen Lebenszielen gehört, zeigen die Dokumente deutlich genug. Warum unterwirft er nicht auch sein Werk dieser Zielsetzung? Es kann uns schon absonderlich vorkommen, daß Shakespeare, der das Thema der Verewigung durch Literatur in seiner Dichtung so intensiv behandelt hat, im eigenen Leben seine Hoffnung auf eine Weiterexistenz der Leistung und des Andenkens so ausschließlich auf bürgerliche Formen der Fortdauer setzt: auf die Weitergabe von Grundbesitz und auf das Gedenken bei Freunden und Bekannten. Im Testament – wie in den anderen Lebensdokumenten – kommen keine Bücher und Manuskripte vor. Die Dramen sind einfach da – als seine Dramen, aber ohne eine dokumentierte Verbindung zwischen ihnen und ihrem Autor.

Die dokumentarische Biographie Shakespeares (die natürlich zunächst zum Teil noch latent war, da nicht alle Unterlagen publik waren) ist so beschaffen, daß keine spätere Zeit, die Shakespeare für eine wichtige Person hält, sich mit ihr zufriedengeben kann. Sie bietet aber eine gute Möglichkeit für Ausgestaltungen durch Mutmaßungen oder freie Phantasie, denn sie liefert ein festes Gerüst an Daten und Fakten als Rahmen, dessen Binnenraum nicht durch bruchstückhafte Zeugnisse präjudiziert ist. Wenn Shakespeare ein Rätsel ist, dann ist er eines, für das sich viele Lösungen konstruieren lassen.

Denkmäler und Bilder

Die Wege der Verewigung, auf die Shakespeare setzt, das bleibende Ansehen in der Heimatgemeinde als Bürger von Gewicht und Besitz und das Gedenken bei den Berufskollegen und Partnern in London, funktionieren tatsächlich, und zwar nicht nur für die Person Shakespeare, sondern auch für sein Werk.

Die Stratforder geben ihm eine der sonst nur alten Adelsfamilien vorbehaltenen Grabstätten im Chorraum der Kirche. Schon wenige Jahre nach dem Tode errichten sie über dem Grab ein aufwendiges Monument, auf dem jetzt auch schon der Künstler gefeiert wird, »im Urteil ein Nestor, an Geist ein Sokrates, an Kunst ein Vergil«.[7]

In London geben zwei der im Testament mit Erinnerungsgaben bedachten Freunde und Kollegen von den *King's Men* sieben Jahre nach dem Tode Shakespeares als Totenmonument und Akt des Gedenkens (»an office to the dead ... to keep the memory of so worthy a friend and fellow alive«[8]) seine gesammelten Werke in einem großformatigen Band heraus. Etwa die Hälfte der Stücke ist nur in diesem Folianten überliefert, und auch der in Einzelausgaben erhaltene Teil des Werks hätte ohne diese Gesamtausgabe, die im Laufe des 17. Jahrhunderts drei Neuauflagen erlebte, eine wesentlich schwächere Nachwirkung gehabt. Wie es in Büchern zum Gedenken an Verstorbene üblich war, wurden dem Band Nachrufgedichte vorangestellt, darunter eines von Ben Jonson, in dem er Shakespeare als »Starre of Poets« und »Soule of the Age« preist und ihm Ruhm und Wirkung über die Grenzen der eigenen Nation und des Zeitalter hinweg prophezeit:

---

[7] Text der Grabinschriften abgedruckt *Riverside Shakespeare*, ed. Blakemore Evans, S. 1834.

[8] »To the great Variety of Readers«, *Riverside Shakespeare*, ed. Blakemore Evans, S. 63.

Triumph, my Britaine, thou hast one to showe,
To whom all Scenes of Europe homage owe.
He was not of an age, but for all time![9]

Jeder zeitgenössische Leser weiß, daß Nachrufgedichte von der hyperbolischen Übersteigerung leben und mit Verheißungen der Unsterblichkeit verschwenderisch umgehen, aber die Eulogien geben doch ein Bild der Persönlichkeit weiter; sie sind in diesem Falle immer wahrer geworden, so daß sie zu treffenden Formeln für den Ruhm werden konnten.

Im Zusammenhang mit diesen beiden Gedenkaktionen entstehen auch die beiden einzigen Shakespeare-Porträts, die heute als authentisch gelten, die Büste in der Stratforder Kirche, die von dem holländischen Bildhauer Gheerart Janssen stammt, und das von Martin Droeshout, einem jungen Künstler flämischer Abstammung, geschaffene Kupferstichporträt in der Folioausgabe – das Shakespearebild schlechthin. Die Bilder sind nicht nach dem Leben entworfen; mit ziemlicher Sicherheit hat keiner der Künstler Shakespeare je gesehen. Sie sind authentisch nur insofern, als sie tatsächlich Shakespeare meinen und vermutlich auf mündliche Instruktionen von Auftraggebern zurückgehen, die ihn kannten. Sie zielen nicht auf Ähnlichkeit – das wäre ja ohnehin nicht möglich –, sondern auf einen Typus, der durch einige Besonderheiten wie Kopfform, Haar und Barttracht individualisiert wird. Beide Bildwerke wollen eine vornehme Person zeigen; die Stratforder Büste präsentiert eine Gestalt, die in der Ikonographie der Zeit häufiger vorkommt: den Herrn von Rang, dessen Werkzeug nicht mehr das Schwert, sondern die Feder ist.

Mit den Bildern ist es gegangen wie mit den dokumentarischen Texten: Sie haben nachfolgenden Zeiten nicht genügt. Janssens Büste ist zwar von guter künstlerischer Qualität, aber der rundliche, behäbige, nicht wie ein Genie aussehende Herr, den er präsentiert, hat für die meisten Betrachter nicht ihrer Vorstellung von Shakespeare entsprochen. Bei Droeshouts Shakespearekopf in der Folioausgabe stießen sich spätere Betrachter vor allem an der schlechten künstlerischen Qualität, die sich unter anderem in mangelnder Beherrschung der graphischen Technik ausdrückt, wie man zum Beispiel an der Wiedergabe der Schulterpartie und der Frisur sehen kann.

---

[9] *Riverside Shakespeare*, ed. Blakemore Evans, S. 66.

Shakespeares Grabbüste in der Kirche zu Stratford.

Mr. WILLIAM

SHAKESPEARES

COMEDIES,
HISTORIES, &
TRAGEDIES.

Published according to the True Originall Copies.

Martin Droeshout sculpsit London.

LONDON
Printed by Isaac Iaggard, and Ed. Blount. 1623.

Das Shakespeareporträt schlechthin:
Titelblatt der Folioausgabe (1623).

Der Shakespeare der Anekdote

Die erste Biographie Shakespeares erschien erst zu Anfang des
18. Jahrhunderts, als der Dichter bereits zu einer zentralen Gestalt
der nationalen Kultur geworden war. Das erste Jahrhundert nach
seinem Tode ist die Ära der Anekdoten.

Anekdoten spielen in der Tradierung des Bildes historischer Persönlichkeiten eine grundlegende Rolle. Die Figur wird in Geschichten, Szenen und Einzelzügen erfaßt, charakterisiert und be-
wahrt, ehe sie Gegenstand einer zusammenhängenden Lebensgeschichte wird. Meist spielen Anekdoten auch in der späteren, auf einer Faktenbasis ruhenden Biographie noch eine tragende Rolle als
Elemente, die der Geschichte ihre Farbe, Prägnanz und Einprägsamkeit verleihen: Alexander und der gordische Knoten, Caesar am
Rubicon, Drake kugelspielend bei der Sichtung der Armada, Friedrich der Große und der Landrat von Küstrin.

Da die meisten biographischen Elemente dieser Art lange in
mündlicher Tradition überliefert und verändert werden, ehe es zu einer schriftlichen Fixierung kommt, ist die Faktizität ihrer Inhalte
selten nachprüfbar oder auf einer Skala der Glaubwürdigkeit verläß-
lich einzuordnen. Ohne die anekdotische Schicht sind die Bilder historischer Personen aber kaum denkbar; und wenn man, wie die modernen Historiker es tun, Geschichte nicht mehr als reines Faktenen-
semble auffaßt (›wie es wirklich gewesen‹), sondern als ein von den
Zeitgenossen und von Späteren errichtetes Konstrukt, als eine Art
von Text, dann sind Anekdoten über ihren Faktengehalt hinaus von
Bedeutung, weil sie zeigen, wie jemand in einer Zeit, die ihm noch
nahe war, gesehen wurde.

Die aus mündlicher Tradition stammenden Anekdoten und Nachrichten über Shakespeare bilden ein vielteiliges Korpus von größerem Umfang als die dokumentarischen Zeugnisse. Der weitaus
größte Teil dieser Materialien stammt aus Stratford und Umgebung.
In den meisten Fällen erfolgte die Aufzeichnung relativ spät, manchmal erst gegen Ende des 17. Jahrhunderts. Manche Geschichten sind
mehrfach überliefert, andere gehen auf einen einzigen Gewährs-
mann zurück. Manche sind mit den verbürgten Fakten vereinbar, andere stehen zu ihnen im Widerspruch.

Die Struktur des Anekdotenkorpus ist bei Shakespeare ähnlich
wie bei anderen historischen Persönlichkeiten. Eine Gruppe von
Anekdoten charakterisiert geistige Fähigkeiten, die meist in der

Form von Schlagfertigkeit und Witz illustriert werden: Shakespeare werden geistreiche Aussprüche und freche Grabgedichte zugeschrieben. Eine andere Anekdotengruppe will berichten, wie die prominente Person in ihrem sozialen Verhalten war. Von Shakespeare heißt es einmal, daß er gesellig war und gern trank; andere wollen wissen, daß er nüchtern war und Zechtouren mit höflicher Ausrede ablehnte.

Anekdotisches füllt auch die Lücken der Biographie:

– Sein Vater war ein Schlachter. William ging bei ihm in die Lehre, zeigte aber auch schon den Drang zur Poesie: »... when he killed a calf, he would do it in high style, and make a speech«.[10]

Vom Stratforder Hörensagen kann man auch – mehrfach überliefert – erfahren, warum er die Heimat als junger Mann verließ:

– William Shakespeare geriet in schlechte Gesellschaft und wilderte im Hirschpark von Sir Thomas Lucy. Er wurde erwischt und mußte fliehen. Nach einer anderen Version wurde er verhaftet und auf Fürsprache der Königin – nach wieder anderer Tradition: durch Intervention des Earl of Leicester – aus dem Gefängnis entlassen.

Die Überlieferung weiß auch, warum er erst nach Jahren in London auftauchte:

– Er war einige Jahre lang Schulmeister auf dem Lande.

In London begann er seine Theaterkarriere als Seiteneinsteiger:

– Er verdiente seinen Unterhalt damit, daß er während der Vorstellungen auf die Pferde der vornehmen Besucher paßte und mit anderen Jungen zusammen, die sich *Shakespeare's Boys* nannten, ein kleines Unternehmen aus dieser Dienstleistung machte.

Die Legende weiß auch, wie er als Schauspieler war (gut, aber doch nicht so überragend wie als Dichter) und welche Rollen er am liebsten spielte (den Geist von Hamlets Vater mimte er besonders eindrucksvoll).

Eine besondere Rolle in den Anekdoten spielen seine vertrauten Beziehungen zum Hof und zur Aristokratie:

---

[10] Holzknecht, S. 22.

- Shakespeare schrieb *The Merry Wives of Windsor* auf Wunsch und nach Ideen der Königin Elisabeth, die so begierig war, das Stück zu sehen, daß er es in 14 Tagen vollendete.
- König Jakob schrieb ihm eigenhändig einen freundschaftlichen Brief, der inzwischen leider verloren ist.

Nach der Erinnerung der Stratforder verfaßte ihr Landsmann einen großen Teil der Stücke bei ihnen daheim:

- *Hamlet* zum Beispiel wurde im Beinhaus des Stratforder Kirchhofs (oder: im Garten von *New Place*, der an das Beinhaus grenzte) geschrieben.
- Für die Dramen, die Shakespeare nach London schickte, bekam er 2000 Pfund pro Jahr. (Das hätte den Einkünften eines Herzogtums entsprochen. Alle Schätzungen seines Einkommens durch die Nachbarn bewegen sich in märchenhafter Höhe.)

Über die Umstände von Shakespeares Tod schreibt John Ward, ab 1662 Pastor in Stratford, in sein Tagebuch, was er von alten Leuten gehört hatte:

> Shakespeare, Drayton, and Ben Jonson had a merry meeting, and it seems drank too hard, for Shakespeare died of a fever here contracted.[11]

Für spätere Biographen ist der Schatz an Anekdoten und mündlich tradierten Nachrichten eine Verfügungsmasse, die das Lebensbild flexibel macht. Man kann fast nach Belieben auswählen oder auslassen und damit die Biographie akzentuieren.

Nicholas Rowe, der erste Biograph

Nicholas Rowe, Jurist und Dramatiker, veranstaltete 1709 die erste Ausgabe der Dramen Shakespeares nach den vier Editionen der Folio. Er gibt seiner Ausgabe als Vorspann eine Abhandlung unter dem Titel »Some Account of the Life, &c. of Mr. William Shakespeare« bei, in der es ihm vor allem darum geht, Shakespeare gegen den Vorwurf der Primitivität und Regellosigkeit zu verteidigen. Gleichsam als Zugabe enthält der Aufsatz auch die erste zusammen-

---

[11] Holzknecht, S. 30.

hängende Biographie Shakespeares. Rowe bemühte sich, alles er-
hältliche Material zu sammeln. Er bat unter anderem durch Zei-
tungsanzeige um Nachricht über Dokumente oder Überlieferungen.
Thomas Betterton, der berühmteste Shakespearedarsteller der Re-
staurationszeit, reiste für ihn nach Stratford und sah Kirchenbücher
und Akten ein. Rowes Lebenslauf des Dichters ist aus Fakten und
Anekdoten zusammengestellt, wobei er die aus mündlicher Überlieferung stammenden Details durchaus als nicht gesichert kennzeichnet.

Rowes Biographie, eine stattliche Leistung, reichte fast dem gesamten 18. Jahrhundert als Information über Shakespeare aus. Ein
Herausgeber nach dem anderen übernahm Rowes »Account«, wörtlich oder redigiert, und fügte allenfalls inzwischen ans Licht ge-
kommene Fakten oder Geschichten hinzu.

Wenn sich ein ganzes Zeitalter, und zwar ein Zeitalter der intensiven Auseinandersetzung mit Shakespeare, im wesentlichen mit
Rowes Biographie begnügte und nicht viel Energie auf die Suche
nach weiteren Lebenszeugnissen verwandte, so hat das vor allem
zwei Gründe. Der erste liegt darin, daß Rowe und seine Nachfolger
Autorenbiographien nicht für wirklich wichtig, sondern nur für eine
Sache von begrenzter Nützlichkeit hielten. Wichtig ist eigentlich nur
der Text, aber weil Lesen eine Form von *conversation* ist, geselliger
Umgang und Gespräch in die Ferne, möchte der Leser auch wissen,
mit wem er es zu tun hat. So wie für viele Gebildete »any little
Personal Story of the great Men of Antiquity« von Interesse ist, so
mag es auch bei einem modernen Klassiker sein:

> The knowledge of an Author may sometimes conduce to the better un-
> derstanding his Book: And tho' the Works of Mr. *Shakespear* may
> seem to many not to want a Comment, yet I fancy some little Account
> of the Man himself may not be thought improper to go along with
> them.[12]

Der andere Grund dafür, daß die Shakespearebiographie auf der Stelle trat, lag darin, daß die Entwicklung des Shakespearebildes einen
anderen Weg nahm als den der zunehmenden Vertrautheit mit seinem Leben und seiner Epoche. Das 18. Jahrhundert ist das Zeitalter
der Idolisierung Shakespeares. Er galt nicht als ein Dichter aus einer
bestimmten Epoche, größter unter vielen Zeitgenossen, sondern als

---

[12] Zitiert nach S. Schoenbaum, *Shakespeare's Lives*, new ed. (Oxford, 1991),
S. 86f.

Shakespeare der Einzige, eine keiner Epoche angehörende, mit niemand vergleichbare Gestalt, *the Bard*, der Dichter schlechthin, Sänger, Künder, die Stimme der Natur, die zum ganzen Volke spricht.

Die literarische Kritik hatte diese Erhebung in den Himmel vorbereitet. Aus der Sicht des *Augustan Age* war die elisabethanische Zeit rückständig, eher zum Mittelalter als zur Moderne gehörig. Die Dichter, insbesondere die Stückeschreiber, waren ungebildet und verstießen gegen alle Regeln, die es seit der Antike in der Poetik gab: gegen die Einheiten von Zeit, Ort und Handlung, gegen das Gebot der strikten Trennung von Tragik und Komik, gegen die Regeln des Dekorum im Stil und in den Aktionen.

Um rechtfertigen zu können, warum Shakespeare, auch Elisabethaner und überdies von eingeschränkter Bildung, als größter aller Dramatiker gelten konnte, sprachen die Kritiker des frühen 18. Jahrhunderts, besonders Alexander Pope, ihm einen Sonderstatus zu: Shakespeare war ein singulärer Fall, kein Produkt seiner Zeit, sondern ein Genius, aus dem die Natur selbst sprach, ein Schöpfer, den man so wenig mit normalen historischen und menschlichen Kategorien fassen konnte wie die Gottheit selbst.

Das Shakespeare-Jubelfest

Ein deutliches Beispiel für die Apotheose Shakespeares und für seine Inthronisierung als ein Unsterblicher, der als Schirmherr aller Stände und aller Künste der britischen Nation gefeiert wird, ist das spektakulärste Shakespeareereignis des Jahrhunderts, Garricks *Shakespeare Jubilee* in Stratford im September 1769.

David Garrick, Schauspieler und Theaterleiter, war in den mittleren Jahrzehnten des 18. Jahrhunderts eine gefeierte und verehrte Zentralfigur des kulturellen Lebens. Shakespeare war sein Abgott; er hatte 27 seiner Stücke herausgebracht und alle großen Rollen selbst gespielt. Als die Stadtoberen von Stratford bei ihm anfragen ließen, ob er, »the great theatrical genius of the age ... who has done the highest honours to the immortal Shakespeare (a native of this place)«[13], für die Ausschmückung des neuen Rathauses eine Shake-

---

[13] Johanne M. Stochholm, *Garricks Folly: The Shakespeare Jubilee of 1769 at Stratford and Drury Lane* (London, 1964), S. 6.

spearestatue zu stiften bereit sei, sagte er nicht nur begeistert zu, sondern er plante, organisierte und finanzierte auch in zweijähriger Vorbereitungszeit ein *Shakespeare Jubilee* in Stratford. Dieses Jubelfest ohne besonderen kalendarischen Anlaß diente der Feier Shakespeares und Garricks; die Grundidee ist auf einem Gemälde von Thomas Gainsborough zum Ausdruck gebracht, das der Veranstalter der Stadt Stratford zusammen mit der Statue schenkte: David Garrick in einem Akt der Verehrung an der auf einer Stele erhöhten Büste Shakespeares.

Die Shakespeareverehrung Garricks und seiner Zeit war ein Volkskult, dessen Rituale und Texte in bewußter Anlehnung an die alten Balladen, Lieder und Bräuche der populären Tradition geschaffen wurden, mit deren Sammlung, Wiederbelebung und Nachahmung man gerade begonnen hatte. Das Fest war dreitägiges totales Theater, bei dem alle Rollen zugewiesen erhielten und mitspielten: die gewaltigen Ensembles aus Schauspielern, Musikern und Sängern, die Garrick aus London mitgebracht hatte, die Gäste, die aus ganz England und Schottland angereist waren, und die Einwohner von Stratford.

Zum Programm gehörte ein Umzug durch die Stadt, bei dem alle gemeinsam Lieder aus dem eigens herausgegebenen Shakespearegesangbuch sangen, zum Beispiel den Geburtshaus-Song, das Lied vom Maulbeerbaum, den Shakespeare eigenhändig gepflanzt hatte (und der leider inzwischen schon abgeholzt und zu Shakespeare-Souvenirs verarbeitet worden war) und die Ballade *Warwickshire* zum Lobpreis der Grafschaft und ihres größten Sohnes:

> *Warwickshire* Will,
> Matchless still,
> For the *Will* of all *Wills* was a *Warwickshire Will*.[14]

In der Kirche wurde ein Oratorium aufgeführt, in der eigens erbauten, für 1000 Personen gedachten, aber völlig überfüllten *Shakespeare Hall* gab es Festveranstaltungen und einen Kostümball, bei dem man in einer Shakespearerolle erscheinen sollte. Ebenfalls zum üppigen Angebot gehörten ein Pferderennen (ohne speziellen Shakespearebezug), ein Feuerwerk und vielbewunderte Lichteffekte mit transparenten Dekorationen.

Höhepunkte des Programms waren die Ode an Shakespeare, die

---

[14] Stochholm, S. 52.

David Garrick gedichtet und Thomas Arne vertont hatte, mit Chö-
ren, Arien und Sprechstellen, die Garrick selbst vortrug, und die
Festrede, die ebenfalls der Veranstalter hielt.

In seiner »Ode to Shakespeare« wählt Garrick als Form das herkömmliche Gebetsritual, das aus Anrufung (»... that demi-god!
Who Avon's flow'ry margin trod, ... the god of our idolatry ... The
lov'd, rever'd, immortal name! / SHAKESPEARE! SHAKESPEARE!
SHAKESPEARE!), Schilderung der überirdischen Kräfte des Unsterbli-
chen »on his magic throne« und schließlich der Bitte um Segen besteht:

> Look down, blest SPIRIT! from above,
> With all thy wonted gentleness and love;
> ...
> Still to thy native spot thy smiles extend
> And as thou gav'st it fame, that fame defend.[15]

In der *Shakespeare Oration* wird die hymnisch-enthusiastische Ver-
göttlichung der Ode durch ein differenziertes und stärker reflektier-
tes Shakespearebild ergänzt, das gedanklich an Alexander Pope an-
schließt. Auch hier steht die gottähnliche Schöpfernatur Shakespeares im Mittelpunkt. Shakespeare ist kein Genie, das die Menschen von außen betrachtet und darstellt, sondern er durchschaut sie
von innen und läßt uns in sie hineinblicken, so daß wir zugleich sehen, was sie tun und warum sie es tun.

Erkenntnis ist bei der Shakespearerezeption mit Vergnügen gekoppelt, mit einem Vergnügen, das erfrischt und erholt wie Sport im
Freien:

> We get knowledge from Shakespeare, not with painful labour as we
> dig gold from the mine, but at leisure, and with delight, as we gain
> health and vigour from the sports of the field.[16]

Als tatsächliches Ereignis war Garricks Jubelfest nur teilweise ein
Erfolg. Es litt zum einen unter der von Garrick selbst inszenierten
Publizität. So viele Menschen waren in das Städtchen gereist, das
nur etwa 2000 Einwohner hatte, daß die Beherbergungsverhältnisse
chaotisch wurden. Es kam hinzu, daß das Wetter den geplanten Ablauf durchkreuzte. Vom zweiten Tage an regnete es so heftig und
anhaltend, daß der Avon die Festhalle unter Wasser setzte und ein

---

[15] Stochholm, S. 71f. und 76.
[16] Stochholm, S. 85.

Teil des Programms – vor allem ein zweiter Umzug, in dem 150 Schauspieler Charaktere Shakespeares darstellen und berühmte Szenen pantomimisch aufführen sollten – ausfallen mußte.

Die Mängel der Wirklichkeit spielten aber nur eine untergeordnete Rolle, weil Garricks *Shakespeare Jubilee* vor allem ein Medienereignis war, das erste seiner Art in England. Schon Monate vorher wurde in allen Zeitungen und Zeitschriften in hunderten von Spalten über das Projekt, das keineswegs unumstritten war, in Prosa und Vers berichtet und diskutiert. Nach dem Ereignis setzte sich nicht nur die Diskussion in der Presse fort, sondern die Londoner Theater spielten das Jubelfest auf der Bühne nach, einmal als Komödie, einmal als prunkvolle Schau. Garricks Version, *The Jubilee*, die den in Stratford ausgefallenen Zug der Shakespearefiguren enthielt, erlebte mehr als 90 Aufführungen; ein deutscher Besucher, Johann Wilhelm von Archenholtz, sah sich das Spektakel 28mal an.

Zur bildlichen Darstellung des Idols waren die alten Porträts ganz ungeeignet. Das 18. Jahrhundert schuf sich seine eigenen Shakespeare-Ikonen: Der Dichter als Denkmalsfigur, entweder als edles Haupt, nur entfernt an den Kopf des Foliobildes erinnernd, auf einer Stele oder als sinnende Gestalt, das Werk als Buch in der Hand, an eine Säule gelehnt. Dieser Typus blieb bis weit in das 19. Jahrhundert hinein gültig; er war auf allen Ebenen verbreitet: als öffentliches Denkmal, als Statue für den Salon oder als bunte Staffordshirefigur für den Kaminsims einfacher Leute (s. Abb. S. 262).

Die Suche nach dem inneren Shakespeare

Die Romantiker, eine Minderheitsgruppe im literarischen Leben ihrer Zeit, aber richtungsbestimmend für die weitere Entwicklung der Poesie und auch der Shakespearerezeption, entwickelten das Konzept des gottähnlichen und übermenschlichen Idols weiter. Ein Dichter, so verkündete Wordsworth im »Preface to *Lyrical Ballads*«, einem Manifest der Bewegung, ist nicht in erster Linie ein Gestalter von Sprache, sondern ein Mensch, der zu seinesgleichen spricht: *a man speaking to men.* Er ist freilich ein Mensch besonderer, gesteigerter Art; seine Fähigkeiten, zu empfinden und zu erleben, und seine Kraft, sich in die Emotionen anderer hineinzuversetzen, sind höher als bei einer gemeinen Person.

Shakespeare statuesk: Staffordshirefigur (19. Jahrh.).

Wenn Dichtung Ausfluß einer individuellen Persönlichkeit ist, dann erhält die Kenntnis der Dichterperson und des Dichterlebens eine zentrale Bedeutung als Zugang zum Werk. Dabei sind freilich die äußeren Fakten und jene Informationen, welche die Shakespearedokumente liefern, wenig ergiebig. Was die Romantiker suchen, ist die erlebende, fühlende, imaginierende Persönlichkeit hinter dem Werk und die Geschichte eines inneren Lebensweges.

Die Romantiker selbst – unter denen sich Coleridge, Keats und Shelley am intensivsten mit Shakespeare auseinandersetzten – fanden sich damit ab, daß diese Persönlichkeit weder in Urkunden noch in deutlich lesbaren Zeugnissen im Werk greifbar sei und daß das eigene Bild der Dichterperson nur als Projektion der individuellen Leseweise der Dramen existieren könne, daß man sein Shakespearebild also immer selbst machen, fingieren müsse. Sie gaben mit ihrem Konzept des Zusammenhangs von Dichterperson und Werk aber den Anstoß zu einem Prozeß, der bis ins 20. Jahrhundert andauerte: zur Suche nach dem inneren Shakespeare.

Es hat sich dabei als praktisch unmöglich erwiesen, zwischen den verbürgten Fakten der Biographie und bestimmten Stücken eine Verbindung herzustellen, die das Drama als Reflex eines Erlebnisses oder einer Lebenssituation erscheinen ließe. Lediglich *The Tempest*, eines der letzten Werke Shakespeares, wurde lange Zeit autobiographisch gedeutet. Das Stück vom weisen Fürsten und Magier Prospero galt als Abgesang Shakespeares, der mit diesem Drama, wie der Herzog, seinen Zauberstab aus der Hand legt und das Fest der Phantasie für beendet erklärt: »Our revels now are ended« (4,1,148).

Die meisten Interpreten gaben sich damit zufrieden, das Gesamtwerk in Schaffensperioden zu unterteilen, in denen man zugleich Stufen der persönlichen Entwicklung sah. Solche Periodisierungen – die sich zum Teil bis heute gehalten haben – konnten sehr verschieden ausfallen, gipfelten aber immer in einer Phase der künstlerischen Reife und zugleich der Verdüsterung des Lebensgefühls, in der die Großen Tragödien entstanden.

Von allen literarischen Gattungen ist das Drama am wenigsten für den Niederschlag autobiographischer Aussagen geeignet. Anders als ein Lyriker und ein Erzähler ist der Dramatiker ja gar nicht in der Lage, sich der sprachlichen Ich-Form zu bedienen und eine Ego-Figur einzuführen. Von der Romantik an wandte sich daher das Interesse verstärkt dem einzigen Werk Shakespeares zu, in dem ein

Autor-Ich zum Leser spricht, den Sonetten. Die Sonette wurden, wie es bei Gedichten allgemein üblich war, als Bruchstücke einer persönlichen Konfession aufgefaßt und das literarische Ich mit dem realen William Shakespeare identifiziert. »With this key / Shakespeare unlocked his heart«, erklärte Wordsworth lapidarisch in einem Sonett zur Verteidigung des Sonetts. Im 19. und frühen 20. Jahrhundert hat es zahllose Versuche gegeben, diesen Schlüssel zum Herzen anzuwenden. Der Suchweg führte freilich wieder nicht nach innen, sondern nach außen. Man fragte nicht nach der Art der Beziehung, die hier dargestellt wird, denn deren Erörterung hätte einen Tabubereich berührt. Wenn die Wirklichkeit mit der Dichtung deckungsgleich wäre, wenn also der männliche (oder männlich-weibliche) Geliebte des Sonett-Ich in der Wirklichkeit so existiert hätte wie im Gedicht, dann wäre das Verhältnis eine verbotene, homoerotische Liebe gewesen, und auch die Beziehung zu der Dark Lady hätte ein ehebrecherisches Verhältnis des Schwans vom Avon bedeutet.

Statt dessen suchte man, von der Widmung an »Mr W. H.«, »The onlie begetter of these insving sonnets« ausgehend, die der Verleger Thomas Thorpe der Erstausgabe voranstellte, nach einem gutaussehenden jungen Adligen mit den Initialen W und H und nach einer Dame, deren Haar oder Teint oder Lebenswandel als *dark* bezeichnet werden konnte. Zwischen den Anhängern der beiden Hauptprätendenten für den Thron des Freundes, Henry Wriothesley, Earl of Southampton, dem Favoriten der deutschen Gelehrten, und William Herbert, Earl of Pembroke, gab es einen hundertjährigen Krieg, der erst dann abebbte, als alle Argumente verbraucht waren, das Rätselspiel seinen Reiz verloren hatte und man einzusehen begann, daß eine Antwort auf die Frage nach der Identität des Freundes, selbst wenn sie möglich wäre, nichts über die Beziehung zwischen Shakespeare und dem Adressaten aussagen würde.

Die Suche nach einem besseren Shakespeare: Fälscher

Die endlose Suche nach dem Freund der Sonette verdeutlicht zwei Tendenzen, die allen Auseinandersetzungen des 19. und frühen 20. Jahrhunderts um Fragen der Shakespearebiographie zugrunde liegen.

Da ist einmal eine Freude am Rätselspiel und an der Errichtung argumentativer Gebäude oder auch Kartenhäuser, bei denen die Geschicklichkeit und der Einfallsreichtum der Erbauer eine größere Rolle spielen als vorgegebene Fakten. Im Grunde waren alle Teilnehmer an diesem Spiel – und das gilt auch für ihre Fortsetzer bis heute – daran interessiert, daß Shakespeare als das Wissenschaftsrätsel schlechthin erhalten blieb und daß die offenen Fragen keine endgültige Lösung erfuhren.

Die andere, stärkere Tendenz resultiert aus der mangelnden Bereitschaft, sich mit dem dokumentarischen Shakespeare abzufinden. Je mehr Lebenszeugnisse aufgefunden wurden – und bis zur Mitte des 19. Jahrhunderts lag bis auf eine kleine Nachlese schon der heutige Bestand vor –, umso stärker wurde der Widerstand gegen das Bild einer grundstücksammelnden und geldgierigen Krämerseele, eines Mannes aus der Provinz, der im Umgang mit anderen Provinzlern sein Genüge zu finden schien. Gesucht wurde ein besserer Shakespeare, wenn schon nicht ein Mensch von edlerer Geburt, dann doch eine Persönlichkeit, die mit den Besten ihrer Zeit verkehrte und vertraut umging.

Nicht nur die Suche nach dem Freund der Sonette in den Kreisen der Aristokratie sollte Shakespeare durch seine Beziehungen adeln und als Menschen auszeichnen, sondern auch die beiden großen Fälschungsskandale in der Geschichte der Shakespeareforschung gingen letztlich auf das Verlangen nach einem anderen Shakespeare zurück.

Der erste Fall ereignete sich schon gegen Ende des 18. Jahrhunderts. William-Henry Ireland, Angestellter in einer Anwaltskanzlei und Sohn eines Literaturkenners und Sammlers von Dichtermemorabilien, ›findet‹ für seinen Vater nach und nach ein reiches Portfolio an Shakespearedokumenten: Urkunden mit eigenhändiger Unterschrift, einen Brief der Königin an ihren Lieblingsdichter, einen Liebesbrief Shakespeares – mit eingelegter Haarlocke – an Anne Hathaway, große Teile der Originalmanuskripte von *King Lear* und *Hamlet*. Die Fälschungen des jungen Ireland waren primitiv; er schrieb in einer selbsterfundenen Schnörkelschrift in einem Englisch, das es nie gegeben hatte, auf Vorsatzblätter, die er aus alten Büchern gerissen hatte. Der Schwindel kam schließlich heraus, aber es ist bezeichnend, daß der Fälscher zunächst überall Glauben fand, weil man an sein Shakespearebild glauben wollte.

Ähnliches gilt auch für die wesentlich geschickteren (und perfideren) Fälschungen von John Payne Collier in der Mitte des 19. Jahrhunderts. Collier, einer der Gründer der englischen *Shakespeare Society*, war ein angesehener Gelehrter, dem eine stattliche Reihe echter Erkenntnisse und Dokumentenfunde zu verdanken ist. Um seine Erfolge noch größer erscheinen zu lassen und um die Hypothesen in seinen Büchern zu untermauern, fälschte er, jahrzehntelang zwar von einigen Experten angezweifelt, aber nicht als Betrüger entlarvt, ein Dokument nach dem anderen, bis der Krug schließlich doch brach. Auch der Shakespeare seiner fingierten Dokumente ist edler und hat engere Beziehungen zum Hof und zur Aristokratie als der in den echten Zeugnissen belegte.

Die Suche nach einem anderen Autor

Von der Veredlung des Mannes aus Stratford, der als eine zu unbeachtliche Figur für ein so gewaltiges Werk erscheint, ist es nur ein kleiner logischer Schritt bis zu seiner Abwahl als Autor und zu seiner Ersetzung durch Zeitgenossen, die den Erwartungen an das Bild des Dramenschöpfers eher entsprechen.

Versuche in dieser Richtung gab es schon im 18. Jahrhundert, aber erst in der zweiten Hälfte des 19. Jahrhunderts entwickelte sich neben der Orthodoxie der Shakespeareforschung und Shakespearepflege eine Front von Leugnern der Autorschaft. Wie bei der Suche nach den Adressaten der Sonette gibt es auch hier Dutzende von Antworten auf die Frage, wer die Dramen wirklich geschrieben habe; sie reichen von Königin Elisabeth bis zu einem Autorenteam, das sich aus fast allen Dramatikern des Zeitalters zusammensetzt. Aus dem Potpourri der Personalvorschläge gelangten aber nur zwei auf das Forum einer lange anhaltenden Diskussion, beides Persönlichkeiten aus hohem Adel, prominent in ihrer Zeit und auch für die Nachwelt noch ein Begriff, Männer mit nachweisbaren literarischen Interessen und Fähigkeiten – Figuren also, die jenem Ideal entsprachen, dem man sich schon bei der Entwicklung des Shakespearebildes anzunähern versuchte.

Francis Bacon, Baron of Verulam and Viscount of St. Albans, (1561–1626) war nicht nur als Philosoph und als einer der Begründer des neuzeitlichen Denkens von Bedeutung, sondern er war auch ein ehrgeiziger Politiker, der als Parlamentsmitglied begann und bis zum Lordkanzler aufstieg. Sein Œuvre umfaßt nicht nur die philosophischen Werke, die teils auf Englisch, teils auf Latein geschrieben sind, sondern auch die *Essays*, die Utopie *New Atlantis* und eine Geschichte Heinrichs V. Er handhabt die Stile aller Gattungen, in denen er schreibt, mit unbezweifelbarem Können.

Bacons Name ist eine naheliegende Antwort auf die Frage ›Wenn nicht Shakespeare, wer dann?‹, auch wenn es keinerlei dokumentarischen Hinweis auf seine Autorschaft gibt und man sich schwer tut zu erklären, warum ein so ruhmbegieriger und publizitätssüchtiger Mann sein dramatisches Werk geheimhalten sollte.

Wenn es um die Baconianer, die zeitweise eine ansehnliche Sekte bildeten und die Mark Twain und Henry James zu ihren Gläubigen zählten, um die Jahrhundertwende still wurde, so lag das vor allem an der Zeitgebundenheit der in ihren Reihen vorherrschenden Methoden zur Lösung des Rätsels der Autorschaft. In einer von Geheimschriften und chiffrierten Botschaften faszinierten Epoche stützten sie ihre Beweisführungen zum großen Teil auf die Annahme von Kryptogrammen in den Texten, die bei der Anwendung des richtigen Zahlenschlüssels Botschaften Bacons über seine Autorschaft der Dramen an die Nachwelt ans Licht brachten.

Daß Edward de Vere, Earl of Oxford, erst spät als Autor der Shakespearedramen benannt wurde – das grundlegende Werk von T.J. Looney, *Shakespeare Identified*, erschien 1920 –, hängt mit seinen Lebensdaten zusammen. Oxford, 1550 geboren, starb schon 1604, so daß man, wenn man seine Autorschaft annimmt, bei etwa 10 Dramen, von *Othello* und *King Lear* bis zum *Tempest*, die herkömmliche Datierung ändern oder eine posthume Publikation in die Hypothesen einbauen muß. Ansonsten erfüllt der gebildete Aristokrat, bei dem der Ruf, aufbrausend und gewalttätig zu sein, eine glanzvolle politische Karriere verhinderte, alle Anforderungen an einen *Shakespeare claimant*, zumal er der Autor einiger der schönsten elisabethanischen Gedichte ist.

Die Argumentationsweise der Oxfordianer, deren Publikationen in der Zeit vor dem Zweiten Weltkrieg gipfelten und sich bis heute fortsetzen, ist in der Formulierung der Probleme und in den Lösungsstrategien moderner und daher für heutige Leser plausibler als die der Baconianer; nicht umsonst hat man die Debatte um Oxford oft als Krimi bezeichnet. Auch bei den Oxfordianern ist die Liste der prominenten Anhänger stattlich. Sigmund Freud, selbst ein bedeutender Shakespearedeuter, gehörte zu ihnen.

Aus der Sicht der literaturwissenschaftlichen Orthodoxie, der großen Mehrheit, sind alle Anti-Stratfordianer nicht nur Häretiker, sondern arme Irre, die es nicht einmal verdienen, daß man ihre Argumente ernsthaft und im einzelnen widerlegt. Ihre Schriften gelten, wie es Samuel Schoenbaum, der Doyen der modernen Forschung zu Shakespeares Biographie, formuliert, als »thousands of pages of rubbish, some of it lunatic rubbish«; ihr wiederkehrendes Argumentationsmuster wird als »a pattern of psychopathology« bezeichnet.[17]

Die Schärfe der Zurückweisung mag verständlich sein, denn die Vorstöße der Anti-Stratfordianer sind unter anderem auch ein Aufstand engagierter Amateure gegen die Zunft der etablierten Experten, und die breite Popularität, die ihre Theorien genossen haben und noch immer genießen, zeugt von mangelndem Durchsetzungsvermögen (oder Durchsetzungswillen) der Vertreter orthodoxer Sichtweisen und Argumente.

Berechtigt ist der Hohn jedoch nicht. Wenn wir nicht von so vielen Zeitgenossen wüßten, daß William Shakespeare der Autor der Dramen war, dann wäre es keineswegs sicher, ob sich das Gros der Forschung nicht auch für einen anderen Prätendenten aussprechen würde. So freilich können argumentative Konstruktionen die unaufhebbare Faktizität der Autorschaft Shakespeares letztlich nicht aus der Welt schaffen. Nach allen Regeln der Verifizierung historischer Tatbestände ist, wie wir gesehen haben, der Herr aus Stratford der Autor der Dramen, ob es einem paßt oder nicht.

Shakespeare bürgerlich: Liebigbilder

Während die biographischen Dissidenten weiterhin ihrer Wege gingen, machte die große Mehrheit der an Shakespeare Interessierten gegen Ende des 19. Jahrhunderts ihren Frieden mit den überlieferten Fakten und formte aus ihnen ein Shakespearebild, das den Idealen einer Zeit entsprach, die sich zum Bürgertum und zu bürgerlichen Tugenden bekannte.

Entwicklung und Eigenart dieses Bildes lassen sich besonders plastisch am Beispiel der Darstellung Shakespeares auf Liebigbildern aufzeigen. Liebigs Sammelkarten, Reklamebilder »Zur Gratis-Abgabe an die Käufer von Liebig Company's Fleisch-Extract«, wie es auf der Rückseite heißt, sind ein umfassendes Bilderwerk, dessen Schwerpunkt in den Jahren zwischen 1878 und 1914 lag. Die Sam-

---

[17] Schoenbaum, *Lives*, S. 440.

melkarten, in der Regel in Serien zu sechs Bildern geordnet, erschienen in Millionenauflagen und waren in 14 einzelsprachlichen Ausgaben über die ganze Welt verbreitet.

Liebigbilder zeigen auch die ganze Welt; ihre Themenbereiche sind Natur und Technik, Vergangenheit und Gegenwart, Land und Leute, Literatur und Kunst, Berufe und Spiele. In aufwendigem Zehnfarbendruck hergestellt, bildeten die Serien nicht nur eine belehrende und unterhaltsame Enzyklopädie für junge und erwachsene Sammler, sondern sie vermittelten auch ein Weltbild, das der Belle Epoque, und dank ihrer immensen Verbreitung und Popularität gaben sie es nicht nur wieder, sondern sie gestalteten es mit.

Das erste Prinzip, nach dem Liebigs Universum aufgebaut ist, besteht in der Buntheit der Welt – Buntheit verstanden als eine harmonische Verschiedenheit von Gegenständen, die nebeneinandergestellt werden und keine hierarchischen Rangstufen kennen.

Die Lebensstufen, die Geschichtsperioden, die Nationen und ihre Kulturen, die Armeen und ihre Uniformen: alles ist bunt und verschieden und macht durch diese Diversität die Welt abwechslungsreich und anziehend. Verschiedenheit bedeutet aber nie Rangstufung oder Ordnungsmangel. Die Teile der Welt passen harmonisch zueinander: ein Konzert der Länder, Völker und Zeiten.

Die höchste Ebene der Harmonie ist das ausgewogene Verhältnis der Geschlechter. Männer sind tätig – herstellend, Handel treibend, Geld verdienend, exerzierend, erfindend – und oft namhaft oder berühmt; Frauen verkörpern Tugenden und repräsentieren die emotionale Seite der Kultur, vor allem jene Gefühle, die für die Gesellschaft ethische Werte darstellen. Kinder, allesamt niedlich und lieb, vervollständigen das Nebeneinander der Geschlechter zur Familie, der ideellen Mitte des bürgerlichen Universums.

Bei den Serien über Literatur ist Shakespeare als volkstümlichster Klassiker und als eine in Deutschland besonders gefeierte internationale Größe die mit Abstand wichtigste Liebigquelle.

Nicht nur die berühmtesten Shakespearestücke wie *Hamlet* (zweimal, davon einmal in einer Opernfassung), *Othello*, *Macbeth*, und *Richard III.* sondern auch weniger bekannte wie die Tetralogie über die Rosenkriege und *Das Wintermärchen* haben eigene Serien.[18]

---

[18] Zu den Shakespeareserien auf Liebigbildern s. Verf., »Shakespeare bei Liebig. Weltbild und Sammelkarten«, in: *Re-Collections: Zu Reinhold Schiffers 60. Geburtstag*, ed. Dieter Ingenschay und Gerd Stratmann (Trier, 1993), S. 39–59.

Liebigserie »Aus Shakespeare's Leben« (1901).
»Shakespeare sieht als Kind die ersten Bühnenspiele, 1568«.

»Shakespeare als Vorleser in seiner Familie. 1574.«

»Shakespeare spielt vor der Königin Elisabeth, 1595«.

»Shakespeares letztes Zusammensein mit früheren Freunden, 1616«

Dem Rang seines Werks entsprechend wird auch das Leben des Dramatikers zum Thema. Die Serie *Aus Shakespeare's Leben* (Nr. 500, 1901) beansprucht als Biographie historische Treue. Auf der Bildseite ist jede Szene genau datiert. Die Texte auf der Rückseite, die ausführlicher als üblich sind, erklären die Szenen und ergänzen sie durch zusätzliche Informationen zu einem detailreichen und zusammenhängenden Lebenslauf.

Von den sechs dargestellten Szenen spielen drei in Shakespeares Kindheit und Jugend. Das erste Bild, »Shakespeare sieht als Kind die ersten Bühnenspiele, 1568«, zeigt den kleinen William, wie er mit seiner Familie zusammen dem Spiel einer in Stratford gastierenden Theatertruppe zuschaut. Zum zweiten, im Stil der niederländischen Genremalerei des 17. Jahrhunderts gehaltenen Bild, »Shakespeare als Vorleser in seiner Familie, 1574«, erklärt der Text, wie der fleißige Knabe das auf der Lateinschule seines Heimatortes Gelernte alsbald umsetzte: »Im elterlichen Hause wurde der Knabe dann an den langen Winterabenden Vorleser am strahlenden Kaminfeuer, denn der Vater sowohl wie die Mutter waren des Lesens nur wenig kundig«. Das nächste Bild, »Shakespeare unter der Anklage der Wilderei, 1584«, illustriert die bekannte Anekdote.

»Nach einigen Jahren finden wir Shakespeare bei einer Schauspielertruppe wieder«, und so sieht man ihn auf dem vierten Bild, »Shakespeare unter fahrenden Schauspielern, 1590«, hoch zu Roß auf Tournee in der Provinz, denn die Londoner Schauspieler mußten »in Wind und Wetter ... oft Gastreisen unternehmen«.

»Schon vor seinem dreissigsten Lebensjahre hatte Shakespeare die Schwierigkeiten, die sich ihm entgegenstellten, überwunden. Nachdem er als brauchbarer Schauspieler bei den Bühnen festen Fuss gefasst hatte, fand sein Genie Freiheit zur Entfaltung.« Den Lohn der Mühe illustriert das vorletzte Bild, »Shakespeare spielt vor der Königin Elisabeth, 1595«.

Seinen Lebensabend genießt der Dichter, »inzwischen vermögend geworden«, in seinem Geburtsort in wohlanständiger Muße, wie die Schlußszene, »Shakespeares letztes Zusammensein mit früheren Freunden, 1616«, zeigt.

Der Anspruch auf Authentizität, den die Bilderfolge zum Ausdruck bringt, ist berechtigt. Die Darstellung steht völlig im Einklang mit dem Stand der biographischen Forschung um die Jahrhundertwende. Die Szenen beruhen entweder auf früher anekdotischer Überlieferung aus Stratford (Wilderei und letztes Treffen) oder auf der extrapolierenden Verdichtung von bekannten Fakten oder von Wahrscheinlichem zu konkreten Situationen. Im Ausmaß der Mutmaßungen und der Umdeutung von Möglichem in Tatsächliches gehen Bild und Text der Serie nicht über zeitgenössische Biographien von anerkannten Fachgelehrten hinaus.

Wenn Shakespeares Person und Lebenslauf heute ganz anders dargestellt wird als in der Bilderserie, so liegt das daran, daß die Biographen von damals und die von heute unterschiedliche Intentionen verfolgen und deshalb Shakespeare anders stilisieren.

Ziel der Liebigserie – und der meisten in dieser Epoche entstandenen Lebensbilder Shakespeares – ist es, aus den überlieferten Materialien, und damit wissenschaftlich vertretbar, eine exemplarische Biographie zu machen, die das Leben des erfolgreichen bürgerlichen Genies darstellt. Dieser Intention dienen die Auswahl der Materialien, die Schwerpunktsetzung und die Beleuchtung, in der die Details im Bild und im Text erscheinen. Gelegentlich werden auch kleine Retuschen der überlieferten Zeugnisse als Mittel zum guten Zweck eingesetzt.

Bürgerleben ist Familienleben, zuerst im Elternhaus, dann mit Weib und Kind. Der Shakespeare der Liebigkarten ist *family man* durch und durch. Vier der sechs Bilder spielen im häuslichen Kontext in Stratford. Shakespeare kommt aus der Provinz und aus einfachen Verhältnissen, aber er stammt aus einer Familie, die intakt, kinderlieb und sehr respektabel ist. (Um das zu betonen, wird der Vater statt zum Ratsvorsteher sogar zum »Oberbürgermeister« des Städtchens gemacht.) William bleibt ein braver Junge, bis er sich verheiratet – zu früh, wie impliziert wird, und mit bedenklichen Folgen für seine Lage. Für seine junge Familie sorgt er dann treu, wenn auch auf eine recht ungewöhnliche Weise. Zunächst schafft er als Wilderer Nahrung her, dann schließt er sich einer Schauspielertruppe an, um in hartem Bemühen »für sein Weib und seine beiden Kinder in Stratford Unterhalt zu schaffen«. Einige Jahre und zwei Bilder weiter kehrt er dann in seine Heimatstadt zurück, »wo er sich jetzt ganz seiner Familie widmete«. Nur in dieser Phase seines Lebens ist ausdrücklich von Glück die Rede. – Nach der mehrfach überlieferten Anekdote, auf der das letzte Bild beruht, holte er sich den Tod nach einer heftigen Zecherei mit Jonson und Drayton. Auf unserem Bild sitzt Shakespeare nüchtern und fröstelnd abseits, während die anderen bechern, und die »Krankheit, die ihn bald dahinraffte«, kann nicht von einem Exzeß herrühren.

Bürgerleben ist auch Geschäftsleben; man muß sich strebsam um Erfolg bemühen und darf sich durch wirtschaftliche Rückschläge nicht entmutigen lassen. Shakespeare lernt das bei seinem Vater, dem Geschäftsmann, in dessen Geschäften auch er tätig wird. Im Theatergewerbe arbeitet er sich unter großen Anstrengungen empor. Der Lohn, Vermögen und »eigenes Theater« – Liebigs Shakespeare ist mehr als nur Teilhaber – reicht auch nach dem Brand des Globe noch für einen auskömmlichen Ruhestand.

Genialität und Phantasie, schon früh signalisiert, kommen erst zur Geltung, wenn der Gewerbefleiß das seinige getan hat. Erst nachdem er im Beruf etabliert war, gab er seinem dichterischen Talent »Freiheit zur Entfaltung«. – Auch das Berufsleben wird im übrigen in familiärer Perspektive gezeigt. Das öffentliche Theater mit seinem Massenpublikum kommt im Bild nicht vor. Der Auftritt vor der Königin hat eher intimen Charakter.

So nimmt Shakespeares Biographie die Gestalt einer idealtypischen bürgerlichen Karriere an und folgt dem gleichen Muster wie der Lebenslauf eines zeitgenössischen Genies und Erfolgsmenschen wie Justus von Liebig, Gründervater und Galionsfigur des Fleischextrakt-Imperiums.[19]

Moderne Shakespearebilder

Die Shakespearebilder der Jahrhundertwende zeigen einen Shakespeare für alle Stände. Die populären Darstellungen weichen in den Grundzügen kaum von den an die Fachleute gerichteten ab. Alle sind sich darin einig, daß es wichtig ist, Shakespeares Leben und Werk ineinszusetzen und die Dramen vor dem Hintergrund der Biographie zu sehen. Alle Gesamtdarstellungen bemühen sich um ein ausgewogenes Verhältnis von Lebensschilderung und Werkbetrachtung. Einig ist man sich schließlich auch in der Überzeugung, daß die überlieferten Zeugnisse es erlauben, Shakespeares Leben als eine zusammenhängende, wenn auch nicht lückenlose Geschichte zu erzählen, und daß diese Lebensgeschichte einen Zugang zum Verständnis des Werks eröffnen kann.

Inzwischen ist das alles nicht mehr so. Eine narrative Biographie

---

[19] *Bilder aus dem Leben Liebig's*, Nr. 550, 1902.

gibt es nur noch auf der simplen Ebene der populären oder einführenden Literatur. Eine Schulausgabe eines Dramas mag unter ihren Materialien zur historischen Erklärung auch eine kurze Darstellung der Biographie enthalten; wissenschaftliche Ausgaben dagegen gehen nicht auf Shakespeares Leben ein, weder generell noch im speziellen Zusammenhang mit der Zeit und den Umständen der Entstehung des betreffenden Stücks. Werk und Leben werden im Falle Shakespeares so reinlich getrennt, wie es sonst in der Literaturwissenschaft kaum vorkommt.

Die wissenschaftliche Beschäftigung mit Fragen der Biographie ist zur Domäne einer sehr kleinen Gruppe von Spezialisten geworden, die sich mehr mit der Aufbereitung vorhandener Materialien als mit der Suche nach neuen Zeugnissen befassen. Der bevorzugte Modus der Darstellung ist nicht-narrativ; man möchte das Leben nicht mehr als Geschichte erzählen. Typische Formen sind der tabellarische Lebenslauf oder die dokumentarische, nur auf die Wiedergabe und Erläuterung von Zeugnissen reduzierte Biographie; die Lücken zwischen den gesicherten Fakten bleiben frei und werden eher betont als kaschiert. Anekdotisches – wie es bei anderen historischen Personen, zum Beispiel bei Königin Elisabeth, noch immer unbedenklich in die wissenschaftlich fundierte Biographie eingearbeitet wird – hat man aus der Shakespearebiographie rigoros verbannt.

Die extreme Askese, der sich die moderne Shakespearebiographie verschrieben hat, ist zum Teil durch eine forschungsgeschichtliche Situation bedingt, in der man sich vor dem Rückfall in Idolatrie und Mythisierung fürchtet. Sie resultiert aber vor allem daraus, daß bei fast allen aktuellen Interpretationsmethoden der Ansatz bei der Biographie des Autors als *biographical fallacy* verpönt ist: Dichtungen dürfen nicht als Konfessionen betrachtet werden. Selbst wenn die Biographie Shakespeares vollständiger wäre und die innere Entwicklung beleuchten könnte, würde sie derzeit kaum benutzt werden. Statt dessen beansprucht bei Shakespeare als Person nur das Interesse, was er im Kopf hatte – Traditionen, Konventionen, dramatische, politische und ethische Konzepte zum Beispiel – und bei der Rekonstruktion dieser Gedanken- und Vorstellungswelt sind auch abenteuerliche Mutmaßungen, wie sie sich die älteren Biographen kaum erlaubt hätten, gang und gäbe.

Die Entwicklung der Einstellung zu der Person Shakespeare spiegelt sich auch in den bildlichen Darstellungen, die in den verschiedenen Epochen für authentisch erklärt, abgewandelt oder neu geschaffen wurden. Im mittleren und späten 19. Jahrhundert wollte man sich weder mit der frei geschaffenen statuarischen Shakespearefigur der Garrick-Zeit – die vor allem in den großen Shakespearedenkmälern in London, New York und Weimar fortlebte – noch mit den beiden authentischen Bildern zufriedengeben. Wie man nach neuen und besseren dokumentarischen Zeugnissen suchte, so fahndete man auch nach besseren Shakespearebildern, vor allem nach richtigen Ölgemälden, für die der Dargestellte Modell gesessen haben konnte.

Die Ausbeute der Suche war ansehnlich. Elisabethanische Porträts zielen weniger auf Ähnlichkeit als auf das Typische und Standesgemäße der dargestellten Person. Viele Porträts aus dieser Zeit haben daher im Laufe der Jahrhunderte als Konterfeis verschiedener Persönlichkeiten gegolten. Wenn man von einer entfernten Ähnlichkeit mit Droeshouts Stich und/oder Janssens Büste als Kriterium ausgeht, kommt eine ganze Reihe unter den erhaltenen Männerporträts aus dem 16. und 17. Jahrhundert als Shakespearebild infrage. Verifizieren lassen sich solche Zuschreibungen freilich nicht. Heute wird nur noch von einem der Bilder, dem (nach einem Besitzer benannten) Chandos-Porträt, für möglich (wenn auch nicht wahrscheinlich) gehalten, daß es sich tatsächlich um Shakespeare handelt.

Trotz der schon damals verbreiteten Zweifel an der Authentizität oder Lebenstreue einzelner Bilder war man von der Mitte des 19. Jahrhunderts an überzeugt, daß man sich ein hinreichend genaues Bild von Shakespeares Aussehen machen könne. Ein um 1845 entstandener Stich zeigt sechs verschiedene Ansichten Shakespeares (darunter die Stratforder Büste in dreifacher Perspektive, oben, das Foliobild, unten Mitte, und das Chandos-Porträt, unten rechts) bei der graphischen Umsetzung der Vorlagen so abgewandelt, daß die Figuren als identisch erscheinen.

Im 20. Jahrhundert ist der Bilderstreit vergessen. Der Prozeß der Reduktion und der Rückkehr zum historischen Kernbestand hat auch bei den Bildern stattgefunden. Es gibt praktisch nur noch ein Bild, das Folioporträt, das in unendlichen Abwandlungen reproduziert, variiert und parodiert wird. Im heutigen Kontext fungiert das Shakespearebild nicht mehr als Zeugnis für das tatsächliche Aussehen der Person, sondern als Mittel der Identifizierung, als Ikon, als Markenzeichen, als Logo. Dabei tragen gerade jene Eigen-

Alle Shakespeareporträts vereinigt.
Englische Zeitschriftenillustration, um 1845.

arten des Kupferstichs, die wahrscheinlich auf Ungeschicklichkeiten des Anfängers Droeshout zurückgehen – der stechende Blick, die riesige Stirn, die Asymmetrie der Figur – zur Einprägsamkeit und Unverwechselbarkeit des Bildes bei. So macht das Porträt eines Künstlers, der ihn nie gesehen hat, Shakespeare zum einzigen Autor in aller Welt, dessen Bild jedermann wiedererkennt.

Shakespeare und sein Theater. Cartoon von Tullio Pericoli.

LITERATURHINWEISE

Shakespeares Leben und Persönlichkeit: Darstellung und Dokumentation

E.K. Chambers, *William Shakespeare: A Study of Facts and Problems*, 2 vols. (Oxford, 1930).

Karl J. Holzknecht, *The Backgrounds of Shakespeare's Plays* (New York, 1950).

F.E. Halliday, *Shakespeare: A Pictorial Biography* (London, 1956), deutsch: *Shakespeare: Eine Bildbiographie* (München, 1961)

Samuel Schoenbaum, *Shakespeare: A Documentary Life* (Oxford, 1975).

Martin Fido, *Shakespeare* (London, 1978).

Samuel Schoenbaum, *Shakespeare: The Globe and the World* (New York, 1979).

Samuel Schoenbaum, »Artists' Images of Shakespeare«, in: Werner Habicht, D.J. Palmer and Roger Pringle (eds.), *Images of Shakespeare: Proceedings of the Third Congress of the International Shakespeare Association, 1986* (Newark, 1988), S. 19–39.

Geoffrey Ashton, *Shakespeare the Man: His Life and Work in Paintings and Prints* (London, 1990).

Ian Wilson, *Shakespeare: The Evidence: Unlocking the Mysteries of the Man and his Work* (London, 1993).

Shakespearebiographie, Shakespearebild, Shakespearekritik: Historische Entwicklung

Augustus Ralli, *A History of Shakespearian Criticism*, 2 vols. (Oxford, 1932).

F.E. Halliday, *The Cult of Shakespeare* (London, 1957).

H.N. Gibson, *The Shakespeare Claimants* (London, 1962).

Johanne M. Stochholm, *Garricks Folly: The Stratford Jubilee of 1769 at Stratford and Drury Lane* (London 1964).

Martha W. England, *Garrick's Jubilee* (Columbus, Ohio, 1964).

Brian Vickers (ed.), *Shakespeare: The Critical Heritage, 1623–1801*, 6 vols. (London, 1974–81).

Gary Taylor, *Reinventing Shakespeare: A Cultural History from the Restoration to the Present* (London, 1990; deutsch: *Shakespeare – Wie er Euch gefällt: Die Geschichte einer Plünderung durch vier Jahrhunderte*, Hamburg, 1992).

Samuel Schoenbaum, *Shakespeare's Lives* (new ed. Oxford, 1991; zuerst Oxford, 1970).

7. Kapitel

Rezeption: Text und Theater, Englisch und Deutsch

In der Wirkungsgeschichte der Literatur ist die Rezeption der Shakespearedramen ein Prozeß ohne Beispiel. Die Texte werden seit über 400 Jahren gelesen und aufgeführt und als Kernbestand des Kanons der Bildungsgüter betrachtet. Mit wachsender zeitlicher Distanz nahmen Breite und Bedeutung der Rezeption eher zu als ab; auf einen elisabethanischen Zuschauer oder Leser eines Shakespearestücks kommen hunderte in neuerer Zeit.

Die Besonderheiten dieser Rezeption werden durch zwei historische Prozesse geprägt, von denen dieses Kapitel handelt: einmal von dem ständigen Widerspiel von Text und Theater, Studium und Spiel und zum andern von der Internationalisierung durch Übersetzung und durch Aufnahme in andere Nationalkulturen, wobei die Etablierung des ›deutschen Shakespeare‹ im 18. und 19. Jahrhundert als Hauptbeispiel gilt.

Text und Theater

Die Shakespearerezeption besteht aus zwei weitgehend getrennten Traditionssträngen, dem der Aufführung und dem der Lektüre. Die beiden Wege verlaufen einmal näher zueinander und einmal in größerer Entfernung, stehen aber immer in einem Verhältnis der Spannung und Konkurrenz. In den meisten Epochen führt der Antagonismus auch zu einem manchmal erbittert geführten Hegemoniekampf: Repräsentanten der beiden Wege beanspruchen für ihren Vermittlungsmodus die Priorität und reklamieren ihren Shakespeare als den wahren.

Nach einer langen Phase, in der die Literaturwissenschaft die Shakespearedramen als in sich abgeschlossene und nur historisch an das elisabethanische Theater anzuschließende poetische Strukturen sah, befinden wir uns zur Zeit – seit der Mitte der 80er Jahre – in einer Periode des Pendelrückschwungs. Auch bei der Vermittlung der Dramen als Studienobjekte in der Schule und an den Universitäten wird der theatralische Charakter in den Mittelpunkt gerückt. Die Texte, so sieht man es jetzt, sind nicht das Stück; sie bilden nur das sprachliche Substrat der Aufführung auf der Bühne, die das eigentliche Drama konstituiert. Um die Unterordnung des geschriebenen Textes unter das Gesamtereignis zu betonen, wird der überlieferte Dramentext manchmal nur noch als *scenario* betrachtet und bezeichnet.

Dieser Ansatz steht im Einklang mit der heutigen Theatertheorie, namentlich mit der Theatersemiotik, die den Dialogtext als einen unter mehreren theatralischen Codes betrachtet, zu denen unter anderem Beleuchtung, Bewegung, Bühnenbild und Musik als andere aussagevermittelnde Teilsysteme gehören, und die den Text auch keineswegs immer als den dominierenden Code ansieht.

Shakespeares Dramen sind, wie wir bei der Auseinandersetzung mit ihrer Konstruktionsweise gesehen haben, Theatertexte durch und durch, und es ist daher richtig und wichtig, daß die lange vernachlässigte theatralische Dimension wieder in ihre Rechte eingesetzt wird. Es heißt aber das Kind mit dem Bade ausschütten, wenn man dem Dramentext den Status eines autonomen Studienobjekts abspricht und Lektüre und Textinterpretation als nachrangige und im Prinzip unzulässige Rezeptionsweisen ansieht. Eine solche Betrachtungsweise bestimmt den historischen und literartheoretischen Ort der Dramentexte falsch und verkennt die Bedeutung der Rezeption als Lesetexte für die Wirkungsgeschichte.

Bei der Aufführung auf der elisabethanischen Bühne ist der Status des Textes anders als im modernen Theater. Die außersprachlichen Codes, vom Bühnenbild bis zu den Bewegungen und Gängen der Schauspieler, sind in ihrer Bedeutung reduziert oder fehlen ganz. Der sprachliche Vortrag des Textes dominiert; nach unserem Verständnis ist das, was auf der Bühne vor sich geht, eher eine Deklamationsveranstaltung als eine Inszenierung. Elisabethaner gehen nach ihrer eigenen Vorstellung nicht ins Theater, um ein Stück zu sehen, sondern – wie es der geläufige Ausdruck sagt – ›to hear a play‹.

Primäres Merkmal eines elisabethanischen Dramas ist damit seine Textualität. Ein Stück wird als Text konzipiert und niedergeschrieben; es gelangt als Text an das Theater, wird dort gelesen, memoriert und vorgetragen, begleitet von Gesten und Gängen, die im Text enthalten sind.

Der große Unterschied, der in der Sicht der heutigen Theatersemiotik zwischen dem ›Text des Dramas‹ und dem aus der Kommunikation aller Einzelcodes zusammengesetzten ›Text der Aufführung‹ besteht, schmilzt also zusammen. Das Lesen des Textes wird mit Recht von den Zeitgenossen als eine adäquate Form der Rezeption betrachtet.

Shakespeares zeitgenössssisches Publikum bestand nicht nur aus Theaterbesuchern, sondern auch aus Lesern. Zwar lag zu seinen Lebzeiten nur etwa die Hälfte der Stücke in Einzelausgaben im üblichen Quartformat vor, aber diese Quartos durchliefen zum Teil mehrere Auflagen. Insgesamt erschienen immerhin etwa 55 Einzelausgaben von Shakespearedramen. Von Lesern, nicht von Theaterbesuchern, stammt auch der größere Teil der Zeugnisse, die Shakespeares Ansehen als Autor bezeugen.

Nach Shakespeares Tod nahm die Bedeutung des Lesepublikums durch die Publikation der Folioausgabe zu. Die beiden Theaterkollegen, die Shakespeares Werke 1623 gesammelt herausgaben, taten das in der erklärten Absicht, dem populären Theaterautor, dessen Stücke ihre Bewährung auf der Bühne schon hinter sich hatten, ein neues und breiteres Publikum von Lesern zu veschaffen. »Reade him, therefore; and again, and againe«, plädieren Heminge und Condell in ihrem Vorwort »To the great Variety of Readers«[1]. Sie betonen im übrigen, obwohl sie ja selbst Theaterleute sind, die Authentizität der von ihnen edierten Dramen als Texte, nicht als Aufführungsgrundlagen. Sie druckten, so behaupten sie, nach seinen Papieren genau das, was er konzipiert und niedergeschrieben habe.

Nachdem es in der Zeit der Theaterschließung – ab 1642 – nur Leser geben konnte, teilten sich nach der Restauration und nach der Wiedereröffnung der Theater im Jahre 1660 die beiden Rezeptionsstränge. Das neue Theater hatte ein neues, vom Geschmack des Hofes und der Aristokratie beherrschtes Publikum und veränderte Spielbedingungen. Es hatte auch neue Autoren und neue dramatische Gattungen, aber nicht genügend neue Stücke, um den Spielplan zu füllen. Man mußte notgedrungen auch auf ältere Stücke zurückgreifen, und Shakespeare stellte sich im Laufe der Zeit als der zugkräftigste unter den alten Dramatikern heraus. Shakespeares Dramen entsprachen aber in vieler Hinsicht weder dem verfeinerten Geschmack der Zeit noch den erweiterten Möglichkeiten des Kulissen- und Maschinentheaters. Man sah in ihnen einen Haufen schöner

---

[1] *Riverside Shakespeare*, ed. Blakemore Evans, S. 63.

Blumen, die man erst noch zu Kränzen binden mußte. Die Dramen wurden daher von Theaterpraktikern wie William Davenant und Nahum Tate, aber auch von Autoren ersten Ranges wie John Dryden umgeschrieben oder gründlich überarbeitet. Die als schwülstig und inkorrekt empfundene Sprache wurde vereinfacht und gereinigt, Szenen wurden gestrichen oder hinzugefügt, Charaktere umgedeutet, Handlungen verändert – *Romeo and Juliet* endete glücklich, König Lear überlebte.

Im Laufe des 18. Jahrhunderts wurden die Bearbeitungen erneut überarbeitet, zurückhaltender jetzt und unter Wiederannäherung an die Ursprungstexte, aber bis zur Mitte des 19. Jahrhunderts beherrschten Adaptionen die englische Bühne und noch bis ins 20. Jahrhundert hinein wichen *acting editions* und Leseausgaben stark voneinander ab.

Die Shakespeareherausgeber des 18. Jahrhunderts, die ja zugleich auch Kommentatoren und Biographen waren, richteten sich ausschließlich an ein Lesepublikum. Wie den Theaterleuten ging es auch ihnen darum, ihren Zeitgenossen den Zugang zum Werk des elisabethanischen Autors zu erleichtern, aber sie taten es nicht durch bewußte und willkürliche Veränderungen (auch wenn viele ihrer Textkorrekturen de facto Anpassungen an den veränderten Geschmack waren), sondern durch Wiederherstellung des Originals und durch Erklärungen, die außerhalb des Textes blieben.

Im Laufe des 18. Jahrhunderts prägten sich die Fronten aus, die dann bis in die Gegenwart erhalten blieben. Shakespeare existierte doppelt; es gab einen Shakespeare des Theaters, adaptiert und zum Zeitgenossen gemacht, den seine Sachwalter für den einzig lebendigen und dem Theatermann Shakespeare angemessenen hielten, und es gab einen Shakespeare der Lektüre, eine historische und zunehmend der Erklärung bedürftige und teilhaftige Größe, die von den Anwälten der Leserschaft – Herausgebern, Dichtern, Kritikern – zum einzig originalgetreuen und nicht bis zur Unkenntlichkeit verhunzten Shakespeare erklärt wurde.

Es ist nicht so, als ob die beiden Lager sich permanent bekriegt hätten. In der Regel ignorierten sie einander. Bei Garricks *Shakespeare Jubilee* beispielsweise fiel schon den Zeitgenossen auf, daß keiner der *Shakespeare scholars* bei den Vorbereitungn zu Rate gezogen wurde und daß die beiden berühmtesten Shakespeareexperten auf der literarischen Seite, Dr. Samuel Johnson und George Steevens, der Veranstaltung fernblieben.

Mußte eine Shakespearefeier ohne Beteiligung der gelehrten Welt nicht zu einem reinen Theaterrummel werden, fragte ein Zeitungskritiker im *Public Advertiser*:

> Are Men of Learning the most insufficient Preservers of the Reputation of a Poet? Shakespeare, 'tis true, wrote chiefly for the Stage, but does it follow from thence that he is entitled only to histrionic Honours?[2]

Unbeirrt um Proteste aus dem an Shakespeare interessierten Publikum, das sowohl das Theater als auch die Lektüre schätzte, gingen die beiden an der Shakespearepflege beteiligten Zünfte, die Theatermacher und die auf den Text fixierten *scholars*, weiterhin ihre getrennten Wege, und je mehr im Laufe des 19. Jahrhunderts *Shakespeare scholarship* zu einer hochspezialisierten wissenschaftlichen Disziplin wurde, um so weiter entfernten sich die Lager voneinander.

Der deutsche Shakespeare: Grundlagen

Shakespeare ist – von der modernen Romanliteratur abgesehen – der einzige nachantike Autor, der wahrhaft international ist und dessen Werke in anderssprachigen Nationalliteraturen eine zentrale Rolle gespielt haben und noch spielen. Ein Autor, dessen Kunst nach allgemeiner Meinung vor allem in der Ausdruckskraft seiner Sprache liegt und der ein Repräsentant der elisabethanischen Kultur, eines spezifisch englischen Phänomens ist, hat einen Großteil seiner Nachwirkung in übersetzten Versionen seiner Dramen entfaltet.

Der deutsche Shakespeare gilt als eindrucksvollste Demonstration der Möglichkeit, Sprach- und Kulturgrenzen durch Übersetzung zu überwinden. Obwohl die Übersetzungstätigkeit erst 150 Jahre nach dem Tode des Dichters voll einsetzte, kam es innerhalb von zwei Generationen dahin, daß Shakespeare in Deutschland fest eingebürgert war und neben Goethe und Schiller als ›dritter deutscher Klassiker‹ betrachtet wurde. Um die übertragenen Dramenversionen haben sich eigene Traditionen der Deutung gebildet. Die sprachliche

---

[2] *Public Advertiser*, Wednesday, August 23, 1769; Martha Winburn England, *Garrick and Stratford* (New York, 1962), S. 16.

Wirkung der Übersetzungen reicht vom tiefen Einfluß auf die Geschichte des deutschen Dramas bis zur Konventionalisierung von Einzelstellen als Redensarten und geflügelte Worte.[3]

Nach den verbreiteten theoretischen Vorstellungen über die Probleme und Chancen des Übersetzens von Literatur hätte das gar nicht geschehen dürfen. Shakespeares Sprache hätte sich vielmehr als besonders resistent gegen Übersetzungen erweisen müssen, weil sie so komplex, dicht und schwierig ist. Es ist jedoch ein Irrtum zu glauben, daß die Übersetzbarkeit mit zunehmender Komplexität und Schwierigkeit der Ausgangstexte abnehme, daß man also beispielsweise einen anspruchslosen umgangssprachlichen Text eher adäquat und ohne unvermeidliche Sinnverluste übertragen könne als ein sprachliches Kunstwerk. Shakespeares Dramen lassen sich vielmehr gerade deshalb mit verhältnismäßig geringen, wenn auch immer noch erheblichen Einbußen an Aussage übersetzen, weil es sich um poetische Texte handelt.

Texte der alltäglichen Umgangssprache konfrontieren den Übersetzer, sofern es auf genaue Äquivalenz ankommt, häufig mit unlösbaren Problemen. Gerade auf dieser Ebene der Kommunikation ist nämlich jede Sprache unverwechselbares, also auch schwer übertragbares Idiom mit einem System von Konventionen und Mustern, in dessen Rahmen sich der Sprecher bewegt.

Die Sprache der Dichtung dagegen untersteht, von der Normalsprache her gesehen, einem Ausnahmerecht. Sie ist von dem Klischee- und Mustersystem der einfacheren sprachlichen Ebene weitgehend entbunden. Das gilt für Shakespeares Sprache, bei der die Suche nach Aussagereichtum duchgehend vom Konformismus weg und zur sprachlichen Singularität hin führt, in extremer Weise.

Auf dieser Sprachebene hat der Übersetzer im Prinzip der Zielsprache gegenüber die gleichen Ausnahmerechte wie der Autor gegenüber seiner Sprache. Die Frage, wie etwas auf deutsch heißen müßte, wird nicht kompliziert durch die weitere Frage, ob das Bedeutungsäquivalent auch ein Konventionsäquivalent ist und im Kontext wirklich das gleiche besagt. Damit wird bereits ein großer Teil der auf niederen Sprachebenen unübersetzbaren Elemente übersetzbar, unter anderem fast die gesamte Metaphorik.

---

[3] Zum folgenden vgl. Verf., »Der deutsche Shakespeare. Übersetzungsgeschichte und Übersetzungstheorie«, in: *Festschrift Rudolf Stamm*, ed. Eduard Kolb und Jörg Hasler (Bern, 1969), S. 61–80.

Wenn die Eigenarten der Shakespeareschen Sprache damit einer Übersetzung ins Deutsche soweit entgegenkommen, daß die Zielsprache durchaus das Potential zu einer originalnahen Nachbildung hat, so bedeutet das noch keineswegs, daß eine Realisierung dieser Möglichkeit von vornherein nur eine Frage der Zeit und der fortgesetzten Bemühungen gewesen wäre. Die linguistische Übersetzbarkeit von Texten bildet nämlich nur einen Aspekt der Übersetzungsproblematik, ein anderer, ebenso wichtiger ergibt sich aus der eigentümlichen Situation des Übersetzers zwischen dem Original und dem Publikum der Zielsprache und aus den historischen Verschiebungen dieser Situation.

Der Übersetzer tritt für sein Publikum an die Stelle des Autors; er verfertigt den Text, den das Publikum liest. Als stellvertretender Autor ist er jedoch gegenüber der Leserschaft in einer anderen, schwächeren Position, als der Originalautor es dem Originalpublikum gegenüber war oder er selbst es als eigenständiger Autor seiner Sprachgemeinschaft gegenüber wäre. Das Publikum kann seine Leistung als Übersetzer nicht bewerten; könnte es das, so wäre ja der Mittelsmann überflüssig. Der Leser der Übersetzung beurteilt, was er vor sich hat, nach den Maßstäben der eigenen Sprache und der gewohnten Literatur.

Die Anforderungen des Publikums und der Kritik an einen Übersetzer sind anders als die Erwartungen an einen einheimischen Autor. Der Übersetzer soll Vermittler sein, er soll Fremdes vertraut machen. Ihm wird daher fast immer alles Fremde, Ungewohnte, Unkonventionelle als Mangel angekreidet; er darf dem Leser weniger zumuten als ein gleichsprachiger Autor; er soll schreiben, was man sagt oder schreibt.

Der Übersetzer eines auch in der Ausgangssprache so schwierigen Textes wie der Shakespearedramen steht in besonderer Weise unter dem Druck eines Publikums, das nicht nur Verdeutschung, sondern auch Verdeutlichung und Familiarisierung fordert. Ihm wird zugemutet, Übersetzer und Kommentator in einer Person zu sein und die innersprachliche Übertragung in die anderssprachige Version einzubauen.

Originalgetreu zu übersetzen bedeutet eine Mutprobe und erfordert überdies, daß der Übersetzer eine gespaltene Haltung einnimmt: Dem Autor des Originals muß er als Dienender, auf das Wort Gläubiger begegnen, dem Publikum muß er als kompromißloser, mitunter anmaßender Anwalt einer fremden Sache gegenübertreten. Die

Qualität eines Übersetzers hängt daher stärker von seiner Bereitschaft und Fähigkeit zur Vertretung dieser zwiespältigen Position ab
als von seinem sprachtechnischen und sprachkünstlerischen Vermögen. Ein Übersetzer ist im Grunde so gut, wie er sich zu sein ge-
traut – und wie sein Publikum ihm zu sein erlaubt.

Die Übersetzungsgeschichte ist kein einfacher Reflex der Litera-
tur- und Geistesgeschichte; ihr Verlauf wird durch eigene Faktoren
bestimmt – Einstellung des Publikums, Haltung und Fähigkeit des
Übersetzers, Aufnahmefähigkeit und -willigkeit der Sprache und
des literarischen Konventionssystems –, die von den allgemeinen literarhistorischen Strömungen nur mittelbar abhängig sind.

Wieland – Eschenburg – Schlegel

Der deutsche Shakespeare, wie wir ihn kennen, verdankt seine Entstehung vor allem einem Zusammenspiel günstiger übersetzungsge-
schichtlicher und personaler Faktoren in der Zeit von Wieland bis
Schlegel.

Wielands Übersetzung von Shakespeares theatralischen Werken,
die 1762 zu erscheinen begann und bis zum Abbruch 1766 auf zwei-
undzwanzig Dramen gedieh, machte dem deutschen Publikum Texte zugänglich, die bis dahin praktisch unbekannt waren, denn die
wenigen älteren Übersetzungsproben hatten nur beschränkte Resonanz, und nur sehr wenige Deutsche verstanden damals genug Englisch, um die Originale wirklich lesen zu können. Der Autor jedoch
war keine unbekannte Größe mehr, wie noch einige Jahrzehnte vorher, als man bestenfalls aus einem Gelehrtenlexikon erfahren konnte, »Shakespear (Will.)« sei »ein englischer Dramaticus« gewesen,
der es »in der Poesie sehr hoch« gebracht hätte, »kein Latein ver-
stund«, »ein schertzhafftes Gemüthe« hatte, »aber doch auch sehr
ernsthafft seyn« konnte.[4] Um 1760 gab es trotz mangelhafter Werk-
kenntnis ein Shakespearebild, über dessen Grundzüge sich Shake-

---

[4] Chr.G. Jöcher, *Compendiöses Gelehrten-Lexicon* (1733), zitiert bei Hans Wolff-
    heim, *Die Entdeckung Shakespeares: Deutsche Zeugnisse des 18. Jahrhunderts*
    (Hamburg, 1959), S. 91. Der Eintrag ist auch in der Neuauflage von 1751 nur
    wenig verändert.

speare-Verfechter und Shakespeare-Gegner einig waren.[5] Dieses Bild war von der englischen Shakespearekritik des frühen 18. Jahrhunderts übernommen, die es sich zurechtgelegt hatte, um das Phänomen Shakespeare gegenüber ihrer eigenen, inzwischen strenger und enger gewordenen Poetik durch die Zuweisung eines Sonderstatus rechtfertigen zu können.

Shakespeare ist das Original, das Naturgenie schlechthin. Er hat – so Wieland nach Pope – »alle Schönheiten und Mängel der wilden Natur«.[6] Auch die Bewunderer seiner »gigantischen Vorstellungen«[7], seiner naturtreuen Charaktere und Leidenschaften gingen mit seinen Verächtern darin überein, daß seine Dramen allen Regeln der Kunst spotteten und sein Ausdruck »roh und incorrect«[8] sei. Man sah ihn also als einen höchst unzeitgemäßen, ja nahezu außerliterarischen Dichter.

So irrig diese Auffassung sein mag, so verhinderte sie doch, daß man von einer Shakespeareübersetzung eine Nachdichtung, eine Überführung des Originals in den poetischen Regelkanon und das sprachliche Konventionssystem der eigenen Zeit erwarten durfte. Wildheit, Kunstfehler, Seltsamkeiten, Regellosigkeit gehörten ja zum Wesen des Urbildes, und so konnte Wieland geltend machen: »Sobald man ihn verschönern wollte, würde er aufhören Shakespear zu seyn«.[9]

Wieland umreißt rückblickend das Ziel seiner Shakespeareübersetzung mit dem Satz: »... man wollte ihn den Deutschen so bekanntmachen wie er ist«.[10] Sein Entschluß, das Gesamtwerk ohne Zensur durch den eigenen Kunstverstand und unter Aufgabe des eigenen poetischen Mediums so wörtlich wie möglich in deutsche Prosa zu übersetzen, entspringt folgerichtig der Shakespeareauffas-

---

[5] Daß in Deutschland um 1760 bereits ein konturiertes Shakespearebild existierte, zeigt sich am deutlichsten anläßlich der Besprechungen der Wielandschen Übersetzung (siehe den Überblick bei Ernst Stadler, *Wielands Shakespeare*, Straßburg, 1910, S. 75–94): fast alle Rezensenten teilen eine Reihe vorgefaßter Meinungen über Shakespeare.

[6] Wieland an W.D. Sulzer, 1758; Stadler, *Wielands Shakespeare*, S. 9.

[7] Wieland zu F.D. Ring, 1755; Stadler, *Wielands Shakespeare*, S. 6.

[8] Wieland im Nachwort zu seiner Übersetzung, *Gesammelte Schriften*, Akademie-Ausgabe, 2.Abteilung: *Übersetzungen,* ed. E. Stadler (Berlin, 1909–1911), Bd. 3, S. 566.

[9] *Übersetzungen*, Bd. 3, S. 566.

[10] Ebenda.

sung seiner Zeit. Die einzige ebenso konsequente Alternative – die übrigens von manchen Zeitgenossen, darunter auch Shakespeareverehrern, befürwortet wurde – hätte darin bestanden, ihn unübersetzt und damit wirklich »so wie er ist« zu lassen.

Das wichtigste Einzelfaktum in der Geschichte der deutschen Shakespeareübertragung ist Wielands Wahl der Prosa als Sprachmedium. Die Übersetzung wird damit zwar zur Vorläufigkeit verurteilt, denn eine originalnahe Übersetzung konnte auf Dauer nicht auf die poetische Form verzichten, deren Muster von Rhythmus und Zeile die Aussage strukturiert und der dichterischen Sondersprache ihre Berechtigung gibt. Aber das relativ enge Formen-, Konventions- und Sprachsystem der Poesie zu Wielands Zeit wäre sicher nicht in der Lage gewesen, Shakespeares Sprachkosmos ohne radikale Beschneidungen, zum Beispiel des Wortschatzes und der Metaphorik, aufzunehmen, und ein Shakespeare im Versgewand von 1760 hätte außerdem die Wirkung auf die auslaufende Epoche beschränkt. Es ist überhaupt fraglich, ob die deutsche Poesie je fähig gewesen wäre, Shakespeares Sprache auf einmal zu rezipieren. Zu Wielands Zeit jedenfalls ist die Prosa als aufnehmendes Medium für eine Sondersprache besser geeignet, weil sie das weniger fixierte System ist.

Die Übersetzung in Prosa setzt allerdings eine Vergewaltigung des aufnehmenden Mediums voraus, das sonst Mittel des vernünftigen, gemäßigten, eben prosaischen Diskurses ist. Wieland wagt es, für seine Übersetzung eine deutsche Shakespearesprache zu schaffen, ein eigenes, unerhörtes Idiom, das den entsetzten und begeisterten Zeitgenossen als eine entfesselte Sprache erschien. Der Übersetzer selbst ist oft schockiert von dem, was bei Shakespeare steht und was er weitergeben soll. Er distanziert sich in Fußnoten vom eigenen Übersetzungstext und schiebt die Schuld auf Shakespeare und dessen »gewöhnliche Untugend, seine Gedanken nur halb auszudrüken, übel-passende Metaphern durcheinander zu werffen, und sich von allen Regeln der Grammatik zu dispensieren«.[11] Aber er läßt »das Nonsensicalische Gewäsche« der Rede Edmunds im *Lear* doch »beynahe so verworren, als es im Original ist« stehen, und er übersetzt mannhaft jene Stelle aus *Richard II.*, deren aufeinandergehäufte Bilder und »abmattende Tautologien« er für wüste, schülerhafte Rhetorik hält:

---

[11] Diese und die folgende Stelle *Übersetzungen*, Bd. 1, S. 173.

Dieser glorreiche Königs-Thron, diese bezepterte Insel, dieses maje-
stätische Land, dieser Siz des Kriegs-Gottes, dieses andre Eden ... dieser in die Silber-See eingefaßte Edelstein, dieser kleine Inbegriff der
Welt ... diese Mutter und Sängerin königlicher Helden ... England, von
der triumphierenden See umwunden, deren felsichtes Ufer den neidischen Siz des wäßrichten Neptuns zurükschlägt, ist auf eine schändli-
che Art in Fesseln von Pergament geworfen.[12]

Wieland hat keineswegs immer den Mut zur Einhaltung seines
Treuegelöbnisses. Er glättet die Syntax, hilft der Grammatik nach
und verzagt vor allzu wilden Metaphern. In der Sterberede Gaunts
beispielsweise ist »This other Eden« übersetzt, aber nicht die ergän-
zende, ungewöhnlichere Variante »demi-paradise«; in den Zeilen
»England ... is now bound in with shame, / With inky blots and rotten parchment bonds« sind die *Fesseln von Pergament* da, aber sie
sind nicht »rotten«; der Ausdruck »Nurse and teeming womb« ist zu
»Mutter und Sängerin« abgemildert.

Eine noch größere Annäherung an den Urtext hätte jedoch ohne
Zweifel den Bogen der Aufnahmefähigkeit der Sprache und des
Publikums überspannt, wie die heftige Reaktion auch der shake-
spearefreundlichen Leser zeigt, die ihr Entsetzen über die monströ-
se Diktion erst an dem unschuldigen Übersetzer abreagieren, ehe sie
ihre Begeisterung dem von ihm geschaffenen »schönen Ungeheuer«
zuwenden und das neue Idiom – hauptsächlich auf dem Wege über
den Sturm und Drang – in die deutsche Literatursprache eingliedern.

Mit diesem Erfolg war die künftige Entwicklungsrichtung der
Shakespeareübersetzung auf eine möglichst totale Übertragung un-
ter Strapazierung der Zielsprache festgelegt; die weniger radikalen
Ansätze verkümmerten.

Es war für die Übersetzungsgeschichte nur ein geringer Schaden,
daß Wieland, linguistisch-technisch gesehen, ein schlechter Übersetzer mit mäßigen Englischkenntnissen war, denen weder das einzige englisch-französische Lexikon, das ihm zur Verfügung stand,
noch die miserable Shakespeareausgabe, an die er geraten war, auf-

---

[12] *Richard II*, II,1,40ff.: »This royal throne of kings, this scept'red isle, / This earth
of majesty, this seat of Mars, / This other Eden, demi-paradise, / ... this little
world, / This precious stone set in the silver sea, / ... This nurse, this teeming
womb of royal kings, / ... / England, bound in with the triumphant sea, / Whose
rocky shore beats back the envious siege / Of wat'ry Neptune, is now bound in
with shame, / With inky blots and rotten parchment bonds«.

half. Seine Übersetzungsfehler sind zahlreich und oft primitiv. In dem zitierten Textausschnitt beispielsweise geht die im Kontext sinnlose Wendung »Siz des ... Neptun« auf eine Verwechslung von *siege* ›Belagerung‹ mit *seat* zurück.

Die Fehlerhaftigkeit des Wielandschen Shakespeare erwies sich für die Entwicklung des deutschen Shakespeare sogar als fruchtbar; sie führte nämlich dazu, daß Johann Joachim Eschenburg, der von 1775 bis 1782 Wielands Übersetzung vollendete und überarbeitete, einen Ansporn hatte, sich zwischen Original und Übersetzung einzuschalten und jeden Satz zu überprüfen, während normalerweise Korrektoren älterer Übersetzungen auf der Basis der Zielsprache nachverbessern und sich weiter vom Original entfernen.

Eschenburg übernahm wie selbstverständlich Wielands Konzeption der genauen Prosanachbildung.[13] Dem Publikum gegenüber hatte er keine Hemmungen, wenn er die von seinem Vorgänger als zu kühn oder zu schwierig ausgelassenen oder vereinfachten Stellen ergänzte. Eschenburg konnte die Aufgabe der Vollendung des Prosa-Shakespeare in nahezu idealer Weise lösen, da er als erster – und zugleich auch schon letzter – der deutschen Übersetzer das gesamte Shakespearewissen seiner Zeit beherrschte. Seine Sinnentschlüsselung schwieriger Stellen ist oft genauer als die der besten englischen Kommentatoren seiner Zeit. Wo er versagt oder wo es Schlegel aus verstechnischen Gründen nicht gelang, die gleiche Sinntreue zu erreichen, sind die deutschen Übersetzungen vielfach noch heute defektiv.

Auch Eschenburg erntete reichlich vom Lohn des guten Übersetzers, dem Undank der Nutznießer. Wenn die Shakespearesprache des – von Schiller so genannten – »Erzphilisters«, des »traurigen« Eschenburg, schon vor 1800 der Leserschaft zu dürr und blutleer vorkam, nachdem Wielands zahmeres Idiom dreißig Jahre vorher als zu prall und wild erschienen war, so zeigt das, daß es an der Zeit war, die gewonnene Sinnfülle in ihr angestammtes poetisches Formsystem zu übertragen.

In der Übersetzungsgeschichte ist der Übergang zur formtreuen Übersetzung ein zugleich verheißungsvoller und gefährlicher Moment. Das bestehende deutsche Gebilde des Prosa-Shakespeare muß wieder aufgelöst werden, wird damit wieder frei, labil und beein-

---

[13] Eschenburg erläutert seine Ziele und Methoden in seinem Buch *Über W. Shakespeare* (Zürich, 1787), S. 507–525.

flußbar. Einerseits bietet sich die Möglichkeit eines erneuten Ansatzes, einer Herübernahme weiterer Aussageschichten unter Mithilfe des formalen, metrisch-rhythmischen Trägersystems; auf der anderen Seite kann bei der Aufnahme der Shakespearewerke in die deutsche Dichtung der Prozeß der Umformung auch als ein Sperrfilter wirken, das nur durchläßt, was der zeitgenössischen deutschen dramatischen Poesie gemäß ist, und damit einen Teil des bereits Übernommenen wieder abweist. Die Kräfte, die auf Schlegel einwirken, drängen teils in die eine, teils in die andere Richtung. Die deutsche Klassik, als deren reife Frucht man die ›klassische‹ deutsche Shakespeareübersetzung gern bezeichnet hat, bietet in dieser Situation dem Übersetzer keineswegs nur die Hilfe ihres gegenüber 1760 erweiterten poesiesprachlichen Potentials, sondern auch die Erschwernisse einer gedämpften und limitierten Diktion, shakespeareferner Rhythmusvorstellungen und mangelnder Bereitschaft, den ganzen Shakespeare unbeschnitten in die deutsche Dramatik einzulassen. Schillers *Macbeth* zeigt – wenn man das Stück einmal nicht als fesselnde Umgestaltung, als Schillersches Werk, sondern als versifizierte Fassung der Eschenburgschen Prosaübersetzung betrachtet –, welche enormen Sinnverluste sich bei einer Übersetzung ganz aus dem Geist der zeitgenössischen dramatischen Poesie hätten ergeben können. Goethes Widerstand gegen Schlegels Unternehmen und sein beharrliches Eintreten für die wilde Natürlichkeit der Wielandschen Version und damit für einen ungeformten, außerhalb der deutschen Dichtung stehenden und als Muster unverbindlichen Shakespeare beleuchten die Problematik der Versübersetzung von einer anderen Seite.

Wenn Schlegel – im großen gesehen – den Weg des Hinausgehens über das Erreichte zu einer noch größeren Originalnähe und Aussagedichte einschlägt, so deshalb, weil er stärker auf die übersetzungsgeschichtliche als auf die literaturgeschichtliche Situation reagiert. Sein eigentlicher Ansatzpunkt ist nicht das deutsche Versdrama, sondern Eschenburg, von dessen Shakespeare er sagt: »So viel mußten wir ... haben, um noch mehr begehren zu können«.[14] In der Versübersetzung sieht er das Mittel, dieses Mehr an Originaltreue zu erreichen. Dieses Vorhaben gelingt, weil Schlegel – wie nach ihm die Gruppe um Tieck – als Übersetzer dem Original ge-

---

[14] »Etwas über William Shakespeare bei Gelegenheit Wilhelm Meisters« (1796), *Kritische Schriften*, ed. E. Lohner (Stuttgart, 1962), Bd. 1, S. 100f.

genüber eine andere, adäquatere Haltung einnimmt als Eschenburg.[15] Eschenburg sieht Shakespeares Verssprache als potentielle Prosa an. Sein Glaube an das Original ist ein Glaube an die rationale Entschlüsselbarkeit des Sinnes; sein Ziel ist die perfekte Paraphrase. Im Deutschen ist er so wörtlich und so kühn wie nötig, aber im Grunde ist ihm jede sprachliche Formulierung recht, die den entschlüsselten Sinn wiedergibt. Für Hamlets »The rest is silence« ist ihm Wielands »Es ist vorbey« nicht sinngetreu genug, aber sein eigenes »Das Übrige ist Stillschweigen« erscheint ihm perfekt. Schlegel betrachtet den Urtext als Gedicht und die Wörter und Sätze als Funktionsteile einer Struktur, die mit poetischen Kategorien entschlüsselt werden muß. Für ihn gilt es als ausgemacht, daß man neben der denotativen Bedeutung und der äußeren Form auch Aussageelemente wie Stilschichten, Wortwiederholungen oder synonymischen Wechsel nachbilden muß. Ja, er geht einen entscheidenden Schritt weiter, indem er sich nicht mit der Wiedergabe der verstandenen Funktionen zufriedengibt, sondern eine Funktionalität der besonderen Wortwahl oder -fügung auch da unterstellt, wo er sie nicht interpretierend entschlüsseln kann.

Auf der Grundlage dieser Übersetzerhaltung des absoluten Glaubens an den Sinn des Originals wird »The rest is silence« zu »Der Rest ist Schweigen«, und Gaunts Rede gewinnt die dem modernen deutschen Leser vertraute shakespearenahe Form.[16]

Alle deutschen Shakespeareübersetzungen von Wieland bis Schlegel richteten sich, wie die Übersetzer ausdrücklich betonten, an ein reines Lesepublikum; sie brauchten daher keine Rücksicht auf Spielbarkeit oder auf irgendwelche Belange des zeitgenössischen Theaters zu nehmen. Die deutschsprachigen Bühnen began-

---

[15] Entstehung und Veröffentlichung der Schlegel-Tieck-Übersetzung zogen sich über fast vier Jahrzehnte hin, da das Unternehmen mehrfach steckenblieb und auf längere Zeit unterbrochen wurde. August Wilhelm von Schlegel publizierte zwischen 1797 und 1810 etwa die Hälfte der Dramen. Unter der Leitung von Ludwig Tieck übersetzten Wolf Graf Baudissin und Dorothea Tieck später die übrigen Stücke, die zwischen 1825 und 1833 im Druck erschienen.

[16] Schlegels Version: »Der Königsthron hier, dies gekrönte Eiland, / Dies Land der Majestät, der Sitz des Mars, / Dies zweite Eden, halbe Paradies, / ... / ... diese kleine Welt, / Dies Kleinod, in die Silbersee gefaßt, / ... / Die Amm' und schwangrer Schoß erhabner Fürsten, / ... / Ja, England, eingefaßt vom stolzen Meer, / Des Felsgestade jeden Wellensturm / Des neidischen Neptunus wirft zurück, / Ist nun in Schmach gefaßt, mit Tintenflecken / Und Schriften auf verfaultem Pergament«.

nen in den Jahren nach 1770, von Wien und Hamburg ausgehend, Shakespeare auch als deutschen Theaterklassiker zu etablieren, aber sie stützten sich dabei nicht auf die neuen Übersetzungen, sondern – den englischen Bühnen ähnlich – auf Bearbeitungen, die eigens für das Theater geschaffen wurden.

Die meisten literarischen Vorkämpfer Shakespeares hielten Aufführungen seiner Werke ohnehin für eine mindere, wenn nicht sogar abzulehnende Rezeptionsweise. Vor allem Goethe, der sich am nachhaltigsten für Shakespeare einsetzte, hielt zeitlebens daran fest, daß Shakespeare, obwohl er zu seiner Zeit notgedrungen für das Theater gearbeitet habe, eigentlich kein Theaterdichter sei und bei der Komposition seiner Stücke an die Bretterbühne gar nicht gedacht habe. Für ihn gehört Shakespeare »notwendig in die Geschichte der Poesie; in der Geschichte des Theaters tritt er nur zufällig auf«[17]. Er leugnet, »und zwar zu seinen Ehren, daß die Bühne ein würdiger Raum für sein Genie gewesen«. Als die angemessene Rezeptionsform betrachtet Goethe das Lesen oder, noch besser, das Zuhören beim Vorlesen der Dramen:

> Durchs lebendige Wort wirkt Shakespeare, und dies läßt sich beim Vorlesen am besten überliefern; der Hörer wird nicht zerstreut, weder durch schickliche noch unschickliche Darstellung. Es gibt keinen höhern Genuß und keinen reinern, als sich mit geschloßnen Augen durch eine natürlich richtige Stimme ein Shakespearesches Stück nicht deklamieren, sondern rezitieren zu lassen.[18]

Nach Schlegel-Tieck

Der Schlegel-Tiecksche Shakespeare war zu seiner Entstehungszeit wohl die getreueste Übersetzung eines dichterischen Werks, die im Deutschen existierte. Vielleicht ist sie es noch heute. Sie ist vom sprachmöglichen Maximum an Sinnähnlichkeit aber noch weit entfernt. Die meisten Defekte – bei denen die eigentlichen Übersetzungsfehler eine untergeordnete Rolle spielen – sind epochenbedingt: Abstumpfung der reich modulierten Rhythmik zur Regulari-

---

[17] »Shakespeare und kein Ende« (1813–1816), *Hamburger Ausgabe*, Bd. 12, ed. Hans Joachim Schrimpf, (Hamburg, 1953), S. 296; das nächste Zitat: S. 297.
[18] »Shakespeare und kein Ende«, ed. Schrimpf, S. 288.

tät, Einebnung des Wortschatzes auf eine klassisch gedämpfte, mittlere Stilebene, allzu regeltreue Syntax, mangelndes Gespür für Ambivalenzen.

Es hat im 19. und 20. Jahrhundert nicht an Versuchen gefehlt, Schlegel-Tieck zu übertreffen und zu ersetzen. Obwohl spätere Übersetzer sich auf wesentlich verbesserte philologische Kenntnisse und Hilfsmittel stützen konnten, ist es jedoch niemals gelungen, die Vorherrschaft der ›klassischen‹ Übersetzung zu brechen.

Das erste Hemmnis ist die Schlegel-Tiecksche Übersetzung selbst. Sie hat, nicht zuletzt infolge des tristen Interregnums des mittleren und späten 19. Jahrhunderts, einer übersetzungsfreudigen, aber übersetzungsuntauglichen, weil klischeesüchtigen und philologisch beckmessernden Zeit, eine solche Dominanz erreicht, daß ein moderner Übersetzer zwei Ausgangstexte vor sich hat, einen deutschen und einen englischen. Auch wenn er sich als leibhafter Anti-Schlegel fühlen und gebärden mag, so kann er kaum verhindern, daß seine Version ein massives Substrat Schlegel-Tieckscher Elemente mit sich herumschleppt. Wo ihn der Sog der Schlegelschen Textauffassung und Formulierung nicht erfaßt, da entfernt ihn oft die gewaltsame Loslösung zugleich von der alten Übersetzung und vom Original.

Ein problematisches Moment für die neueren Übersetzer ist auch der Einfluß des Theaters. Das deutsche Theater hat sich erst spät zum reinen Schlegel-Tieck bequemt und es hat bald begonnen, nach Alternativen und freieren Versionen zu suchen. Seit dem Ersten Weltkrieg ist das Theater der wichtigste Anreger und Abnehmer neuer Übersetzungen, die daher fast immer zur Bühnenbearbeitung tendieren oder zumindest die Gesichtspunkte der Sprechbarkeit, des Bühnengerechten und der auffälligen Modernität stark betonen.

Ein neuer Ansatz wurde erst in jüngerer Zeit durch die Prosaübersetzungen erreicht, die zusammen mit dem englischen Originaltext veröffentlicht werden und diesen durch die deutsche Version nicht ersetzen, sondern erklären und leichter zugänglich machen wollen. Übersetzungen dieses Typs – inzwischen die verbreitetste Form – werden in erster Linie im Unterricht an Schulen und Hochschulen verwandt, dienen aber auch den Dramaturgien der Theater als Hilfsmittel oder auch Grundlage bei der Erarbeitung eigener Textfassungen für spezifische Inszenierungen.

Die Rezeption Shakespeares in der Gegenwart

Die Shakespearerezeption ist kein autonomer Vorgang, und das
Verhältnis zwischen Shakespearetheater und Shakespearelektüre
wird nicht allein durch ein internes Kräftemessen geregelt. Der Verlauf des Prozesses ist auch vom jeweiligen Stellenwert des Theaters
und von der Entwicklung der Lektüregewohnheiten abhängig.

Der wichtigste Teilprozeß in der Geschichte der Shakespearerezeption des 19. und 20. Jahrhunderts ist einer, von dem kaum jemals die Rede ist: die Aufnahme der Shakespearedramen in den Kanon der Unterrichtsgegenstände an Schulen und Hochschulen. Seit
der Mitte des 19. Jahrhunderts ist Shakespeare nicht nur der meist-
gespielte Dramatiker, sondern auch der wichtigste Autor von Schul-
lektüren. Seine Werke werden überall da studiert, wo Englisch als
Muttersprache gesprochen oder als Fremdsprache gelehrt wird. Dieser Strang der Rezeption stellt in seinen Ausmaßen die anderen weit
in den Schatten. Er bildet das Rückgrat des gesamten Rezeptions-
prozesses, denn bei der Überlieferung von Literatur gilt der Grund-
satz, daß nur derjenige Autor eine dauernde Wirkung hat, dessen
Werke im Curriculum einen Platz behaupten. Ohne Shakespeare als
Unterrichtsgegenstand und Studienobjekt sähen Shakespearetheater
und Shakespearewissenschaft ganz anders aus. Die Shakespearelektüre hat sich mit der weltweiten Zunahme des Englischunterrichts für
Fortgeschrittene immens ausgeweitet; sie ist aber zugleich auch vom
Schwund der Bildungslektüre und von der partiellen Abkehr vom Konzept eines literarischen Kanons betroffen. Im ganzen hat sich der ge-
lesene und studierte Shakespeare erstaunlich gut behauptet. Wenn es
noch einen Literaturklassiker im alten Sinne gibt, dann ist er es.

In England haben die erbitterten Angriffe der *Cultural Materialists* gegen die Praxis des Shakespeareunterrichts und der Shake-
speareprüfungen im Sekundarschulwesen und die damit verbundene
ideologische Beeinflussung sehr wenig an der Bedeutung der Dramen als Pflichtlektüre geändert. Auch in Deutschland, wo die Abkehr vom hierarchischen Kanon entschiedener ist als in den meisten
Nachbarländern, nimmt Shakespeare im Unterricht der Gymnasien
und im Anglistikstudium noch immer eine Sonderrolle ein.

Die drei Institutionen, die mit der Rezeption Shakespeares befaßt
sind, das Theater, die Hochschulanglistik und die Schule mit ihrem
Fremdsprachenunterricht, stehen jeweils in eigenen Traditionen,
verfolgen gesonderte Interessen und haben ihre eigene Aktualität.

Dennoch läßt sich konstatieren, daß die verschiedenen Rezeptionsstränge heute näher beieinanderliegen als je zuvor und daß vor allem der Antagonismus zwischen Shakespearewissenschaft und Shakespearetheater weitgehend abgebaut ist. Die Dramen werden – schon wegen der Bedeutung des Shakespeareunterrichts für die Vermittlung – in erster Linie als Texte rezipiert, aber diese Texte werden in zunehmendem Maße als Theatertexte betrachtet und sowohl aus historischer als auch aus gegenwartsbezogener Perspektive unter dem Aspekt ihrer theatralischen Umsetzung studiert.

Die allgemeine Verfügbarkeit von Inszenierungen und Verfilmungen von Shakespearedramen auf Video trägt wesentlich dazu bei, daß die theatralische Dimension im Unterricht eine mehr als nominale Rolle spielen kann.

Shakespeare international

Neben der gewachsenen Bedeutung des Schul- und Universitätsunterrichts als Basis der Rezeption ist eine zunehmende Internationalisierung der Auseinandersetzung mit Shakespeare die hervorstechende Entwicklung der letzten Jahrzehnte.

Shakespeare war schon vom 18. Jahrhundert an ein im besonderen Maße international rezipierter Dichter, aber die Dramen wirkten fast ausschließlich in übersetzter Form über die Sprachgrenzen des Englischen hinaus, und die Shakespearerezeptionen der einzelnen Länder verliefen fast unabhängig voneinander.

Der deutsche Shakespeare vor allem war eine rein deutsche Angelegenheit. Die Diskussion um ihn wurde in deutscher Sprache geführt. Auch die Vertreter der Wissenschaft schrieben deutsch und wandten sich an ein deutschsprachiges Publikum. Zentrum der deutschen Shakespearerezeption war die 1864 gegründete Deutsche Shakespeare-Gesellschaft, die älteste Shakespearegesellschaft der Welt und die älteste wissenschaftlich-kulturelle Vereinigung in Deutschland. Die Gesellschaft, deren Jahrestagungen die an Shakespeare Interessierten aus allen Berufen vereinten (und auch heute noch vereinen), setzte sich in ihrer Satzung die »Pflege und Förderung Shakespeares im deutschen Sprachgebiet« zum Ziel. Die wissenschaftlichen Beiträge ihres Jahrbuchs waren international angesehen, wurden aber der Schwierigkeit des Deutschen wegen häufiger zitiert als tatsächlich gelesen.

Inzwischen hat sich der Schwerpunkt der Rezeption in allen Ländern auf die Dramen in der Originalsprache verlagert, und auch die Sprache, in der über Shakespeare geredet und geschrieben wird, ist vorwiegend das Englische. Im Unterricht der Universitäten und Schulen werden in den verschiedenen Ländern zu einem großen Teil die gleichen Ausgaben und Lehrbücher benutzt. Wo die Landessprache noch eingesetzt wird – als Unterrichtssprache oder in der Form der Prosaübersetzung beispielsweise –, übt sie die gleichen dienenden und hinführenden Funktionen aus wie die englischsprachigen Erklärungs- und Vermittlungstexte.

Diese neue Internationalität hat offenkundige Vorteile, zum Beispiel den der globalen Verständlichkeit und Wirkungsmöglichkeit der Sekundärliteratur. Die Entwicklung bringt aber neben Fortschritten auch Einbußen mit sich. Die einzelsprachlichen Rezeptionen waren ja nicht nur ein Abklatsch des englischen Diskurses über Shakespeare, sondern eigenständige und im Kontext der Nationalkulturen wirksame und wichtige Prozesse, die durch die Reduzierung auf einen einzigen internationalen Rezeptionsstrom nicht ersetzt werden können.

Das Shakespearetheater heute

Die einzige Institution, bei der die Vermittlung von Shakespeares Dramen heute noch Teil einer individuellen nationalen Kultur ist, ist das Theater. Das Theater ist immer schon am eigenwilligsten seinen Weg gegangen, fast ausschließlich von theatralischen Entwicklungen und Strömungen beeinflußt und nur mit sich selbst in Konkurrenz. Die deutschsprachigen Bühnen sind dabei mit ihrem Shakespearetheater noch unabhängiger als die der englischsprachigen Länder. In England beispielsweise müssen insbesondere die regionalen Bühnen und die Tourneetheater bei ihren Inszenierungen aus Existenzgründen die populären und aus der Schule bekannten Shakespearestücke bevorzugen. Das üppiger subventionierte deutsche Theater ist von solchen Rücksichtnahmen frei; es beschäftigt sich gegenwärtig am liebsten mit selten gespielten und weniger bekannten Dramen wie *Titus Andronicus*, *Troilus und Cressida* und *Ein Wintermärchen*, mit Stücken also, die eine Herausforderung für Regisseure und Schauspieler darstellen.

Das deutschsprachige Shakespearetheater hat nicht nur generell die unabhängigste Position, es hat auch – verglichen mit dem englischsprachigen Theater – die besseren Möglichkeiten zum Experiment und zur Anpassung an die Gegenwart. Der deutsche Shakespeare ist übersetzter Shakespeare, das heißt, an dem Bedeutungsgefüge des Originals gemessen, auch im besten Falle vereinfachter, durch unvermeidliche Sinnverluste beeinträchtigter Shakespeare. Aber aus dieser Not läßt sich auch eine Tugend machen. Übersetzungen sind stets unfest und veränderbar. Sie sprechen notwendigerweise die Sprache ihrer eigenen Zeit. Die deutschen Shakespearetexte sind daher unendlich variabel. Man kann in Vers oder in Prosa übersetzen, man kann bestimmte Elemente herausfiltern und andere betonen. Heute spielen alle englischen Bühnen, die ein Shakespearestück aufführen, den gleichen Text, jede deutsche Bühne spielt einen anderen. Kein anderer Strang der weltweiten Shakespearerezeption ist so flexibel und so supermodern wie der des deutschsprachigen Theaters; allerdings wird auch nirgendwo anders so oft der Vorwurf erhoben, von Shakespeare sei nur noch wenig übriggeblieben.

LITERATURHINWEISE

Rezeptionsgeschichte: Theater und Film

George C.D. Odell, *Shakespeare from Betterton to Irving*, 2 vols. (London, 1920, rpt. New York, 1963).

Hazelton Spencer, *Shakespeare Improved* (Cambridge, Mass., 1927).

Oswald LeWinter (ed.), *Shakespeare in Europe* (Cleveland, 1963).

J.C. Trewin, *Shakespeare on the English Stage: 1900–1964* (London, 1964).

John Russell Brown, *Shakespeare's Plays in Performance* (London, 1966).

Robert Speaight, *Shakespeare on the Stage: An Illustrated History of Shakespearian Performance* (London, 1973).

Ralph Berry (ed.), *On Directing Shakespeare: Interviews with Contemporary Directors* (London, 1977).

J.L. Styan, *The Shakespeare Revolution: Criticism and Performance in the 20th Century* (Cambridge, 1977).

Richard David, *Shakespeare in the Theatre* (Cambridge, 1978).

Horst Priessnitz (ed.), *Anglo-amerikanische Shakespeare-Bearbeitungen des 20. Jahrhunderts* (Darmstadt, 1980).

Philip Brockbank (ed.), *Players of Shakespeare: Essays in Shakespearean*

Performance by Twelve Players with the Royal Shakespeare Company (Cambridge, 1985).

Russell Jackson and Robert Smallwood (eds.), *Players of Shakespeare 2: Further Essays in Shakespearean Performance by Players with the Royal Shakespeare Company* (Cambridge, 1988).

Kenneth S. Rothwell and A.H. Melzer, *Shakespeare on Screen: An International Filmography and Videography* (London, 1990).

Dennis Kennedy, *Looking at Shakespeare: A Visual History of Twentieth-Century Performance* (Cambridge, 1993).

Dennis Kennedy (ed.), *Foreign Shakespeare: Contemporary Performance* (Cambridge, 1993).

Russell Jackson and Robert Smallwood (eds.), *Players of Shakespeare 3: Further Essays in Shakespearean Performance by Players with the Royal Shakespeare Company* (Cambridge, 1993).

Shakespeare in Deutschland

Rudolph Genée, Geschichte der Shakespeareschen Dramen in Deutschland (Leipzig, 1870, Neudruck Hildesheim, 1969).

Alois Brandl, »Die Aufnahme Shakespeares in Deutschland und die Schlegel-Tiecksche Übersetzung«, *Shakespeares Dramatische Werke*, Bd. 1, ed. A. Brandl (Leipzig, 1897).

Friedrich Gundolf, *Shakespeare und der deutsche Geist* (Berlin, 1911).

Lawrence M. Price, *The Reception of English Literature in Germany* (Berkeley, 1932).

Roy Pascal, *Shakespeare in Germany: 1740–1815* (Cambridge, 1937).

Ernst Leopold Stahl, *Shakespeare und das deutsche Theater: Wanderung und Wandlung seines Werkes in dreieinhalb Jahrhunderten* (Stuttgart, 1947).

Hans Wolffheim, *Die Entdeckung Shakespeares: Deutsche Zeugnisse des 18. Jahrhunderts* (Hamburg, 1959).

Raimund Borgmeier, Balz Engler, Karl Maurer, Ulrich Suerbaum et al., »Shakespeare-Übersetzungen (Text und Bochumer Diskussion)«, *Poetica*, 4 (1971) S. 82–119.

Ruth Freifrau von Ledebur, *Deutsche Shakespeare-Rezeption seit 1945* (Frankfurt, 1974).

Kurt Dörnemann, *Shakespeare-Theater: Bochum 1919–1979 (Bochum, 1979).*

Peter Wenzel, »German Shakespeare Translation: The State of the Art«, in: Werner Habicht, D.J. Palmer and Roger Pringle (ed.), *Images of Shakespeare: Proceedings of the Third Congress of the International Shakespeare Association, 1986* (Newark, 1988), S. 314–323.

Hansjürgen Blinn, *Der deutsche Shakespeare – The German Shakespeare: Eine annotierte Bibliographie zur Shakespeare-Rezeption des deutschsprachigen Kulturraums* (Berlin, 1993).

8. Kapitel

Shakespeareforschung – Shakespearekritik

Kumulative Wissenschaft

Shakespeares Dramen, die doch auf der Bühne unterhaltsames und eingängiges Theater waren und sind, erscheinen – besonders für den, der sich im Studium mit ihnen befassen will – aus der Perspektive der Wissenschaft als besonders schwierig und voraussetzungsreich.

Auf den ersten Blick wirken vor allem die schiere Fülle des Sekundärmaterials und die Schwierigkeiten des Zurechtfindens abweisend. Diese Problemebene, auf die man immer wieder hingewiesen wird, existiert aber nur vordergründig. Zwar ist die Shakespeareliteratur uferlos, so daß auch Experten nur einen kleinen Teil davon zur Kenntnis nehmen, aber dafür gibt es auf keinem anderen Gebiet ein so breites, qualifiziertes und auf den letzten Stand gebrachtes Angebot an Einführungen, Überblicken, Auswahlbibliographien und Zusammenfassungen des Wissens und der zur Zeit diskutierten Probleme. – Eine Auswahl von wichtigen Handbüchern, Führern und bibliographischen Hilfsmitteln findet sich in den Literaturhinweisen am Ende dieses Kapitels.

Das wirklich gravierende Hemmnis liegt darin, daß alle möglichen Teildisziplinen, von der Textkritik über die Biographie bis zum politischen, sozialgeschichtlichen und literarhistorischen Hintergrund und von der Quellenforschung über die verschiedenen interpretatorischen Ansätze bis zur Wissenschaft von den Datierungsfragen, mit dem Anspruch an einen herantreten, wichtig zu sein.

Das ungewöhnliche Phänomen der gleichzeitigen Präsenz so vieler Teildisziplinen resultiert aus den Besonderheiten der Shakespearerezeption. Die Shakespearewissenschaft ist kumulativ. Wegen der Kompliziertheit der zu lösenden Probleme und wegen der Vielzahl der am Forschungsprozeß Beteiligten werden Disziplinen, die bei anderen Autoren als vergangen und bewältigt gelten – die biographische Forschung beispielsweise oder die zuverlässige Edition der Texte –, hier kontinuierlich fortgesetzt. Auch das Phänomen der breiten Rezeption trägt zum Fortleben älterer und zum Teil überhol-

ter Forschungsansätze bei. Es dauert manchmal Jahrzehnte, ehe ein
neuer Ansatz sich durchsetzt, aber dann erweist er sich meist als
zählebig und nahezu unsterblich.

Ein Gang durch die Geschichte der forschenden und deutenden
Auseinandersetzung mit den Shakespearedramen, wie er in diesem
Kapitel unternommen werden soll, ist daher auch ein Gang durch
Ansätze und Disziplinen, die ihren Stellenwert verändert haben mö-
gen, die aber immer noch aktiv sind und beachtet werden wollen.
Das gilt in exemplarischer Weise für die älteste Teildisziplin, die
Bemühung um die Herausgabe der Texte.

Der Text und seine Überlieferung

Texte werden normalerweise hingenommen. Man unterstellt, daß
die Druckfassung, die man vor sich hat, mit der authentischen Fassung des Autors übereinstimmt. Diese Annahme, bei modernen
Werken im großen und ganzen zutreffend, wird um so problemati-
scher, je älter der Text ist. Im Falle der Dramen Shakespeares liegen
zwischen den Texten, die der Autor schrieb, und jenen Texten, die
uns die modernen Ausgaben präsentieren, so viele Stadien der Veränderung – sowohl ungewollter Verunstaltungen als auch restaurie-
render Eingriffe –, daß wir den Text nicht einfach hinnehmen, sondern uns den Überlieferungsprozeß, dessen Ergebnis er ist, bewußt-
machen sollten.

Die Stücke waren zunächst Spieltexte für das Theater. Das bedeutet für die erste Phase ihrer Überlieferung eine Transmission von
Manuskript zu Manuskript. Aus einer Entwurfs- und Schmierfas-
sung *(rough copy)* entsteht, in der Regel durch Abschrift eines professionellen Kopisten, eine Reinschrift *(fair copy)*. Das Theater
brauchte mehrere Exemplare, mindestens ein *prompt-book*, das
nicht nur Soufflierbuch, sondern auch allgemeiner Arbeitstext war
(und mit der vom Autor kommenden Reinschrift identisch sein
konnte), und die ausgeschriebenen Rollen.

Aus dieser entscheidenden Manuskriptphase der Überlieferung ist
bei keinem der Stücke des Shakespearekanons irgendetwas erhalten.
Lediglich eine höchstwahrscheinlich autographe Passage in einem
von mehreren Autoren stammenden Stück über Sir Thomas More
gibt einen Eindruck, wie Shakespeares Originalmanuskripte aussa-

hen und welche Fehlerquellen sie für den Abschreiber oder Setzer enthielten.

Die frühesten erhaltenen Versionen sind gedruckte Ausgaben. 21 der insgesamt 37 Stücke des Shakespearekanons erschienen zu Lebzeiten Shakespeares oder in den ersten Jahren nach seinem Tode als *quarto,* als Einzelausgabe im Quartformat (bei dem der Papierbogen zu vier Doppelseiten gefalzt wird). Von einer Reihe dieser Stücke gibt es mehrere Quartausgaben.

Man nimmt gewöhnlich eine Grobeinteilung dieser Ausgaben in *good quartos* und *bad quartos* vor. Die guten Quartos sind nach relativ zuverlässigen Handschriften gesetzt. Schlechte Quartos entbehren einer soliden Vorlage; es können beispielsweise Raubdrucke sein, bei denen der Text aus dem Gedächtnis rekonstruiert oder durch Mitschreiben im Theater hergestellt wurde. Auch bei den guten Quartos gibt es freilich nicht das geringste Indiz dafür, daß Shakespeare sich je um die Korrektheit der Druckfassung gekümmert hat.

Als Autor hatte Shakespeare sicherlich nichts dagegen, wenn seine Werke nicht nur gespielt, sondern auch als Bücher verbreitet wurden. Als Mitbesitzer eines Theaters mußte er jedoch mit der Publikation vorsichtig sein. Alle Theater waren an Texten der Konkurrenz interessiert, um sich an den Erfolg anderer anhängen zu können, sei es durch Nachahmung der Machart, sei es durch Neubearbeitung des gleichen Stoffes – manche von Shakespeares eigenen Dramen, wie *Hamlet* und *King Lear,* sind Remakes fremder Stücke –, sei es auch durch einfaches Nachspielen. Dramen wurden daher in der Regel erst zum Druck freigegeben, wenn sie abgespielt waren oder wenn Unbefugte sie ohnehin in die Hand bekommen und veröffentlicht hatten. Man überließ es der Druckerei, mit den Schwierigkeiten des Manuskripts – nicht immer des besten – und den Fehlern der Setzer zurechtzukommen.

Im Jahre 1623, sieben Jahre nach dem Tode des Autors, erschien die erste Gesamtausgabe, die *First Folio,* die außer *Pericles* alle Stücke des Kanons enthält. (Die Bezeichnung der Ausgabe ist wieder vom Format hergeleitet: beim Großformat des Folianten wird der Papierbogen nur einmal gefalzt.) Die Herausgeber John Heminge und Henry Condell, zwei ehemalige Schauspielerkollegen Shakespeares, verunglimpfen in einer Vorrede die früheren Teilausgaben als »stolne, and surreptitious copies, maimed, and deformed by the frauds and stealthes of iniurious impostors«. In der eigenen Ausgabe

THE
TEMPEST.

Actus primus, Scena prima.

A tempestuous noise of Thunder and Lightning heard: En-
ter a Ship-master, and a Botefwaine.

Master.

BOte-swaine.

Botef. Heere Master: What cheere?

Maft. Good : Speake to th'Mariners: fall
too't, yarely, or we run our selues a ground,
bestirre, bestirre. *Exit.*

Enter Mariners.

Botef. Heigh my hearts, cheerely, cheerely my harts:
yare, yare : Take in the toppe-sale : Tend to th'Masters
whistle : Blow till thou burst thy winde , if roome e-
nough.

Enter Alonso, Sebastian, Anthonio, Ferdinando,
Gonzalo, and others.

Alon. Good Botefwaine haue care : where's the Ma-
fter ? Play the men.

Botef. I pray now keepe below.

Anth. Where is the Master, Bofon ?

Botef. Do you not heare him ? you marre our labour,
Keepe your Cabines : you do assist the storme.

Gonz. Nay, good be patient.

Botef. When the Sea is : hence, what cares these roarers for the name of King ? to Cabine; silence : trouble
vs not.

Gon. Good, yet remember whom thou hast aboord.

Botef. None that I more loue then my selfe. You are
a Counsellor, if you can command these Elements to fi-
lence, and worke the peace of the present, wee will not
hand a rope more, vse your authoritie : If you cannot,
giue thankes you haue liu'd so long , and make your
selfe readie in your Cabine for the mischance of the
houre, if it so hap. Cheerely good hearts : out of our
way I say. *Exit.*

Gon. I haue great comfort from this fellow: methinks
he hath no drowning marke vpon him, his complexion
is perfect Gallowes : stand fast good Fate to his hanging, make the rope of his destiny our cable, for our
owne doth little aduantage : If he be not borne to bee
hang'd, our case is miserable. *Exit.*

Enter Botefwaine.

Botef. Downe with the top-Mast : yare,lower,lower,
bring her to Try with Maine-course. A plague——
A cry within. *Enter Sebastian, Anthonio & Gonzalo.*

vpon this howling: they are lowder then the weather,
or our office? yet againe ? What do you heere? Shal we
giue ore and drowne,haue you a minde to sinke ?

Sebaf. A poxe o'your throat,you bawling, blasphemous incharitable Dog.

Botef. Worke you then.

Anth. Hang cur,hang,you whoreson insolent Noyse-
maker,we are lesse afraid to be drownde,then thou art.

Gonz. I'le warrant him for drowning , though the
Ship were no stronger then a Nutt-shell, and as leaky as
an vnstanched wench.

Botef. Lay her a hold,a hold , set her two courses off
to Sea againe,lay her off,

Enter Mariners wet.

Mari. All lost,to prayers,to prayers,all lost,

Botef. What must our mouths be cold ?

Gonz. The King,and Prince,at prayers,let's assist them,
for our case is as theirs.

Sebaf. I'am out of patience.

An. We are meerly cheated of our liues by drunkards,
This wide-chopt-rafcall,would thou mightst lye drowning the washing of ten Tides.

Gonz. Hee'l be hang'd yet,
Though euery drop of water sweare against it,
And gape at widst to glut him. *A confused noyse within.*
Mercy on vs.
We split,we split , Farewell my wife, and children,
Farewell brother : we split,we split,we split.

Anth. Let's all sinke with' King

Seb. Let's take leaue of him. *Exit.*

Gonz. Now would I giue a thousand furlongs of Sea,
for an Acre of barren ground : Long heath , Browne
firs , any thing; the wills aboue be done , but I would
faine dye a dry death. *Exit.*

Scena Secunda.

Enter Prospero and Miranda.

Mira. If by your Art (my deerest father) you haue
Put the wild waters in this Rote;alay them:
The skye it seemes would powre down stinking pitch,
But that the Sea,mounting to th' welkins cheeke,
Dashes the fire out. Oh ! I haue suffered
With those that I saw suffer: A braue vessell

A   (Who

Die erste Textseite der Folioausgabe. Der Anfang von The Tempest.

seien die Texte »cur'd, and perfect of their limbes«, authentisch »as he conceiued them«[1]. Die Behauptung der besonderen Originalnähe ist den Herausgebern zwar bis ins 19. Jahrhundert geglaubt worden, sie stimmt aber keineswegs. Auch Heminge und Condell gaben in den Druck, was sie gerade hatten: gute, möglicherweise autographe Manuskripte und Abschriften von Abschriften, gute Quartos und schlechtere. Bei etwa 15 Dramen ist die Foliofassung der eines früheren Quartos unterlegen. Die Textsituation ist also von Stück zu Stück verschieden. Im einfachsten und günstigsten Falle liegt ein Drama nur in der Folioversion vor und geht auf ein originalnahes Manuskript zurück. Auch dann ist in der Folio mit einigen hundert größeren und kleineren Fehlern und zweifelhaften Stellen zu rechnen. Im kompliziertesten Falle gibt es außer dem Foliotext noch vier oder fünf Quartos mit unklarer Herkunft und Querverbindung. Die Unterschiede können erheblich sein. Eine *Hamlet*-Ausgabe von 1603 hat beispielsweise nur etwa die Hälfte des Umfangs der längsten Version, bietet aber dennoch für einige Passagen den zuverlässigsten Text.

Die Textkritik

Die Anfänge der Textkritik, jener Disziplin, die sich um die Wiederherstellung von Texten bemüht, die nicht einwandfrei überliefert sind, liegen im 18. Jahrhundert. Nicholas Rowe gab 1709 die erste kritisch zu nennende Shakespeareausgabe heraus. Ihm folgte eine Reihe von Editoren, die jeweils von der Arbeit des unmittelbaren Vorgängers ausgingen – unter ihnen so bedeutende Autoren wie Alexander Pope und Dr. Samuel Johnson.

In neuerer Zeit besteht die Arbeit des Textkritikers aus zwei aufeinanderfolgenden Prozessen: der Rezension, bei der die überlieferten Textzeugen – Manuskripte oder Drucke – auf ihr Verhältnis zum Original und zueinander untersucht werden, und der Textkonstruktion (oder Emendation), der eigentlichen Edition des Textes, bei der Problemstellen durch eine Auswahl unter den überlieferten Lesarten oder durch eine Konjektur, eine auf Mutmaßung beruhende Korrektur, verbessert werden.

---

[1] Faksimile des Vorworts im *Riverside Shakespeare*, S. 63.

Die Shakespeareherausgeber des 18. Jahrhunderts waren reine Emendatoren, die sich um den Arbeitsbereich der Textrezension kaum kümmerten. Ihr Ausgangstext war die Folioausgabe von 1623. Der Weg vom Manuskript zur Folio wurde nicht untersucht.

Die Kunst der Textverbesserung durch Konjektur betrieben sie meisterhaft und mit Hingabe. Sie verstanden es, alle Stellen der Folio, die ihnen korrupt erschienen, durch Versionen zu ersetzen, die bei ausgeprägter Ähnlichkeit des Wortlauts semantisch und syntaktisch glatt in den Kontext paßten. Die sprachhistorische oder überlieferungsgeschichtliche Wahrscheinlichkeit blieb außer acht.

Auf diese Weise wurden fast alle dunklen Stellen verständlich gemacht. In der Folio gibt beispielsweise eine Stelle gegen Schluß des Dolchmonologs (II,1,54–57) in *Macbeth* keinen Sinn, wobei drei Stellen – hier durch Kursivschrift hervorgehoben – suspekt erscheinen:

> [Murther] ... thus with his stealthy pace,
> With Tarquins rauishing *sides,* towards his designe
> Moues like a Ghost. Thou *sowre* and firme-set Earth
> Heare not my steps, which they *may walke,* ...[2]

Daraus machen die Editoren des 18. Jahrhunderts durch drei kleine Änderungen einen sinnvollen Text:

> [Murder] ... thus with his stealthy pace,
> With Tarquin's ravishing *strides,* towards his design
> Moves like a ghost. Thou *sure* and firm-set earth,
> Hear not my steps, which *way they walk,* ...

In dieser emendierten Form steht die Stelle noch heute in sämtlichen Ausgaben. Ähnlich ist es auch anderswo. Mehr als drei Viertel der in modernen Ausgaben zu findenden substantiellen (d.h. über Änderungen der Schreibweise und der Zeichensetzung hinausgehenden) Korrekturen stammen aus dem 18. Jahrhundert.

Die Schwäche der ersten Editoren lag darin, daß sie in einem rastlosen Verbesserungsstreben weit über das Ziel hinausschossen. Sie waren beim geringsten Anstoß zum Eingreifen bereit. Eine metrische Unregelmäßigkeit, eine vermeintliche grammatische Unstimmigkeit oder stilistische Schwäche genügte als Anlaß für geschickte Veränderungen des überlieferten Textes. Sie durchzogen die Dra-

---

[2] Foliotext nach *The First Folio of Shakespeare: The Norton Facsimile*, ed. Charlton Hinman (New York, 1968), S. 744.

men mit einer Unzahl von Emendationen. Zu *Macbeth* beispielsweise lieferte das 18. Jahrhundert insgesamt etwa 3000 Emendationen; Pope steuerte allein etwa 600 eigene bei.

Die internationale Geschichte der Textkritik hängt wesentlich vom Widerspiel zweier Richtungen ab: einer aktiven und eingriffsfreudigen und einer konservativen, emendationsfeindlichen, die den überlieferten Text verteidigt und nach Möglichkeit unberührt läßt. Die Geschichte der Shakespeareausgabe ist die Geschichte einer langen und stetigen Wanderung von einer Extremposition zur entgegengesetzten. Die Wende begann schon im späten 18. Jahrhundert. Zu Anfang des 19. Jahrhunderts überwogen die Tilgungen älterer Emendationen die neuen Verbesserungsversuche. Seither ist die Emendationstätigkeit im wesentlichen eine Anti-Emendation. Neue Vorschläge sind selten; sie erscheinen in der Regel nicht im Text, sondern unter dem Strich, als Konjekturen. Die alten Emendationen verschwinden Stück für Stück. Seit über 100 Jahren ist jede wichtige Ausgabe dadurch gekennzeichnet, daß sie den Ausgangstexten ein Stück näher kommt als alle vorherigen.

Außer der Reduzierung der Korrekturen bestand der Beitrag des 19. Jahrhunderts in einer stärkeren und differenzierenden Berücksichtigung der Quartos, einer Objektivierung der Editionsmethoden sowie einer Sammlung und Sichtung des Erreichten in großen Ausgaben wie dem *Cambridge Shakespeare* (1863 bis 1866), der von William G. Clark und William A. Wright herausgegeben wurde. Im 20. Jahrhundert hat die Textkritik ihren Schwerpunkt auf die Textrezension gelegt, also auf die Erhellung des Überlieferungsweges vom Manuskript bis zu den Quartos und zur Folio. Mit Hilfe eines *New Bibliography* (oder analytische Bibliographie) genannten, zu Anfang des Jahrhunderts von Pionieren wie Alfred W. Pollard, W.W. Greg und Ronald B. McKerrow entwickelten methodischen Instrumentariums wurde besonders der Bereich von den Eigenarten des als Druckvorlage dienenden Manuskripts bis zum Abschluß des Druck- und Korrekturprozesses minuziös untersucht. Beim *Tempest* beispielsweise, einem nur in der Folio überlieferten Text, können wir heute mit einiger Sicherheit sagen, daß der Druck nach einer Abschrift von einem Autograph erfolgte, daß die Abschrift die Eigenheiten eines Kopisten namens Ralph Crane aufweist und daß sich mindestens drei Setzer (identifiziert als B, C, F) beteiligt haben.

Die Hoffnung auf eine Umsetzung dieser Erkenntnisse in wesentliche Fortschritte bei der Textedition hat sich nicht erfüllt. Obwohl

die Textkritik meint, bei der Shakespeareausgabe erheblich weiter-
gekommen zu sein, zeigt ein Vergleich der neueren Ausgaben mit
älteren, daß wir uns schon seit der Mitte des 19. Jahrhunderts in einer Epoche des etablierten, kaum noch veränderbaren Textes befinden – einer Epoche minimaler Bewegung und zunehmender Sterili-
tät. Es gibt nur zwei Zonen der eingeschränkten Veränderung. In der
einen setzt sich der Prozeß der Tilgung von Altkorrekturen des
18. Jahrhunderts fort. Bei der anderen handelt es sich um eine Handvoll Stellen, an denen ein schwer lösbares, seit langem umstrittenes
Problem (*crux*) vorliegt. Hier entscheidet sich der Herausgeber für
die eine oder die andere der überlieferten Lösungen.

In diesem Tatbestand kommt eine schwere Krise der Shake-
speareedition zum Ausdruck. Die Textkritik ist in Gefahr, sich sel-
ber abzuschaffen, nachdem sie in den letzten Jahrzehnten mit ungeheurem Aufwand minimale Erfolge in der Textredaktion erzielt hat.
Sie steuert auf das paradoxe Ergebnis zu, daß in fast allen Fällen der
elisabethanische Ausgangstext, um dessen Fehlerhaftigkeit wir doch
wissen, als bester aller möglichen Texte anzusehen sei. Eine Rückkehr zu einer aktiveren, das kalkulierte Risiko der Mutmaßung auf
sich nehmenden Strategie der Textkonstruktion ist dringend erforderlich.

Der Benutzer und die Textedition

Für den Benutzer hat diese Situation den Vorteil, daß er sich um die
Wahl des Textes keine großen Sorgen zu machen braucht. Vom
Text her ähneln sich die neueren Ausgaben wie ein Ei dem anderen.
(So wird denn auch in den literaturwissenschaftlichen Publikationen
nach beliebigen, z.T. noch aus dem 19. Jahrhundert stammenden
Ausgaben zitiert.) Alle bieten bis auf eine Handvoll Stellen den etablierten Text, der den anerkannten *copy-text* durch alte Emendationen korrigiert. Fast alle bieten diesen Text inkonsequenterweise in
einer modernisierten und normierten Orthographie und Interpunk-
tion, obwohl die alte Schreibweise mit ihrer Großschreibung beton-
ter Begriffe und die alte, auf den sinngemäßen Vortrag eingestellte
Zeichensetzung eine wesentliche Verständnishilfe bedeuten können.

Beim Studium eines Dramas sollte man sich nicht nur generell
der Unsicherheit der Textüberlieferung bewußt sein, sondern eine

Vorstellung von der speziellen Textproblematik des vorliegenden Werks haben. Eine Information über Eigenarten und Geschichte des Textes liefert heute fast jede Ausgabe. Damit man sich jederzeit – beispielsweise bei der Beschäftigung mit einer wichtigen Passage – vergewissern kann, ob eine Stelle aus dem Ausgangstext stammt oder eine Emendation späterer Herausgeber darstellt, empfiehlt sich die Benutzung von Ausgaben mit einem sogenannten textkritischen Apparat. Solche Ausgaben geben am Fuß der Seite oder in einem Anhang mindestens auf drei Fragen Antwort: Wo weicht der vorliegende Text vom Ausgangstext (Folio oder Quarto) ab? Von wem stammt die Emendation? Was steht an dieser Stelle im Ausgangstext? Mitunter werden außerdem noch wichtige Alternativvorschläge aus der Editionsgeschichte mitgeteilt. Die kritischen Apparate bedienen sich einer Kürzelsprache, die leicht zu entziffern ist.

Zwei Beispiele dürften für die Einübung genügen. Am Schluß der Sturmszene im *Tempest* enthalten die Worte des Gonzalo, der sich nach trockenem Boden sehnt, möge er noch so öde sein, ein Textproblem. G. Blakemore Evans, der Herausgeber des *Riverside Shakespeare,* druckt den Satz in folgender Form:

> Now would I give a thousand furlongs of sea for an acre of barren ground, long heath, brown [furze], any thing. I,1,65–67.

Die eckigen Klammern zeigen an – ungewöhnlicherweise in einer Textausgabe –, daß das Wort *furze*, Stechginster, nicht aus dem Ausgangstext stammt, sondern emendiert ist. Die Erklärung dazu im textkritischen Anhang lautet:

> Furze] Rowe; firrs Fl.

Damit wird gesagt, daß die Version der vorliegenden Ausgabe, *furze*, auf Rowe (1709), den ersten Shakespeareherausgeber, zurückgeht, während in der ersten Folio *firrs* steht. (Warum die Folioversion für korrupt gehalten wird, liegt auf der Hand: Der Kontext läßt eine Aufzählung von kümmerlichen Heidepflanzen erwarten; ›braune Tannen‹ wirkt befremdend. Bei der Emendation kann man sich darauf berufen, daß *firrs* auch als eigenwillige Schreibung für *furze* erklärbar ist.)

Die *Tempest*-Ausgabe des *New Arden Shakespeare* von Frank Kermode gibt der Stelle eine andere Fassung, bei der zwei Wörter von der Folio abweichen:

> ... long heath, broom, furze, anything.

Gonzalo zählt hier also drei Pflanzen auf, die auf dürrem Boden wachsen *(broom* = Besenginster). Hier heißt es im textkritischen Apparat ausführlicher:

> *Long heath, broom, furze*] Tannenbaum conj.; *Long heath, Browne firrs F,* F$_2$, F$_3$ *(firs* F$_4$*); long heath, brown furze* Rowe; *ling, heath, broom, furze* Hanmer.

Der Herausgeber teilt mit, daß er mit seiner doppelten Emendation Tannenbaum folgt, (einem Textkritiker des frühen 20. Jahrhunderts); conj[ecit] bedeutet, daß Tannenbaum seine Version nicht in einem Text als Emendation abdruckte, sondern als Konjektur (in einem Aufsatz) vorschlug. Dann wird die Fassung der ältesten Textzeugen mitgeteilt, und zwar unter Einschluß der drei weiteren Auflagen, die die Folio im 17. Jahrhundert erfuhr (F$_1$ bis F$_4$). Dann wird die Fassung Rowes mit der Emendation *furze* abgedruckt. Aus der letzten Stelle geht dann die wichtige Tatsache hervor, daß die Tannenbaum-Konjektur *broom* bereits auf Hanmer (1743/44) zurückgeht, der allerdings noch zusätzlich *long* in *ling* (= Heidekraut) änderte, so daß sich eine viergliedrige Aufzählung von Heidepflanzen ergab.

Die Beispiele illustrieren im übrigen noch einmal die Grundzüge der Editionsgeschichte: Sowohl die heute übliche Emendation *furze* als auch die einzige andere Textfassung, die noch diskutiert wird, stammt aus dem frühen 18. Jahrhundert. Aus der gleichen Epoche stammt auch die weitestgehende Textänderung. Von den modernen Ausgaben kehrt die jüngere (Evans) am nächsten zur Folio zurück. – Vermutlich werden zukünftige Ausgaben noch konservativer verfahren und nach F *brown firs* schreiben, da diese Version zwar merkwürdig, aber nicht unmöglich ist.

Erklärung und Kommentierung

Shakespeareausgaben werden, auch wenn sie von ihrem Herausgeber primär als Textedition verstanden werden, vom Benutzer in erster Linie aufgrund ihrer erklärenden und kommentierenden Teile ausgewählt und beurteilt. Die Spannbreite des Angebots reicht von einbändigen Gesamtausgaben, denen lediglich ein knappes Glossar beigegeben ist, bis zu Einzelausgaben, deren in Anmerkungen, Einleitung und Anhang dargebotene Erklärungen und Materialien sprachlicher, sachlicher, historischer und interpretatorischer Art den Umfang des eigentlichen Textes um vieles übertreffen.

Der textbegleitende Shakespearekommentar, insbesondere die sprachliche Erklärung schwieriger Stellen, hat eine Tradition, die fast so weit zurückreicht wie die Textedition. Die große Periode liegt hier etwas später als bei der Textherausgabe, nämlich in der zweiten Hälfte des 18. und in der ersten des 19. Jahrhunderts. Die Reihe der klassischen Erklärer beginnt mit Johnson, Steevens und Malone und schließt mit den Herausgebern der *Clarendon Edition*.

Wie bei der Textkritik hat auch hier das Traditionsgut noch in der Gegenwart großes Gewicht. Ein Großteil der Stellenerklärungen in modernen Ausgaben geht, oft bis in die Formulierung, auf die alten Kommentatoren, besonders auf Johnson, zurück. Die Beharrungskraft beruht darauf, daß die Klassiker des Kommentars die Fähigkeit besaßen, auf knappstem Raum plausible Erklärungen zu bieten, die sich nicht auf Gelehrsamkeit beriefen, sondern an den gesunden Menschenverstand appellierten. Außerdem verfügten sie zum Teil über eine enorme Belesenheit auf allen Gebieten der älteren englischen Literatur.

Während in der Textkritik – und sei es auch nur für eine Übergangsphase – ein Stadium erreicht ist, in dem der allergrößte Teil der Einzelprobleme in den verschiedenen Ausgaben gleichartig gelöst wird, hat die Texterklärung diesen weitgehenden Konsens noch längst nicht erreicht. Wenn es auch wohl bei der Mehrzahl der erklärungsbedürftigen Stellen eine grundsätzliche Übereinstimmung gibt, so differiert das Sinnverständnis der Kommentatoren doch in erstaunlich vielen Fällen. Wir sind von einer anerkannten *Old Meaning Edition* noch weiter entfernt als von einer definitiven Textedition. Auch theoretisch und methodisch hat die wissenschaftliche Wort- und Stellenerklärung im Vergleich zur Textkritik noch einiges nachzuholen. Manche Grundsatzfragen der systematischen und nachprüfbaren Bedeutungsermittlung werden erst seit kurzer Zeit diskutiert, nachdem lange der aufgeklärte Dilettantismus der frühen Kommentatoren nachgewirkt hat.

Ein starkes Erklärungsdefizit besteht hinsichtlich der poetisch-dramatischen Sondersprache Shakespeares und ihres Verhältnisses zu anderen zeitgenössischen Formen der Sprachverwendung. Auf die für das Verständnis der Aussagefunktion wichtige Frage, ob ein Ausdruck, eine Wendung, eine Metapher kühn, ungewöhnlich und betont auffällig war oder ob eine damals geläufige und gewöhnliche Redeweise vorliegt, läßt sich oft keine Antwort geben.

Ebenso nachteilig für den Benutzer wie die fehlenden Schritte zu einer vollständigen und zuverlässigen Sinnerklärung ist das Nachhinken mancher Kommentartypen gegenüber dem modernen Shakespeareverständnis. Wir haben gelernt zu sehen, daß Shakespeares Sprache an vielen Stellen ambivalent oder vieldeutig ist, daß sie durch Verweigerung des sofortigen und eindeutigen Verständnisses gewisse Effekte – wie die Auslösung von Assoziationen oder Reflexionen – erzielt. Johnson und seine Nachfolger unterstellten dagegen, daß Shakespeare sich genau so klar, eindeutig und rational durchsichtig ausdrücken wollte, wie es ihrer Sprachauffassung entsprach. So waren sie oft darauf aus, alle Unklarheiten, Schwierigkeiten, Komplexitäten wegzuerklären. In ihrer Tradition (und aus Gründen der Platzersparnis) geht noch heute oft die Tendenz der erklärenden Ausgaben gegen die Tendenz der Interpretation: Sie legen den Text da fest, wo er offen ist, und verkünden apodiktisch eine einzige Bedeutung, wo mehrere genannt werden müßten.

Die wichtigen Ausgaben

In stärkerem Maße als die Textedition erfordert die Textkommentierung vom Benutzer kritische Wachsamkeit bei der Auswahl der Ausgabe und bei der Arbeit mit ihr, wenn man der Gefahr entgehen will, daß die Erklärungen sich zwischen das Original und den Leser schieben und ihm eine falsche oder flache Verstehensweise aufnötigen.

Im folgenden soll eine Reihe von Shakespeareausgaben charakterisiert werden. Die ausgewählten Titel sind dabei – bis auf die größten Ausgaben – nur als Beispiele für Typen von Ausgaben gedacht. Shakespeare ist der meistedierte Autor der Welt, nicht zuletzt deshalb, weil er noch immer ein gutes Geschäft ist.

Shakespeares Werke erscheinen entweder alle in einem Band oder jedes einzeln; Zwischenformen sind selten. Alle Dramen und die Gedichte in einem Band ergeben ein drucktechnisches Problem, das meist nur unbefriedigend gelöst wird. Die bibelähnlichen Ausgaben drucken den Text in zwei Kolumnen ab, wobei ein Teil der Blankverse nicht ganz in die Zeile paßt und zerhackt wird. Die handlichen einbändigen Ausgaben eignen sich vorwiegend als Übersichts- und Nachschlageexemplar, das man in Verbindung mit Einzelausgaben der intensiver zu lesenden Dramen benutzt.

Ein zu Recht besonders angesehenes und verbreitetes Beispiel für diesen Typ ist

> Peter Alexander (ed.), William Shakespeare, *The Complete Works* (London, 1951).

Die Ausgabe ist textkritisch ediert, was bei einbändigen Ausgaben nicht selbstverständlich ist. Sie enthält als Anhang ein sehr knappes, aber gutes Glossar. Der Druck ist relativ lesbar.

Neuerdings läuft dem bewährten Alexander-Shakespeare eine einbändige Ausgabe in größerem Format den Rang ab:

> *The Oxford Shakespeare* [General editors Stanley Wells and Gary Taylor] (Oxford, 1986).

Leichter zu handhaben als der Großband ist die dreibändige Version der gleichen Ausgabe (ohne Glossar oder Einzelerklärungen, aber mit kurzer Einführung zu jedem Drama).

Verschiedene Verlage und Herausgeberteams haben sich bemüht, die einbändigen Ausgaben durch Vergrößerung des Formats und durch Erweiterung der Erklärungshilfen so auszubauen, daß sie als Studienausgaben benutzt werden können. Der ehrgeizigste und wohl auch erfolgreichste Versuch ist die Ausgabe, nach der in diesem Buch zitiert wird:

> G.Blakemore Evans (ed.), *The Riverside Shakespeare* (Boston, 1974).

Der Text wurde von einem der führenden Textkritiker konservativ ediert. Zu jedem Drama wird eine vorsichtig rekonstruierende Textgeschichte und ein kurzer textkritischer Apparat geliefert. Zu den Werken steuern verschiedene Mitarbeiter interpretierende Essays und ausreichend zahlreiche, aber oft zu lakonisch formulierte Sprach- und Sacherklärungen bei. Üppiges Einleitungs-, Anhangs- und Bildmaterial. Besonders nützlich sind die abgedruckten Dokumente zu Shakespeares Leben und zur Rezeptionsgeschichte, besonders zur Theatergeschichte. Die Ausgabe ist wissenschaftlich wichtig als Textgrundlage der maßgeblichen *Shakespeare Concordance* von Marvin Spevack.

Die größte Shakespeareausgabe ist ein Unikum der Editionsgeschichte. Sie erscheint seit über hundert Jahren und ist noch längst nicht abgeschlossen:

> Horace Howard Furness [et al.] (ed.), *A New Variorum Edition of Shakespeare* (Philadelphia, 1871–).

Die Ausgabe sammelt alle halbwegs wichtigen Beiträge zur Editions- und Erklärungsgeschichte. Zu der oben zitierten Stelle »Long heath, Browne firrs« kommen z.b. in dem im Jahre 1892 erschienenen *Tempest*-Band 14 Herausgeber und Kritiker mit Zitaten oder Resümees zu Worte. Die Ausgabe ist natürlich als Lesetext ungeeignet. Eine Auswertung einzelner Partien, beispielsweise der Deutungsentwicklung bei einem Monolog, gewährt aber faszinierende Einblicke in die Rezeptionsgeschichte. Das gilt insbesondere für die jüngsten Bände – beispielhaft etwa *Antony and Cleopatra*, herausgegeben von Marvin Spevack (1988) –, in denen auch die Interpretationsgeschichte des 20. Jahrhunderts dokumentiert ist.

Die vitalste und wissenschaftsgeschichtlich einflußreichste Ausgabe dieses Jahrhunderts ist:

> J. Dover Wilson [et al.] (ed.), *The New Shakespeare* [*New Cambridge Shakespeare*], 39 vols. (Cambridge,1921–1966).

Es ist die einzige unter den großen Ausgaben, die – bis auf die letzten Bände – im wesentlichen das Werk eines Mannes ist. Dover Wilson, bedeutend als Textkritiker, Literarhistoriker und Shakespeareinterpret, kam von der *New Bibliography* her. Er glaubte, daß die Errungenschaften dieser Forschungsrichtung den Zugang zu Shakespeares Originalfassungen eröffnen könnten. Seine Ausgabe wollte durch die Rückkehr zu einer aktiven, zum Risiko der Konjektur bereiten Textkonstruktion das Stagnieren der Textkritik überwinden. Das Ziel wurde nicht erreicht. Dover Wilson schwenkte in den späteren Bänden stärker in die allgemeine konservative Richtung ein. Dennoch bilden seine Lösungsvorschläge für Textprobleme, in Anmerkungen allgemeinverständlich begründet, und seine ebenso waghalsigen wie scharfsinnigen Hypothesen zur Textgeschichte eine lehrreiche und spannende Lektüre. Bemerkenswert ist das subtile Verständnis der Eigenarten des Shakespeareschen Englisch.

Marktführer unter den vorwiegend im Hochschulunterricht benutzten Texten ist noch immer eine Ausgabe, deren Vollendung mehr als dreißig Jahre dauerte:

> *The (New) Arden Shakespeare* [General editors Una Ellis-Fermor, Harold F. Brooks, and Harold Jenkins] (London, 1951–1982).

Die Ausgaben enthalten fast alles, was man brauchen kann, um den Text sprachlich zu verstehen und historisch einzuordnen. Eine lange, in der Regel mehr als 50-seitige Einleitung befaßt sich systema-

tisch mit Fragen der Textgeschichte, Textedition, Datierung und
Wirkungsgeschichte. Die Interpretation des Stückes spielt bei manchen Herausgebern eine untergeordnete Rolle oder wird auf einzelne Aspekte verkürzt. Im Anhang werden reichliche Exzerpte aus
Quellen- und Paralleltexten abgedruckt.

Dem Text ist neben einem (nicht immer zuverlässigen und mitunter ausufernden) textkritischen Apparat eine respektheischende und
für manchen Benutzer furchteinflößende Fülle von Anmerkungen
beigegeben, in denen semantische und grammatische Probleme,
textkritische Fragen, historische Anspielungen und Parallelen zu anderen elisathanischen Werken erörtert werden. Der Wert besteht in
der Vielfalt der Unterrichtung und in der Ermöglichung einer Einsicht in das Material, aus dem Erklärungen gewonnen werden. Es
werden nicht Entscheidungen vorgesetzt, sondern Diskussionen aus-
gebreitet.

Die Kehrseite: der Benutzer muß sich durch einen Berg hindurch-
arbeiten, der auch allerhand taubes Gestein enthält. (Zum Kommentar der Sturmszene gehören z.B. umfangreiche nautische Erklärungen, mit Auszügen aus einem Segelhandbuch des 17. Jahrhunderts.)
Der eigentliche Adressat des Kommentars ist ein unmittelbarer Kol-
lege des Verfassers: ein Herausgeber mit textkritischen, historischen
und antiquarischen Interessen.

Eine neue Ardenausgabe mit anderen Herausgebern und revidier-
ten Editionsprinzipien ist in Arbeit und erscheint ab 1995.

Mittlerweile gewinnen zwei Konkurrenzunternehmen an Raum,
die von den beiden großen englischen Universitätsverlagen, Cambridge University Press und Oxford University Press, betreut werden:

> *The New Cambridge Shakespeare* [General editor Philip Brockbank]
> (Cambridge 1984–).

> *The New Oxford Shakespeare* [General editor Stanley Wells]
> (Oxford, 1982–).

Die Cambridger Ausgabe, straffer und schlanker als die Arden, hat
ein klares Profil. Ihre Zielgruppe ist »a new generation of playgoers
and readers who wish to enjoy fuller access to Shakespeare's poetic
and dramatic art« (Vorwort des Herausgebers). Neben der für eine
Hochschulausgabe obligatorischen »ample academic guidance« will
sie auch die jüngsten Entwicklungen der Forschung und Kritik und
die veränderten Interessen des Publikums berücksichtigen, wobei

die Rekonstruktion der ursprünglichen Spielweise und ein Abriß der späteren Bühnengeschichte eine zentrale Rolle spielen.

Die Einzelbände des *Oxford Shakespeare* gehören als einzige neuere Serie zu einem wissenschaftlichen und verlegerischen Großprojekt, das nicht von einem neuen Konzept der Erklärung und Kommentierung, sondern von einem neuen Ansatz bei der Edition des Textes ausgeht. Während die Rekonstruktion des Textes besondere Aufmerksamkeit erfährt, ähneln Einleitung und Kommentierung der Arden-Ausgabe im Pluralismus der aufgegriffenen Aspekte und in der starken Abhängigkeit von den Interessen und Schwerpunktsetzungen der einzelnen Bandherausgeber.

Es gibt auch Ausgaben, die den Leser in erster Linie mit dem Shakespeareschen Text konfrontieren wollen und die deshalb ihr Angebot an Verständnishilfen und Zusatzinformationen auf das Notwendigste beschränken. Ein prominentes Beispiel ist der von zahlreichen Universitätsanglisten herausgegebene

New Penguin Shakespeare [General editor T.J.B. Spencer] (Harmondsworth, 1967–1989).

Der textkritische Teil der meist konventionell edierten Ausgaben ist unaufdringlich. Eine kurze Notiz informiert über die Textgeschichte. Der textkritische Apparat vermerkt nur die wichtigsten Abweichungen vom *copy-text*. (Bei der von Anne Righter herausgegebenen *Tempest*-Ausgabe gibt es z.B. zu der Emendation *furze* keinen Hinweis auf die abweichende Foliolesart.)

Die Kommentare halten die Zahl der zu erklärenden Stellen etwa so knapp wie der *Riverside Shakespeare*, gestatten sich aber wesentlich mehr Raum bei der Erklärung und wenden ein anderes Verfahren an. Nur in klaren Fällen wird der originale Ausdruck durch einen modernen ersetzt (z.B. *Tend* attend; *heath* heather; *furze* gorse). Sonst wird der Kontext ohne Zuhilfenahme von Paraphrasen diskutiert. Der Leser wird dadurch angehalten, zum Text zurückzukehren und ihn mit erweitertem Verständnis neu zu lesen.

Vorzüge und Grenzen der englischen Schulausgabe in Einzelbänden demonstriert die am weitesten verbreitete und am häufigsten kopierte Ausgabe:

New Swan Shakespeare [General editor Bernard Lott] (London, 1958–1984).

Hier wird alles erläutert oder glossiert, was ein Grundvokabular von 3000 Wörtern überschreitet. Das Erklärungsmaterial, aus wissenschaftlichen Ausgaben wie der *New Arden Edition* gewonnen, war zur Zeit des Erscheinens auf dem jüngsten Stand der Diskussion. Gelegentlich wird auf Einzelheiten der dramatischen Struktur oder auf den komplexen oder ambivalenten Sinn einer Stelle verwiesen. Das Schwergewicht liegt aber auf vereinfachenden Paraphrasen. Von dem Doppelziel des Herausgebers, »to present ... Shakespeare's plays in the simplest and most direct way«, wird die Vereinfachung sicherlich erreicht; ein direktes Textverständnis wird aber für die meisten Benutzer an den erläuterten Stellen zwangsläufig durch ein Verständnis der Umschreibungen ersetzt.

Die meisten jüngeren Schulausgaben sind in ihrer Zielsetzung kaum fortgeschrittener. Sie konzentrieren sich vor allem auf die Erleichterung des Zugangs, wobei die Technik der vereinfachenden Umschreibung bis zur Gegenüberstellung von Shakespearetext und Übertragung in modernes und simples English führt – wie zum Beispiel bei der Reihe *Shakespeare Made Easy: Modern English Version Side-By-Side With Full Original Text*, ed. Alan Durband [et. al.], Cheltenham, 1984.

Das zweite Ziel der normalen Schulausgaben ist eine möglichst weitgehende Berücksichtigung der Examensfragen, die bei früheren Prüfungen im Sekundarschulwesen zu dem betreffenden Drama gestellt worden sind – eine Tendenz, die nicht eben zur Modernisierung des Shakespeareverständnisses führt.

Einen wirklich neuen, aus den Schul- und Spielexperimenten von Rex Gibsons *Shakespeare and Schools Project* hervorgegangenen Ansatz bietet eine zweite Ausgabenserie der Cambridge University Press:

> *Cambridge School Shakespeare* [Series editor Rex Gibson] (Cambridge, 1993–).

Diese Ausgaben haben den Text des *New Cambridge Shakespeare* mit knappem Erklärungsapparat, sie sind reich bebildert, vor allem mit Aufnahmen von modernen Aufführungen. Der Nachdruck liegt auf der Aufnahme des Stücks als lebendiges Erlebnis und auf Anregungen für Kreativität und spielende Aktivitäten im Klassenverband oder in kleinen Gruppen.

Für deutschsprachige Benutzer gibt es seit einiger Zeit neue Hilfsmittel zum Verständnis des Shakespearetextes: die zweisprachigen Ausgaben, bei denen dem englischen Text eine genaue deutsche Prosafassung gegenübergestellt wird. Die Übersetzung will dabei nicht – wie es Übersetzungen normalerweise tun und wie es auch bei den älteren Versübersetzungen der Shakespearedramen die Regel ist – für das zielsprachige Publikum an die Stelle des Originals treten; sie will vielmehr zu ihm hinführen, indem sie sich als fortlaufende Erklärung des Sinnes versteht.

Von den beiden konkurrierenden Publikationsreihen ist die ältere konziser und weiter gediehen, die jüngere informationsreicher und aufwendiger:

> *Der Neue Reclam Shakespeare* (Stuttgart, 1973–); bislang 20 Bände erschienen.

> *Englisch-deutsche Studienausgabe der Dramen Shakespeares* [Gesamtherausgeber Andreas Fischer, Werner Habicht, Ernst Leisi und Ulrich Suerbaum] (München, 1976–); bislang 12 Bände erschienen.

Die Prosafassungen der Reclam-Ausgabe folgen dem Prinzip, »den Text nicht interpretierend aufzuhellen, sondern Schwierigkeiten und Kühnheiten, dunkle und mehrdeutige Ausdrucksweisen« beizubehalten und »keinen bestimmten deutschen Prosastil zu schreiben – also etwa ›gutes‹ oder ›literarisches‹ Deutsch –, sondern dem für Shakespeares dramatische Sondersprache charakteristischen Wechsel zwischen üblichen und eigentümlichen, normalsprachlichen und ausgefallen-künstlichen Formulierungen zu folgen« (Verf. im Vorwort zu *King Lear : König Lear*). Außer dem informierenden und analytischen Nachwort enthalten die Bände knappe Anmerkungen zu sprachlichen und sachlichen Problemen.

Auch die Bände der Studienausgabe, die unter dem Patronat der Deutschen Shakespeare-Gesellschaft erscheinen, haben das Hauptziel, »dem Leser den Shakespeareschen Text und seine genaue Bedeutung so nahe zu bringen, wie dies zur Zeit möglich ist, und darüber hinaus die zu einem vertieften Verständnis notwendige Information zu geben«, wie es im Vorwort der Herausgeber heißt. Die Anlage ist wesentlich umfänglicher als die des Reclam-Shakespeare. Zu Text, Einleitung und Szenenkommentar treten sehr viele Anmerkungen zu semantischen, stilistisch-strukturellen, theatralischen und historischen Fragen.

Die neuere Shakespeareliteratur:
Ansätze, Entwicklungen, Typologie

Dem heutigen Leser wird auch die analysierende und interpretierende Literatur zum Teil über das Text- und Materialienpaket der Ausgaben einzelner Dramen vermittelt. Ausgaben spiegeln allerdings
jüngere Ansätze stets mit größerer Verzögerung; sie haben außerdem eine durch ihren Charakter als Informationssammlung bedingte
Tendenz, die Meinungsvielfalt zu harmonisieren und sich Kontroversen gegenüber neutral zu verhalten. Neben dem kritischen Umgang mit kommentierenden Ausgaben gehört daher die Kompetenz
zur Auseinandersetzung mit den Büchern und Aufsätzen der Sekundärliteratur zu den Voraussetzungen des Shakespearestudiums.

Um das einzelne Werk der Sekundärliteratur nach seiner Position,
nach seiner Ausrichtung und seinen Prämissen einordnen zu können, ist es nützlich, sich Entwicklung, Strömungen und Typen des
Schrifttums über Shakespeare zu verdeutlichen.

Die Entwicklung der Shakespeareliteratur, die im 18. Jahrhundert
mit einem langsamen Anwachsen der Masse und der Themenbreite
kommentierender Texte begann, spielte sich zunächst vorwiegend
im Rahmen der Textausgaben ab. Im 19. Jahrhundert gab es dann
bereits eine lebhafte, vielseitige und internationale Diskussion, die
hauptsächlich in der Form des Essays in den anspruchsvolleren Zeitschriften vor sich ging. Gegen Ende des Jahrhunderts vollzog sich
der Übergang der literarischen Kritik an die Universitäten, und damit verlagerte auch die wissenschaftliche Beschäftigung mit Shakespeare ihren Sitz im kulturellen Leben. Diese Umstellung, die erst
zwischen 1930 und 1940 abgeschlossen war, führte auch zu jener
Ausweitung und schließlich Eskalation der Shakespearestudien, die
für die letzten Jahrzehnte kennzeichnend ist. Über manche Dramen
wird heute in einem Jahr soviel geschrieben wie im ganzen 19. Jahrhundert.

Ausgangssituation für die Entwicklung im 20. Jahrhundert war
die andauernde Vorherrschaft der Charakteranalyse, der dominierenden Methode der vorhergehenden Epoche, die in Shakespeare
hauptsächlich den Schöpfer komplexer, als lebensecht empfundener
Figuren sah. Dieser Ansatz erwies sich bis gegen 1930 weder als
ausbaufähig noch als ablösungsreif. Wenn man sich bei der Deutung
der Dramen auf die Charaktere konzentriert, dann vernachlässigt
man notwendigerweise andere Komponenten der Dramaturgie

Shakespeares wie Handlung und Themendiskussion und verkennt die künstliche Konstruktion der Charaktere und einen Teil ihrer dramatischen Funktionen. Aber weil die individuelle Figur eben doch eine zentrale Kategorie ist und wir im Dialog meist genug erfahren, um eine Realität annehmende Charakterdeutung zu ermöglichen, erbringt diese Sichtweise bei vielen Dramen, z.B. bei den Tragödien, relativ gute und einleuchtende Ergebnisse. Nicht ohne Grund ist die psychologische Charakteranalyse die letzte Methode der Shakespearekritik geblieben, die das öffentliche Bewußtsein erreicht hat. Bradleys *summa* der Charakterdeutung, *Shakespearean Tragedy*, 1903 zuerst erschienen, ist noch immer eines der einflußreichsten Werke der Shakespeareliteratur.

Nicht zuletzt wegen des Ausbleibens neuer methodischer Ansätze auf seiten der Kritik dominierte in den ersten Jahrzehnten des Jahrhunderts die historische Forschung. Die meisten großen, noch heute benutzten Werke der *Shakespeare scholarship*, die Untersuchungen und dokumentarischen Handbücher zur Biographie, zum historischen Hintergrund, zur Geschichte des elisabethanischen Dramas und Theaterwesens, zum Verhältnis der Dramen zu ihren Quellen, zur Chronologie und zur Textedition stammen aus dieser Zeit. (E. K. Chambers' meisterhafte Präsentation und Problemdiskussion der Dokumente zu Shakespeares Werk und Leben, *William Shakespeare: A Study of Facts and Problems*, 1930 erschienen, ist ein gutes Beispiel.) Die historische Forschung bot auch als erste eine Alternative zur psychologisierenden Charakterdeutung, indem sie deutlich machte, daß Shakespeares Charaktere Kunstfiguren sind, die sich bei aller Individualität der Gestaltung doch an bestimmte dramatische Konventionen und Typen anlehnen.

Von den dreißiger Jahren an wendet sich das Blatt. Die vorwiegend textimmanenten, dabei selten ganz ahistorischen Deutungen überwiegen jetzt an Zahl und an Einfluß gegenüber den historischen Forschungen, die den Text mit dem Kontext der Entstehungszeit korrelieren. *Criticism* beansprucht Vorrang vor *scholarship* und bestimmt die Richtung der Debatten.

Die Themeninterpretation löst die Charakteranalyse als wichtigster Ansatz ab. Was wir bei Shakespeares Dramen in erster Linie betrachten sollten – so fordert G. Wilson Knight, einer der ersten und einflußreichsten Vertreter dieser Richtung, schon 1930 in seinem wegweisenden Buch *The Wheel of Fire* –, ist nicht die Verhaltensweise der Personen, sondern das zentrale Thema. Im Grunde geht das ganze Drama darin auf, »a studied explication of a central theme« (Knight) oder eines Bündels von Themen zu sein. Jedes Drama wird aus einem Vehikel für große Charaktere zu einer großen Studie über menschliche Probleme umgedeutet.

Zugleich mit der Hinwendung zur Themeninterpretation vollzog sich auch die Hinwendung zum *close reading*, der Methode der genauen, den Bedeutungsgehalt auslotenden, oft mikroskopischen Analyse des Textes. Zunächst wurde *close reading* vorwiegend an ausgewählten, aus ihrem Kontext gelösten Passagen, ›Schlüsselstellen‹, praktiziert. Erst später entwickelte sich das sequentielle *close reading*, das einen längeren Textabschnitt oder ein ganzes Drama unter die Lupe nimmt.

Die thematische Interpretation war ein großer Schritt vorwärts; sie hat bei allen Dramen einen großen Erkenntniszuwachs mit sich gebracht. Besonders groß war der Gewinn bei den Stücken, bei denen die Figurenkomposition am wenigsten naturalistisch ist, so daß die Charakteranalyse mit ihnen schlecht zurechtgekommen war. Die Themeninterpretation erfaßte bei der Komödie die tieferen Sinnschichten und machte manche Problemstücke, wie zum Beispiel *Measure for Measure*, überhaupt erst erklärbar. Aber auch dieser Ansatz geht von einer Basis aus, deren Eignung für eine Gesamtdeutung eingeschränkt ist. Die Konzeption des Stückes ist hier eigentlich undramatisch: Man hat es beim Drama (wie man bei R. B. Heilmans *Lear*-Analyse von 1948, einem einflußreichen Modell, besonders deutlich sehen kann) mit einer umfassenden Diskussion zu tun, bei der die Abfolge der Beiträge zum Thema und die Aktion des Diskutierens nicht essentiell ist. Der immer wiederkehrende Leitbegriff für die Gestaltung der Themen heißt ›Muster‹ (*pattern*), und die häufigste Metapher ist die eines Gewebes (*fabric, texture*). Diese Begriffe zeigen, daß das Denkmodell des Ansatzes nicht die lineare Abfolge von Handlungen oder die Gruppe von Figuren, sondern eine ebene Fläche ist, auf welcher – wie bei den Teilen eines Stoffmusters – benachbarte oder auch voneinander entfernte Elemente einander spiegeln und ergänzen oder miteinander Kontraste bilden. Das Drama ist ein spatiales Gebilde, dessen Teile gleichzeitig im Bewußtsein sind und zusammen einen *total response* hervorrufen, wie es bei Lyrik oft der Fall ist. Im Extrem führt diese Auffassung in der Tat zu dem bei manchen *New Critics* zu findenden Konzept, daß das Drama Shakespeares ein langes Gedicht oder eine ausgeweitete Metapher sei.

Es ist durchaus möglich, bei der Betrachtung des Dramas als einer Verarbeitung von Themen andere Komponenten einzubeziehen, vor allem die Charaktere, die dann in erster Linie als Repräsentanten von Ideen und als Sprachrohre für bestimmte Standpunkte in der thematischen Diskussion erscheinen. Die leichte Verschmelzbarkeit mit anderen Aspekten ist einer der Hauptgründe, warum in den meisten modernen Gesamtdeutungen eines Dramas, die sich fast alle zu einem Pluralismus verschiedener Ansätze bekennen, die Themeninterpretation der zentrale und verbindende Bestandteil ist.

Der nächsten, um 1970 einsetzenden Phase der Deutungsgeschichte liegt die Auffassung von der komplexen, nicht eindeutigen Struktur des Stückes zugrunde. Die Dramen sind keine Rätsel, die eine Lösung in sich bergen; sie sind keine Diskussionen mit einem festen Standpunkt und resümierbarem Ergebnis; sie sind keine Parabeln, die eine bestimmte Lehre demonstrieren. Vielmehr werden Fragen aufgeworfen und mehrdeutig beantwortet, Positionen einander gegenübergestellt, die sich beide als unvertretbare Extreme erweisen, und oft auch Personen präsentiert, denen man weder mit ungeschmälerter Sympathie noch mit voller Distanzierung begegnen soll. Der Aussagemodus ist der einer mehrfach gebrochenen Ironie. Der Autor spielt mit dem Publikum: Erwartungen werden durchbrochen, Urteile und Wertungen zuerst nahegelegt und dann als falsch entlarvt. Es herrscht dabei keine beliebige Vieldeutigkeit. Das Ganze ist ein geplantes System von Ironien, Ambiguitäten und gegeneinander ausgewogenen Oppositionen; aber dieses System ähnelt dem eines gigantischen Mobiles: aspektreich, wandelbar, nicht zu durchschauen und zu beschreiben.

Der Ansatz bei der Komplexität ist, obwohl manche seiner Vertreter sich von den ›Themenkrämern‹ abzugrenzen versuchen, weniger eine eigenständige Betrachtungsweise als eine Fortsetzung der Themeninterpretation unter Verzicht auf das Eindeutigkeitspostulat.

Für fast alle modernen Ansätze der Shakespeareinterpretation steht der intensiv analysierte Text im Mittelpunkt, während die theatralische Realisierung des Dramas vorwiegend außerhalb des Gesichtsfeldes liegt. Dieser Einseitigkeit der Betrachtungsweise versucht eine als *performance criticism* bezeichnete neuere Richtung entgegenzuwirken, indem sie bei der Deutung der Dramen die Bühnengeschichte betont und Interpretationen des Stücks durch heutige Regisseure und Schauspieler berücksichtigt.

An den Beiträgen der historischen Forschung aus der Zeit nach

1945 fällt vor allem auf, in welchem Maße sich diese auf Objektivität und auf Unabhängigkeit von Zeitströmungen bedachte Disziplin der fachinternen Aktualität unterworfen und zur Dienerin der jeweils herrschenden Richtung der Kritik gemacht hat. Besonders zahlreich sind geistesgeschichtliche Untersuchungen – beispielsweise Studien zu elisabethanischen Begriffen und Konzepten wie *justice, mercy, grace* –, die dem themenanalytischen Ansatz dienen. Eine weitere große Gruppe von historischen Arbeiten betrachtet die Stücke vor dem Hintergrund der literaturgeschichtlichen – insbesondere der gattungsgeschichtlichen – Traditionen.

Gegen diese dienende, sich mit einem bescheidenen Platz begnügende Form der Historie erhoben sich in den späten 70er und in den 80er Jahren in Amerika die Vertreter des (von Stephen Greenblatt begründeten und benannten) *New Historicism* und in England die Anhänger eines verwandten Ansatzes, der sich *Cultural Materialism* nennt.

Die Neue Historik, die auf Grundpositionen der marxistischen Literaturwissenschaft aufbaut und sie auf verschiedene Weisen fortentwickelt, will die Vorherrschaft der ahistorischen Interpretation der Shakespearedramen und anderer Texte der Renaissance brechen. Das alte Konzept des über der Zeit und ihrem politischen Hader stehenden Dramatikers wird verworfen. Der Shakespeare der *Cultural Materialists* ist – so der Titel zweier programmatischer Bücher – zugleich *Political Shakespeare* und *Alternative Shakespeare*.[5] Was in der konventionellen Sichtweise als Hintergrund der Literatur betrachtet und durch *background studies* kulissenhaft beleuchtet wurde, das soll jetzt Vordergrund werden. Die Literatur ist genauso Teil des politisch-sozialen Zeitgeschehens und partizipiert an dessen materieller Bedingtheit wie alle anderen Bereiche der Kultur. Sie ist sogar selbst eine politische Kraft und greift in die Kämpfe um Macht und Hegemonie ein, die in jeder Epoche zwischen den verschiedenen Zentren, Ideologien und Gruppierungen geführt werden.

In den hegemonialen Diskursen der elisabethanischen Zeit wird der Platz des Theaters vorwiegend als ein Ort der verdeckten oder offeneren Opposition gegen das staatlich-kirchliche Herrschaftssystem gesehen, als ein Hort der Subversion, die – oft als Affirmation

---

[5] Jonathan Dollimore and Alan Sinfield (ed.), *Political Shakespeare: New Essays in Cultural Materialism* (Manchester, 1985); John Drakakis (ed.), *Alternative Shakespeares* (London, 1985).

getarnt – die Ansprüche der Orthodoxie unterminiert oder in Frage stellt. In seinem eigenen historischen Kontext steht Shakespeare nach dieser Geschichtsdeutung an einer ganz anderen Position als der im konventionellen Unterricht des 20. Jahrhunderts rezipierte Shakespeare, der als Repräsentant eines konservativen Ordnungsdenkens hingestellt wird und dessen Werke zur Rechtfertigung und Aufrechterhaltung eines sozio-politischen *status quo* mißbraucht werden.

Mit Ausnahme des *New Historicism* haben sich die meisten neueren Ansätze und Richtungen der Literaturtheorie auf dem Gebiet der Shakespearekritik nicht mit voller Stärke ausgewirkt. Das gilt sowohl für den Strukturalismus als auch für die verschiedenen Formen des Dekonstruktivismus. Lediglich die Vertreter feministischer Ansätze haben auch auf diesem Feld ihre Fähigkeit bewiesen, alte Sachverhalte und alte Fragen mit neuen Augen zu sehen.

Chronologie. Kanon

Die Datierung der Shakespearedramen ist ein wissenschaftliches Puzzlespiel von eigenem Reiz. Die Faszination, die von diesem Problemfeld ausgeht, ist allerdings die einer inzwischen historisch gewordenen Disziplin. Seit der Publikation von Edmund K. Chambers' *Shakespeare: A Study of Facts and Problems* besteht über die Chronologie der Dramen im wesentlichen Konsens. Es hat – ähnlich dem Falle der Textkritik – noch viel Aktivität gegeben, aber wenig Bewegung.

Eine Datierung der Entstehung ist im allgemeinen nur bis auf einen Zeitraum von etwa zwei Jahren genau möglich. Auch den sichersten Daten haftet ein heimliches Fragezeichen an. Bei den meisten Dramen müßte man eigentlich von zwei Stufen der Datierung sprechen. Es gibt eine Grobdatierung, die relativ sicher ist, aber meist nur den Zeitpunkt erfaßt, bis zu welchem das Stück spätestens geschrieben worden sein muß. Dieser *terminus ad quem* läßt sich in der Regel durch sogenannte externe Zeugnisse *(external evidence),* also durch Belege außerhalb des Textes selbst, belegen: Erstveröffentlichung als Quarto, Eintragungen im *Stationers' Register*, einem ähnlich dem Copyright wirkenden Verzeichnis bei der Druckergilde, Hof- und Theaterabrechnungen, Notizen von Theaterbesuchern usw. Man kommt auf diese Weise auf durchschnittlich zwei bis vier Jahre an den eigentlichen Entstehungstermin heran.

Measure for Measure beispielsweise muß spätestens im Jahre 1604 entstanden sein, denn am 26. Dezember dieses Jahres wurde ein Stück dieses Titels, von einem gewissen *Shaxberd* verfaßt, bei Hofe aufgeführt. Das andere Grenzdatum, der *terminus post quem*, ist 1598, denn das Stück erscheint nicht in der Aufzählung aller Werke Shakespeares, die Francis Meres 1598 in seiner Sammlung *Palladis Tamia* veröffentlichte.

Die Feindatierung, die im Falle von *Measure for Measure* üblicherweise 1604 lautet, ist genauer, aber sie beruht in der Regel auf Mutmaßungen. Hier kommen sogenannte interne Zeugnisse (*internal evidence*) zum Tragen, das sind Datierungshinweise im Text selbst. In erster Linie handelt es sich um Anspielungen auf datierbare Ereignisse und Gesprächsthemen: Feldzüge, Mißernten, Staatsbesuche. Daneben kommen stilistische Kriterien – Entwicklungsstadien des Bildgebrauchs, der Dramaturgie, der Versbehandlung – als Datierungshilfen in Frage. In *Measure for Measure* gibt es Anspielungen auf kontinentale Herzöge, auf Krieg und Notzeit, auf eine Schließung von Bordellen, die sich allesamt auf Ereignisse des Jahres 1604 beziehen lassen. Keine dieser Anspielungen ist aber so spezifisch, daß man sie nur auf ein bestimmtes Ereignis beziehen kann. Die thematische und stilistische Nähe zu anderen Stücken wie *Troilus and Cressida* (1601–02) und *All's Well That Ends Well* (1602–03) läßt ebenfalls den Ansatz im Jahre 1604 passend erscheinen. Letztlich beruht der Konsens über die Feindatierung einfach auf einer Konvention, und diese Konvention wiederum spiegelt unsere heutigen Vorstellungen über den Platz der einzelnen Dramen im Gesamtwerk als einer großen Entwicklungsreihe.

Die folgende Liste, die auf den Datierungen von G.Blakemore Evans im *Riverside Shakespeare* fußt, entspricht im wesentlichen dem seit Chambers bestehenden Konsens über die Chronologie.

In allen Fällen, in denen in den letzten Jahrzehnten eine um mehr als zwei Jahre abweichende Datierung diskutiert worden ist, verweise ich auf den Dissens.

1 Henry VI	1589–90	Shakespeares erste Dramen
2 Henry VI	1590–91	werden teils noch früher
3 Henry VI	1590–91	(1587–88) oder später
		(bis 1592) angesetzt

Richard III	1592–93	
The Comedy of Errors	1592–94	Oder früher (ca. 1590) ?
Titus Andronicus	1593–94	
The Taming of the Shrew	1593–94	
The Two Gentlemen of Verona	1594	
Love's Labour's Lost	1594–95	
King John	1594–96	Schwer zu datieren. Sicher vor 1598
Richard II	1595	
Romeo and Juliet	1595–96	
A Midsummer Night's Dream	1595–96	
The Merchant of Venice	1596–97	
1 Henry IV	1596–97	
The Merry Wives of Windsor	1597	Oder später: 1600–01
2 Henry IV	1598	
Much Ado about Nothing	1598–99	
Henry V	1599	
Julius Caesar	1599	
As You Like It	1599	
Hamlet	1600–01	
Twelfth Night	1601–02	Vielleicht auch früher
Troilus and Cressida	1601–02	
All's Well That Ends Well	1602–03	
Measure for Measure	1604	
Othello	1604	
King Lear	1605	
Macbeth	1606	
Antony and Cleopatra	1606–07	
Coriolanus	1607–08	
Timon of Athens	1607–08	
Pericles	1607–08	
Cymbeline	1609–10	
The Winter's Tale	1610–11	
The Tempest	1611	
Henry VIII	1612–13	

Diese chronologische Liste von 37 Stücken gibt zugleich den Shakespearekanon, den Katalog der für authentisch gehaltenen Stücke, wieder. Bis auf *Pericles* ist der moderne Kanon mit dem Inhalt der *First Folio* von 1623 identisch. Zwischendurch hat es freilich viel Streit um Fragen der Authentizität gegeben. Zusätzliche Stücke, die sogenannten *Shakespeare Apocrypha*, wurden dem Autor zugeschrieben. Von diesen Zuschreibungen wird heute nur noch die der Teilautorschaft von *The Two Noble Kinsmen*, einer um 1613 entstandenen Komödie, diskutiert.

LITERATURHINWEISE

Auswahlbibliographien

George Watson (ed.), *The New Cambridge Bibliography of English Literature* (Cambridge, 1974).

David M. Bergeron and Geraldo U. de Sousa, *Shakespeare: A Study and Research Guide* (Lawrence, Kan., 1987).

Stanley Wells (ed.), *Shakespeare: A Bibliographical Guide* (new ed. Oxford, 1990; zuerst Oxford, 1973).

Bruce T. Sajdak, *Shakespeare Index: An Annotated Bibliography of Critical Articles on the Plays 1959–1983*, 2 vols. (Millwood, N.Y., 1992).

[Weitere Auswahlbibliographien in den Handbüchern und Wegweisern, s. unten]

Jährliche Bibliographien und Sammelbesprechungen

Shakespeare Quarterly
Publications of the Modern Language Association of America
The Year's Work in English Studies
Annual Bibliography of English Language and Literature
Shakespeare Survey

Zeitschriften und Jahrbücher

Jahrbuch der Deutschen Shakespeare-Gesellschaft (seit 1864)
[Während der Zeit der Trennung der Deutschen Shakespeare-Gesellschaft (1963–93) existierten ein *Shakespeare-Jahrbuch (Ost)* und ein *Shakespeare-Jahrbuch (West)* nebeneinander.)
Shakespeare Survey (seit 1948)
Shakespeare Quarterly (seit 1950)
Shakespeare Studies (seit 1965)
[Alle Jahrbücher und Zeitschriften enthalten Rezensionen von Neuerscheinungen]

Handbücher und Wegweiser

Karl J. Holzknecht, *The Backgrounds of Shakespeare's Plays* (New York, 1950).

E.F.C. Ludowyk, *Understanding Shakespeare* (Cambridge,1962).

F.E. Halliday, *A Shakespeare Companion 1564–1964* (Harmondsworth, 1964).

O.J. Campbell and E.G. Quinn (eds.), *A Shakespeare Encyclopedia* (New York, 1966).

Martin Stephen and Philip Franks, *Studying Shakespeare* (London, 1991; new ed., zuerst 1984).

Stanley Wells (ed.), *The Cambridge Companion to Shakespeare Studies* (Cambridge, 1986).

Ina Schabert (ed.), *Shakespeare-Handbuch: Die Zeit. Der Mensch. Das Werk. Die Nachwelt* (3. Aufl. Stuttgart, 1992; zuerst 1972).

François Laroque, *Shakespeare* (Ravensburg, 1994; frz. Fassung: *Shakespeare – comme il vous plaira*, Paris, 1991; wissenschaftl. Bearb. der dt. Fassung: R. Borgmeier).

Geschichte, Sozial- und Wirtschaftsgeschichte, Kulturgeschichte

Kurt Kluxen, *Geschichte Englands: Von den Anfängen bis zur Gegenwart* (Stuttgart, 1968).

G.R. Elton, *England under the Tudors* (new ed. London, 1974, zuerst London, 1955).

D.C. Coleman, *The Economy of England 1450–1750* (Oxford, 1977).

D.M. Palliser, *The Age of Elizabeth: England Under the Later Tudors 1547–1603* (London, 1983).

Robert Ashton, *Reformation and Revolution 1558–1660* (London, 1984).

Christopher Haigh (ed.), *The Reign of Elizabeth I* (London, 1984).

Joyce Youings, *Sixteenth-Century England* (Harmondsworth, 1984).

John Guy, *Tudor England* (Oxford, 1988).

Jasper Ridley, *The Tudor Age* (London, 1988).

Ulrich Suerbaum, *Das elisabethanische Zeitalter* (Stuttgart, 1989).

Textkritik und Editionsprobleme

Charlton Hinman, *The Printing and Proof-Reading of the First Folio of Shakespeare*, 2 vols. (Oxford,1963).

Fredson Bowers, *On Editing Shakespeare* (Charlottesville, Va., 1966).

F.P. Wilson, *Shakespeare and the New Bibliography*, rev. and ed. Helen Gardner (Oxford, 1970).

G. Blakemore Evans, »Shakespeare's Text«, *Riverside Shakespeare*, (Boston, 1974), S. 27–46.

Stanley Wells and Gary Taylor [et al.], *William Shakespeare: A Textual Companion* (Oxford, 1987).

Ansätze und Entwicklungen der neueren Shakespeareliteratur: Exemplarische Publikationen

A.C. Bradley, *Shakespearean Tragedy* (London, 1903).

E.K. Chambers, E. K., *William Shakespeare: A Study of Facts and Problems*, 2 vols. (Oxford, 1930).

G. Wilson Knight, *The Wheel of Fire: Interpretations of Shakespearian Tragedy* (London, 1930).

L.C. Knights, »How Many Children Had Lady Macbeth? An Essay in the Theory and Practice of Shakespeare Criticism.«, *Explorations* (London, 1946), S. 13–50.

Robert Bechtold Heilman, *This Great Stage: Image and Structure in King Lear* (Washington, 1948).

Juliet Dusinberre, *Shakespeare and the Nature of Women* (London, 1975).

Jonathan Dollimore and Alan Sinfield (eds.), *Political Shakespeare: New Essays in Cultural Materialism* (Manchester, 1985).

John Drakakis (ed.), *Alternative Shakespeares* (London, 1985).

Jean E. Howard and Marion F. Connor (eds.), *Shakespeare Reproduced: The Text in History and Ideology* (New York, 1987).

Stephen Greenblatt, *Shakespearean Negotiations: The Circulation of Social Energy in Renaissance England* (Oxford, 1988; deutsch: *Verhandlungen mit Shakespeare: Innenansichten der englischen Renaissance*, Berlin, 1990).

Graham Holderness (ed.), *The Shakespeare Myth* (Manchester, 1988).

Robert Hapgood, *Shakespeare the Theatre Poet* (Oxford, 1988)

Jay L. Halio, *Understanding Shakespeare's Plays in Performance* (Manchester, 1988).

Leah S. Marcus, *Puzzling Shakespeare: Local Reading and Its Discontents* (Berkeley, 1988).

Kiernan, Ryan, *Shakespeare* (Hemel Hempstead, 1989).

Marvin and Ruth Thomson (eds.), *Shakespeare and the Sense of Performance: Essays in the Tradition of Performance Criticism in Honor of Bernard Beckerman* (London, 1989).

Kathleen McLuskie, *Renaissance Dramatists, Feminist Readings* (New York, 1989).

Ivo Kamps (ed.), *Shakespeare Left and Right* (New York, 1991).

Dorothea Kehler and Susan Baker (eds.), *In Another Country: Feminist Perspectives on Renaissance Drama* (Metuchen, N.J., 1991).

Janet Adelman, *Suffocating Mothers: Fantasies of Maternal Origin in Shakespeare's Plays, Hamlet to The Tempest* (New York, 1992).

Richard Wilson and Richard Dutton (eds.), *New Historicism and Renaissance Drama* (London, 1992).

Terence Hawkes, *Meaning by Shakespeare* (London, 1992).

Register

Bei mehreren Einträgen zum gleichen Stichwort werden Hauptstellen durch Fettdruck hervorgehoben.

A. Sachregister

B. Namen- und Werkregister

Namen und Titel aus den Bibliographien sind nicht erfaßt.

> "Die *Englische Kulturgeschichte* möchte man empfehlen wegen ihrer geistreichen Eleganz und sprachlichen Klarheit."
>
> *Frankfurter Allgemeine Zeitung*

Dietrich Schwanitz

Englische Kulturgeschichte

Band 1: **Die Frühe Neuzeit 1500-1760**

UTB 1881, 1995, 296 Seiten,
DM 29,80/ÖS 221,–/SFr 29,80
UTB-ISBN 3-8252-1881-3

Band 2: **Die Moderne 1760-1914**

UTB 1882, 1995, 324 Seiten,
DM 29,80/ÖS 221,–/SFr 29,80
UTB-ISBN 3-8252-1882-1

Schwanitz bietet uns die englische Kulturgeschichte als "Große Erzählung". Ihr Leitfaden ist der säkulare Prozeß der Modernisierung, in dem England im 17. Jahrhundert die Führung übernimmt und die zugehörigen kulturellen Erfindungen – von der Zivilreligion der Freiheitsrechte bis zur Gewerkschafts- und Genossenschaftsbewegung – aus den eigenen zivilen Ressourcen entwickelt. Die Darstellung vermittelt Sozialgeschichte, Religionsgeschichte, Verfassungsgeschichte, Literaturgeschichte und Philosophiegeschichte mit Sittengeschichte und der Geschichte des Alltagslebens, wobei sie zwischen Ereignisgeschichte und struktularer Erzählung, Biographie und theoretischer Vertiefung wechselt.

Die Gliederung des Stoffes orientiert sich an Epochenschwellen, Krisen, Paradigmenwechseln und kulturellen Erfindungen.

Die Grundkategorien der Darstellung – Zeit, Erzählung, Geschichte, Plot, Ereignis, Handlung, Erfahrung, Erinnerung – werden in ihrer kulturellen Genese mitreflektiert; dabei wird als paradigmatischer Plot für die englische Kulturgeschichte die Komödie als Geschichte einer gelungenen Zivilisation reklamiert. Sie bietet der Autor als Tonicum für spezifisch deutsche Gemütsgefährdungen an: mangelnde Politik- und Konfliktfähigkeit; Hang zu Katastrophismus und Hysterie; Verbiesterung durch Moralisierung des öffentlichen Diskurses; unterentwickelter Sinn für Komik und Lächerlichkeit als Wellenbrecher für Moralvirtuosen; und Unkenntnis der kulturellen Vorgeschichte der Demokratie.

Preisänderungen vorbehalten

Francke

A. Francke Verlag · Postf. 2560 · D-72015 Tübingen